一部手机玩转

移动理财

第2版

柏诚◎著

人民邮电出版社
北京

图书在版编目（CIP）数据

一部手机玩转移动理财 / 柏诚著. -- 2版. -- 北京：人民邮电出版社，2017.9
ISBN 978-7-115-45389-1

Ⅰ. ①一… Ⅱ. ①柏… Ⅲ. ①移动电话机－应用－投资－基本知识 Ⅳ. ①F830.59-39

中国版本图书馆CIP数据核字（2017）第108757号

内容提要

本书是畅销书《一部手机玩转移动理财》的升级版，一本纯实战类移动理财宝典，添加了最热门的理财APP，重点增加了“随手记”、信用卡管家、微信、支付宝、京东金融、同花顺、天天基金网以及创新类平台的实用理财知识和产品操作技巧。

书中从两条线进行讲解：

一条是横向平台线，主要包括“随手记”、信用卡管家、微信、支付宝、京东金融、同花顺、天天基金网以及爱钱进、涨乐财富通、陆金所等创新类平台的内容。

一条是纵向产品线，通过步步实战，深入讲解“随手记”APP 理财、银行理财、51信用卡管家和卡牛信用卡等理财、余额宝、京东白条等产品如何具体操作，掌握理财产品的最新内容。

本书适合想要进行移动理财的新手用户、想学习更多移动理财经验技巧的用户，特别是想尝试使用微信、手机银行、APP、支付宝、信用卡等来操作移动理财的用户，还可以作为各类银行、金融机构指导客户学习的教材。

◆ 著　　　柏　诚
责任编辑　申　苹
执行编辑　刘瑞莲
责任印制　周昇亮

◆ 人民邮电出版社出版发行　　北京市丰台区成寿寺路 11 号
邮编　100164　　电子邮件　315@ptpress.com.cn
网址　http://www.ptpress.com.cn
北京隆昌伟业印刷有限公司印刷

◆ 开本：700×1000　1/16
印张：16.5　　　　2017 年 9 月第 2 版
字数：322 千字　　　　2017 年 9 月北京第 1 次印刷

定价：45.00 元

读者服务热线：（010）81055296　印装质量热线：（010）81055316
反盗版热线：（010）81055315
广告经营许可证：京东工商广登字 20170147 号

前言

随着智能手机的兴起，手机便捷的使用与超值的服务越来越受到大众的好评，手机理财业务也由此慢慢崛起。现在，手机几乎成为人们日常生活中不可或缺的物品，而将来，手机将成为人们最重要的理财工具。通过手机，人们可以一键掌控资金去向，可以赚钱、管钱、存钱、转钱等，有了手机，人们再也不用天天往银行跑，随时、随地都能轻松理财，一部手机就能打天下。

本书是一本手机理财大典，书中不仅讲解了如何运用手机进行移动理财，更对市场上最热门的理财产品，如"随手记"、信用卡管家、微信、支付宝、京东金融、同花顺、天天基金网等平台进行了全面详细的讲解，以及如何用手机炒股票、基金、债券、外汇、黄金、白银等，帮助您快速从新手成为手机理财高手。

本书引用了丰富的案例，以及大量的实战操作流程，让读者轻松读懂手机理财。同时，为了更加直观，笔者特意将本书的主要内容，通过图片展示如下。

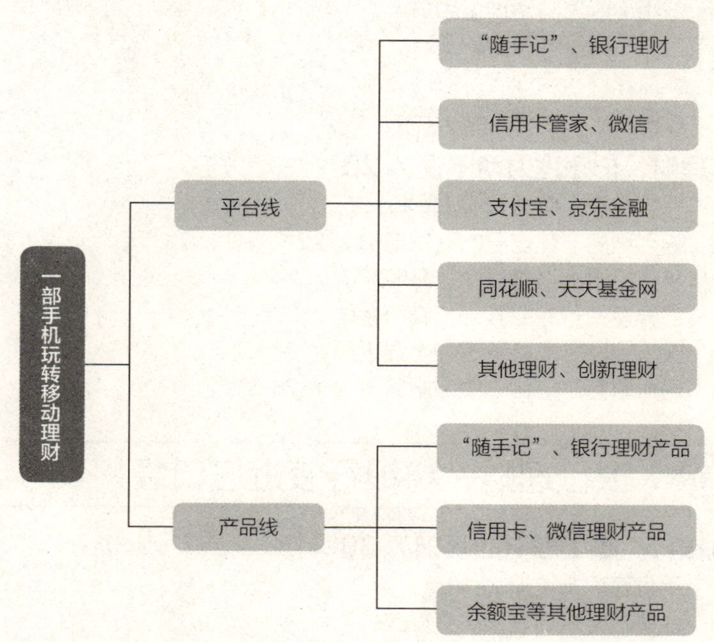

本书由柏诚编著，参与编写的人员还有贺琴、刘胜璋等，在此表示感谢。由于作者知识水平有限，书中难免有错误和疏漏之处，恳请广大读者批评、指正。

目录 Contents

第 10 章 创新理财：多元化的理财产品

第 1 章

"随手记"：个人理财的金融入口

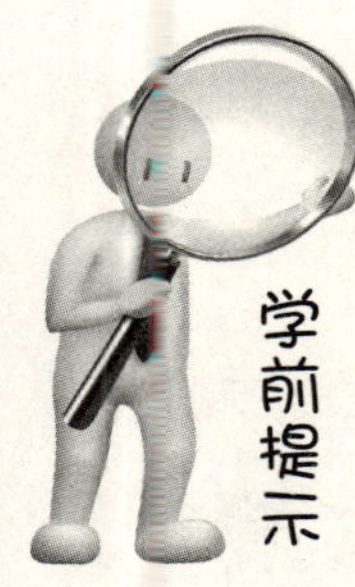

"随手记"是一个移动互联理财平台，是记账 APP 品类的开创者与引领者，主要作用是帮助用户记账理财，其人性化的操作体验、支持社交平台分享功能及快捷方便的记账功能受到用户的喜爱。

要点展示

- 学会记账，轻松理财第一步
- 账户管理，让账目更加明确
- 随手理财，记账理财两不误

1.1　学会记账，轻松理财第一步

用户想要学好理财，首先要学会记账，“随手记”移动 APP 是一款专业的记账软件，它不是单纯的记账，它能够帮助用户设置预算，控制乱消费现象，从而达到不乱花钱的目的。本节笔者将为大家介绍“随手记”的记账功能。

1.1.1　记录支出：看看钱花哪了

在“随手记”APP 中，如何记录支出，让用户可以在日后查到自己的钱都花到哪里去了呢？具体的操作步骤如下。

（1）打开“随手记”APP，如图 1-1 所示。

（2）点击“记一笔”按钮，进入“记一笔”界面，系统已经默认为“支出”功能。在数字处输入花费金额，在“分类”一栏选择消费类型，如图 1-2 所示。

（3）在“账户”一栏选择消费方式，如图 1-3 所示。

（4）执行操作后，点击“保存”按钮，如图 1-4 所示，即可完成支出记账。

▲ 图 1-1　打开“随手记”APP

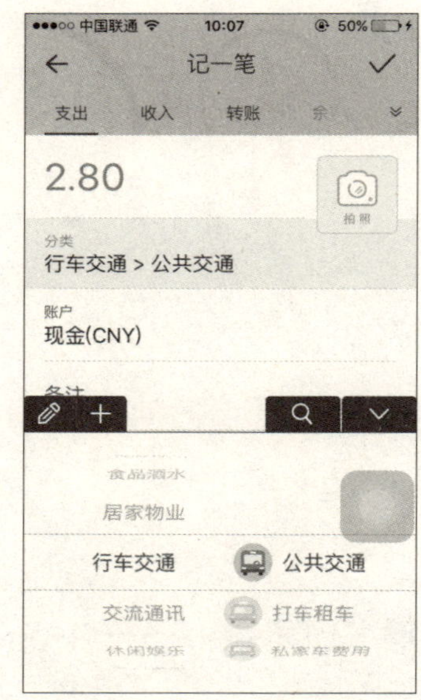

▲ 图 1-2　选择消费类型

专家提醒

如果有备注，用户可以填写备注，同时用户还可以点击右上角的相机按钮将消费的物品、场景等照片上传，既能作为凭证，又方便用户后期更快地记忆。

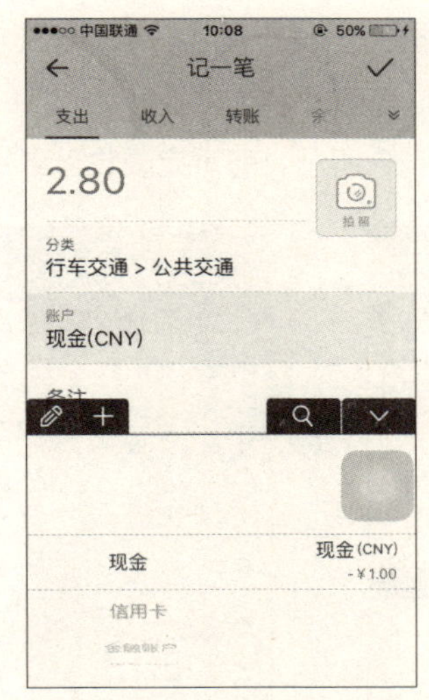

▲ 图 1-3 选择消费方式

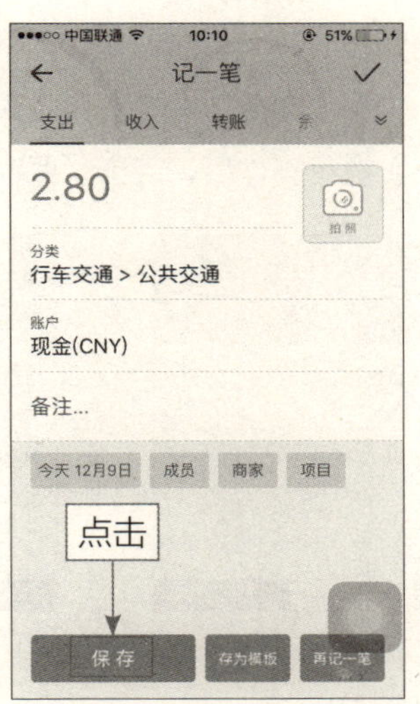

▲ 图 1-4 点击"保存"按钮

1.1.2 记录收入：清理资金来源

收入也是用户需要认真记录的一笔财富，在"随手记"APP 上，记录收入的具体操作步骤如下。

（1）进入"随手记"APP，点击"记一笔"按钮，进入"记一笔"界面，如图 1-5 所示。

（2）点击"收入"按钮，进入相关界面，如图 1-6 所示。

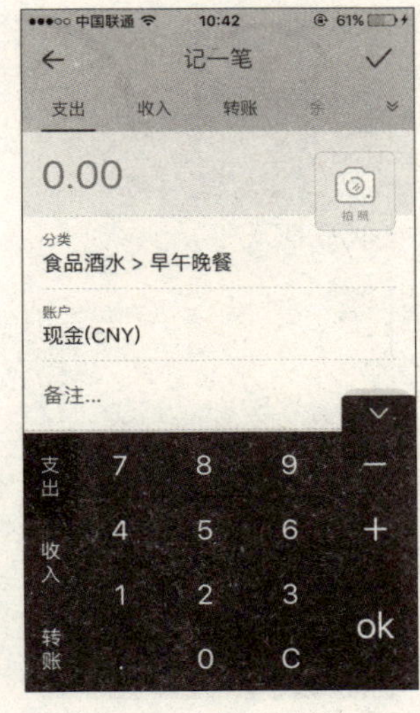

▲ 图 1-5 "记一笔"界面

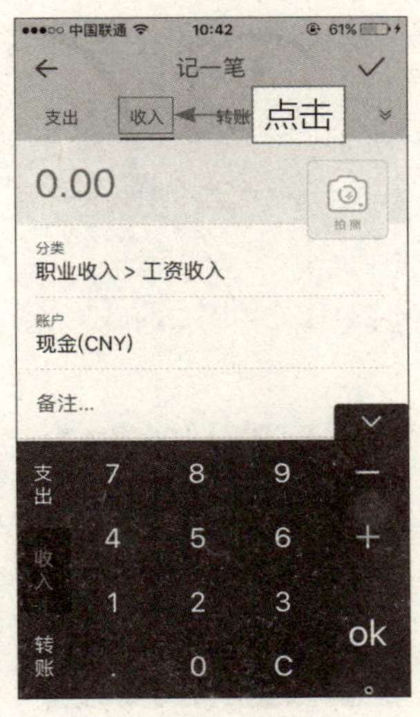

▲ 图 1-6 点击"收入"按钮

（3）输入收入金额，然后在“分类”一栏选择收入来源，如图 1-7 所示。

（4）在“账户”一栏选择收入方式，如图 1-8 所示。

（5）执行操作后，点击“保存”按钮，如图 1-9 所示，即可完成收入记账。

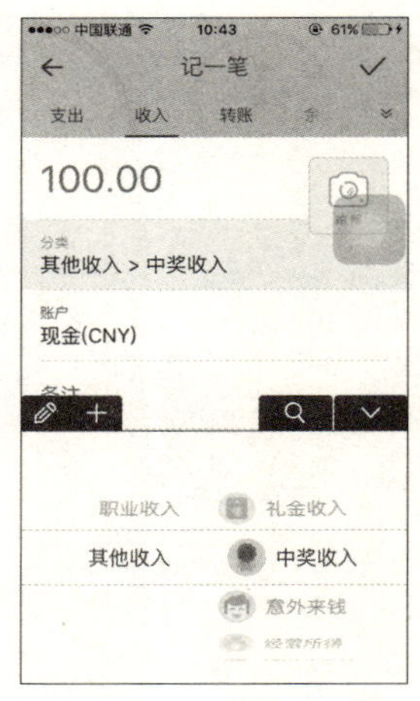

▲ 图 1-7 选择收入来源

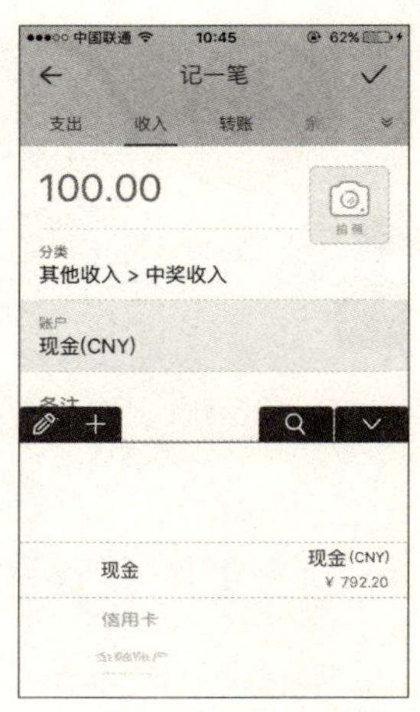

▲ 图 1-8 选择收入方式

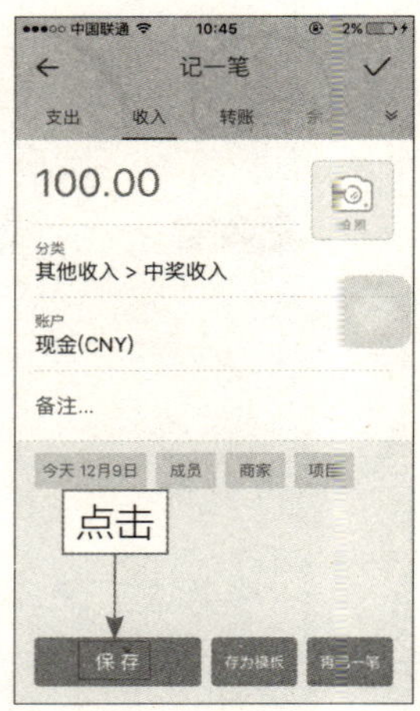

▲ 图 1-9 点击“保存”按钮

1.1.3 记录转账：管理钱财支出

在“随手记”APP 上，记录转账的步骤如下所示。

（1）进入“随手记”APP，点击“记一笔”按钮，进入“记一笔”界面，点击“转账”按钮，如图 1-10 所示。

（2）进入转账界面，输入转账金额，点击“OK”按钮，如图 1-11 所示。

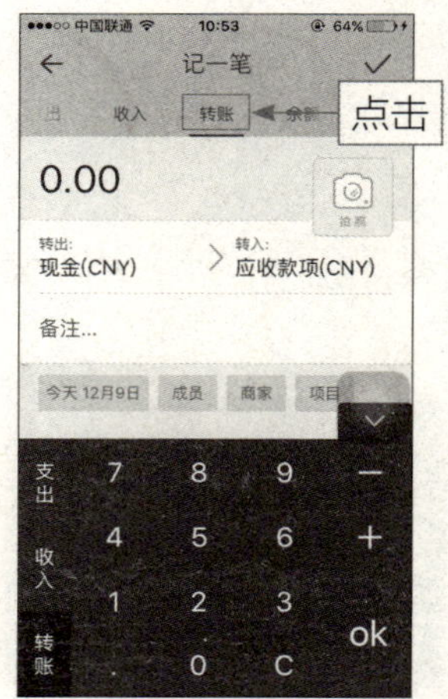

▲ 图 1-10 点击“转账”按钮

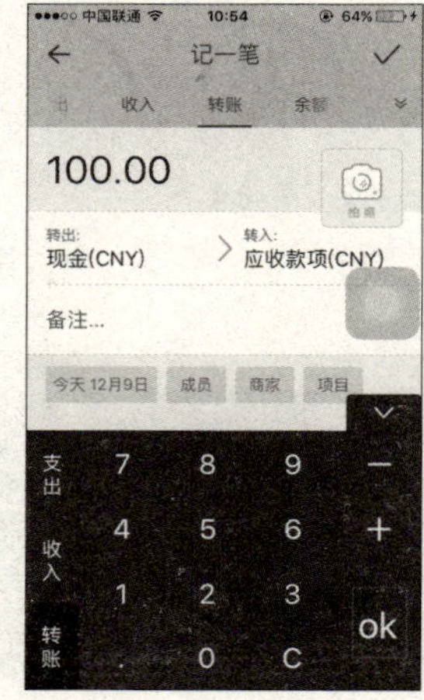

▲ 图 1-11 点击“OK”按钮

（3）选择“转入”“转出”类型，如图 1-12 所示。

（4）点击“保存”按钮，如图 1-13 所示，即可完成转账记录。

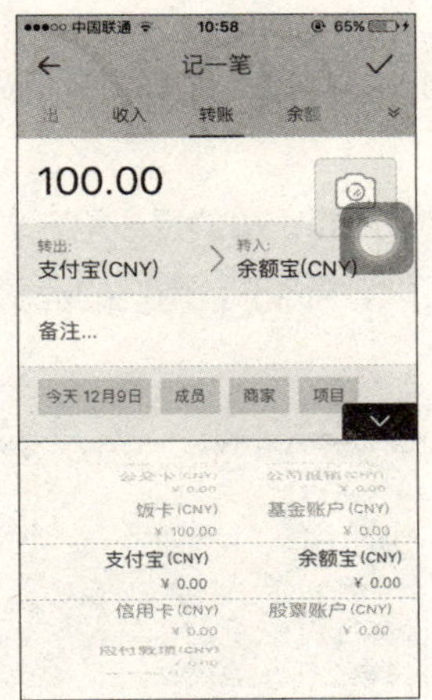

▲ 图 1-12 选择“转入”“转出”类型

▲ 图 1-13 点击“保存”按钮

1.1.4 量入为出：设置预算余额

用户想要合理地记账理财，就要学会控制预算，在月初的时候，就将本月的预算设置好，这样就会避免超支消费，在“随手记”APP 上，设置预算的步骤如下所示。

（1）进入“随手记”APP，点击“预算余额”按钮，如图 1-14 所示。

（2）进入“预算”界面，点击上面的“本月”按钮，跳出时间段选项，如图 1-15 所示。

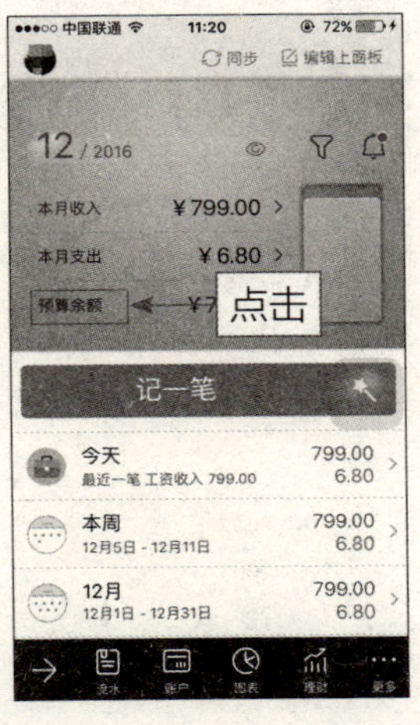

▲ 图 1-14 点击“预算余额”按钮

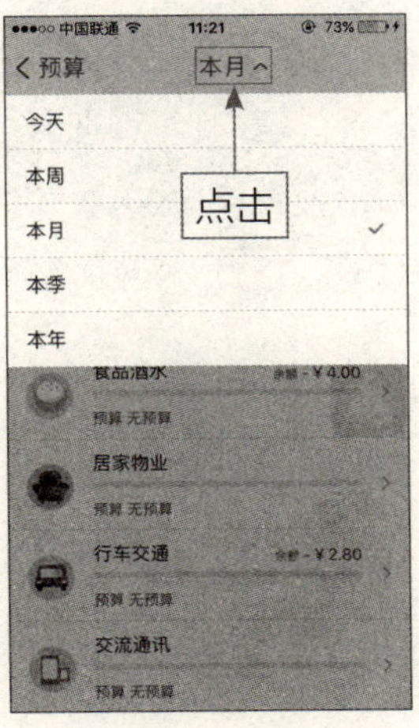

▲ 图 1-15 时间段选项

（3）可以选择以周、月、季度、年为单位进行预算的编辑，系统默认为以月为单位编辑，笔者以月为例讲解预算编辑步骤，点击“本月”按钮，回到之前的界面，点击编辑按钮，如图 1-16 所示。

（4）输入预算金额，点击“OK”按钮，如图 1-17 所示，即可完成预算的设置，如图 1-18 所示。

（5）用户可以看到“已用”预算，以及“可用”预算，每消费一笔，“已月”预算和“可用”预算都会发生相应的变化，同时，在预算界面下，用户的消费都会有详细的记录，如图 1-19 所示。

▲ 图 1-16 点击编辑按钮

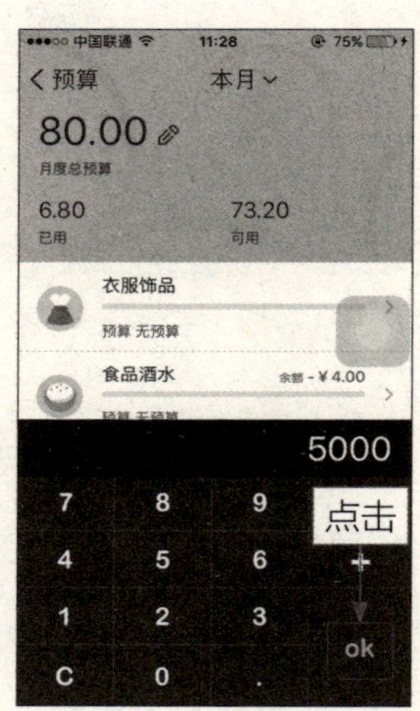

▲ 图 1-17 点击“OK”按钮

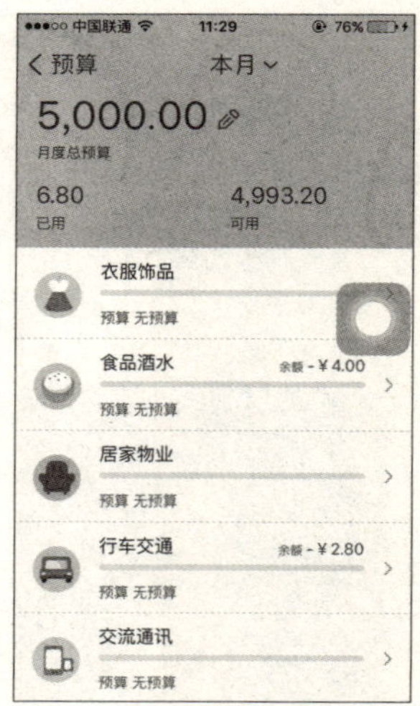

▲ 图 1-18 完成预算设置

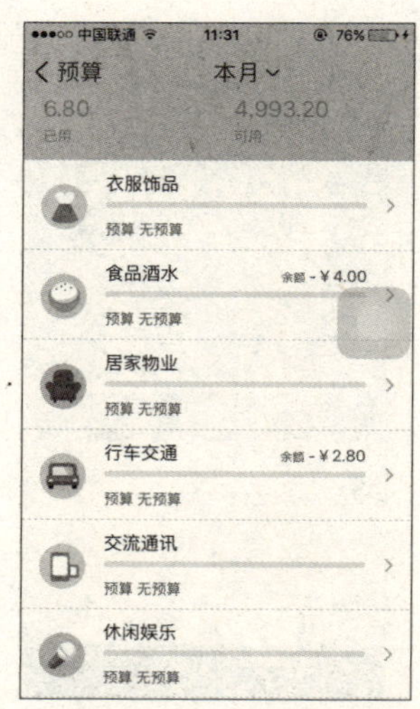

▲ 图 1-19 查看消费详细记录

1.1.5 同步账本：方便管理账本

在“随手记”APP 上同步账本，能够方便用户导入导出账本，在“随手记”APP 上同步账本的步骤如下所示。

（1）打开“随手记”APP，点击最上方的“同步”按钮，如图 1-20 所示。

（2）进入“登录”界面，如图 1-21 所示。

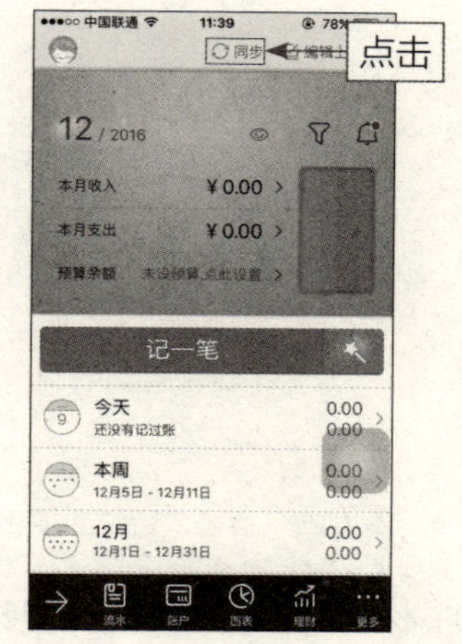

▲ 图 1-20 点击“同步”按钮

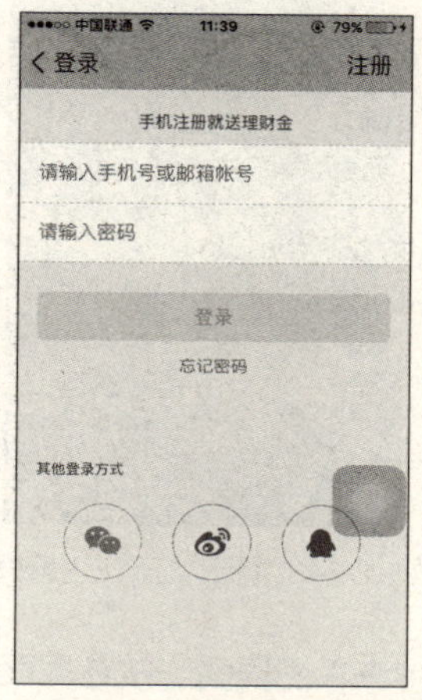

▲ 图 1-21 “登录”界面

（3）选择登录方式，笔者以 QQ 登录为例进行讲解，点击下方的蓝色企鹅按钮，会弹出提示框，如图 1-22 所示。

（4）点击“打开”按钮，跳转到“QQ 登录”界面，如图 1-23 所示，点击“授权并登录”按钮。

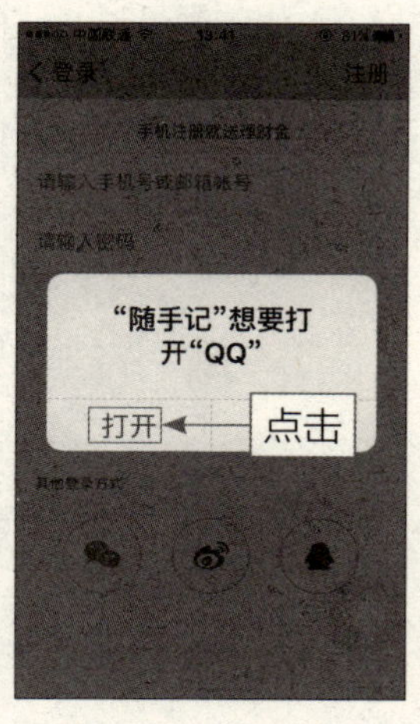

▲ 图 1-22 弹出提示框

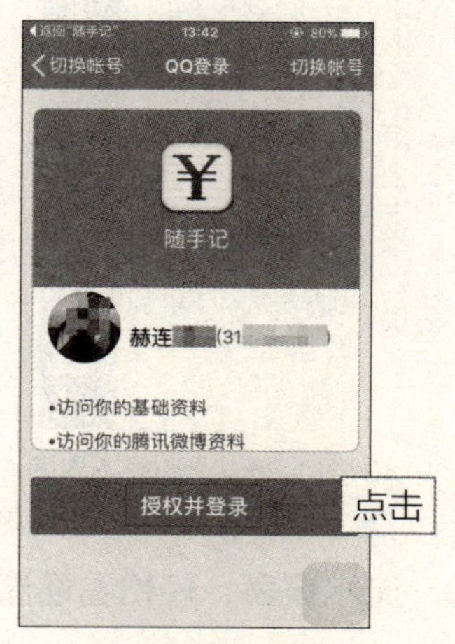

▲ 图 1-23 “QQ 登录”界面

（5）执行操作后，系统会提示“正在进行同步”，如图 1-24 所示。

（6）执行操作后，会跳转到“绑定手机号”界面，用户点击“跳过”按钮，如图 1-25 所示。

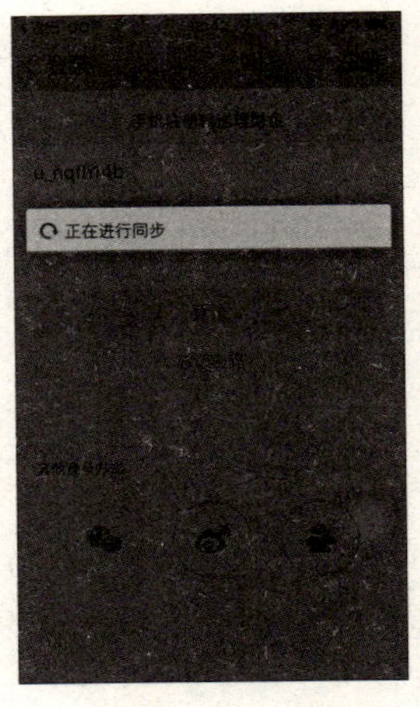

▲ 图 1-24 提示“正在进行同步”

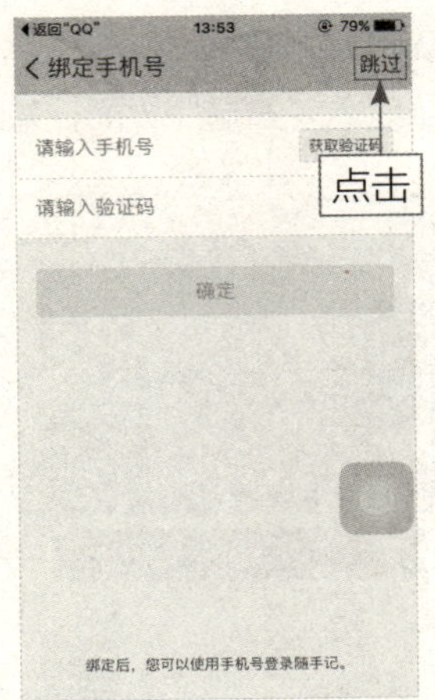

▲ 图 1-25 点击“跳过”按钮

（7）进入主界面，按住界面向右滑，就能把账本界面滑出来，如图 1-26 所示。

（8）点击“升级为同步账本”按钮，就能进入相应界面，点击“升级”按钮，如图 1-27 所示。执行操作后，就能将账本进行同步。

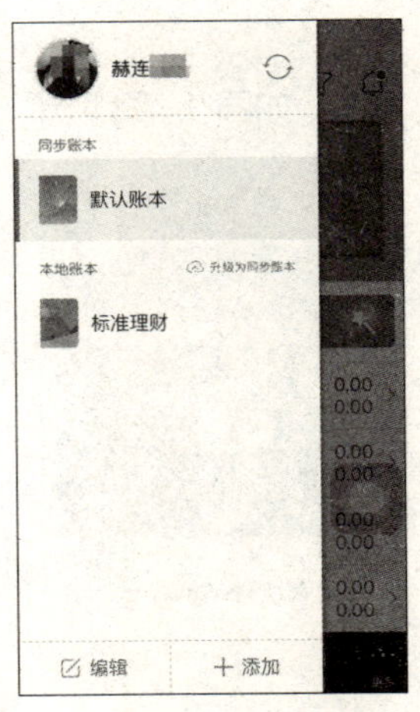

▲ 图 1-26 滑出账本界面

▲ 图 1-27 点击“升级”按钮

1.1.6 流水报表：轻松看懂流水

在“随手记”APP 上，用户如何查看、编辑和删除流水账目呢？具体操作步骤如下所示。

（1）打开“随手记”APP，点击最下方的“流水”按钮，如图 1-28 所示。

（2）进入“2016 年流水”界面，如图 1-29 所示，在此界面中，用户可以查看一年中每一笔消费情况。

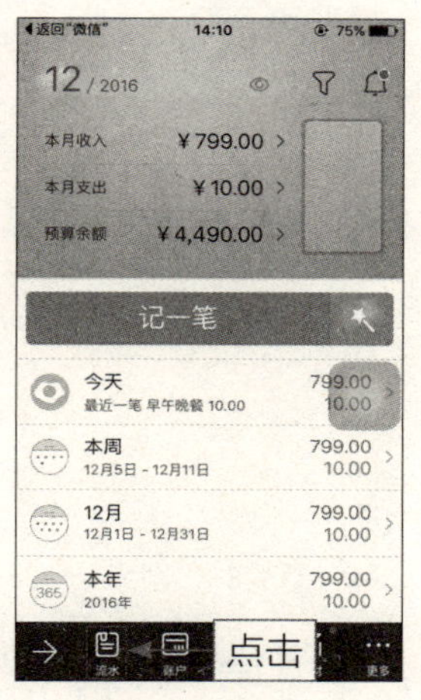

▲ 图 1-28 点击“流水”按钮

▲ 图 1-29 “2016 年流水”界面

（3）如果想快速搜索流水账单，点击右上角的搜索按钮，就能弹出搜索界面，如图 1-30 所示。

（4）例如输入“工资”，就能查到所有的工资流水账，如图 1-31 所示。

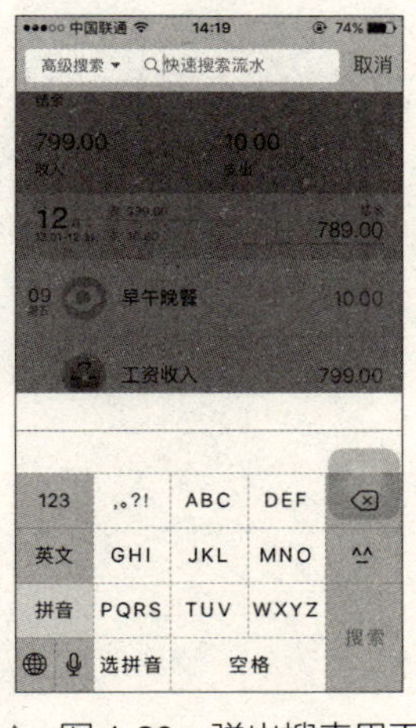

▲ 图 1-30 弹出搜索界面

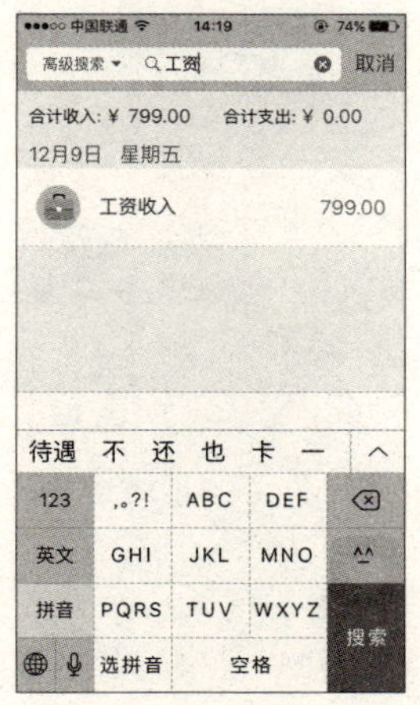

▲ 图 1-31 查看工资流水账

（5）如果用户想进行高级搜索，在搜索界面点击“高级搜索”按钮，就能进入相应界面，如图 1-32 所示。

（6）选择“时间”“分类”“账户”等项目之后，点击“确定”按钮，就能搜索到想要的信息，如图 1-33 所示。

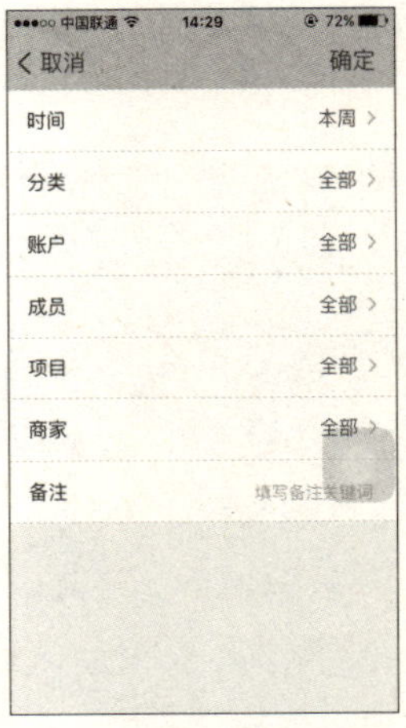

▲ 图 1-32 相应界面

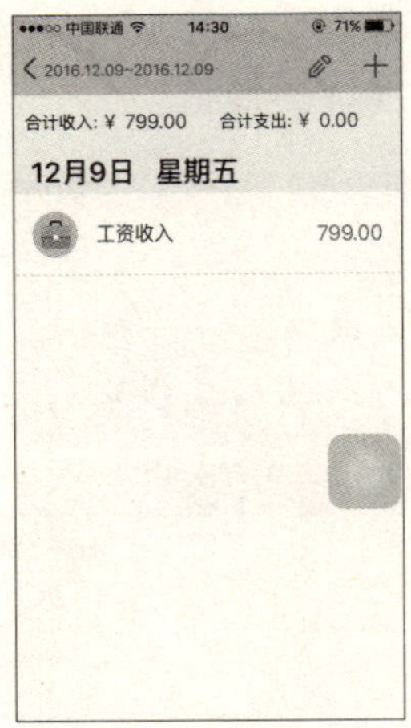

▲ 图 1-33 搜索结果

（7）用户如果想编辑或删除流水账单，可以回到流水账单界面，选中要编辑的流水账单，向左轻轻一滑，滑出相应界面，如图 1-34 所示。

（8）如果想编辑流水账，点击“编辑”按钮，即可弹出相应的窗口，如图 1-35 所示。

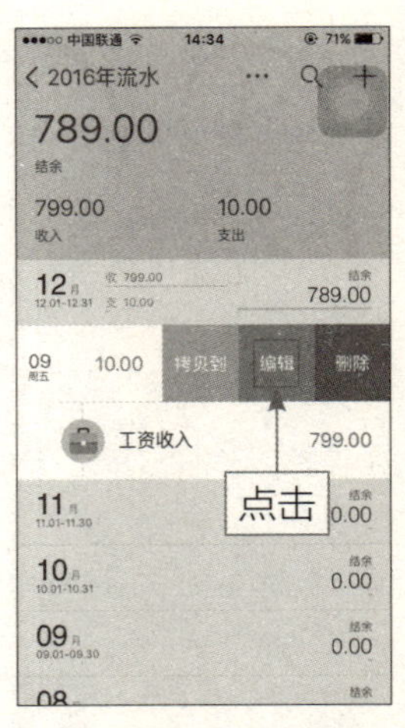

▲ 图 1-34 滑出相应界面

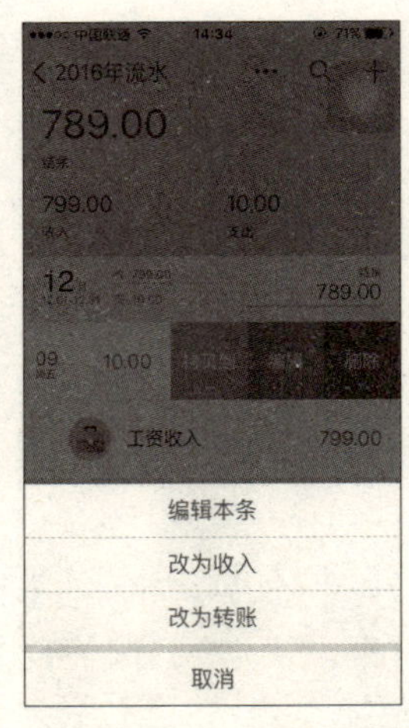

▲ 图 1-35 弹出相应窗口

（9）点击“编辑本条”按钮，就能进入编辑界面。

（10）如果想删除流水账，直接点击“删除”按钮就能将流水账删除。

1.1.7 收支图表：理财直观明了

图表是最能直观表达数据的方式，用户可以在"随手记"APP上通过图表来查看自己的账目情况，具体操作步骤如下所示。

（1）打开"随手记"APP，点击下方的"图表"按钮，如图1-36所示。

（2）进入图表展示界面，如图1-37所示。

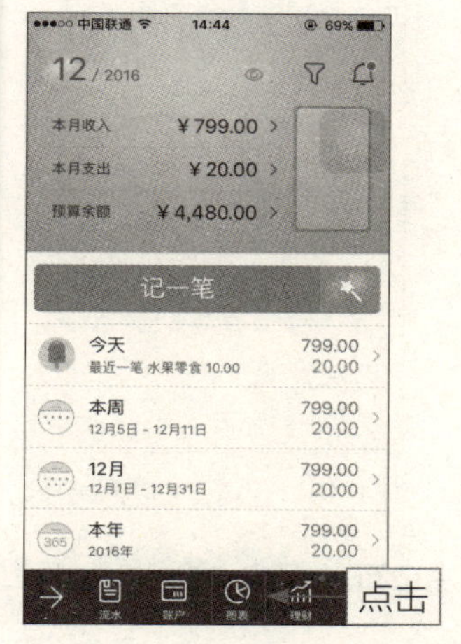

▲ 图1-36 点击"图表"按钮

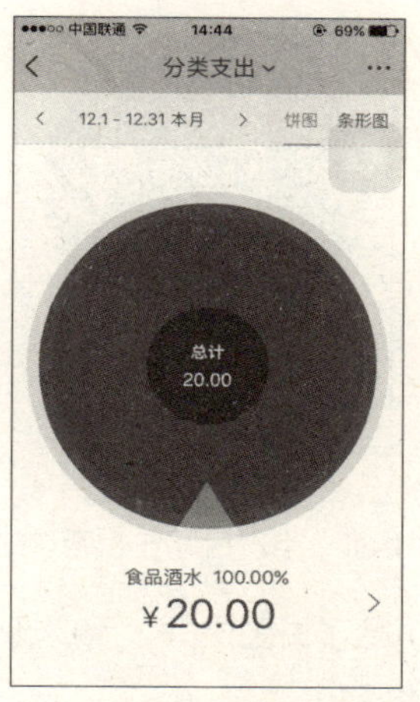

▲ 图1-37 图表展示界面

（3）在界面的最上方，有一个"分类支出"默认栏，点击该默认栏，会看到四种不同的图表选项，如图1-38所示。

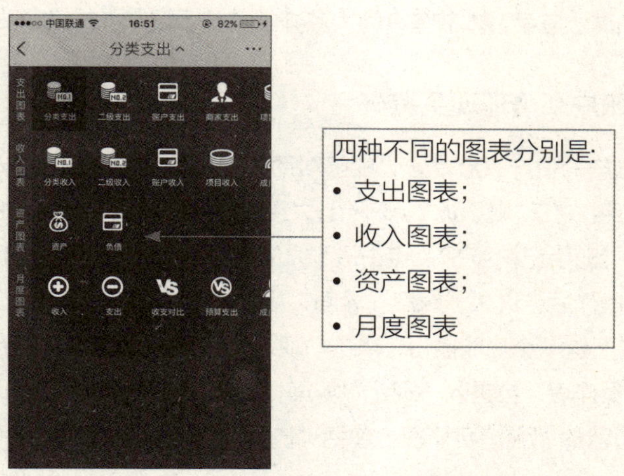

▲ 图1-38 四种不同的图表选项

（4）如果用户想要查看其他月份的图表，可以点击日期左右两边的符号按钮，如图

1-39 所示，点击左方的按钮，日期往前移一个月，点击右方的按钮，日期往后移一个月。

（5）如果用户想查看详细的支出或收入情况，可以点击饼图旁边的符号按钮，就能查看详细的账单情况，如图 1-40 所示。

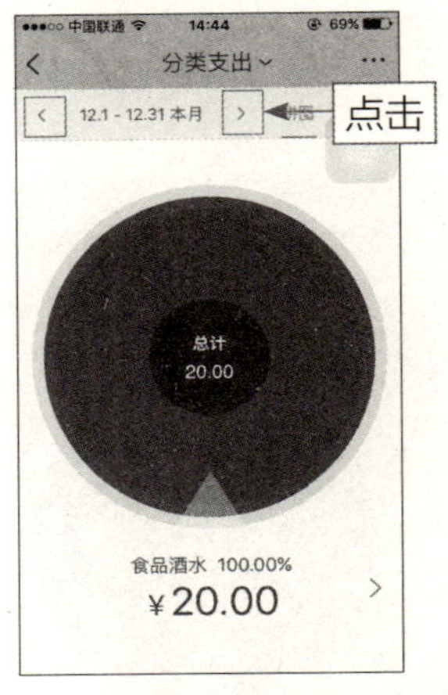
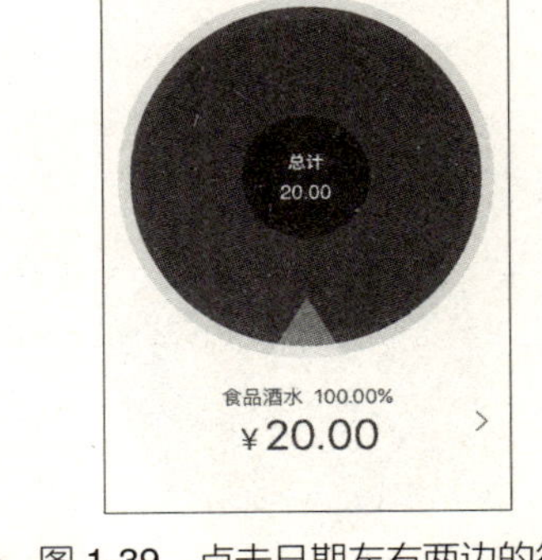

▲ 图 1-39　点击日期左右两边的符号按钮

▲ 图 1-40　查看详细的账单情况

（6）除了饼图之外，用户还可以看条形图，点击右上方的“条形图”按钮，就能查看条形图图表。

1.2　账户管理，让账目更加明确

在“随手记”APP 中，账户占据很重要的位置，用户搞清楚了自己的各个账户，理财就能够更加得心应手，本节笔者为大家介绍“随手记”上的各个账户管理内容。

1.2.1　现金账户：清理现金资产

了解现金账户的资产、流水账，能够帮助用户更好地规划自己的现金消费，及时地抑制非理智消费。在“随手记”APP 上，查看现金账户的步骤如下所示。

（1）打开“随手记”APP，点击最下方的“账户”按钮，如图 1-41 所示。

（2）执行操作后，进入“账户”界面，找到“现金账户”一栏，可以看到现金账户下只有“现金”这一个功能按钮，点击“现金”按钮，如图 1-42 所示。

（3）执行操作后，会进入“现金”界面，如图 1-43 所示，在该界面，用户可以根据日期看到自己的现金消费情况，包括“流入”“流出”和“结余”，以及每一笔的消费金额。

（4）如果用户想删除某笔消费，可以点击上方的删除按钮，如图 1-44 所示，然后就能选择想要删除的消费进行删除，如图 1-45 所示，删除后，点击右上角的按钮即可回到之前的界面。

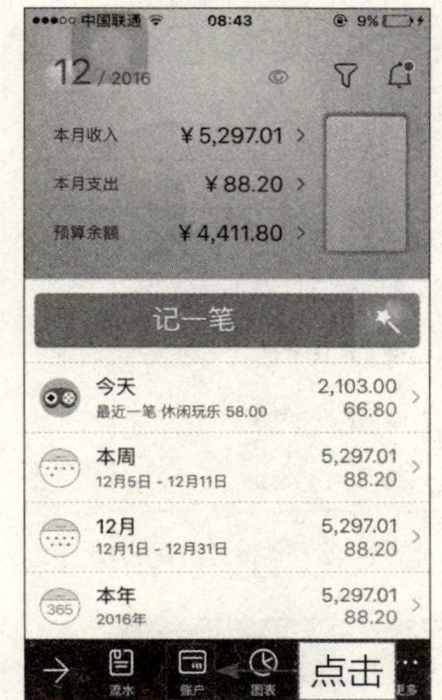

图 1-41 点击“账户”按钮

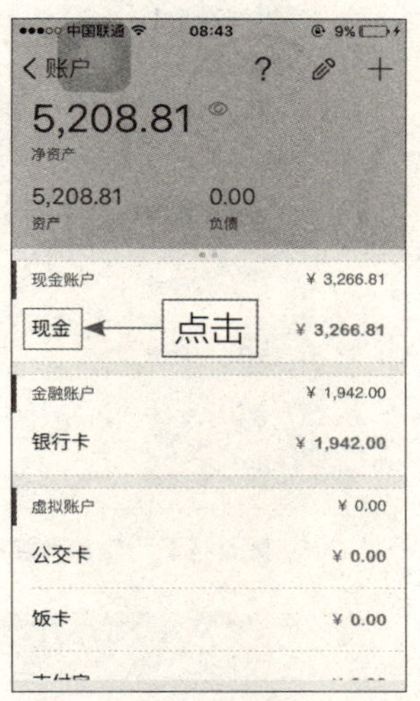

图 1-42 点击“现金”按钮

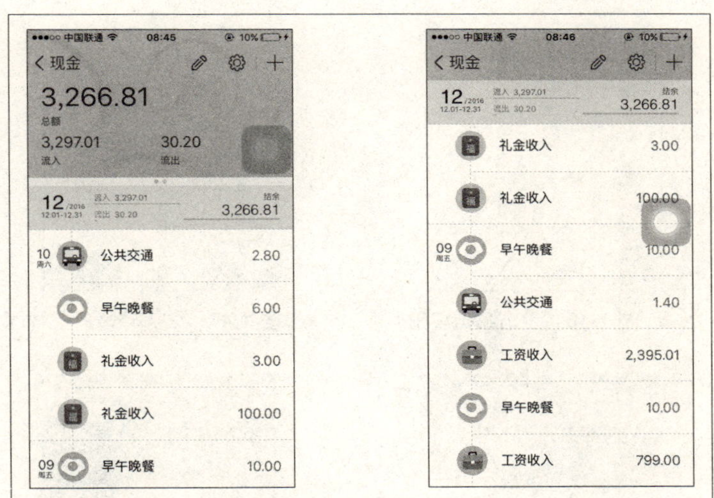

▲ 图 1-43 “现金”界面

（5）如果用户想对现金消费进行编辑，可以点击右上角的编辑按钮，如图 1-46 所示，就能进入“编辑账户”界面，如图 1-47 所示，用户可以在该界面修改账户名、金额、币种，还可以选择将账户隐藏起来。

（6）如果用户想要添加“支出”“收入”“转出”“转入”账单，可以点击右上角的添加按钮，如图 1-48 所示，然后会弹出相应的窗口，如图 1-49 所示，用户点击相应的按钮，就能够添加账单了。

▲ 图 1-44 点击删除按钮

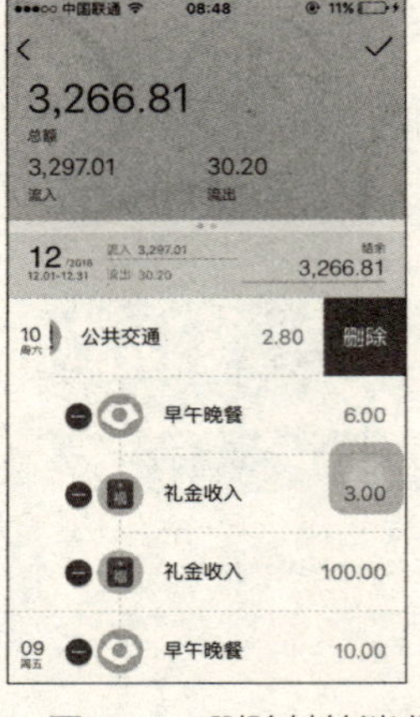

▲ 图 1-45 删除某笔消费

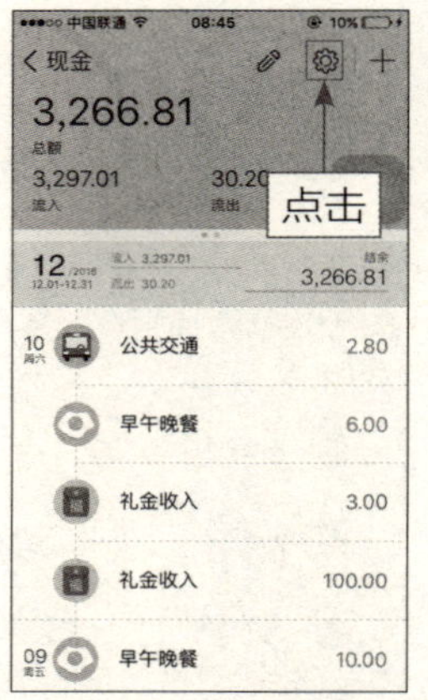

▲ 图 1-46 点击编辑按钮

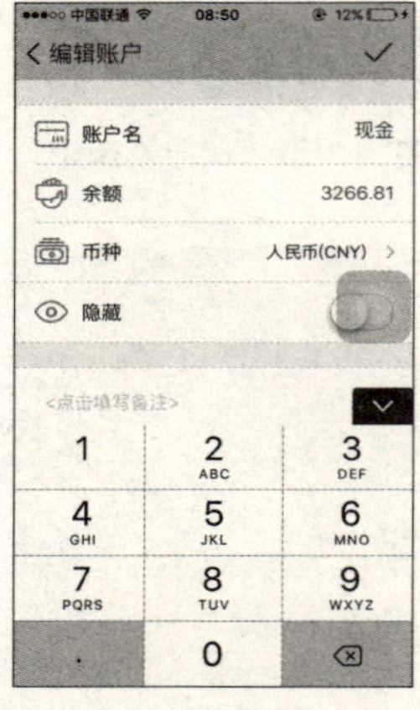

▲ 图 1-47 “编辑账户”界面

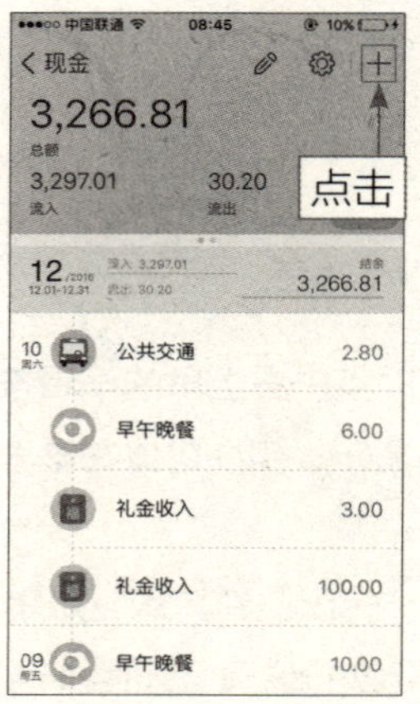

▲ 图 1-48 点击添加按钮

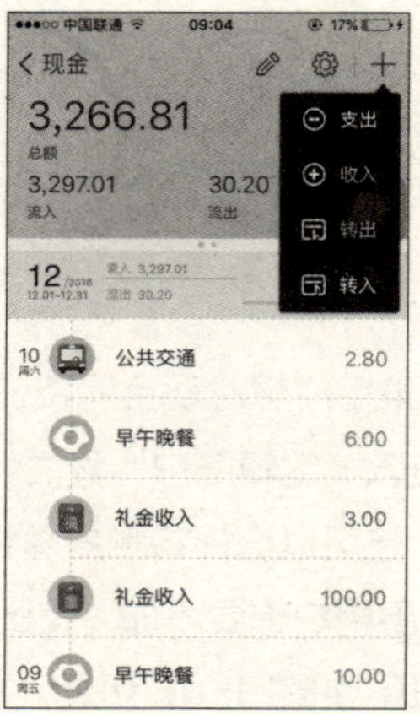

▲ 图 1-49 弹出相应窗口

1.2.2 信用卡账户：清理信用资产

很多理财能手都会办理信用卡，在利用信用卡理财的时候，要注意时常清理信用卡上的资产，不要过度消费，导致超出自己的偿还能力，形成负资产，为此，"随手记"为用户提供了一个信用卡账户，方便用户了解自己信用卡上的每一笔支出和收入。

1）打开"随手记"APP，点击"账户"按钮。

2）进入"账户"界面，找到信用卡账户，如图 1-50 所示。

3）点击"信用卡"按钮，就能进入"信用卡"界面，如图 1-51 所示。在该界面，用户可以看到自己的信用卡消费情况，包括"流入""流出"和"结余"，以及每一笔的消费金额。

4）如果用户想删除某笔消费，可以点击上方的删除按钮，然后就能选择想要删除的账单进行删除，如图 1-52 所示，删除后，点击右上角的按钮即可回到之前的界面。

5）如果用户想对信用卡消费进行编辑，可以点击右上角的编辑按钮，进入"编辑账户"界面，如图 1-53 所示，用户可以在该界面修改发卡行、账户名、欠款、币种，还可以选择将账户隐藏起来，还能填写备注。

6）如果用户想要添加"支出""收入""转出""转入"账单，可以点击右上角的添加按钮，然后会弹出相应的窗口，如图 1-54 所示，用户点击相应的按钮，就能够添加账单了。

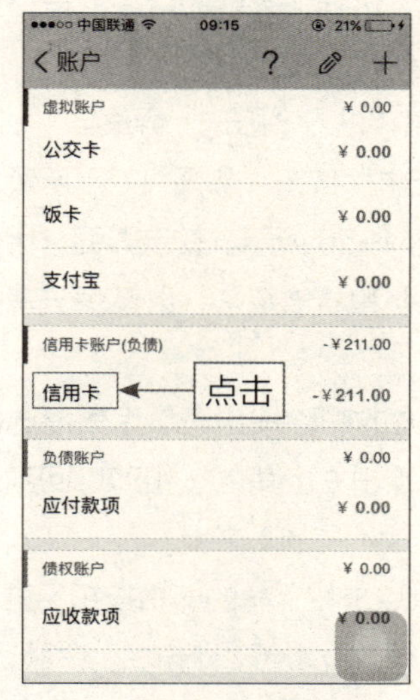

▲ 图 1-50 信用卡账户

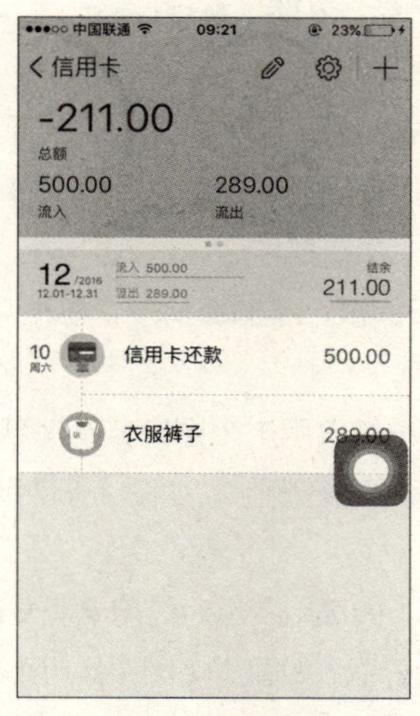

▲ 图 1-51 "信用卡"界面

▲ 图1-52　删除账单

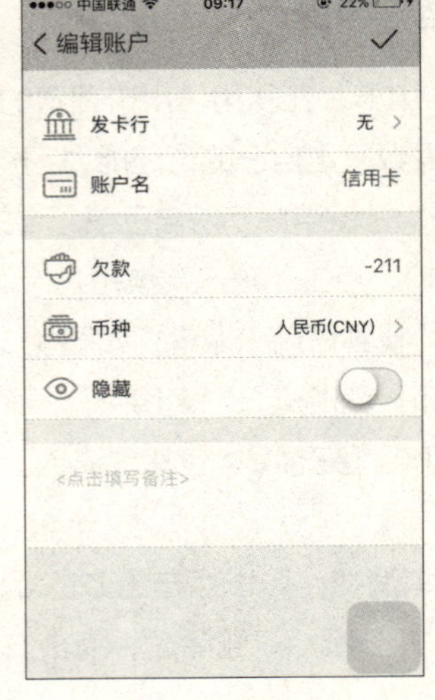

▲ 图1-53　“编辑账户”界面

▲ 图1-54　弹出相应窗口

1.2.3　金融账户：清理金融资产

金融账户就是用户的银行卡账户，在如今的日常生活中，人们的银行卡消费越来越多了，在外面刷卡消费已经成为一种日常，包括支付宝、微信等工具的支付功能，也都有绑定银行卡消费这一个选项，因此，用户需要对自己的银行卡账户有一个清晰明了的记录，才能了解自己每一笔消费去向和来源，这样，才能为以后的理财奠定坚实的基础。

（1）打开“随手记”APP，点击“账户”按钮，进入“账户”界面。

（2）在该界面找到“金融账户”，点击“银行卡”按钮，如图1-55所示。

（3）执行操作后，进入“银行卡”界面，如图1-56所示，在该界面，用户可以看到自己的银行卡消费情况，包括“流入”“流出”和“结余”，以及每一笔的消费金额。

（4）如果用户想删除某笔消费，可以点击上方的删除按钮，然后就能选择想要删除的账单进行删除，如图1-57所示，删除后，点击右上角的按钮即可回到之前的界面。

（5）如果用户想对信用卡消费进行编辑，可以点击右上角的编辑按钮，进入“编辑账户”界面，如图1-58所示，用户可以在该界面修改发卡行、账户名、余额、币种，还可以选择将账户隐藏起来，还能填写备注。

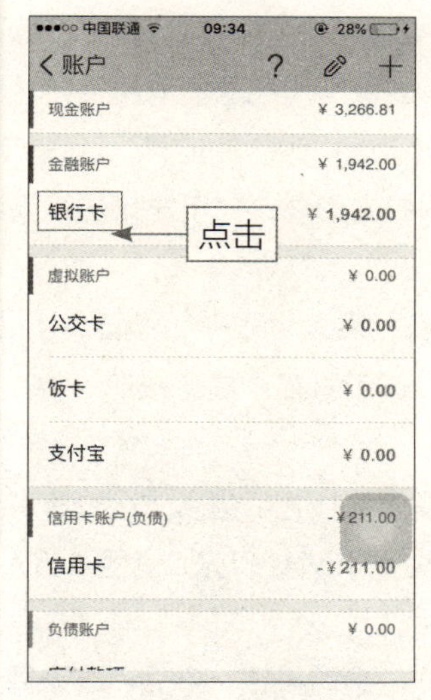

▲ 图 1-55　点击"银行卡"按钮

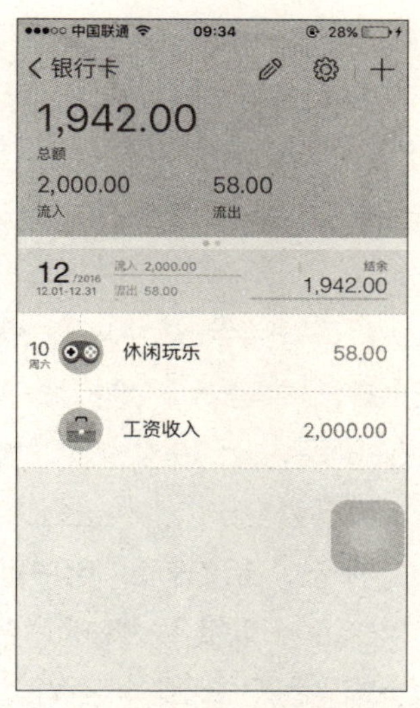

▲ 图 1-56　"银行卡"界面

6）如果用户想要添加"支出""收入""转出""转入"账单，可以点击右上角的添加按钮，然后会弹出相应的窗口，如图 1-59 所示，用户点击相应的按钮，就能够添加账单了。

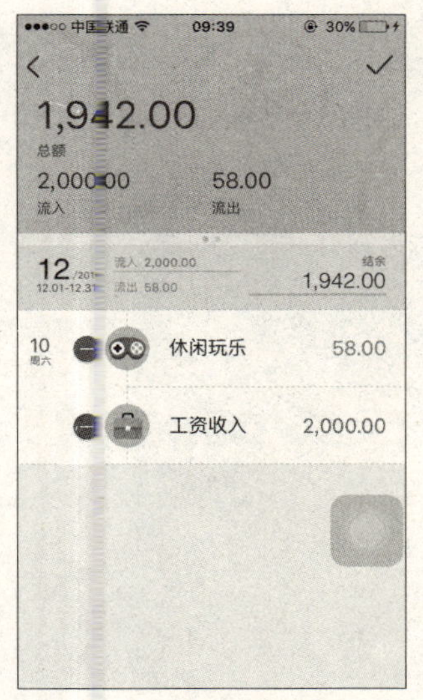

▲ 图 1-57　删除账单　▲ 图 1-58　"编辑账户"界面

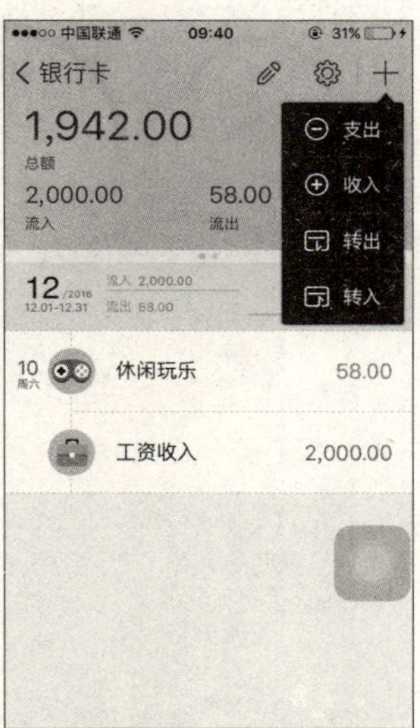

▲ 图 1-59　弹出相应窗口

1.2.4　虚拟账户：清理虚拟资产

什么是虚拟账户？虚拟账户就是指公交卡、饭卡、支付宝这类的消费账户，在日常生活中，人们对现金、银行卡、信用卡这类账户要敏锐一些，对公交卡、饭卡这类虚拟账户，不会像对待其他账户那样细心和仔细，或者常常把这些消费直接忽略之类的，因此，在“随手记”APP 上，专门给用户提供了虚拟账户的记录，让任何一笔消费都不会被用户遗忘。如果用户养成了记录虚拟账户的习惯，对于未来的理财会有更好的帮助。

（1）打开“随手记”APP，点击“账户”按钮，进入“账户”界面。

（2）在该界面找到“虚拟账户”，如图 1-60 所示。在“虚拟账户”中，可以看到三类账户类型，分别是公交卡、饭卡和支付宝。

（3）以“公交卡”为例进行讲解，点击“公交卡”按钮，进入“公交卡”界面，如图 1-61 所示，在该界面，用户可以看到自己的公交卡消费情况，包括“流入”“流出”和“结余”，以及每一笔的消费金额。

（4）如果用户想删除某笔消费，可以点击上方的删除按钮，然后就能选择想要删除的账单进行删除，如图 1-62 所示，删除后，点击右上角的按钮即可回到之前的界面。

（5）如果用户想对信用卡消费进行编辑，可以点击右上角的编辑按钮，进入“编辑账户”界面，如图 1-63 所示，用户可以在该界面修改账户名、余额、币种 还可以选择将账户隐藏起来，还能填写备注。

（6）如果用户想要添加“支出”“收入”“转出”“转入”账单，可以点击右上角的添加按钮，然后会弹出相应的窗口，如图 1-64 所示，用户点击相应的按钮，就能够添加账单了。

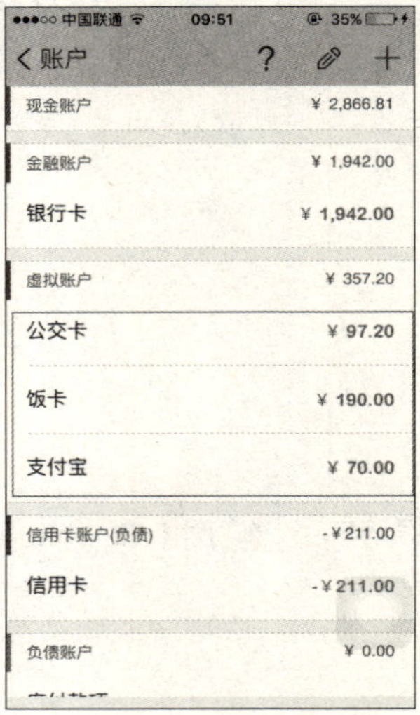

▲ 图 1-60　虚拟账户

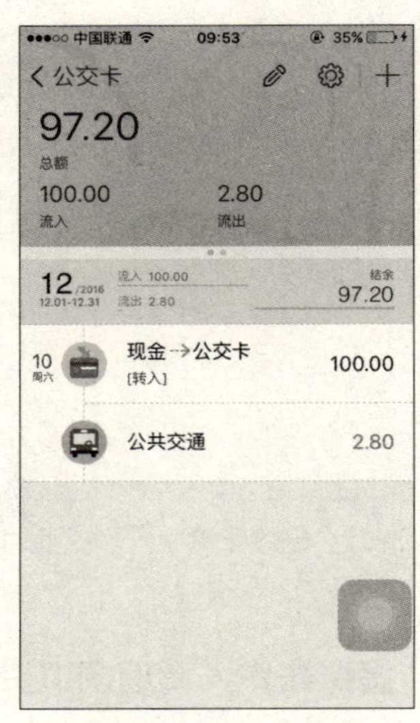

▲ 图 1-61　“公交卡”界面

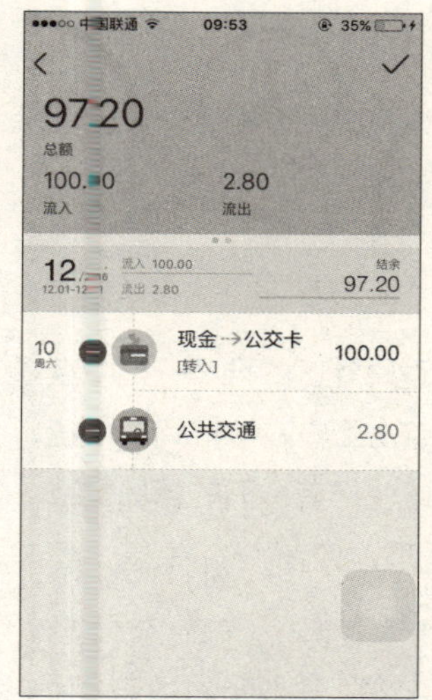

▲ 图 1-62　删除账单

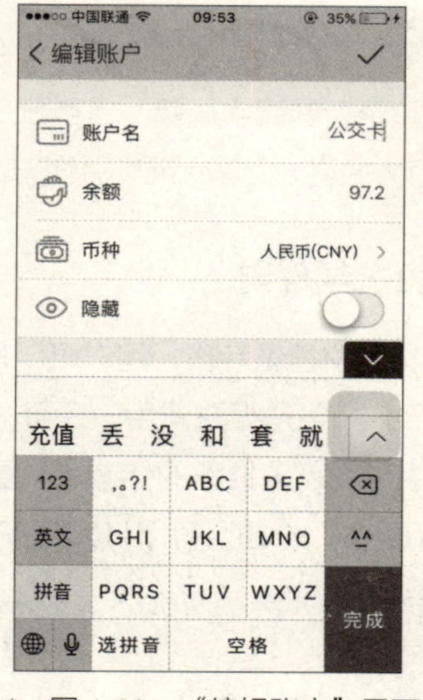

▲ 图 1-63　"编辑账户"界面

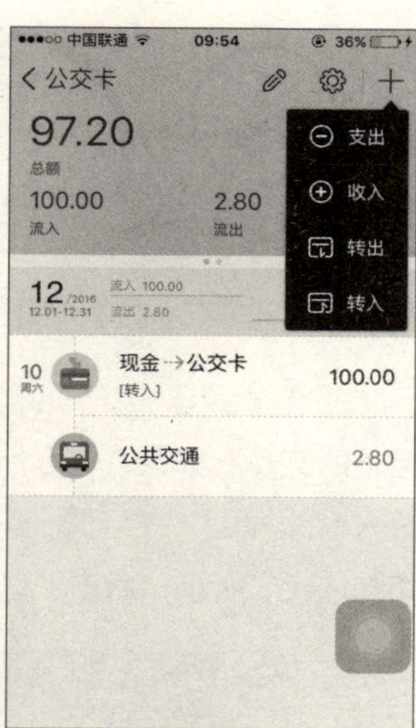

▲ 图 1-64　弹出相应窗口

1.2.5　其他账户：清理其他资产

在"随手记"APP 上，除了现金账户、信用卡账户、金融账户和虚拟账户之外，还有负债账户、债权账户、投资账户，如图 1-65 所示。用户建立负债账户、债权账户和投资账户，能够提升合理分配资产的意识，在日常生活中，做到有理有据、有条不紊。同时投资账户能够让用户知道自己基金账户、股票账户的收益情况，更好地实现理财。

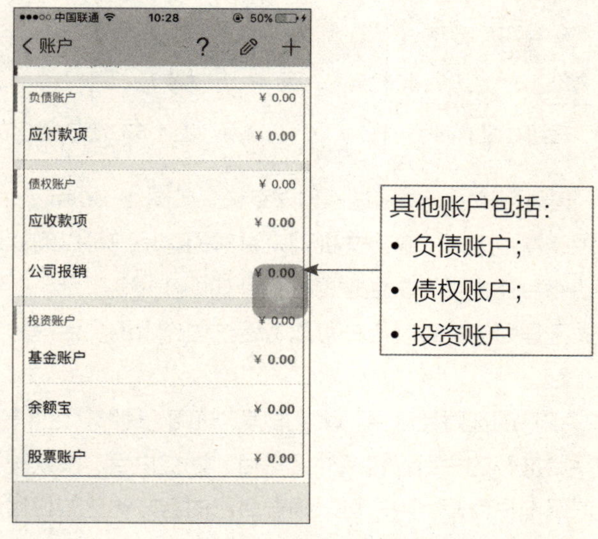

▲ 图 1-65　其他账户

1.3　随手理财，记账理财两不误

在“随手记”APP上，除了查看流水账单、各类账户以及收支图表之外，还可以进行理财操作，本节笔者将为大家讲解“随手记”APP的理财功能。

1.3.1　理财社区：聊投资·学理财

在“随手记”APP上，有理财社区专栏，用户可以在理财社区的推荐一栏中查看相关的文章，如图1-66所示。如果是理财新手，还可以点击上方的“订阅”按钮，进入订阅界面，在订阅一栏中订阅系统推荐的作者，查看这些作者撰写的精品文章，如图1-67所示，点击“订阅更多”按钮，可以订阅更多的理财作者。

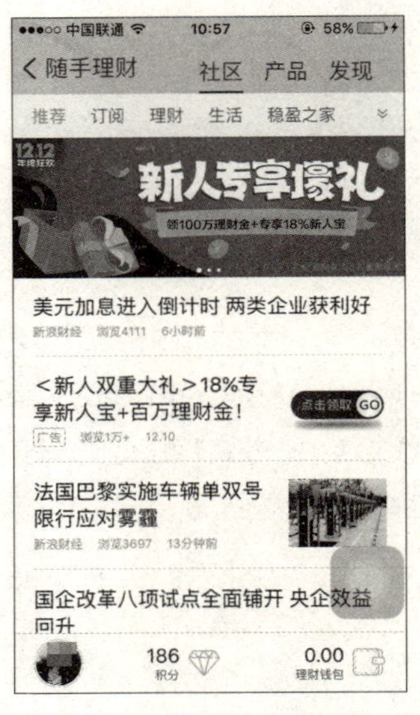

▲ 图1-66　理财社区的推荐一栏

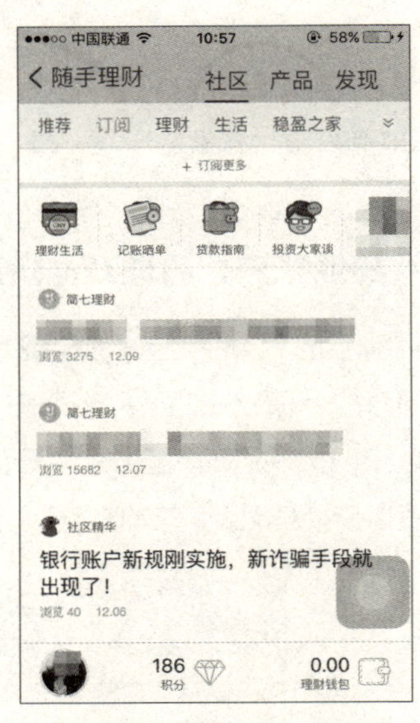

▲ 图1-67　理财社区的订阅一栏

点击上方的“理财”按钮，能够进入理财专栏，如图1-68所示，在这一栏目中，所有的文章都是围绕着“理财”这一关键词来讲解的，用户可以阅读这些文章来提高自己的理财能力。平台还提供了生活理财栏目，如图1-69所示，在这个栏目中，用户可以看到很多关于理财的文章，用户可以看看这些作者的生活理财经验，从而提高自己的生活理财能力。

在“随手记”APP的理财社区中，除了推荐、订阅、理财、生活等常用栏目之外，还有很多其他的平台推荐的栏目，包括外汇栏目、期货栏目、大众理财栏目、电商栏目、众筹栏目、信用卡栏目等，用户可以根据自己的喜好对这些栏目进行添加，添加的步骤如下所示。

▲ 图 1-68 理财社区的理财一栏

▲ 图 1-69 理财社区的生活一栏

（1）在"随手记"APP 首页点击"理财"按钮，进入"随手理财"界面，点击如图 1-70 所示的按钮。

（2）弹出常用栏目和推荐栏目，如图 1-71 所示，在推荐栏目中，用户点击任意栏目按钮，就能添加到常用栏目中，如图 1-72 所示。

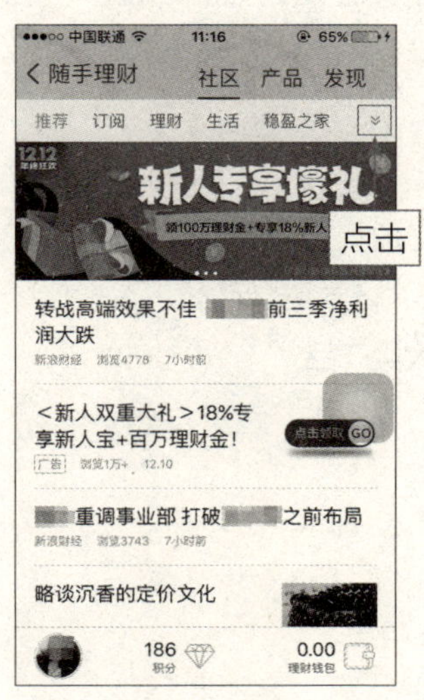

▲ 图 1-70 点击相应按钮

▲ 图 1-71 弹出常用栏目和推荐栏目

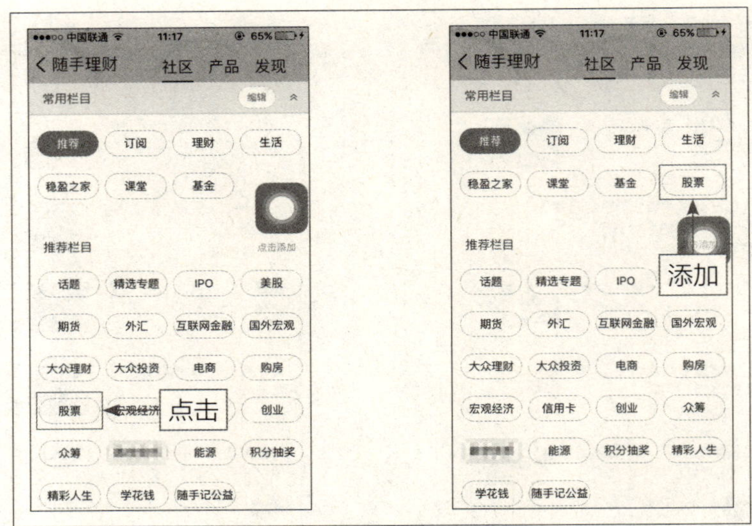

▲ 图 1-72 点击相应栏目就能添加

1.3.2 随手稳盈：让自己的财富增值

在“随手记”APP 中，用户可以购买理财产品，在首页点击“理财”按钮，进入“随手理财”界面，然后点击“产品”按钮，就能进入相关的理财产品界面，在该界面，可以看到“稳盈”“基金”“办卡”“证券”“保险”五大类产品，如图 1-73 所示，本节主要为大家介绍“稳盈”类的产品。

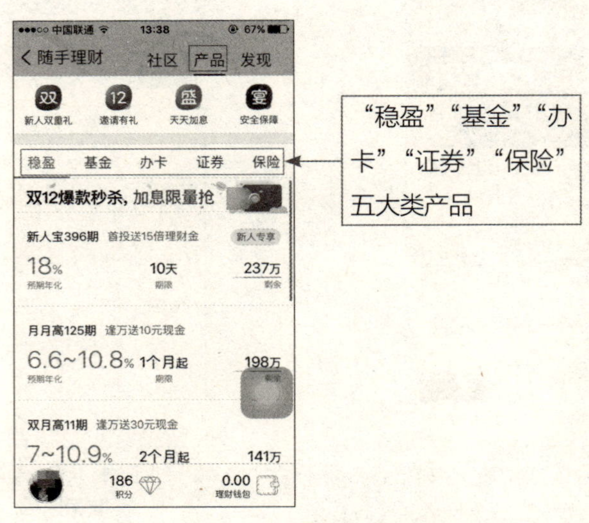

▲ 图 1-73 产品界面

在“稳盈”类产品下，可以看到各种不同类型的理财产品以及每类产品的“预期年化""期限"优惠情况，笔者以新人专享的"新人宝 396 期"为例，为大家讲解如何购买理财产品。

（1）点击"新人宝 396 期"产品，如图 1-74 所示，进入"新人宝 396 期"界面，如图 1-75 所示。

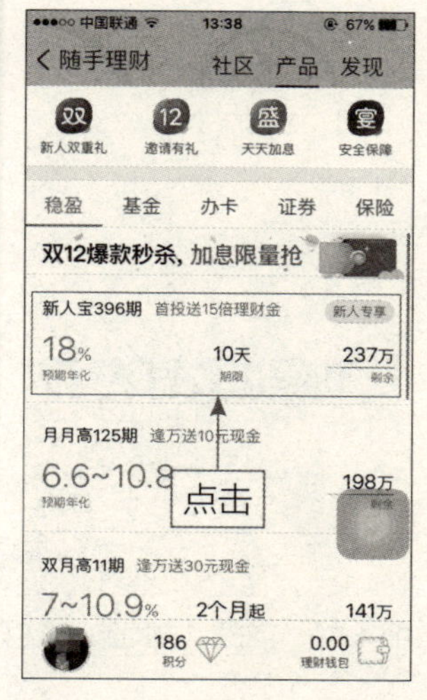

▲ 图 1-74　点击"新人宝 396 期"

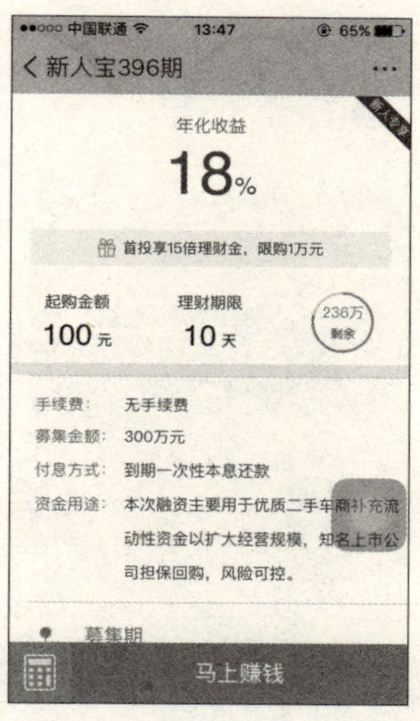

▲ 图 1-75　"新人宝 396 期"界面

（2）用户认真阅读项目的内容，包括起购金额、理财期限、手续费、付息方式、资金用途、项目流程、项目介绍、资金保障等，如图 1-76 所示为项目部分内容展示。

（3）阅读之后，用户点击左下角的按钮，就会跳出"我能赚多少"窗口，如图 1-77 所示。

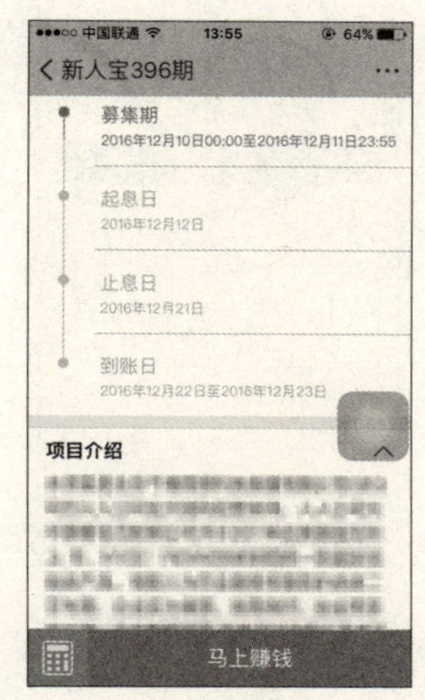

▲ 图 1-76　项目部分内容展示

▲ 图 1-77　"我能赚多少"窗口

（4）了解了收益情况之后，关闭“我能赚多少”窗口，点击“马上赚钱”按钮，进入“购买”界面，如图 1-78 所示。

（5）输入购买金额，点击“立即购买”按钮，如图 1-79 所示。

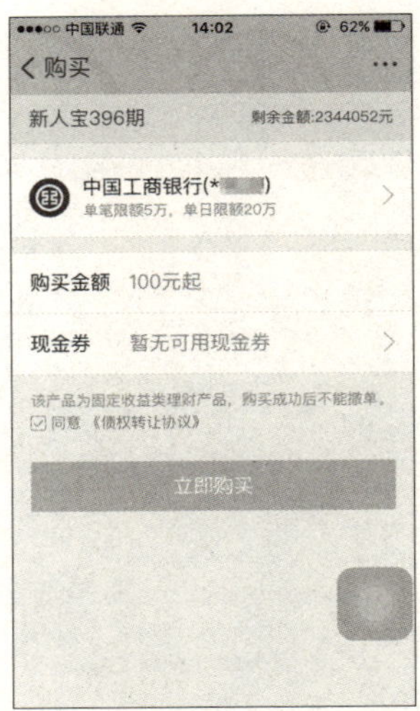

▲ 图 1-78　“购买”界面

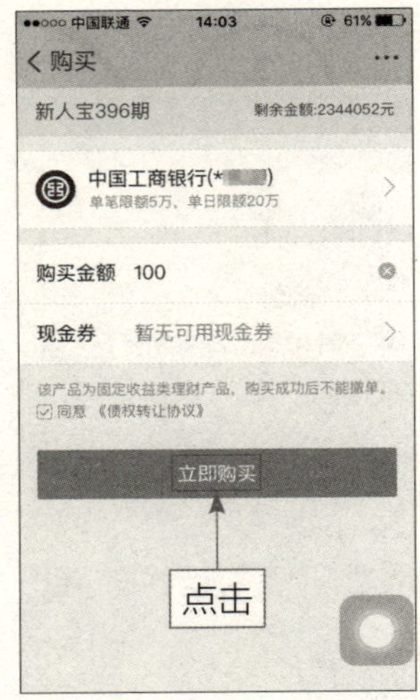

▲ 图 1-79　点击“立即购买”按钮

（6）执行操作后，跳出“验证码”窗口，如图 1-80 所示。

（7）输入验证码，点击“验证”按钮，即可成功购买，图 1-81 所示为“购买结果”界面。

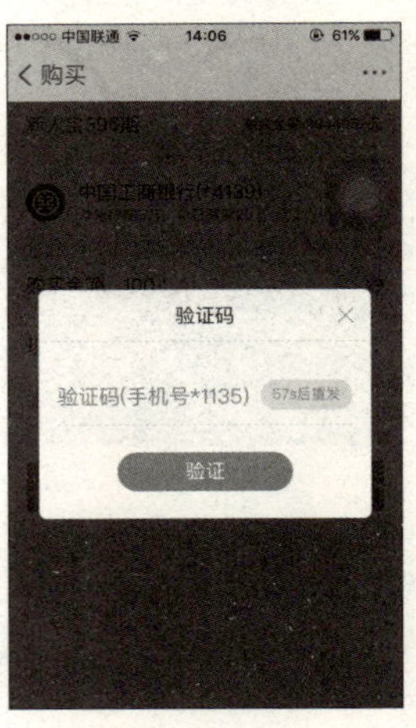

▲ 图 1-80　“验证码”窗口

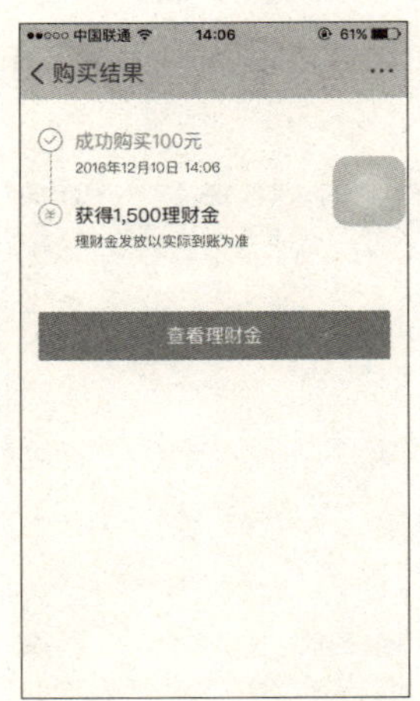

▲ 图 1-81　“购买结果”界面

1.3.3　基金投资：稳健投资、开源节流

如果用户想投资基金，就可以在“随手理财”界面点击“基金”按钮，进入相应

界面，如图 1-82 所示，在该界面，用户可以看到两大模块：“货基理财”和“优选基金”。如果用户还想查看更多基金，点击“更多基金”按钮，即可进入基金列表，如图 1-83 所示。

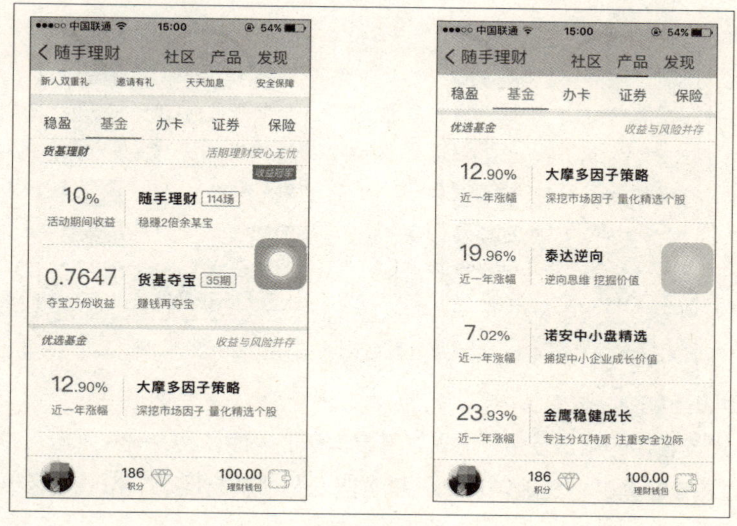

▲ 图 1-82 基金界面

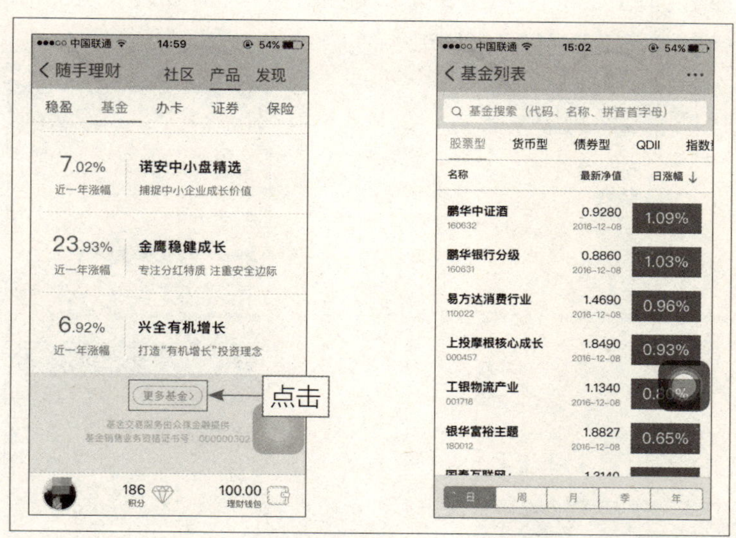

▲ 图 1-83 点击“更多基金”按钮进入“基金列表”界面

在“基金列表”界面，用户可以查看“股票型”“货币型”“债券型”等类型的基金，还可以通过最下方的按钮，了解以“日”“周”“月”“季”“年”时间段为单位的基金涨幅情况，图 1-84 所示为股票型基金周涨幅和月涨幅的情况。

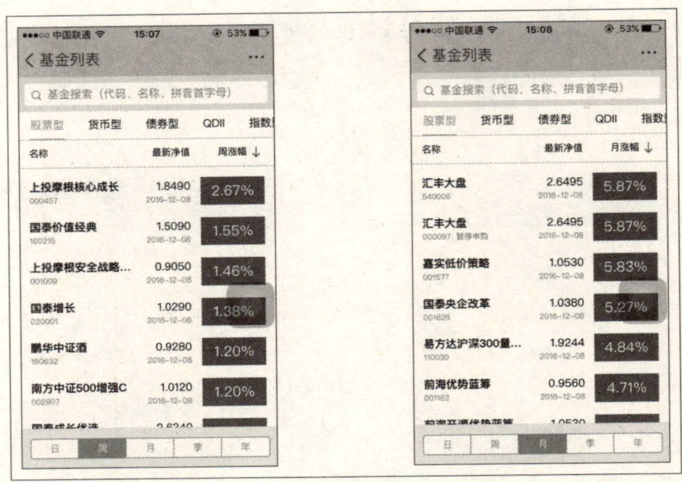

▲ 图 1-84　股票型基金周涨幅和月涨幅的情况

用户申购基金的步骤为：

（1）点击看中的某个基金，进入“基金详情”界面如图 1-85 所示，在该界面，用户可以查看该基金的“业绩表现”“基金概况”“交易规则”和“社区热议”四项内容。

（2）点击“马上赚钱”按钮，进入“实名认证”界面，如图 1-86 所示，后面的操作步骤，用户按照提示进行操作即可。

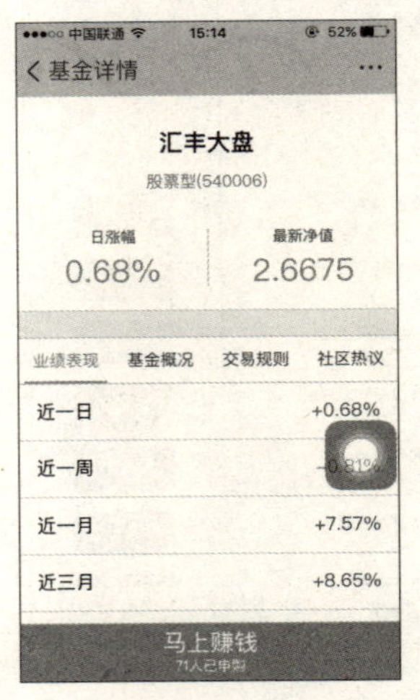

▲ 图 1-85　“基金详情”界面

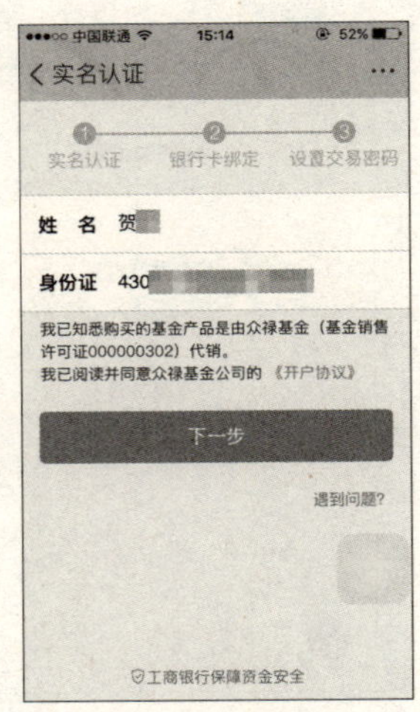

▲ 图 1-86　“实名认证”界面

1.3.4　证券投资：专业服务，安心金融

如果用户想投资证券，就可以在“随手理财”界面点击“证券”按钮，进入相应

界面，如图 1-87 所示，在进行证券投资之前，首先需要开户，点击“开户”按钮，进入相应的开户界面，如图 1-88 所示，然后按照提示进行操作即可完成开户。

▲ 图 1-87　证券界面

▲ 图 1-88　开户界面

1.3.5　保险理财：风险管理的重要手段

对于理财用户来说，一定要有“进可攻，退可守”的意识，“进可攻”意识是指通过购买理财产品达到赚钱的目的的一种意识，而“退可守”意识则是指要有风险意识，即通过购买保险产品来降低日常风险的一种意识。具体操作步骤是进入“随手理财”界面然后点击“产品”/“保险”按钮，就能进入相应界面，如图 1-89 所示。

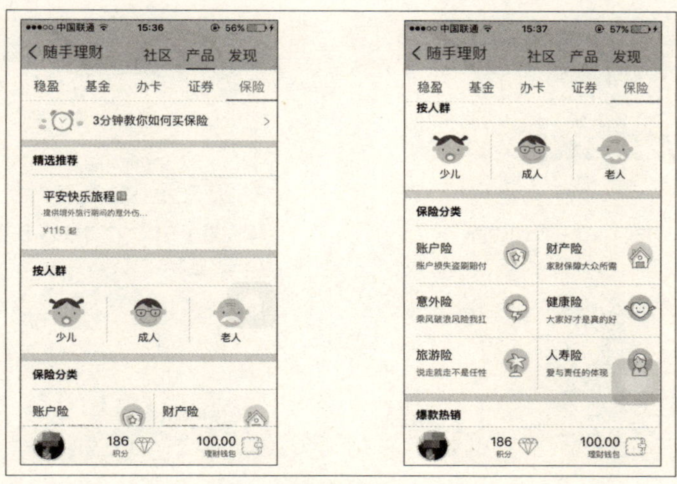

▲ 图 1-89　保险产品界面

专家提醒

从图片中可以看出，保险的种类分为：账户险、财产险、意外险、健康险等，对于理财的用户来说，账户险和财产险是必须购买的，同时其他种类的保险，也可以根据自身情况进行购买，确保当意外来临的时候，能够最高限度地降低损失。

1.3.6 理财服务：综合性理财服务平台

除了“稳盈理财”“基金投资”“证券投资”“保险投资理财”之外，“随手记”APP 还为用户提供了贷款、办卡、理财课堂、精选专题等其他类型的理财服务，致力于打造出一个综合的理财服务平台。

进入“随手记”APP 平台，点击“理财”按钮，进入“随手理财”界面，点击“发现”按钮，就能看到这些服务按钮，如图 1-90 所示。拿“贷款超市”为例，用户点击“贷款超市”按钮，就能进入相应的界面，如图 1-91 所示。

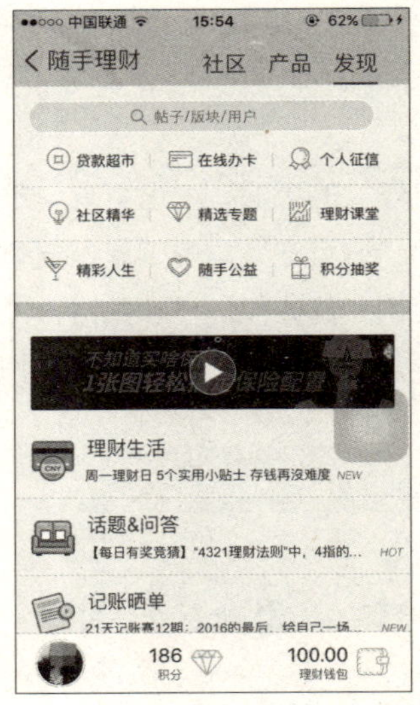

▲ 图 1-90 发现界面

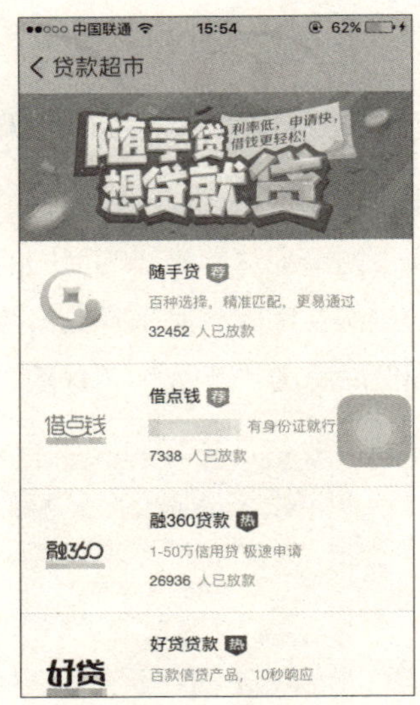

▲ 图 1-91 “贷款超市”界面

第2章

银行理财：将银行装进您口袋

虽然银行业对手机银行早有涉足，但一直缺乏创新与变革的动力。近年来，随着以余额宝为代表的互联网金融产品对传统银行业务带来冲击，银行开始作出积极反应。而手机银行 APP 也正在一步步取代传统的银行柜台和 PC 端口，逐渐成为银行开展业务的新门户。

要点展示

- 手机银行，掌上理财的基础
- 财富管理，手机银行帮你全解决
- 银行业务，手机银行办理效率高
- 理财产品，手机银行交易一指通

2.1 手机银行，掌上理财的基础

互联网金融来势汹汹，移动端的发展可谓非常迅猛。如今，投资者再也不用去银行柜台排队买理财产品，而是拿起手机就能进行各项操作，随时随地理财的设想已经慢慢变成了现实。近期，无论是银行还是第三方支付机构都在积极推动移动客户端的业务。如此一来，移动端可享受的各类优惠也多了起来，使用移动端进行理财的用户也与日俱增。

2.1.1 手机客户端注册

用户在使用手机银行之前，最好是到银行营业厅开通手机银行。不过，用户也可以使用手机银行客户端进行自助注册，下面以工商银行为例介绍具体操作步骤。

（1）进入工商银行 APP 后，点击界面下方“我的”按钮，如图 2-1 所示。

（2）进入“我的”界面，用户点击“在此登录”按钮，如图 2-2 所示。

（3）执行操作后，跳出相应界面，点击“立即注册”按钮，如图 2-3 所示。

（4）执行操作后，跳转到“自助注册”界面，如图 2-4 所示。

▲ 图 2-1 点击“我的”按钮

▲ 图 2-2 点击“在此登录”按钮

（5）在“自助注册”界面输入相应信息，然后获取并输入手机验证码，执行操作后，点击“下一步”按钮，进入“设置登录密码”界面，如图 2-5 所示。

（6）在“设置登录密码”界面输入相应信息，然后勾选“已阅读并接受《中国工商银行电子银行个人客户服务协议》”，点击“下一步”按钮，即可注册成功，如图 2-6 所示。

▲ 图 2-3 点击“立即注册”按钮

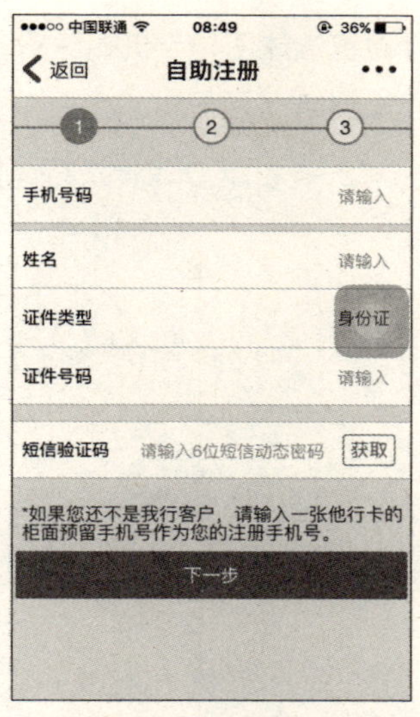

▲ 图 2-4 “自助注册”界面

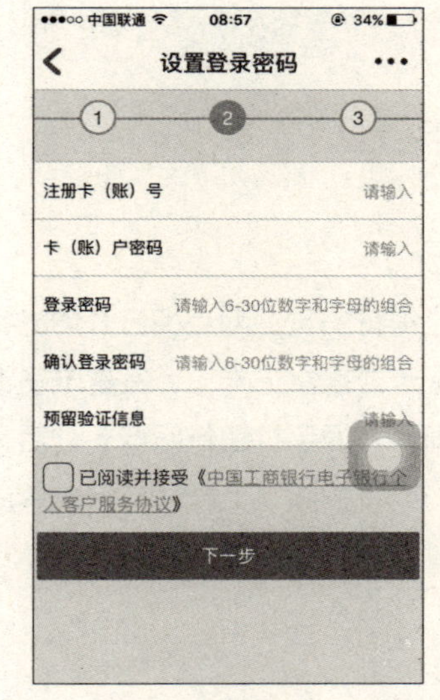

▲ 图 2-5 “设置登录密码”界面

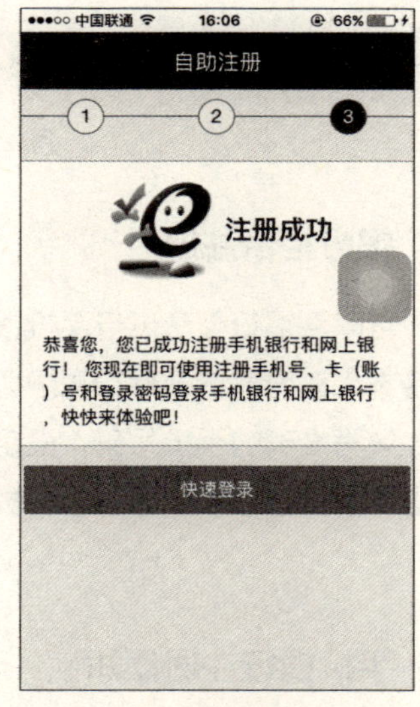

▲ 图 2-6 注册成功

2.1.2 计算机客户端注册

在计算机上通过网上银行开通的手机银行，可直接将任一网银注册账户导入为手机银行的注册账户，然后填写准确的手机号码，并设定登录密码，即可自助开通手机银行服务。例如，工商银行可登录中国工商银行官方网站（http://www.icbc.com.cn/icbc/），在个人网上银行登录界面单击“手机银行自助注册”按钮。

在计算机端注册与手机端注册流程大致一样，用户可以按照其提示完成注册，其简要流程如图 2-7 所示。

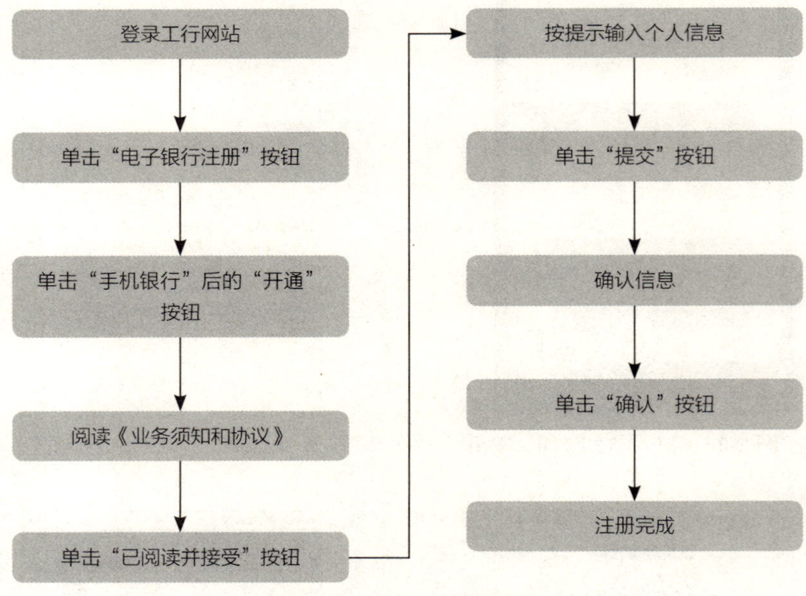

▲ 图 2-7　计算机端注册流程

2.1.3 银行柜台注册

用户可以到银行柜台进行手机银行注册。通过银行的营业网点柜台开通的客户，必须携带本人有效身份证件和账户凭证原件（借记卡或准贷记卡），签署电子银行服务协议，填写准确的手机号码，设定登录密码，即可开通手机银行服务。之后，用户可以在银行的指导下，下载安装手机银行客户端，或者按照以上所述自行安装注册手机银行。

2.1.4 手机银行注册须知

用户在注册手机银行时，还应该注意一些事项，如图 2-8 所示。

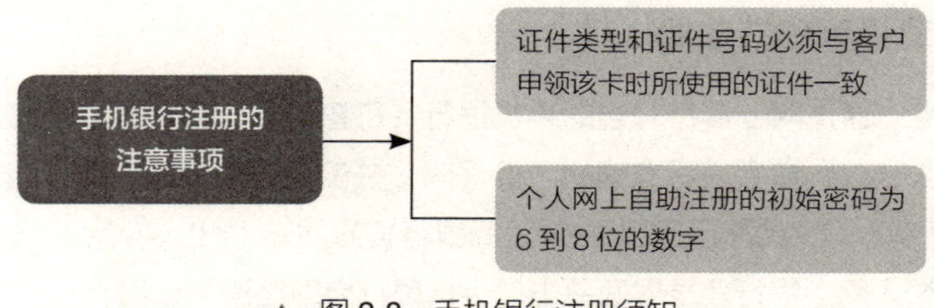

▲ 图 2-8　手机银行注册须知

2.2 财富管理，手机银行帮你全解决

将“财”存在银行卡里是多数人的选择，进行银行卡账户的管理，也就是对“财”的管理。用手机银行客户端，用户可以实现24小时对银行卡进行管理，不但省时省心，还免去到柜台办理的麻烦。手机银行也可称为移动银行，是用户利用移动通信网络及终端办理相关银行业务的简称。其实各大银行的手机银行客户端使用方式大同小异，功能也都比较类似。

2.2.1 随时查询银行卡账户信息

相比以往办理银行业务必须去柜台的方式来说，使用手机管理银行卡不仅方便，还能节省大量的时间，甚至在手机端办理业务还能节省一定的服务费。下面以工商银行的手机APP银行为例，为大家详解如何使用手机查看余额和交易明细。

（1）登录手机银行，在主界面点击“我的”按钮，进入“我的”界面，如图2-9所示，点击“我的资产”按钮，就能进入相应界面查看资产净值，如图2-10所示。

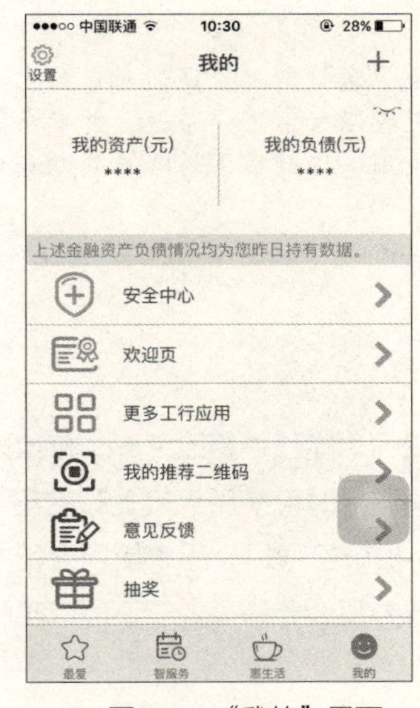

▲ 图2-9 “我的”界面

▲ 图2-10 查看资产净值

（2）如果用户想查看账户的交易明细，可以点击“活期”按钮，进入“活期”界面，如图2-11所示，然后点击“明细”按钮，就能进入“查询明细”界面，如图2-12所示。

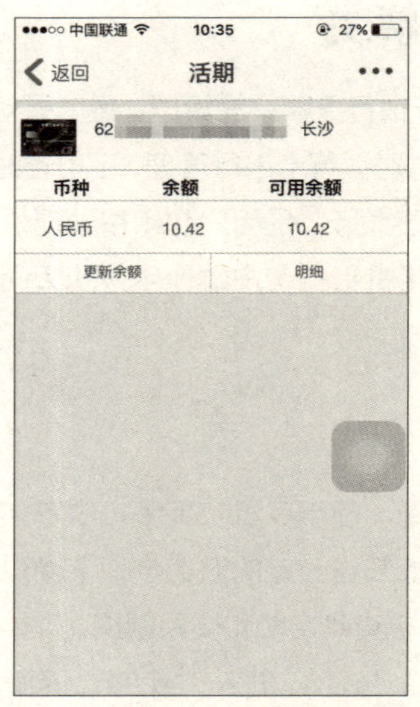

▲ 图 2-11 “活期”界面

▲ 图 2-12 “查询明细”界面

专家提醒

用户还可以使用手机查看银行卡的开户网点、负债情况，还能对银行卡账户的积分、住房公积金等信息进行查询。对于一般的银行卡用户来说，许多功能都是未开通的，需要去银行柜台进行开通后才能使用，但最常用的账户明细查询等不需要另外开通业务。

2.2.2 方便快捷地管理信息安全

使用手机管理银行卡时，最方便、最不可或缺的功能就是更改密码、修改账户信息。如用户在银行关门的情况下将自己银行卡丢失，此时可使用手机更改密码、或进行挂失，将损失降到最低。有了这些 24 小时的手机服务项目，用户使用银行卡也能更加放心，也更加方便，可以告别以往常常跑银行办理业务的模式。下面以工行手机银行为例，详解如何使用手机进行安全管理。

（1）登录手机银行，在主界面点击“我的”按钮，进入“我的”界面，如图 2-13 所示。

（2）在“我的”界面点击“安全中心”按钮，进入“安全中心”界面，如图 2-14 所示，在该界面用户可以进行调整支付限额、管理免签限额、修改登录密码和支付密码等操作。

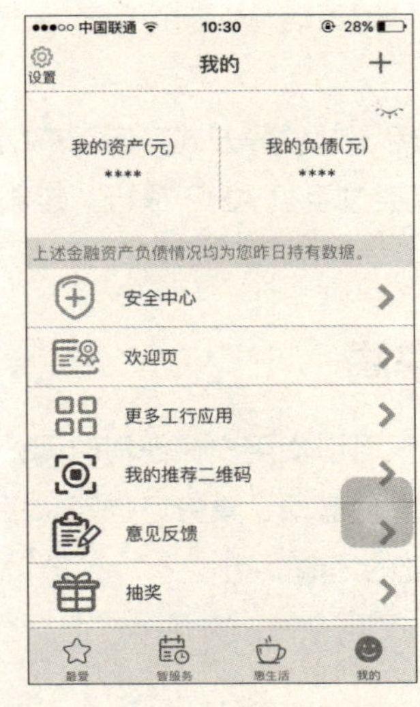

▲ 图 2-13 “我的”界面

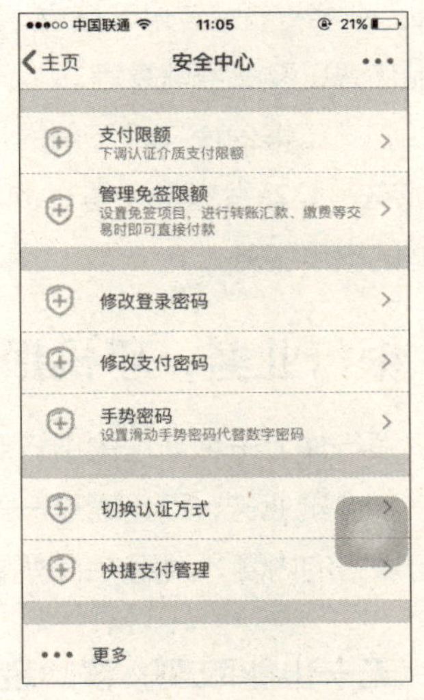

▲ 图 2-14 “安全中心”界面

（3）如果用户想要使用手机进行银行卡的挂失，那么只需要登录手机银行之后，在“最爱”界面点击“我的账户”按钮，如图 2-15 所示，进入“我的账户”界面，然后点击“…”按钮，如图 2-16 所示，就能找到“账户挂失”按钮了，如图 2-17 所示。

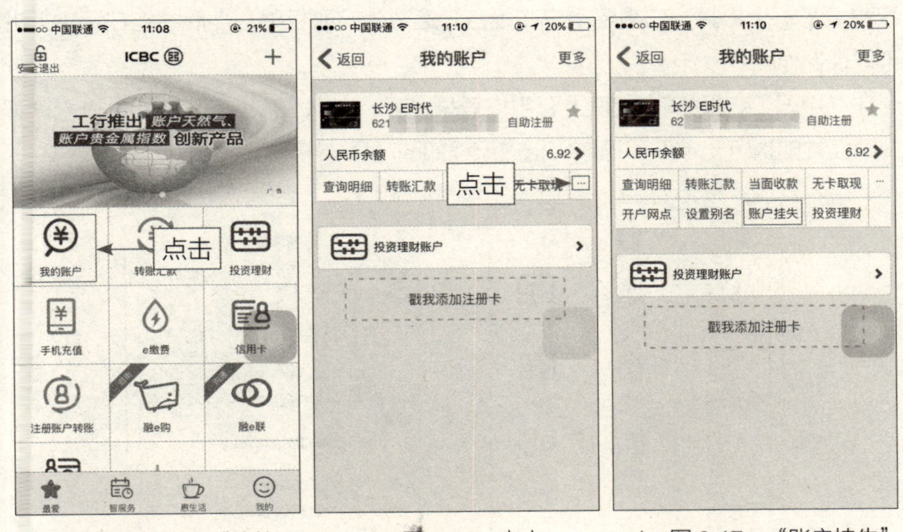

▲ 图 2-15 点击“我的账户”按钮

▲ 图 2-16 点击“…”按钮

▲ 图 2-17 “账户挂失”按钮

2.2.3 随时知晓理财账户的动态

使用手机银行 APP 不但可以更好地管理财富，用户还可以及时获知自己银行卡余额变动、业务处理、登录等信息，甚至还可定制一些财经信息、基金信息、股票信息、理财产品信息以及账务信息等。

例如，“工银信使”是工商银行以手机短信或电子邮件等方式，向客户指定的手机号码或电子邮箱发送电子信息的业务。用户可以通过手机 APP 银行，定制或取消各种各样的提示服务。

2.3 银行业务，手机银行办理效率高

手机银行作为一种新型的银行服务方式，它不仅可以使用户在任何时间、任何地点处理多种金融业务，而且通过一些生活功能，如充值缴费、票务订购等，极大地丰富了银行服务的内涵，为用户的理财生活提供了便捷的通道。

2.3.1 无卡也能取现，移动金融新玩法

随着无卡支付、无卡存取款业务的上线，越来越多的银行卡用户不需要实体卡片的支持，就可以办理很多日常的金融业务。或许有一天，银行卡也会同存折一样，淡出我们的生活。

无卡取现，顾名思义就是不通过银行卡即可实现取钱。无卡取现的办理程序比有卡取款多了一个步骤，它需要用户在柜台开通对外转账权限，然后才能在手机上进行无卡取现操作。

在“中国工商银行”APP 上，用户登录之后，点击“智服务”按钮，进入“智服务”界面才能执行无卡取现操作，相应流程如图 2-18 所示。

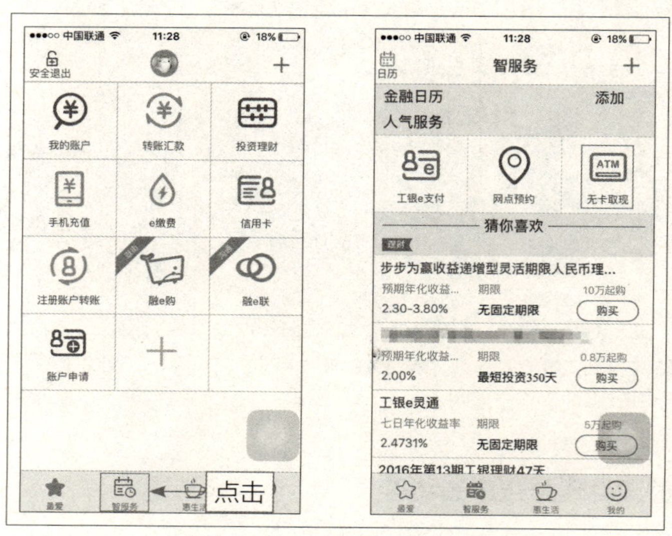

▲ 图 2-18 找到“无卡取现”功能的操作

2.3.2 转账汇款，手机银行办理效率高

如今，手机银行以其便捷、贴身、功能多样化、安全等几大优势，得到越来越多人的接受和认可。笔者认为，随着互联网技术和智能手机的发展，“手机银行”势必成为人们今后金融生活的主导。

谈到去银行办理业务，笔者相信一般人使用得最多的就是转账汇款，建议大家尽量使用手机银行转账汇款，这样更简便。而且很多银行对使用手机银行转账实行免手续费用的政策，因此手机转账成为一个便捷而优惠的选择，如图 2-19 所示为工商银行 APP 的转账汇款功能。

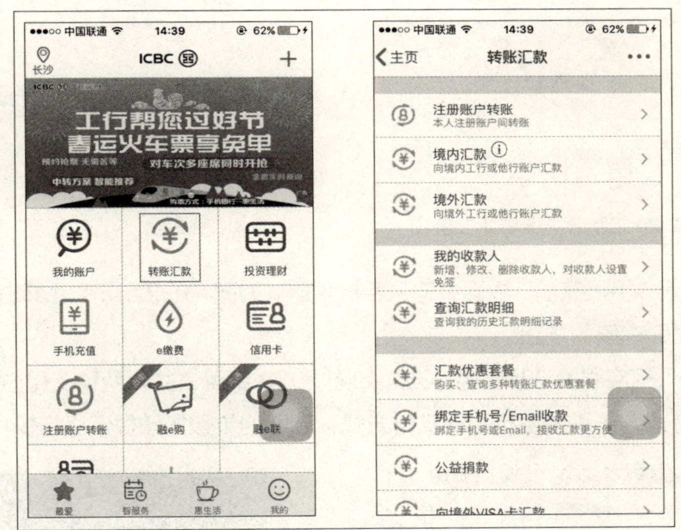

▲ 图 2-19 转账汇款功能

2.3.3 生活缴费，轻松理财于手掌间

旅途中、候车时，随着拇指在手机上轻轻点击几下，就能享受手机银行的随身金融服务。手机的迅速普及，让花样翻新的各色手机银行服务竞相出现。随着 iPhone 等智能手机新品的推出，手机银行再次成为大家关注的热点。

如今，手机银行已成了用户的贴身“电子钱包”，连银行理财也进入了“手机网络时代”。一般来说，手机银行除了可以完成查询账户、转账、汇款等基础业务外，还能够让用户实行手机充值、机票酒店订购、水电燃气缴费等各类生活业务，如下所示为手机银行充值话费的操作流程。

（1）打开中国工商银行 APP，登录之后，在“最爱”界面点击“惠生活”按钮，如图 2-20 所示。

（2）进入“惠生活”界面，如图 2-21 所示，点击“手机充值”按钮。

▲ 图 2-20　点击“惠生活”按钮

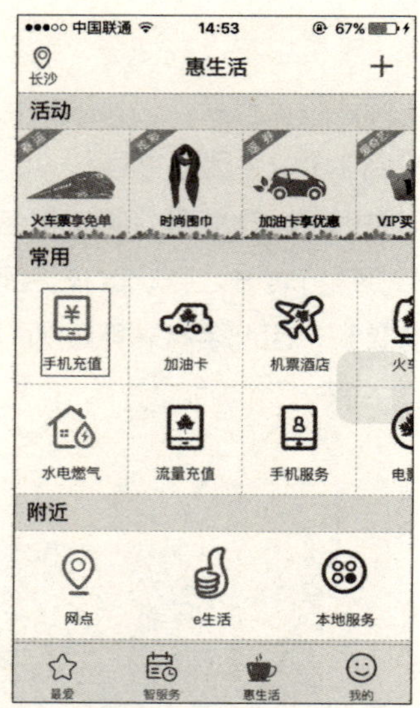

▲ 图 2-21　“惠生活”界面

（3）进入“手机充值”界面，输入手机号码，如图 2-22 所示，选择充值的金额，然后点击“立即充值”按钮。

（4）进入相应界面选择支付方式，如图 2-23 所示，共有两种支付方式，一种是工银 e 支付方式，一种是手机银行支付方式，后面的步骤按照提示进行操作即可。

▲ 图 2-22　输入手机号码

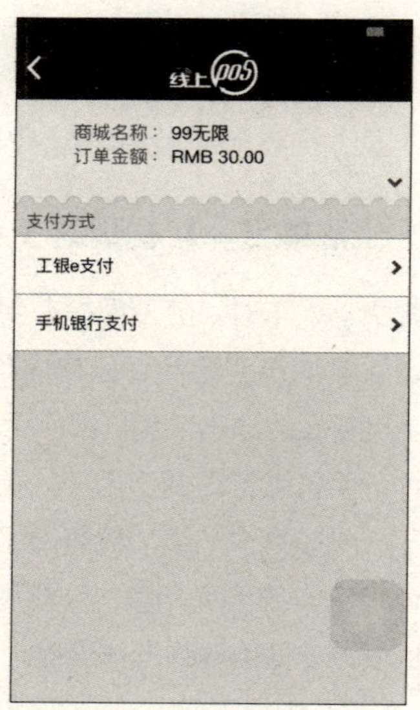

▲ 图 2-23　选择支付方式

手机银行进一步拓宽手机银行服务渠道，增加了电影票、游戏充值、演出票务等增值服务，让理财、生活、工作都在“掌中行”。用户可以使用手机银行，进行自助缴费、票务订购、购买商品等生活方面的业务办理。其缴费范围除了前面提到的手机话费之外，还有水电燃气费、流量费用、医疗健康费用、交通罚款等，图 2-24 所示为工商银行 APP 推出的医疗健康挂号服务。

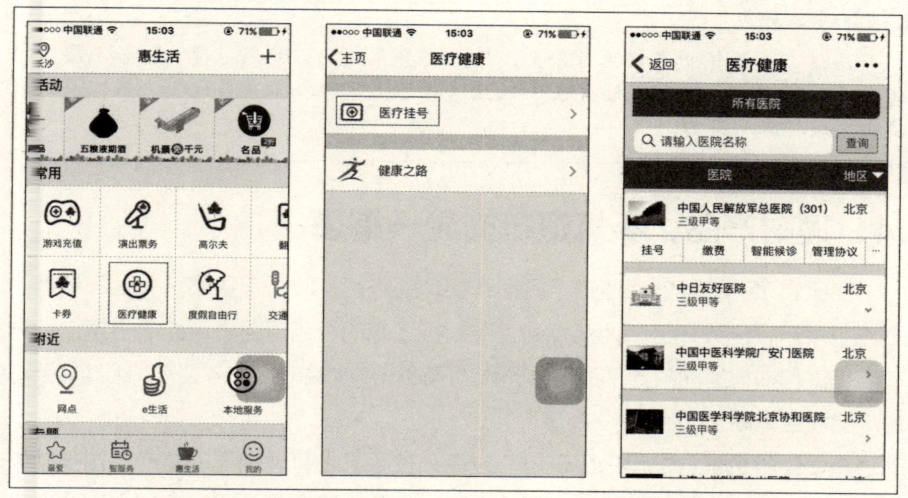

▲ 图 2-24 工商银行 APP 推出的医疗健康挂号服务

除此之外，手机银行还推出了投资理财服务，支持基金、贵金属、手机股市、外汇买卖、债券、保险等投资理财产品的查询及交易功能，如图 2-25 所示。

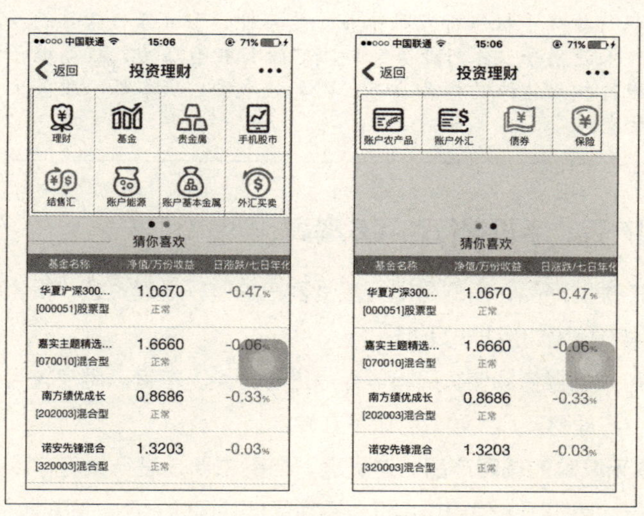

▲ 图 2-25 手机银行的投资理财服务

在移动互联网时代，手机早已不只是接打电话的工具，而是集上网、娱乐、购物、商务等多种功能于一身的“百宝箱”。于是，使用便捷、收费低廉的手机银行业务也相继在各家商业银行“铺开”，以帮助人们在任何时间、任何地点都能处理多种理财活动，获得高效而便利的金融服务。

专家提醒

不过，为了保护手机银行安全，用户还要养成良好使用习惯，比如不要直接将卡号及密码以文档形式储存在手机里，对手机银行各类交易设置上限，最好只用于小额转账及交易。

2.4 理财产品，手机银行交易一指通

“我比较了一下发现，通过手机银行买理财产品，收益率更高一些。”笔者的好友王先生表示，连续几日，他都接到工商银行发来的介绍理财资讯的手机短信，一款仅在手机银行销售的期限为 79 天的产品，预期年化收益率达到 4.2%，比其他渠道销售的产品收益率高。

随着使用手机银行的用户比例越来越高，在手机上打理自己的资产，正被越来越多的投资者关注。手机专属理财产品由于成本较传统渠道低，同时银行为推广产品、吸引客户资金，因此以更高收益揽客。

专家提醒

其实，银行推广手机银行理财业务，是其进行手机银行营销的一种手段，目的是促使多数人使用手机银行业务，以减轻银行柜台压力，提高电子银行的运用效率。手机银行相比传统的柜台业务，因其效率高、成本低、服务方便快捷，具有良好的发展空间。

2.4.1 理财产品，手机银行购买效率高

银行发行的理财产品，指的是银行接受客户的授权管理资金，投资收益与风险由客户或客户与银行按照约定方式承担。

理财产品可根据投资领域、风险等级等进行分类，笔者以用户较为关注的风险与收益角度出发，将理财产品大致分为以下几种。

（1）基本无风险的理财产品。这类理财产品主要是进行银行存款，或是购买国债，由于有银行信用和国家信用作保证，具有最低的风险水平，同时收益率也较低。

（2）较低风险的理财产品。主要是投资各种货币市场基金或偏债型基金，其投

资的两个市场本身就具有低风险和低收益率的特征。

（3）中等风险的理财产品。风险较高的理财产品有信托类、外汇结构性存款、结构性理财产品等，这些理财产品都有较高的风险，其收益也远比定期存款高。

（4）高风险的理财产品。如 QDII（境外投资机构）等理财产品就是属于高风险、高回报的类型。

以往用户购买理财产品的方式，都是去银行听工作人员长篇大论一番后，可能连自己购买的是哪种产品都不清楚。因此，用户若是在手机上购买理财产品，不但节约了时间，而且不会被其他人影响自己最初投资的目的。

专家提醒

在银行理财产品发行之前，低风险投资产品只有国债，银行理财产品的出现，刚好填补了这类产品的缺失。银行理财产品最大的特点是风险较低，并且期限灵活、种类丰富，购买方便。对于普通老百姓来讲，同时还有投资起来并不复杂的特性。既不需要去学习看不懂的 K 线图，也不需要去深入了解各种投资学。只需选择有合适的期限、风险与收益的产品即可。

目前，各家银行推出的手机银行操作方式不尽相同，有的简单快捷，有的略显烦琐。多数银行推广的手机银行购买理财产品的业务，需要客户通过下载客户端软件，然后登录手机银行逐级找到相应的投资理财菜单，并逐一查询对应的理财产品名称，然后按照操作提示完成购买，图 2-26 所示为工商银行 APP 的“理财”界面。

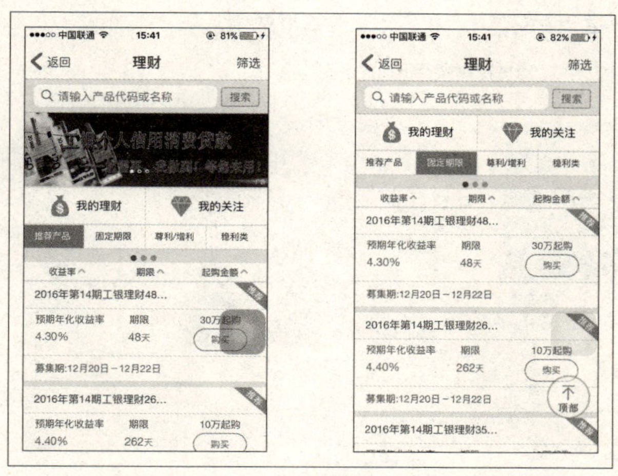

▲ 图 2-26　工商银行 APP 的“理财”界面

手机银行专属理财产品既吸引和留住了更多客户资金，同时也刺激更多人使用该行的手机银行。投资者看中其高回报和便利性特点，银行也借手机银行专属理财产品维系老客户，拓展新客户，增加手机银行的使用人数，因此可以说是双赢。

多数手机银行在用户选择理财产品之前，都必须要进行风险能力测评，帮助用户找到适合自己投资的类型。与传统产品一样，投资者购买时同样需要注意产品的投资方向与投资风险。虽然方便快捷的手机银行理财业务使忙碌的上班族仅需几分钟就可购买理财产品，但如果面临大额理财业务，如需要十几万或者几十万资金的话，建议客户最好还是到银行柜台购买，毕竟资金安全是大多数客户最关注的问题。

手机银行理财与传统的理财业务相比，有很多竞争优势，但在购买时需要仔细辨别产品的各方面情况，例如预期收益率是多少，产品的投资方向、风险大小又是如何，如果有不清楚的地方一定要电话咨询或者亲自去银行询问，不可盲目购买。

2.4.2 股票交易，手机随时炒股

使用手机炒股已经成为最流行的股票交易方式，相对于其他投资，手机炒股更加成熟，功能更加全面。手机炒股最大的好处就是用户不会因为出门在外，而错过稍纵即逝的挣钱时机。即使是在用户没有安装炒股软件的情况下，只要能了解到故事的行情，还可以直接致电证券公司进行电话委托。

用户既可以通过手机银行查询行情，也可以通过炒股软件查询，下面以工商银行的手机银行为例，介绍查询股市行情的方式。

（1）打开工商银行 APP，登录之后，在“最爱”界面点击“投资理财”按钮，如图 2-27 所示，进入“投资理财”界面，如图 2-28 所示。

（2）点击“手机股市”按钮，进入“手机股市”界面，如图 2-29 所示，点击“股市行情”按钮就能进入股市行情界面。

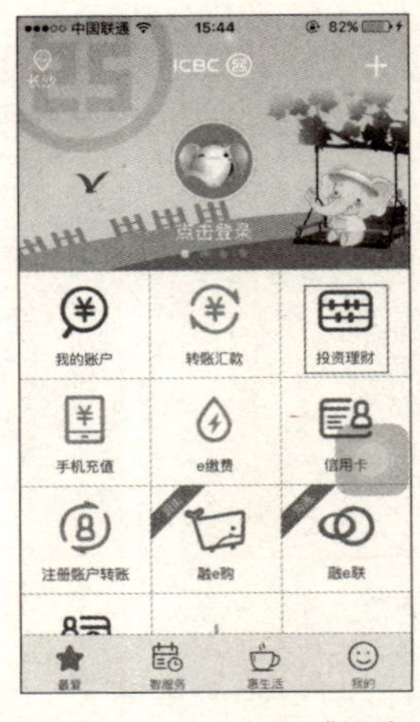

▲ 图 2-27 点击“投资理财”按钮

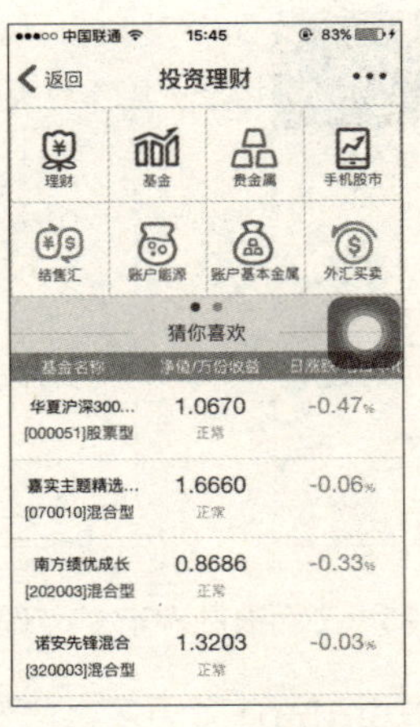

▲ 图 2-28 “投资理财”界面

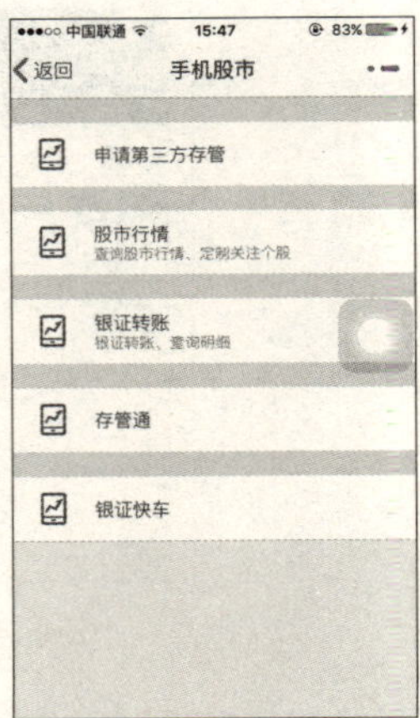

▲ 图 2-29 “手机股市”界面

专家提醒

用户只需登录手机银行，通过菜单找到并选择对应理财产品，查看产品明细，阅读产品销售文件点击认购，选择投资账户、输入认购金额、确认协议书及产品说明书后，就可以确认购买产品信息，成功完成交易。

2.4.3 贵金属业务，手机银行投资方式多

贵金属投资分为3种，实物投资、带杠杆的电子盘交易投资以及银行类的纸黄金纸白银。下面以工商银行的手机银行为例，演示如何使用手机进行贵金属投资。

（1）打开工商银行APP，登录之后，在“最爱”界面点击“投资理财”按钮，进入“投资理财”界面。

（2）在该界面点击“贵金属”按钮，如图2-30所示，进入“贵金属”界面，如图2-31所示。

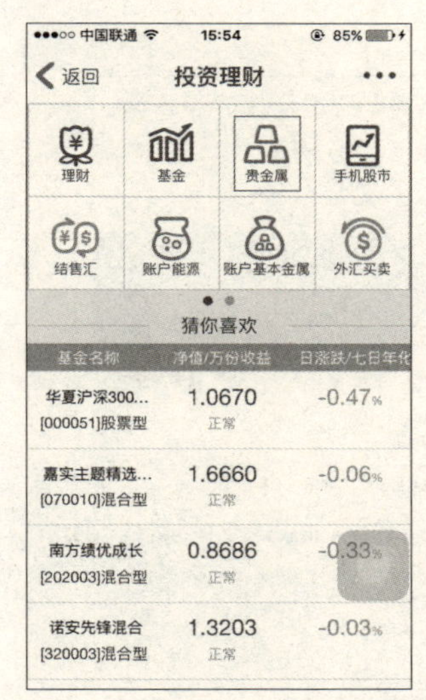

▲ 图2-30 点击“贵金属”按钮

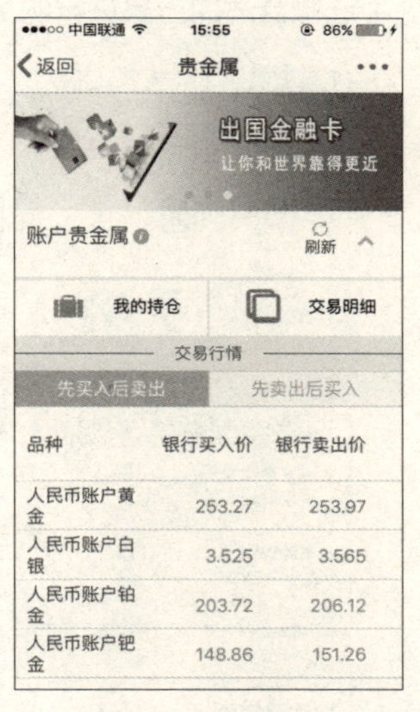

▲ 图2-31 “贵金属”界面

（3）选择品种，点击该品种进入相应界面，然后选择“定投”按钮，后面的步骤按照提示进行操作即可。

2.4.4 基金业务，手机银行基金投资

相比股票，基金更加大众化一些。笔者的好友陈先生在一家外企工作，除了关注股票外，也会投资一些基金。尤其在货币基金推出在场内的交易型货币基金后，他会

把闲置的炒股资金用于购买货币基金；或者反过来，直接在账户里买股票。

如今，对于想买基金的投资者来说，手机上的很多客户端已经能够满足人们的需求。投资者可以直接在银行、基金公司或者第三方理财平台（如支付宝等）推出的手机APP上直接购买基金。不仅不需要跑银行营业厅，甚至不需要电脑，直接在手机上买基金做投资，而且基金的各项信息在手机端基本都可以查到。

专家提醒

购买基金的方式有3种，在银行购买、在证券公司购买或是直接到基金公司进行购买。用户可以下载证券公司或基金公司的APP，通过证券公司与基金公司进行购买。用户可以选择更合适自己的方式购买基金。

在工商银行的手机银行上，用户在“投资理财”界面，可以看到“基金”按钮，点击“基金”按钮，就能进入“基金”界面，如图2-32所示，用户可以在查询栏里输入自己想要购买的产品关键字，然后查询该产品进行购买即可，或者在热销产品、新发产品中选择合适的产品进行购买也可以。

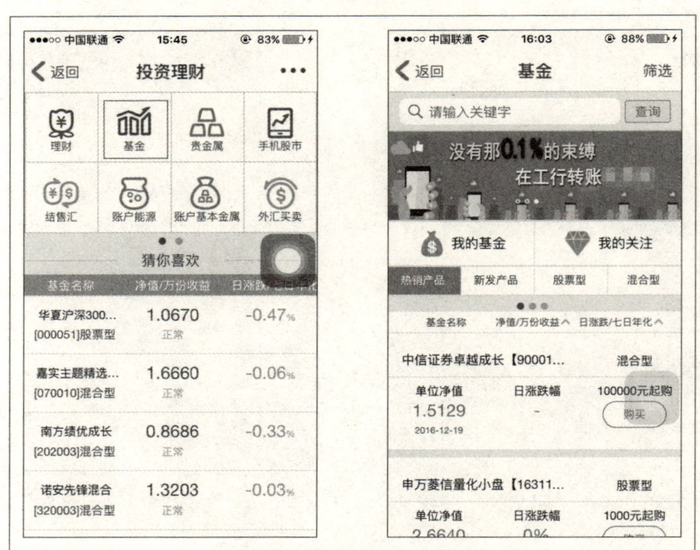

▲ 图2-32 进入“基金”界面的步骤

当下最热的互联网金融更是为理财带来无限可能，互联网公司与金融机构联合开发的理财工具，如阿里巴巴与天弘基金合作的余额宝只是一个开始。紧接着，百度理财联手华夏基金，银联商务联手光大保德信，相继推出了各自的理财产品和工具。移动互联网不仅改变了人们的理财习惯，更为投资者带来了更多选择和可能。

2.4.5 外汇业务，手机赚外国的钱

外汇即以外币表示的用于国际结算的支付凭证，其通过各国的银行进行交易。用户可以通过手机银行进行外汇业务的办理或是进行外汇投资。

在工商银行的手机银行上，用户在“投资理财”界面，可以看到“外汇买卖”按钮，点击“外汇买卖”按钮，就能进入“外汇买卖”界面，如图 2-33 所示，用户可以在该界面查看交易行情，还可以选择相应的产品进行投资。点击“我的持仓”按钮就能查看自己的持仓情况，点击“交易明细”按钮就能查看自己的交易明细。

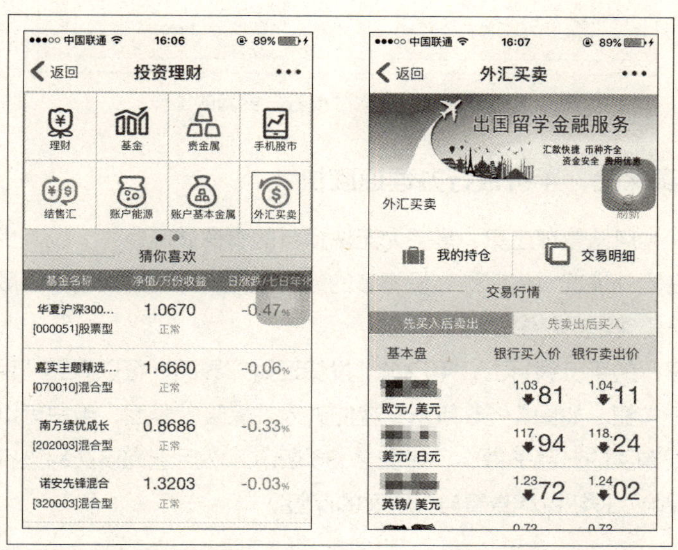

▲ 图 2-33 进入“外汇买卖”界面的操作

2.4.6 国债业务，手机银行稳健投资

“低风险、收益稳定、流动性强”是债券投资最诱人的 3 大特点，与储蓄投资相比，债券的收益性要高得多。随着我国家庭生活水平和理财意识的提高，证券投资已日益为投资者所接受，因为债券投资可以很好帮助他们进行风险分散和规避的需求，给投资者带来可观的收益。

在工商银行的手机银行上，用户在“投资理财”界面，可以看到“债券”按钮，点击“债券”按钮，就能进入“债券”界面，如图 2-34 所示，用户可以在该界面查看柜台记账式债券，然后选择相应的产品进行投资。点击“我的持仓”按钮就能查看自己的持仓情况，点击“交易明细”按钮就能查看自己的交易明细。

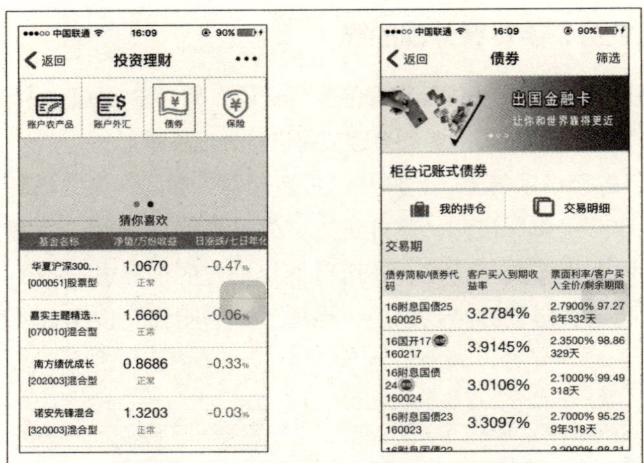

▲ 图 2-34　进入“债券”界面的操作

2.4.7　购买保险，手机银行办理速度快

保险是一种风险管理工具，是“为无法预料的事情做准备”。投入少量资金购买保险，可以在意外情况发生时弥补投资者的经济损失，使理财规划得以顺利进行，所以说保险是投资理财规划中必备的一项。

在工商银行的手机银行上，用户在“投资理财”界面，可以看到“保险”按钮，点击“保险”按钮，如图 2-35 所示，就能进入“保险”界面，用户可以在查询栏里输入自己想要购买的产品关键字，如图 2-36 所示，然后查询该产品进行投保即可，点击“我的保险”按钮就能查看自己购买的保险。

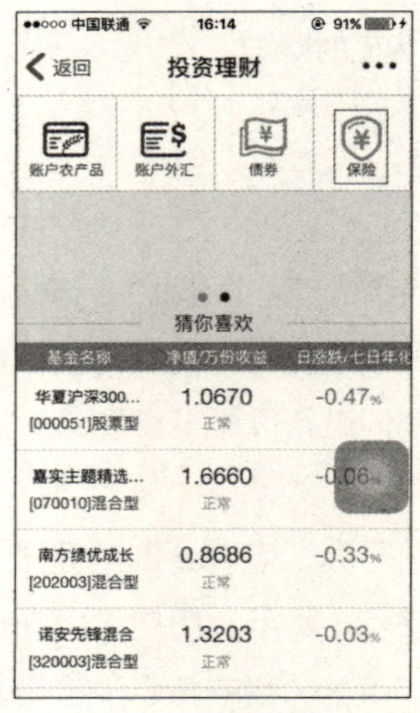

▲ 图 2-35　点击“保险”按钮

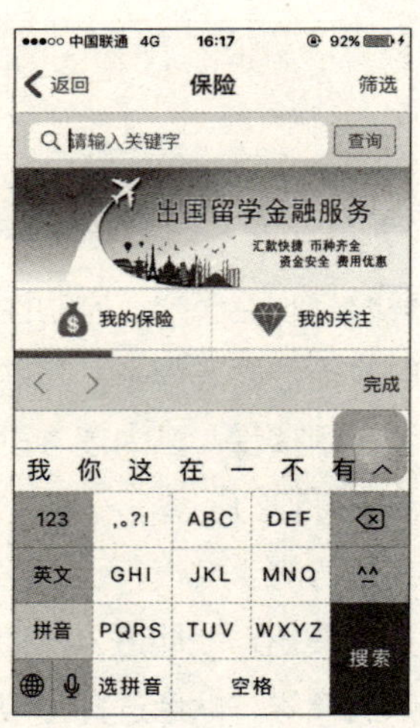

▲ 图 2-36　查询栏里输入关键字

第3章

信用卡理财：**让信用变成价值**

随着人们对便利生活的追求，信用卡的使用也在越来越便利化，网上银行、手机银行等电子银行的出现为人们办理信用卡业务提供了更加方便的平台。即便如此，用户还是需要知道一些移动端信用卡管理的手段，让信用卡变得更有价值。

要点展示

- 手机银行，量身定做的管家
- 微信银行，便捷服务实现共赢
- 51信用卡，你的贴身管家
- 卡牛信用卡管家，理财不是问题
- 挖财信用卡管家，实用的管理平台
- 征信查询，避免征信上产生污点

3.1 手机银行，量身定做的管家

手机银行是银行为手机用户量身定制的移动客户端 APP，主要是为用户便捷地提供账户管理、信用卡管理等各类金融服务。本节笔者为大家介绍手机银行上信用卡的管理内容。

3.1.1 申办卡片，一台手机搞定

选择信用卡时根据银行对象进行分析是很重要的一个方面，但寻找适合个人的办卡银行，并不仅仅只是根据银行的相关要素来分析。

下面为寻找适合办卡银行的 3 种方式。

- 卡面的设计：漂亮的卡面设计能够成为用户寻找办卡银行的一个决定因素。
- 工资卡类型：工资卡属于哪个银行，就办哪个银行的信用卡，还款最便捷。
- 特色的功能：寻找办卡银行，还需要考虑它提供的功能是否刚好满足需求。

当然，选择好信用卡后，用户还需要办理信用卡，这本是一个比较复杂的过程，但手机银行的出现，使这些复杂操作变得更加简单、快捷。下面以建设银行手机银行为例，介绍通过手机银行申请信用卡的操作方法。

（1）进入“信用卡”界面，点击“我要办卡”按钮，如图 3-1 所示。

（2）进入“我要办卡”按钮，选择“信用卡申请”选项，如图 3-2 所示。

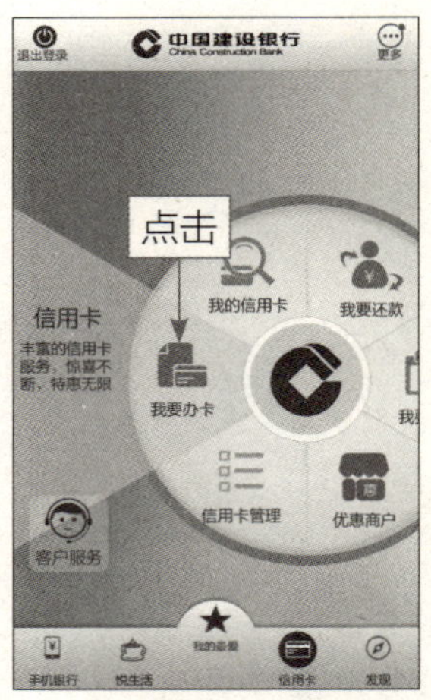

▲ 图 3-1　点击“我要办卡”按钮

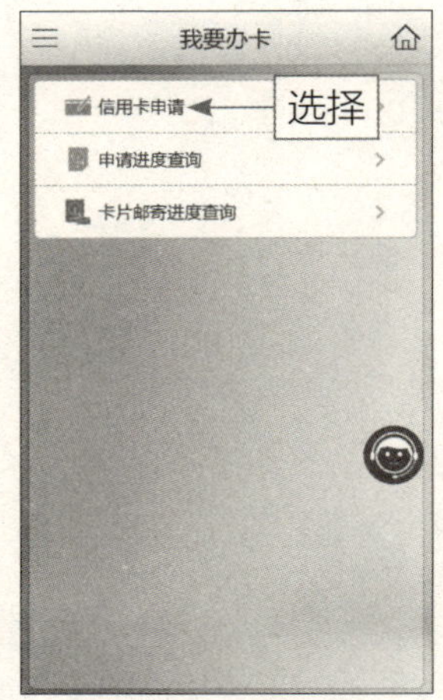

▲ 图 3-2　选择“信用卡申请”选项

（3）进入“信用卡申请”界面，在此会显示账户的中文姓名、中文拼音以及身份证号信息，确认无误后点击“下一步”按钮，如图 3-3 所示。

（4）点击选择相应地区的信用卡，如图 3-4 所示。

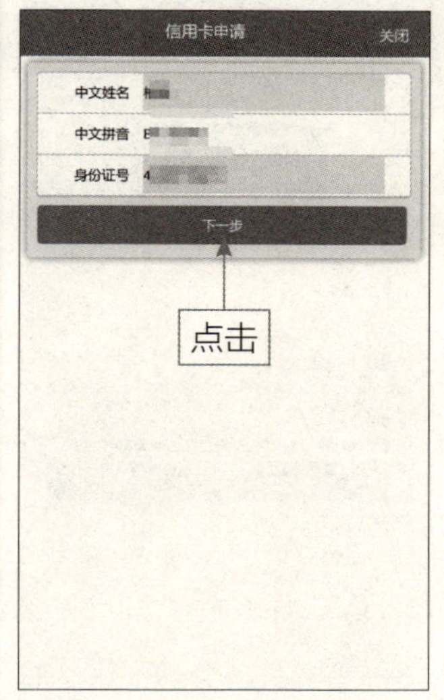

▲ 图3-3 点击"下一步"按钮

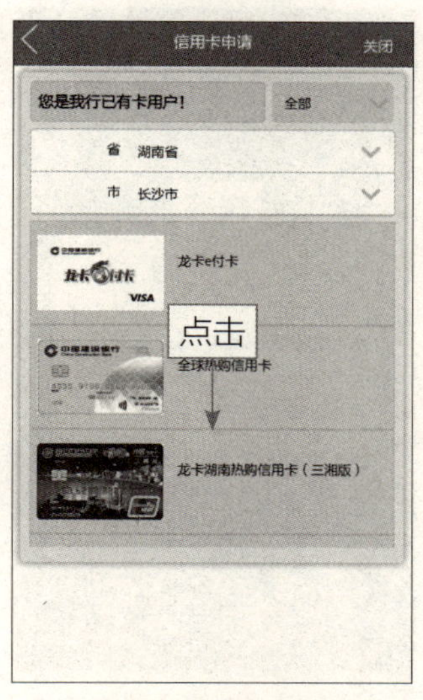

▲ 图3-4 选择信用卡

5）用户也可以点击右上角的"全部"按钮，在弹出的菜单中可以选择不同的信用卡类型进行更精确的筛选，如图3-5所示。

6）选择好信用卡后，点击"请选择卡面"按钮，如图3-6所示。

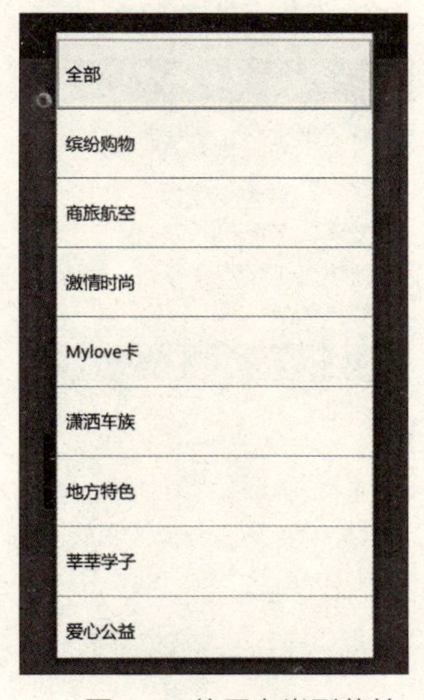

▲ 图3-5 信用卡类型菜单

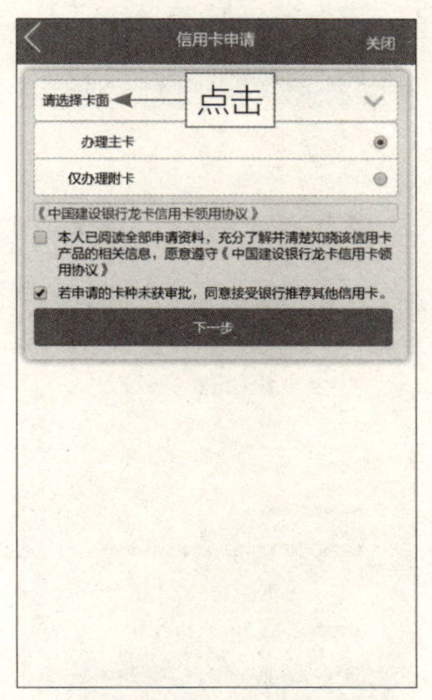

▲ 图3-6 点击"请选择卡面"按钮

（7）在弹出的菜单中选择相应的卡面类型，如金卡，如图3-7所示。

（8）执行操作后，选中相应的信用卡类型（主卡或附卡）和信用卡领用协议，并点击"下一步"按钮，如图3-8所示。

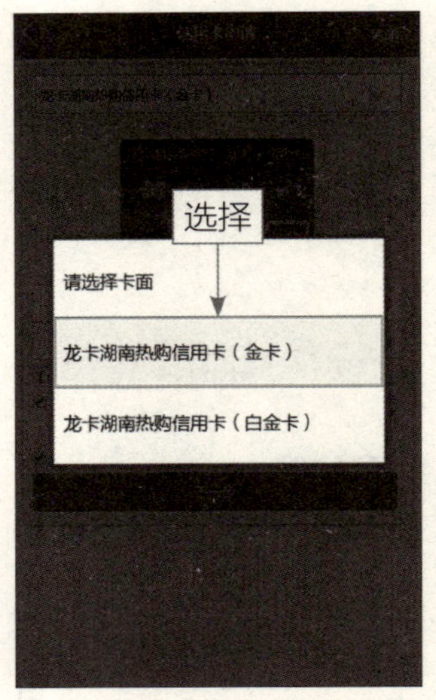

▲ 图 3-7　信用卡类型菜单

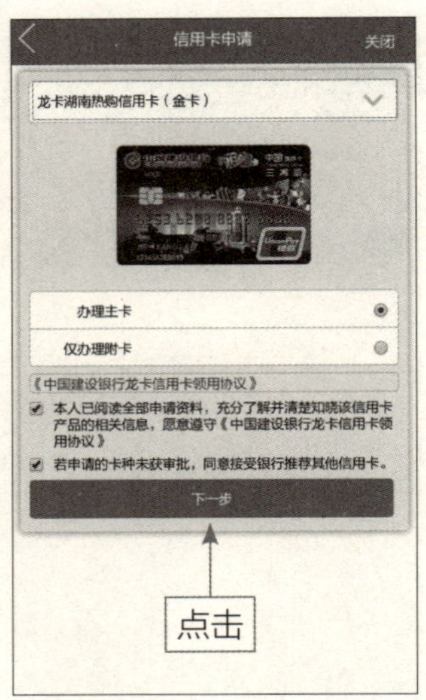

▲ 图 3-8　点击“请选择卡面”按钮

（9）如果是第一次申请建行信用卡的新客户，则需要输入详细的身份信息资料，如图 3-9 所示，点击“下一步”按钮根据提示进行操作即可。

（10）如果是已有建行信用卡的客户，则只需要输入所持信用卡号、身份证有效期以及手机号后四位等信息，点击“下一步”按钮，如图 3-10 所示。

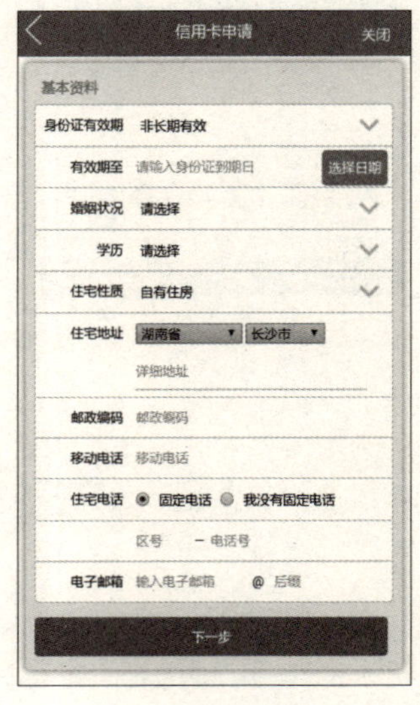

▲ 图 3-9　新客户申请界面

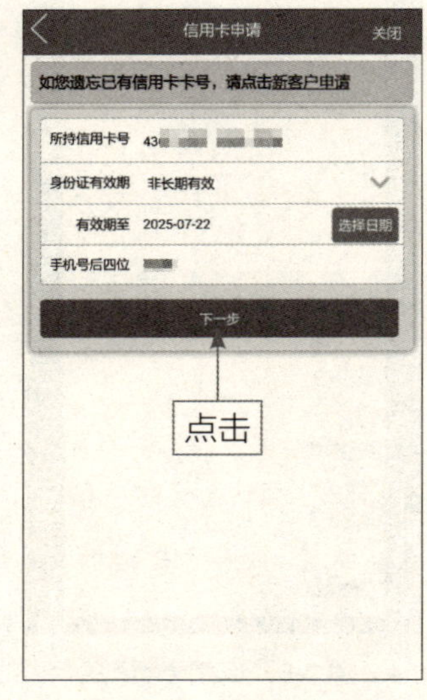

▲ 图 3-10　老客户申请界面

（11）执行操作后，依次设置营销员信息、推荐码、安全验证码等信息，点击“提交申请”按钮即可，如图 3-11 所示，即可等待审批结果。

除了自己办卡之外，还可以推荐朋友办卡，推荐者也可以得到不同的回馈，比如招商银行对推荐人采用赠送 1000 招行永久积分作为奖励。交通银行信用卡用户推荐其他用户办卡，可以根据办卡数量来获得不同的刷卡金补贴奖励，最低 50 元。

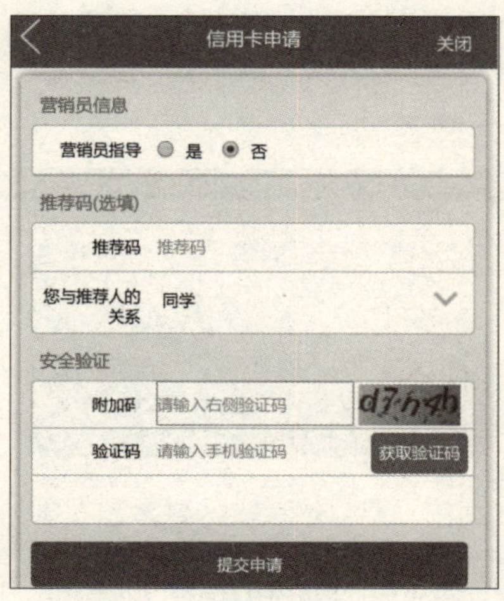

▲ 图 3-11　点击“提交申请”按钮

用户还可以在手机银行上进行查询信用卡申请进度和查询信用卡邮寄进度的操作，因考虑到页面有限，笔者不在此赘述，用户可以根据手机上的操作提示进行操作即可。

3.1.2　一台手机，便捷管理卡片

用手机银行管理信用卡，最主要是方便，无须用户在电脑上进行操作，或者到银行的营业厅去排队办理业务。本节笔者主要为大家介绍如何通过手机银行快速激活信用卡和修改信用卡密码的操作。

1. 通过手机银行快速激活信用卡

用户之所以办卡，重要原因往往就是银行推出了办卡优惠活动，大部分办理过信用卡的人都有过“开卡送礼”的经历。例如，在招商银行信用卡的官网平台上，甚至每时每刻都有办卡或新户刷卡送礼的活动，如图 3-12 所示。

专家提醒

不同银行都有开卡送礼的活动，送出的礼品各有不同，比如信用卡积分、实物礼品、虚拟服务功能、免除年费、购物折扣等，甚至还有银行推出了实质性的刷卡金返还制度，用户办卡就能够获得现金补贴，或者额度提升，非常有诱惑力。

很多用户收到银行邮寄过来的信用卡后，却不知道如何激活使用。其实，通过手机银行激活信用卡（即开卡）非常简单。

开卡是用户申请到信用卡之后需要做的第一件事情，没有开卡，那么信用卡就无法进行消费。

▲ 图 3-12　招商银行信用卡的官网主页

用户通过手机银行可以快速开卡，开卡过程不需要一分钟。例如，在招商银行手机银行的“办卡分期”界面中有一个信用卡开卡功能，用户点击之后就可以进入开卡界面。图 3-13 所示为用户信用卡开卡的操作界面。

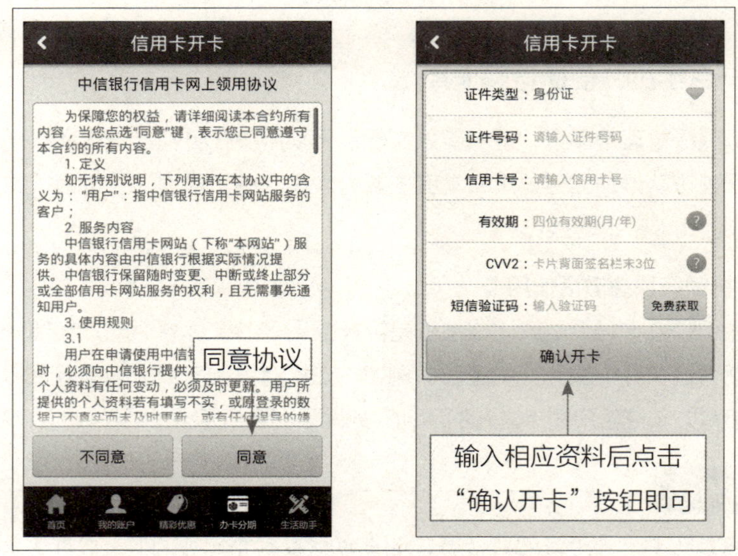

▲ 图 3-13　用户信用卡开卡的操作界面

用户通过手机银行进行卡操作，首先需要同意中信银行信用卡网上领用协议，只有点击“同意”按钮之后，用户才能够进入到开卡的操作界面。

在开卡界面，用户需要选择证件类型，同时填写证件号码、信用卡号、有效期以及信用卡背面签名栏的末3位数字。

2. 通过手机银行修改信用卡密码

信用卡密码就是指信用卡的交易密码，与查询密码只具备电话查询或者网银查询的功能不同，有了交易密码，信用卡是可以实现无卡支付的。如果持卡人在办理信用卡并且激活时有设置属于自己的信用卡交易密码，那么进行消费时就需要输入密码才能够完成交易。

用户必须清楚一个事实就是，长期使用同一个信用卡密码的风险比较大，因此用户必须知道修改信用卡密码，并且最好每隔一段时间就修改一次，这样可以降低被盗刷的风险。下面以建设银行手机银行为例，介绍修改信用卡密码的操作方法。

（1）进入“信用卡”界面，点击“信用卡管理”按钮，如图3-14所示。

（2）执行操作后，进入“信用卡管理”界面，在“卡片管理”选项区中点击“密码管理”按钮，如图3-15所示。

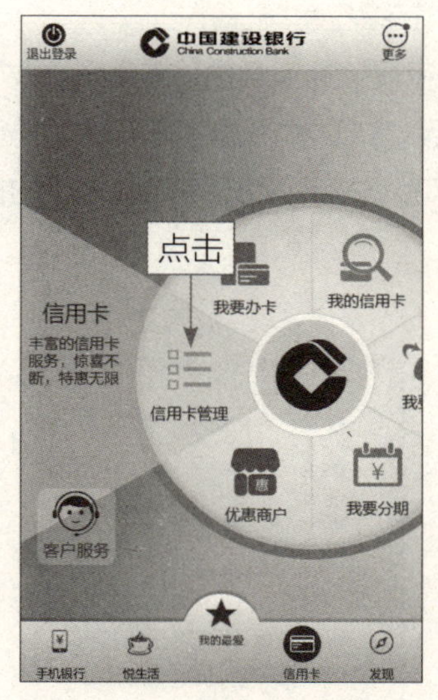

▲ 图3-14 点击“信用卡管理”按钮

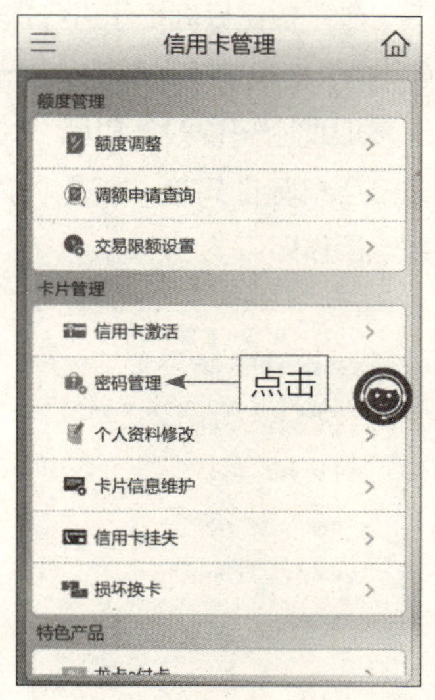

▲ 图3-15 点击“密码管理”按钮

（3）执行操作后，进入“密码管理”界面，此处可以分为“本人电话银行密码”和“卡片消费取现密码”两种类型，如图3-16所示。

（4）在“本人电话银行密码”选项区中，点击“修改”按钮进入“电话银行密码修改”界面，如图3-17所示，依次输入原密码、新密码、确认新密码以及手机验证码等，点击“确定”按钮即可修改密码。

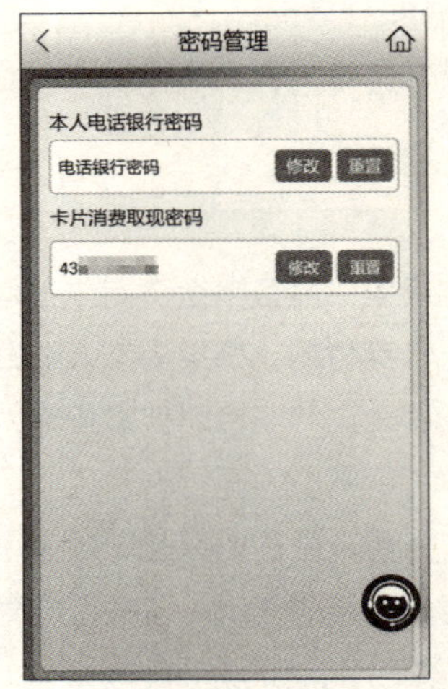

▲ 图 3-16 “密码管理”界面

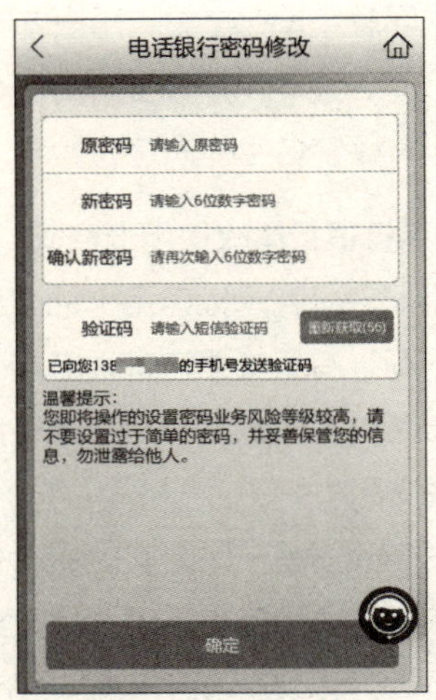

▲ 图 3-17 修改电话银行密码

（5）在“密码管理”界面的“本人电话银行密码”选项区中，点击“重置”按钮进入“电话银行密码重置”界面，如图 3-18 所示，依次输入证件号码、安全码等，点击“下一步”按钮根据提示进行操作即可重置电话银行密码。

（6）在“密码管理”界面的“卡片消费取现密码”选项区中，点击“修改”按钮进入“消费取现密码修改”界面，如图 3-19 所示，依次输入原密码、新密码、确认新密码以及手机验证码等，点击“确定”按钮即可修改消费取现密码。余下的操作步骤按照提示操作即可。

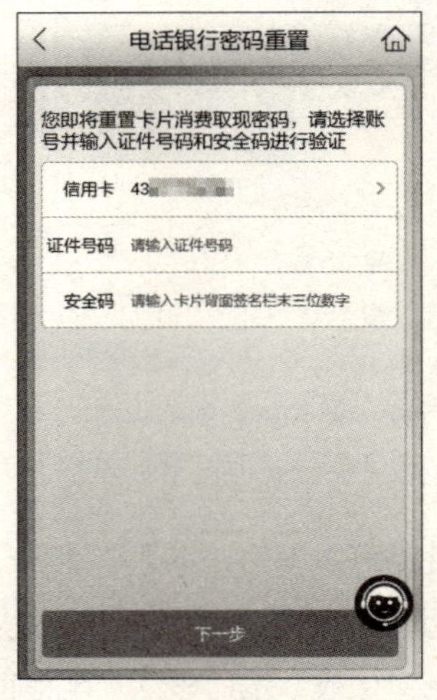

▲ 图 3-18 重置电话银行密码

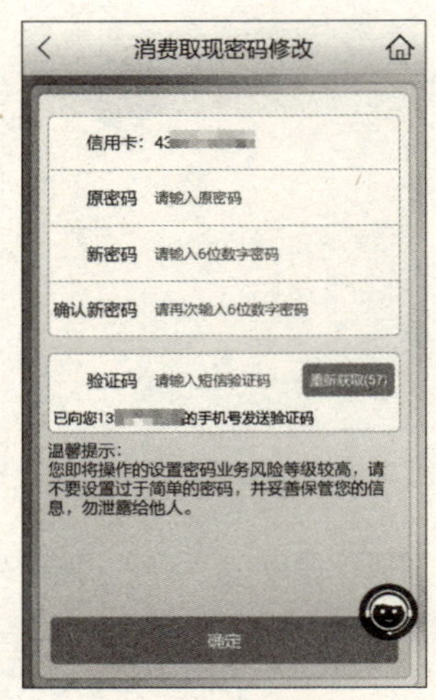

▲ 图 3-19 改消费取现密码

在国际上，信用卡消费主要是采用签名消费的方式，但是在国内一般是采用“密

码 + 签名”的方式来进行信用卡刷卡消费。

签名是指信用卡背面的签名，只有持卡人才能够在签名条上签名，用户进行消费时可以直接签名消费，不需要交易密码。用户在申请信用卡时是可以设置交易模式的，比如设置为需要签名才能交易，或者需要交易密码才能交易，还可以设置为“密码 + 签名”的方式，一般情况下以设置交易密码进行交易为主。

尽管用户一般不使用签名进行交易，但在拿到新卡后还是要在卡背面签上名字，而且最好字体有特色，他人不易模仿。

3.1.3 账单情况，随时随地掌握

如今，信用卡用户越来越多，大家都很在意自己的信用卡账单情况信息，通过手机银行连接网络即可随时随地掌握信用卡的账单情况。本节笔者为大家介绍如何通过手机查询账单明细。

智能手机使人们的生活越来越方便，例如，通过手机银行查询信用卡的账单，用户可以随时了解自己的信用卡使用情况，可以防止超额消费以及及时发现自己的消费问题等，实现轻松的理财生活。下面以建设银行手机银行为例，介绍查询信用卡账单消费详情的操作方法。

（1）进入“信用卡”界面，点击“我的信用卡”按钮进入其界面，点击“本期账单金额”区域，进入“已出账单查询”界面，在此可以看到本月的信用卡账单详情，如图 3-20 所示。

（2）点击下方的任意一个刷卡消费账单，即可展开查看该账单消费的交易类型、记账日和结算金额等内容，如图 3-21 所示。

▲ 图 3-20 “已出账单查询”界面

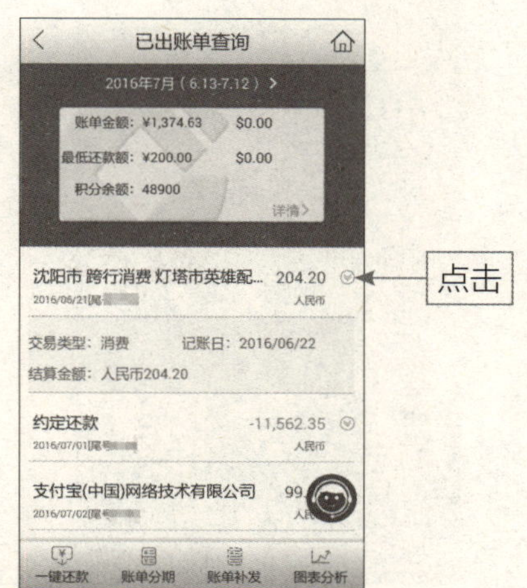

▲ 图 3-21 展开查看账单

专家提醒

最低还款额就是用户还款时需要还款的最低额度，如果连最低额度都没有达到，那么用户会被银行加入“黑名单”，并追究法律责任。

用户还了最低还款额，那么银行还是会对整个账单的金额收取利息，而且是每天都收取，直到用户将所有账单还清。笔者建议，有钱就全额还款，只有在资金不够的情况下，持卡人可以先选择最低还款。

3.1.4 分期付款，今天花明天的钱

从本质上说，分期付款与贷款都是一个意思，就是今天花明天的钱。用户进行贷款会产生分期付款，而分期付款的购物需求又催生贷款的出现，就是因为买东西可以先用再还钱。

用户通过分期还款或者贷款可以先住上新房、开上汽车，剩下的款项通过几年甚至更久的时间来还。有些分期付款会免息，但是在银行贷款是不可能免息的。不同银行推出的用户可选择的分期期数不同，而贷款和分期付款可选择的分期期数也不同。下面以建设银行手机银行为例，介绍申请账单分期的操作方法。

（1）打开 APP，点击“我要分期”按钮，如图 3-22 所示。

（2）执行操作后，进入“我要分期”界面，点击“账单分期申请”按钮即可申请分期，如图 3-23 所示。由于篇幅有限，后面的操作不一一赘述，用户根据提示操作即可。

▲ 图 3-22　点击“我要分期”按钮

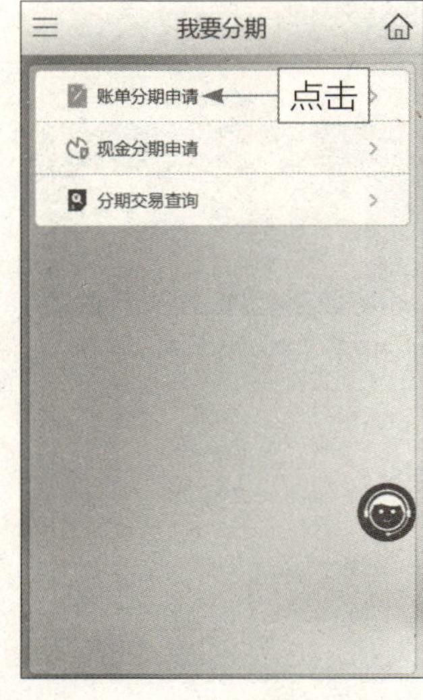

▲ 图 3-23　点击“账单分期申请”按钮

3.1.5 调整额度，满足消费需求

除了分期还款外，额度也是大家比较关注的一个方面，高额度的信用卡总是比较受欢迎。当然，用户也可以在用卡的过程中，通过手机银行来调整信用卡额度，以满足自己的消费需求。用户用手机银行快速提升临时额度，这种方式方便快捷，是申请临时额度的首选方式，但其提升空间有一定的限制。具体的操作是用户在手机 APP 上，进入“信用卡管理”界面，在“额度管理”选项区中点击“额度调整”按钮即可按照提示进行操作，操作执行完毕后，即可完成额度的调整（以建设银行为例）。

3.1.6 便捷还款：轻轻一刷就可以

如果说网上银行的功能非常全面而且省事，那么手机版的网上银行在功能操作上就更加便捷。

基本上所有的银行都会开通手机银行，手机银行的功能与网上银行类型，全面性特点非常突出，比如快捷查询信用卡账单、查询银行网点信息、进行智能记账等操作，最主要的还是随时随地实时还款功能。

用户不用打电话、不用跑网点、不用开电脑，就能够通过手机随时随地进行还款操作，而且也不分周末或者节假日，而且资金实时到账。具体的操作步骤是打开手机 APP，进入“信用卡”主界面，点击“我要还款”按钮，然后按照提示进行操作即可实现还款（以建设银行为例）。

3.2 微信银行，便捷服务实现共赢

如今，手机中的小小微信已经成为移动互联网时代大众用于社交的重要工具之一。在微信平台上，微信用户还可用使用微信银行来办理银行业务。作为超级 APP，微信推出的微信银行服务既便捷了大众，又连接了银行，达到了三方共赢的效果。

3.2.1 申办查询，直接可以搞定

微信用户不用登录网上银行，也不用下载手机银行的 APP，直接利用微信平台上的微信银行也可申请办卡、查询进度以及开卡激活，操作方式更方便快捷。

在各家微信银行的功能中，必然有一个功能是在线办理信用卡，为了让用户获得最适合的信用卡，微信银行一般都会将所有可办的信用卡向用户展示。下面以建设银行的微信银行为例，介绍申请办卡的具体操作方法。

（1）进入建设银行的微信公众平台，选择“信用卡”|“申请办卡 / 进度查询”选项，如图 3-24 所示。

（2）执行操作后，出现操作提示，点击“点击这里，立即申请”链接，如图 3-25 所示。

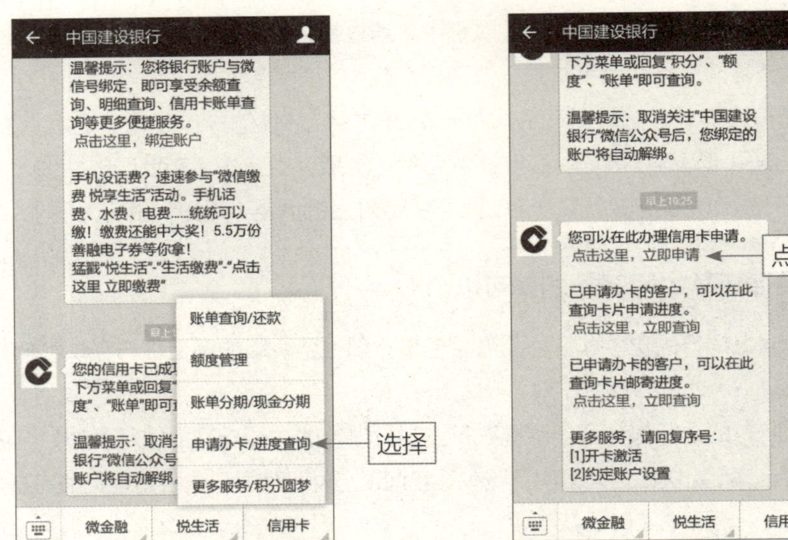

▲ 图 3-24　选择“申请办卡 / 进度查询”选项　▲ 图 3-25　点击“点击这里，立即申请”链接

（3）执行操作后，进入“信用卡申请”界面，输入中文姓名、中文拼音、身份证号等信息，如图 3-26 所示。

（4）执行操作后，依次选择所在的省份和城市，如图 3-27 所示。

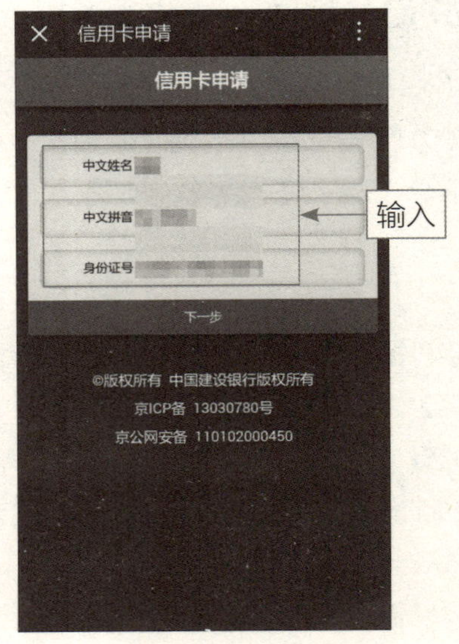

▲ 图 3-26　输入身份信息

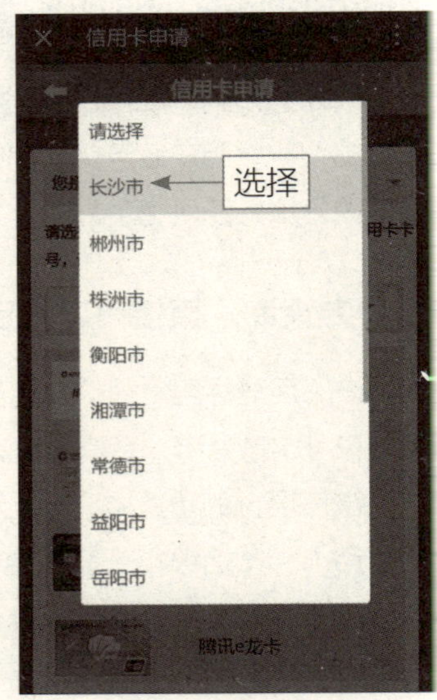

▲ 图 3-27　选择城市

（5）执行操作后，显示该城市可以申办的信用卡类型，点击选择相应的信用卡，如图 3-28 所示。

（6）进入卡片设置界面，点击“请选择卡面”按钮，如图 3-29 所示。

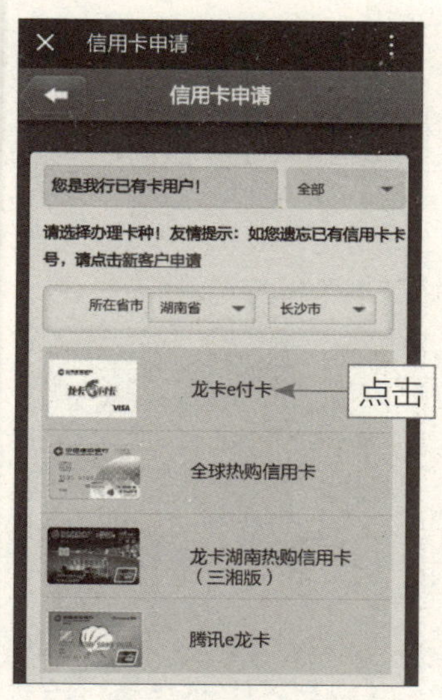

▲ 图 3-28 选择信用卡

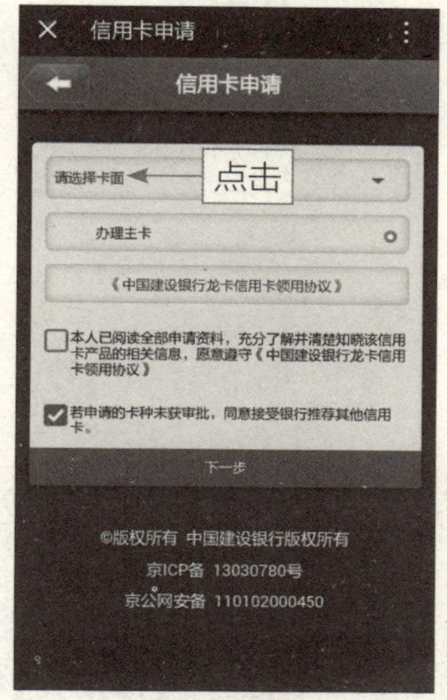

▲ 图 3-29 点击“请选择卡面”按钮

（7）执行操作后，弹出“请选择卡面”对话框，选择相应的信用卡卡面，如“龙卡e付卡银联版”，如图 3-30 所示。

（8）选中相应的协议，点击“下一步”按钮，如图 3-31 所示。

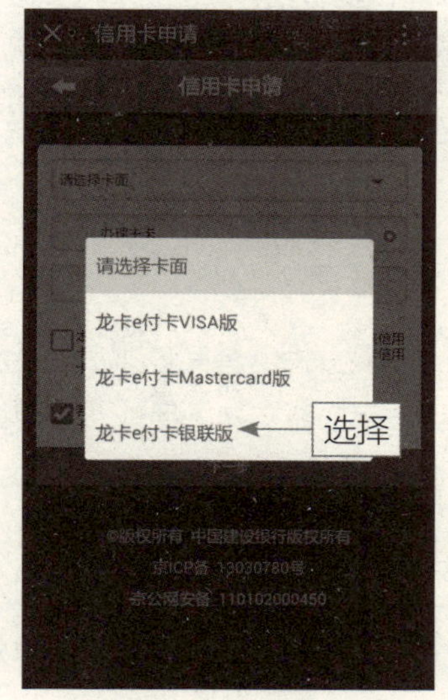

▲ 图 3-30 选择卡面

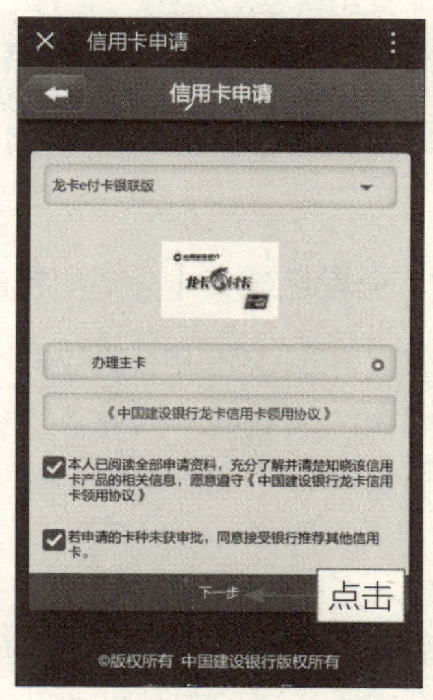

▲ 图 3-31 点击“下一步”按钮

（9）输入所持有的信用卡卡号，并设置相应的身份证有效期和手机号码后四位数，点击“下一步”按钮，如图 3-32 所示。

（10）执行操作后，依次设置营销员信息、推荐码、验证码等信息，点击“提交申请”按钮即可，如图 3-33 所示，即可等待审批结果。

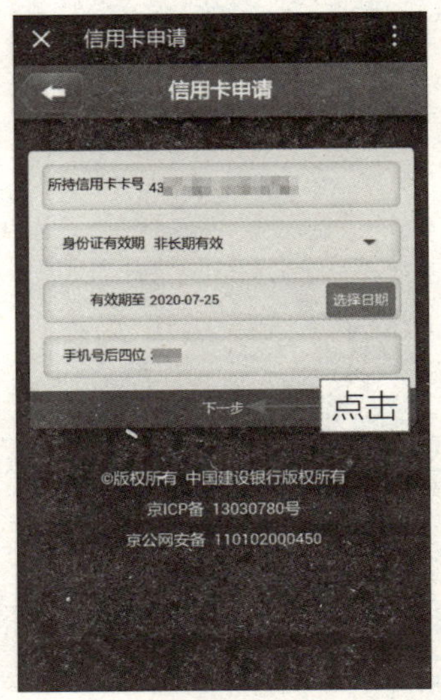

▲ 图 3-32　点击“下一步”按钮

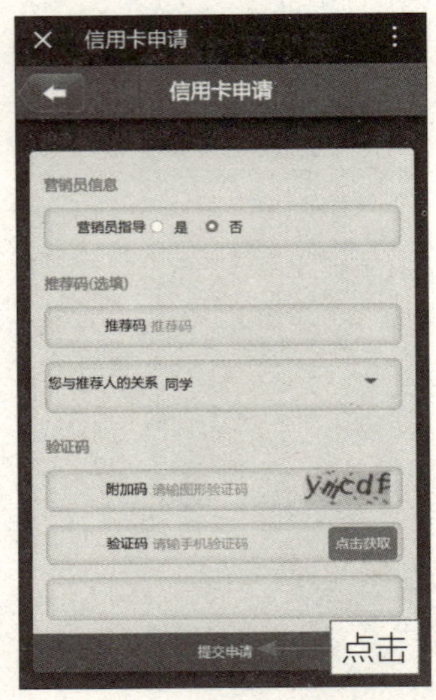

▲ 图 3-33　点击“提交申请”按钮

专家提醒

如果用户已经办理了建设银行信用卡，可以在其微信银行中点击“点击这里，立即查询”按钮，进入“申请进度查询”界面，设置证件类型和证件号码，点击“下一步”按钮即可查询信用卡的进度。已经申报并且通过审核的用户还可以利用微信银行查询卡片邮寄进度，方法与查询申请进度类似。

3.2.2　分期还款，十分省心省时

现在大多数人手里都有信用卡，关于信用卡的提醒方式也有很多种。在诸多提醒方式中，微信银行以其操作便捷、通知快速的优点被用户所支持。另外，使用微信银行进行分期和还款等操作，可以更加省心、省时、省力。

信用卡分期业务是指用户无法一次性对信用卡的账单进行还款时，用户可以选择分多期进行还款。

用户通过网上银行申请账单分期已经足够方便，但是微信银行的申请账单分期功能则能实现持卡人随时随地申请账单分期的需求。

以建设银行为例，进入建设银行的微信公众平台，选择“信用卡”|“账单分期/现金分期”选项，出现操作提示，点击“点击这里，申请账单分期”链接即可按照提示进行账单分期的操作。

3.2.3 提升额度，更加轻松便捷

现在大多数人手里都有信用卡，关于信用卡的提额方式也有很多种。在诸多提额方式中，微信银行以其操作便捷、提额快速的优点被用户所支持。下面以建设银行的微信银行为例，介绍申请临时调额的操作方法。

（1）进入建设银行的微信公众平台，选择“信用卡”|“额度管理”选项，出现操作提示信息，同时信息中也会显示信用卡的额度详情，点击“点击这里，立即申请”链接，如图3-34所示。

（2）执行操作后，进入“身份验证”界面，输入相应的手机后四位与短信验证码，点击“确定”按钮，如图3-35所示。

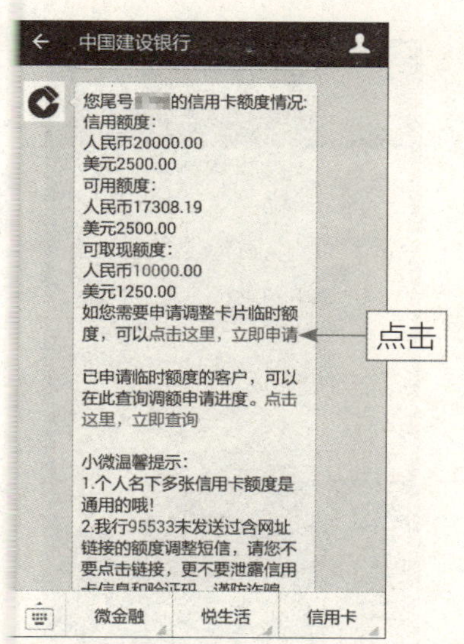

▲ 图3-34 点击“点击这里，立即申请”链接

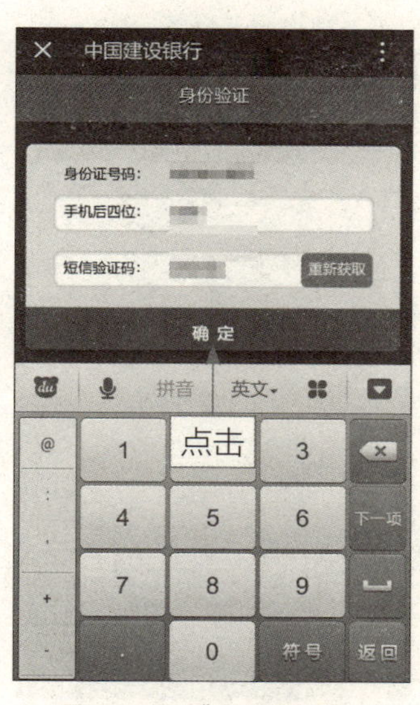

▲ 图3-35 “身份验证”界面

（3）进入“信用卡调额”界面，选择信用卡卡号和调额类型，点击“下一步”按钮，如图3-36所示。

（4）执行操作后，输入申请额度的具体金额，如图3-37所示。

（5）设置好临时额度的生效日和失效日后，选中相关协议，点击“下一步”按钮，如图3-38所示。

（6）输入短信验证码，点击“确定”按钮即可完成操作，如图3-39所示。

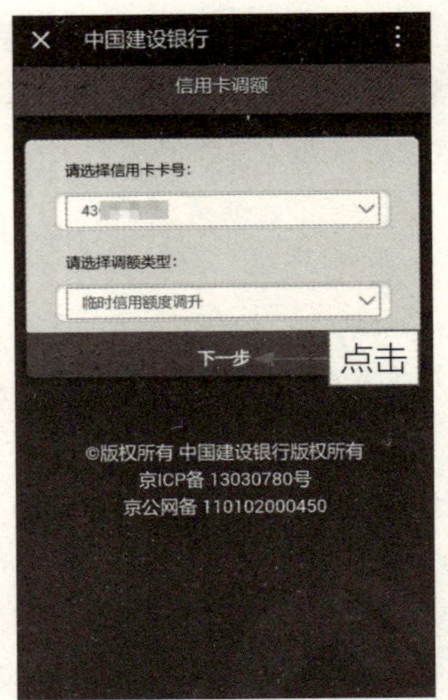

▲ 图 3-36　点击“下一步”按钮

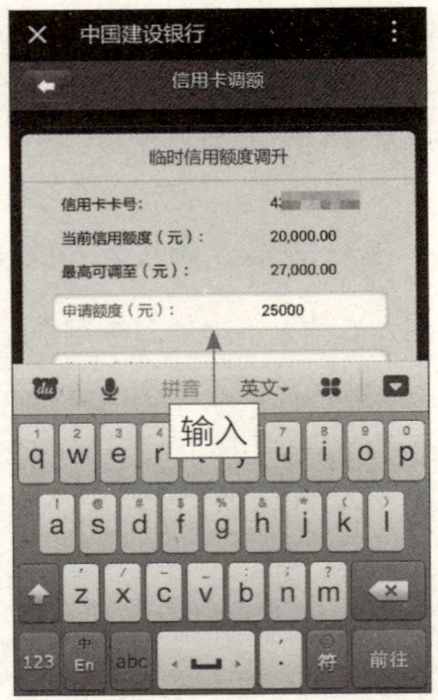

▲ 图 3-37　输入申请额度

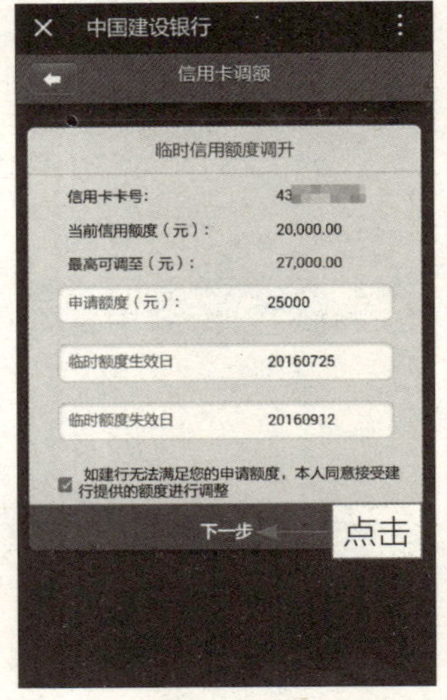

▲ 图 3-38　点击“下一步”按钮

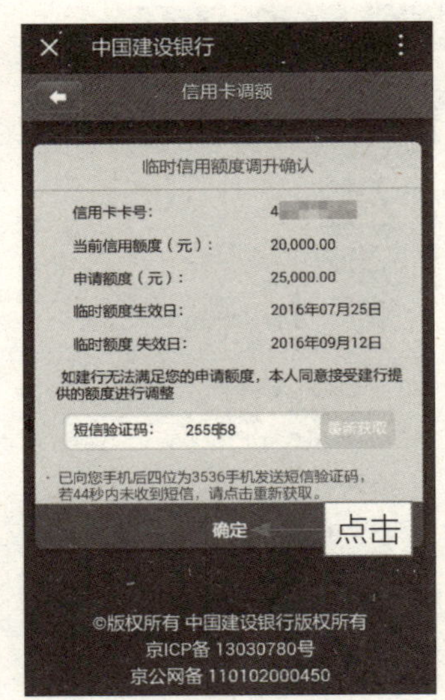

▲ 图 3-39　点击“确定”按钮

3.2.4　积分管理，一查就能看到

信用卡积分是指用户使用信用卡所获得积分奖励，不同银行的信用卡积分累积方式有所不同，但是大部分银行的普通信用卡都是消费 1 元钱人民币计为 1 分，金卡等高端卡片的积分方式不同。另外，各银行信用卡商城中的大部分商品都是用积分直接

兑换 少部分商品需要用户用积分加现金购买的方式来兑换，积分只抵用部分现金。

不同银行的积分保存时间是不同的，因此用户必须了解自己信用卡积分的有效期，以及自己的账户还有多少积分没有用，不能白白浪费这些没有使用的积分。下面以建设银行的微信银行为例，介绍查询积分的操作方法。

（1）进入建设银行的微信公众平台，选择“信用卡”|“更多服务 / 积分圆梦”选项 出现操作提示信息，回复数字 50，如图 3-40 所示。

（2）执行操作后，即可收到显示积分详情的信息，内容包括可用积分、本期消费积分 本期奖励积分等，如图 3-41 所示。

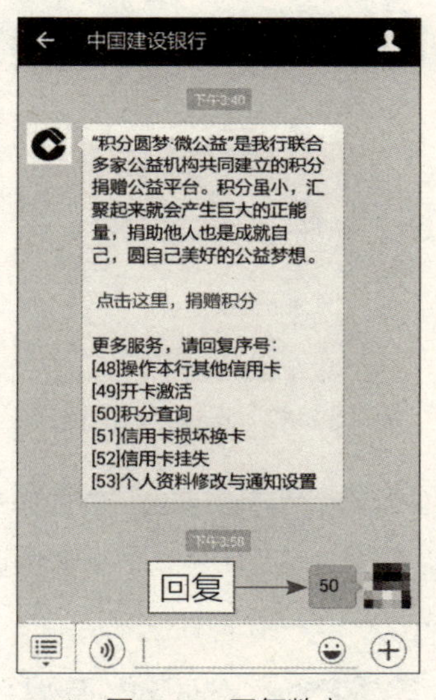

▲ 图 3-40 回复数字 50

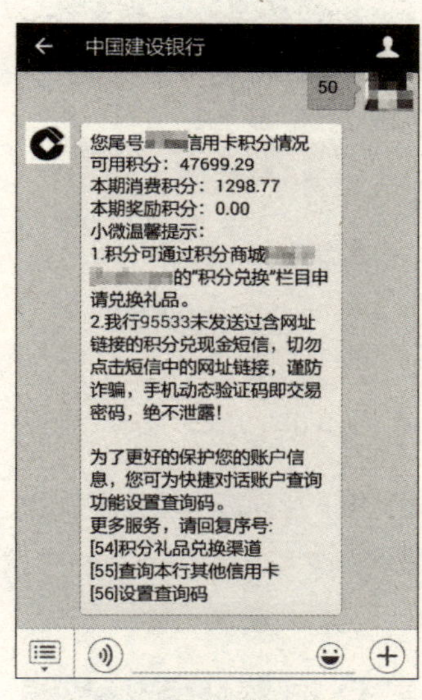

▲ 图 3-41 查询积分详情

3.3 51 信用卡，你的贴身管家

在同类型的信用卡管理平台中，51 信用卡管家的用户数量较突出，而且平台提供给用户的增值服务比较丰富。对于信用卡用户而言，平台非常实用，用户可以通过 51 信用卡管家 APP 实现跨行多卡管理服务，不再错过还款与优惠，同时还是用户手机理财的好帮手。

3.3.1 在线办卡的操作方法

用户可以通过 51 信用卡管家 APP 快速办卡，可以选择的银行包括民生银行、兴业银行、交通银行、浦发银行、花旗银行、光大银行、招商银行以及中信银行。下面介绍在线办卡的具体操作方法。

（1）在51信用卡管家主界面下方点击“财富”按钮进入其界面，点击“办卡”按钮，如图3-42所示。进入“办卡”界面后，选择相应的银行，如民生银行，如图3-43所示。

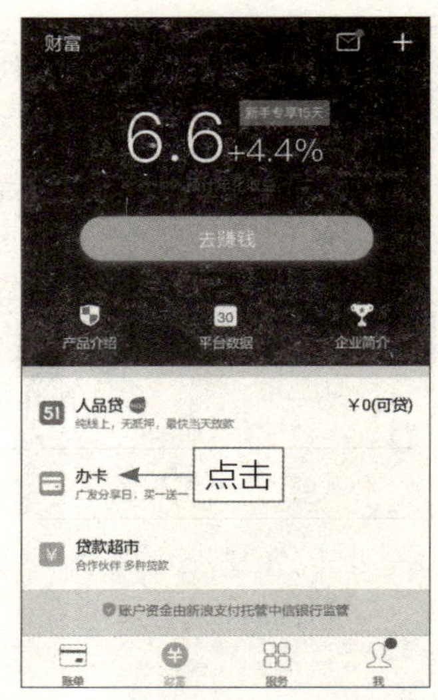

▲ 图3-42　点击“办卡”按钮

▲ 图3-43　选择相应的银行

（2）在卡片列表中选择相应的信用卡，如民生标准信用卡，点击“立即申请”按钮，如图3-44所示。进入在线申请信用卡界面，如图3-45所示，根据提示进行操作即可。

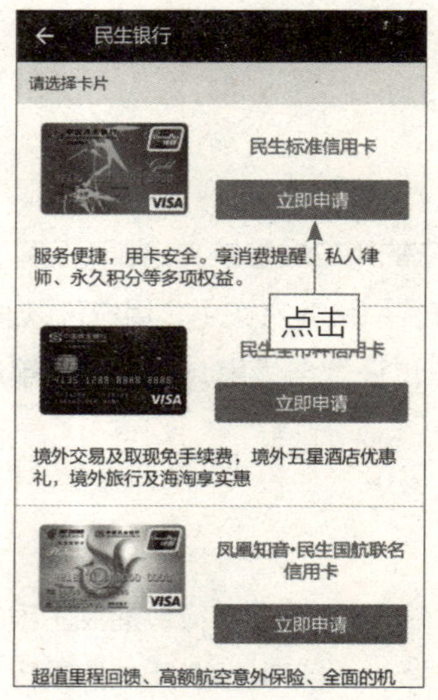

▲ 图3-44　点击“立即申请”按钮

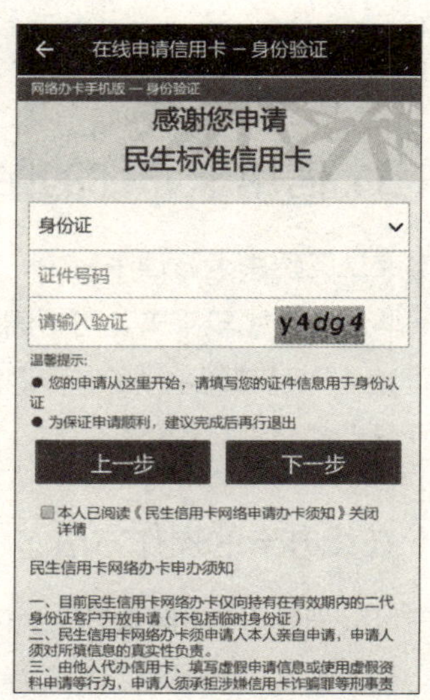

▲ 图3-45　在线申请信用卡界面

专家提醒

用户可以在办卡界面自由选择各大银行，按照银行的要求按步骤完成相关申请信用卡的操作即可。除了线上办卡，在该界面用户还可以预约营销员，完成线下预约，营销员上门服务。

另外，用户还可以通过点击“办卡进度查询”按钮，查询已经提交信用卡申请的卡片的办理进度。

3.3.2 卡包功能管理信用卡

51信用卡管家APP提供卡包功能，用户可以在其中管理信用卡或者银行卡，还可以查看账单，查看信用卡详情。下面介绍51信用卡管家APP卡包功能的具体使用方法。

（1）在51信用卡管家APP的“我”界面中点击“卡包”按钮，进入“我的卡包”界面，如图3-46所示。

（2）点击右上角的“+”号按钮，进入“添加卡片”界面，如图3-47所示，输入卡号、银行、卡种、持卡人等信息，点击“保存”按钮即可添加信用卡。

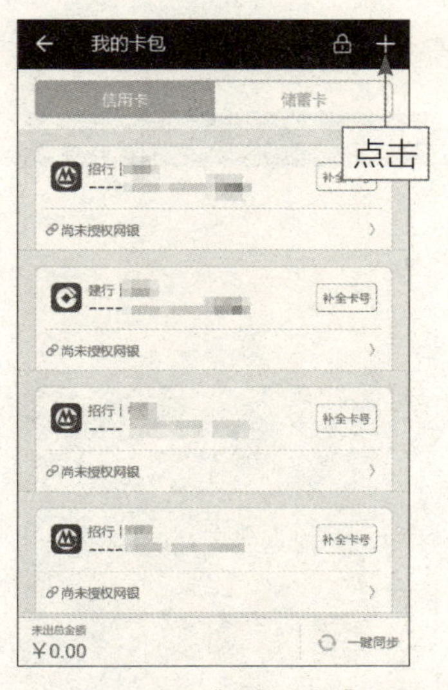

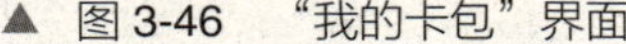
▲ 图3-46 “我的卡包”界面

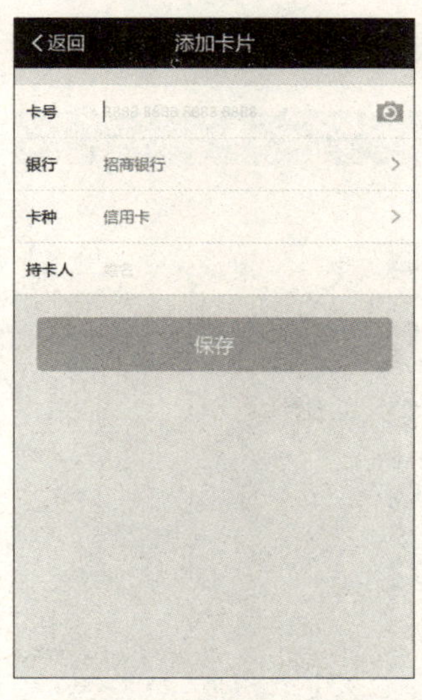

▲ 图3-47 “添加卡片”界面

（3）然后，在“我的卡包”界面点击相应信用卡进入其详情界面。点击卡片可以翻转卡片，查看刷卡免息天数、卡片额度、现有积分、最后还款日以及账单周期。

（4）点击相应月份的账单，即可查看交易明细。点击“授权网银”按钮可以进入授权界面，输入信用卡卡号和查询密码，即可查看未出账单详情。

除了查看额度、积分、账单等详情信息之外，还可以编辑信用卡、隐藏信用卡和删除信用卡。

3.3.3　通过礼包来轻松还款

51 信用卡管家的还款金礼包不仅仅是新用户可以获得，老用户也可以通过多种渠道获得还款金礼包。比如参与平台推出的活动获得礼包，或者邀请好友获得礼包。人际关系较为优质的用户可以通过邀请好友最多获得 75 元人民币的还款金礼包，并且在进行还款时，可以将还款金叠加使用。

下面针对用户如何快速使用还款金的流程进行说明，这也是用户通过 51 信用卡管家进行还款的操作方法。

（1）在“我”界面点击“我的红包”按钮进入“还款金”界面，点击相应还款金红包后的“去使用”按钮，进入“使用还款金”界面，如图 3-48 所示。

（2）选择需要还款的信用卡，点击该信用卡后的“立即还款”按钮，进入“人品宝开户”界面。因为新手用户需要开户人品宝才能够通过人品宝进行还款，所以需要在“人品宝开户”界面中输入真实姓名、身份证号，然后提交。

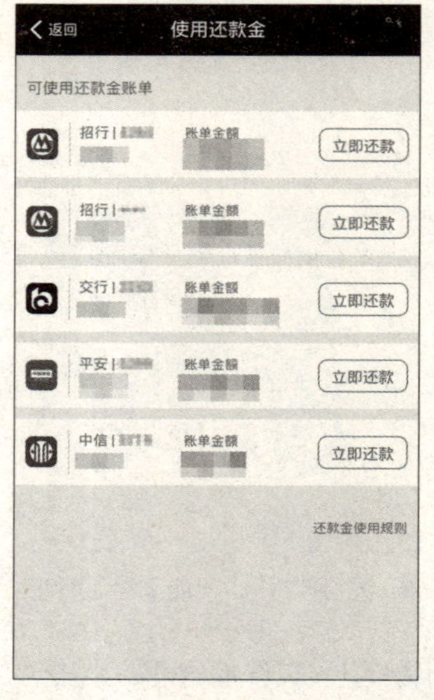

▲ 图 3-48　使用还款金的用户操作界面

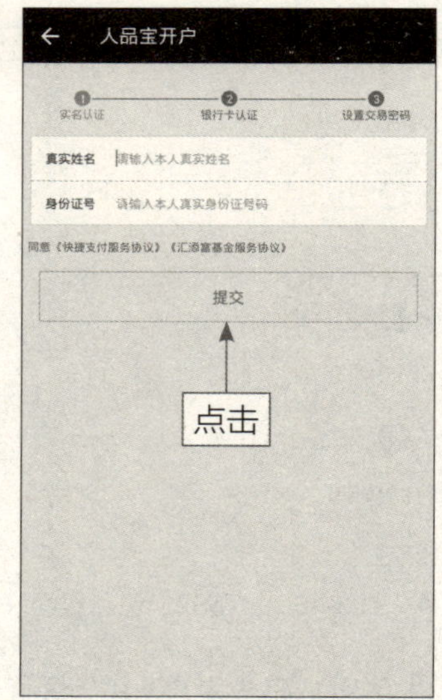

▲ 图 3-49　“人品宝开户”界面

人品宝开户需要经过 3 个步骤，如图 3-50 所示。

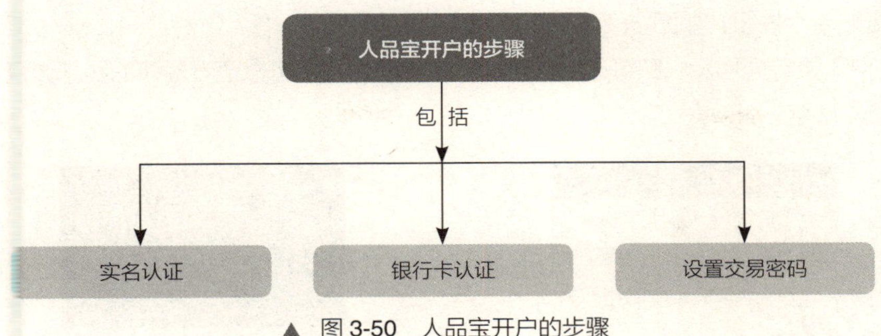

▲ 图 3-50 人品宝开户的步骤

在这三个步骤中，实名认证的要求较低，用户只需要输入真实的姓名和正确的身份证号码即可。用户逐一完成相关的操作，即可成功开户，开户之后用户可以使用人品宝平台快速进行还款操作，如果用户没有开户，用户将无法通过 51 信用卡管家实现便捷的还款。

3.3.4 一键收取信用卡账单

用户可以在 51 信用卡管家 APP 上一键收取账单，下面介绍通过 51 信用卡管家 APP 一键收取账单的具体操作方法。

（1）在 51 信用卡主界面中，选择相应的信用卡，点击“一键收取”按钮，如图 3-51 所示。

（2）执行操作后，系统会自动登录邮箱，并进入“自动获取账单”界面，系统会自动分析并导入邮箱中的信用卡账单，如图 3-52 所示。

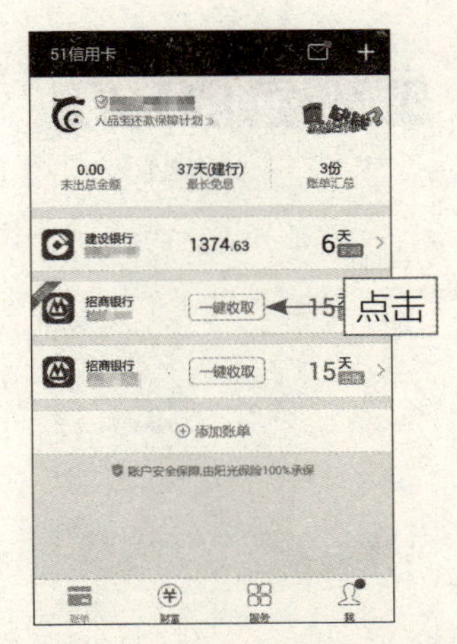

▲ 图 3-51 点击“一键收取”按钮

▲ 图 3-52 “自动获取账单”界面

（3）稍等片刻，进入“导入结果”界面，显示导入的所有信用卡账单，点击“查看最新账单”按钮，如图 3-53 所示。

（4）执行操作后，即可进入信用卡详情界面，在此可以查看最新的账单详情，如图 3-54 所示。

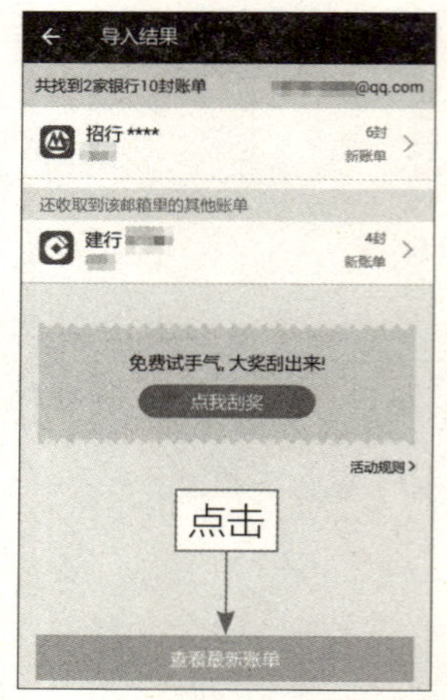

▲ 图 3-53　点击“查看最新账单”按钮

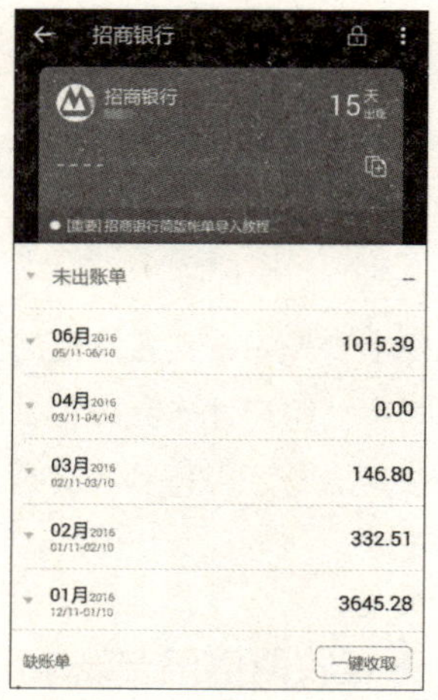

▲ 图 3-54　信用卡账单详情界面

3.3.5　如何创建自定义账单

用户可以通过 51 信用卡管家创建自定义账单。具体方法是在“导入账单”界面中点击“其他账单”按钮进入其界面，如图 3-55 所示。点击“自定义”按钮进入“创建账单”界面，如图 3-56 所示，用户可以在此设置账单名称、姓名、本期金额、还款日期等数据，到期会自动提醒，彻底告别糊涂账目。

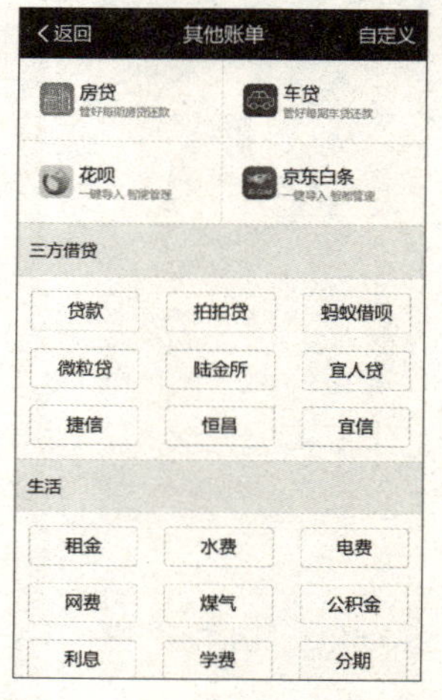

▲ 图 3-55　“其他账单”界面

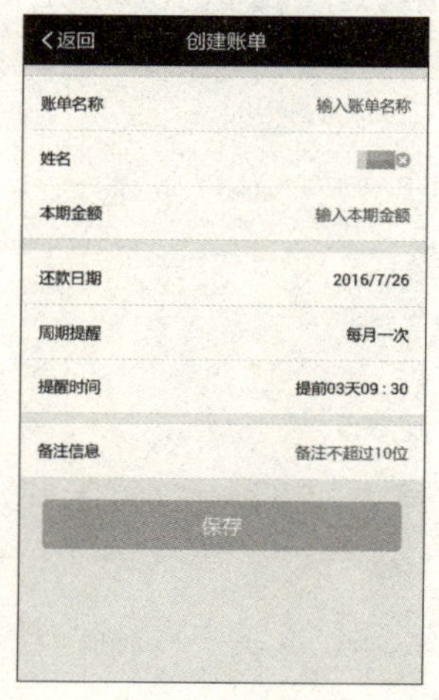

▲ 图 3-56　“创建账单”界面

3.4 卡牛信用卡管家，理财不是问题

卡牛信用卡管家在 2012 年 5 月正式上线，其发展速度非常快，在短时间内用户数量就超过了其他的同类型信用卡平台。在功能上，卡牛信用卡管家同样以智能化为特色，为所有的用户提供个人信用卡管理服务，帮助用户随时管理银行卡的账户资产信息。

3.4.1 线上信用卡数量丰富

卡牛信用卡管家 APP 支持多达几百个办卡城市，信用卡数量也非常多，而且还有许多超高额度的信用卡供用户在线申请。在“服务”选项卡中点击“在线申请信用卡”一栏进入“极速办卡”界面，如图 3-57 所示。

卡牛信用卡管家将其分开达人力荐、主题精选、热门银行、热申卡片、办卡服务等多个模块，功能非常清晰，可以帮助用户快速找到合适自己的信用卡。同时还具有办卡进度查询、卡片激活等后续功能。

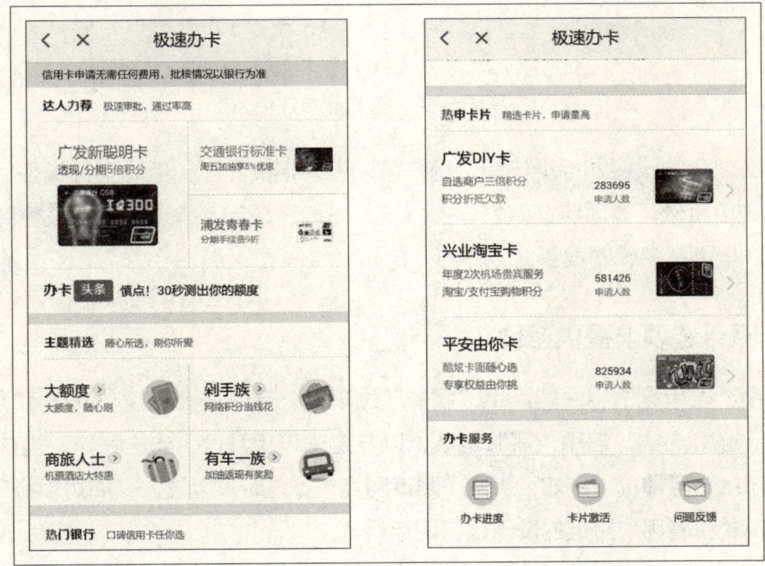

▲ 图 3-57 “极速办卡”界面

3.4.2 学会利用账单解析功能

卡牛信用卡管家 APP 的账单解析功能，可以为用户提供智能的个人信用卡管理服务，帮助用户动态掌管银行账户的资产。在主界面点击相应信用卡后，即可查看账单

详情，如图 3-58 所示。

另外，用户还可以通过报表的形式显示账单消费情况，可以清晰看到各类消费的支出占比。

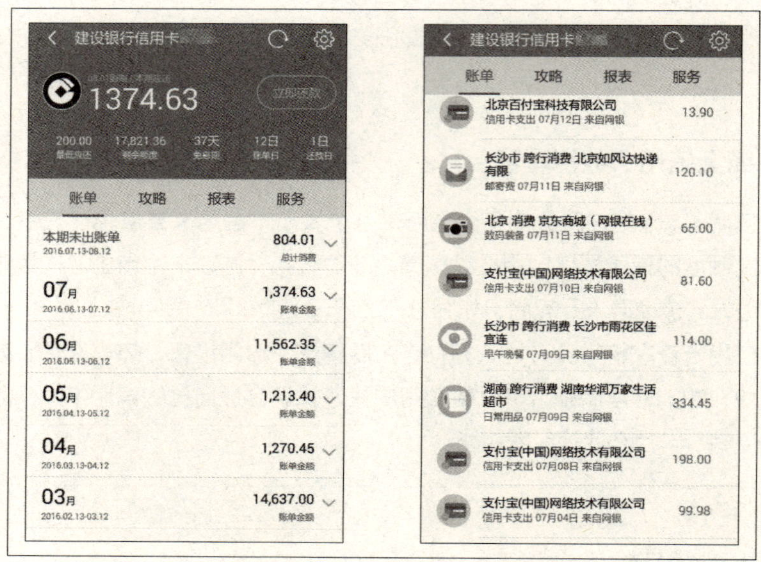

▲ 图 3-58 查看账单详情

点击右上角的设置图标按钮，用户可以进入相关界面，修改卡片类型、信用额度、未出账单金额、本期应还款额、账单日、还款日、年费等选项，以及删除卡片、隐藏卡片、设为黑名单等设置。

3.4.3 服务选项卡提供帮助

在信用卡账单详情界面切换至“服务”选项卡，可以在此在线申请信用卡、查看附近网点、服务热线、信用卡客服电话，以及查询可用额度、当前账单、当前积分以及卡片可用余额等情况。例如，点击“附近网点”一栏，可以进入“周边银行”界面，通过地图模式查看用户附近的发卡银行网点。

3.4.4 自动还款省时省力

卡牛信用卡管家 APP 并没有自己的还款渠道，而是帮助用户跳转至支付宝、微信、附近网点付款以及已关联银行卡自动还款等。卡牛信用卡管家 APP 的重点在于记账方面，用户的储蓄卡、信用卡有多少，信用卡每个月要还款多少、有多长的免息期、最划算的还款时间是哪天，这些数据 APP 都会自动帮用户进行整理和汇报，让用户更加省心省事省时间。

3.4.5 在手机上快速测额度

卡牛信用卡管家APP推出了一个不错的额度测试工具，用户可以使用它快速测出自己可以申请的信用卡额度，具体使用方法如下。

（1）在主界面点击“卡神”按钮进入“社区”界面，找到“信用卡额度测试”工具并点击“开始测试”按钮，如图3-59所示。

（2）进入“信用卡额度测试”界面，点击“开始测试”按钮，如图3-60所示。

▲ 图3-59 “社区”界面

▲ 图3-60 点击“开始测试”按钮

（3）执行操作后，进入测试模式，用户根据自己的实际情况进行答题即可，每次回答完成后点击“下一题”按钮即可，总共包括10道题，回答完成后，点击“提交测试”按钮。执行操作后，显示测试结果，同时会告知用户可以申请多少额度的信用卡。

3.5 挖财信用卡管家，实用的管理平台

挖财信用卡管家平台能够在信用卡管理平台中占据一席之地，主要原因在于其具备了基本的信用卡管理平台，功能上虽然比较简单，但都是实用性较强的，深受信用卡用户的欢迎。

3.5.1 如何通过平台激活卡片

挖财信用卡管家也提供了在线激活信用卡功能。用户可以进入“服务窗”界面，点击“卡片激活”按钮进入“申卡卡片激活”界面，如图 3-61 所示。选择相应银行后，即可进入“信用卡在线激活”界面，如图 3-62 所示，用户可以根据提示进行操作，完成开卡流程。

▲ 图 3-61 “申卡卡片激活”界面

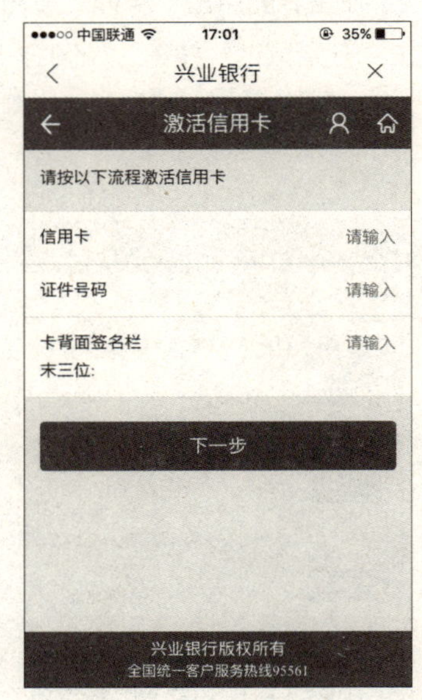

▲ 图 3-62 “信用卡在线激活”界面

3.5.2 如何通过平台轻松还款

挖财具有及时、贴心的还款提醒服务，可以帮助用户防止逾期还款而浪费钱财。用户可以进入“服务窗”界面，点击“信用卡还款”按钮。然后添加相应信用卡后，进入“信用卡还款”界面，输入相应的还款金额，可以选择储蓄卡还款、微信还款、分期还款等还款方式，还可以使用还款卷，设置好后点击“立即还款”按钮即可实现轻松还款。

3.5.3 在平台实现信用卡诊断

进入“服务窗”界面，点击“信用卡体检”按钮进入“信用卡诊断”界面，这里会显示用户的信用卡健康指数以及相关的优化建议，如图 3-63 所示。点击“查逾期”按钮进入其界面，可以查看预期记录。点击“提额诊断”按钮进入其界面，可以查看提额攻略，如图 3-64 所示。

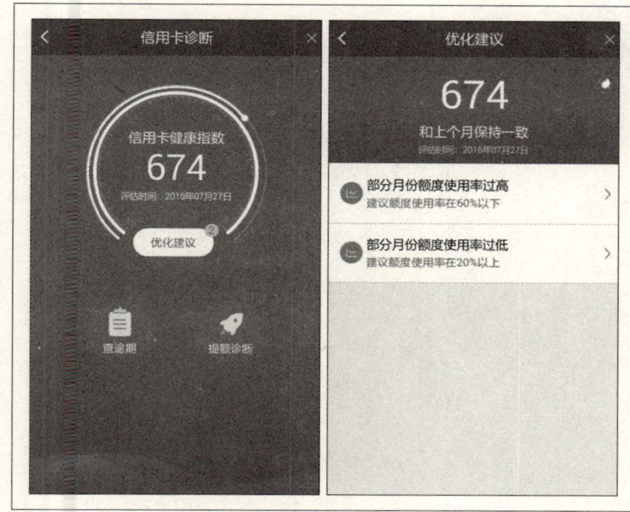

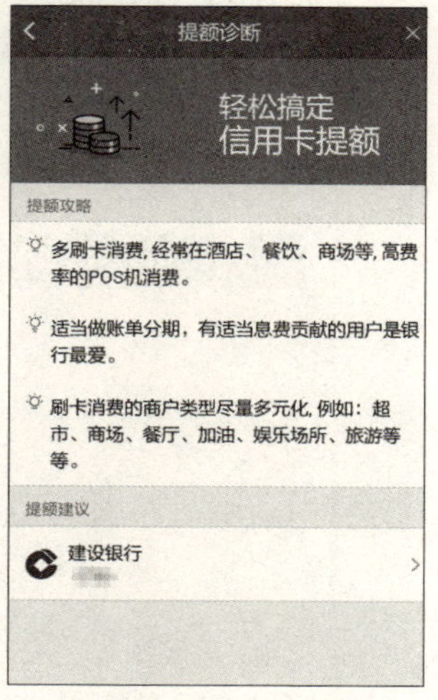

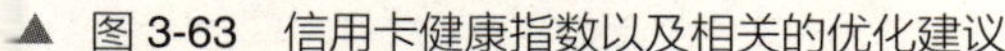
▲ 图 3-63 信用卡健康指数以及相关的优化建议

▲ 图 3-64 提额诊断

3.5.4 如何提高信用卡的额度

挖财信用卡管家的提额攻略可以分为新手入门、高手进阶和卡神专区 3 个层次，不同需求的用户可以选择进入查看。

在“服务窗”界面点击“提额攻略”按钮进入“攻略首页”界面，在此可以查看所有的信用卡使用攻略。例如，点击“高手进阶”按钮，即可在此学习信用卡高手的用卡技巧。

3.5.5 如何利用平台信用保镖

信用保镖会将用户的闲置资金进行投资，用户可以活动相应的投资收益，同时还可以为用户授权的信用卡或房贷账户进行自动还款，有点类似余额宝。在“服务窗”界面点击“信用保镖”按钮进入“挖财信用保镖”界面，如图 3-65 所示。用户可以点击“充值”按钮充值资金，为周期性债务进行自动还款，如图 3-66 所示。

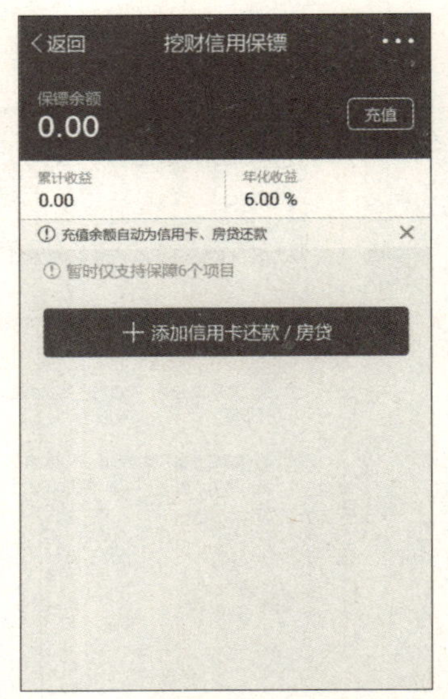

▲ 图 3-65 “挖财信用保镖”界面

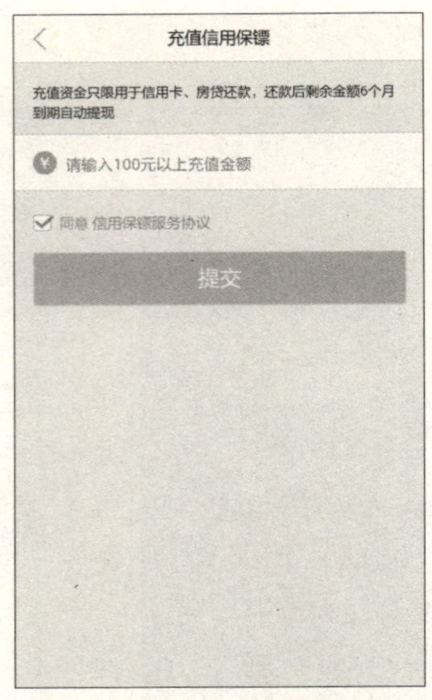

▲ 图 3-66 充值信用保镖

3.6 征信查询，避免征信上产生污点

对于常与银行打交道的用户而言，“个人信用”一词早已接触过。“个人信用”是“个人信用的历史记录”的简称，记录的内容主要是用户与银行往来时，在银行贷款、还款、逾期等方面的记录。对于银行而言，这份个人信用报告直接决定银行是否愿意向用户借钱，以及借多少钱和借多久等问题。

3.6.1 51 信用卡管家征信查询

征信报告是记载有个人信用记录的文件，只能够由中国人民银行的征信中心提供。在 51 信用卡管家平台上，平台为用户提供了个人征信报告的查询功能。下面介绍通过 51 信用卡管家查询个人信用报告的具体操作方法。

（1）进入51信用卡管家APP的“服务”界面，点击“征信报告”按钮，如图3-67所示。

（2）进入“注册征信账号”界面，填写姓名、身份证号和验证码，点击“下一步”按钮，如图 3-68 所示。

（3）输入登录名、密码和手机号，点击“发送动态码”按钮，手机收到动态码后输入到文本框中，并点击“提交”按钮。执行操作后，弹出“提示”对话框，提示用户注册成功，点击“确定”按钮。

▲ 图 3-67 点击“征信报告”按钮

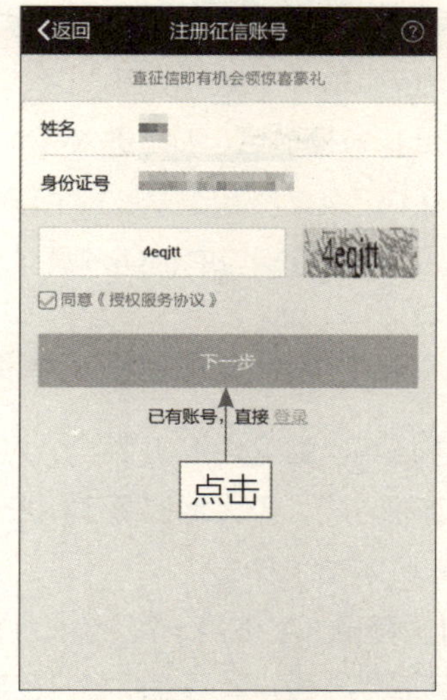

▲ 图 3-68 点击“下一步”按钮

（4）进入“征信账户”页面，点击“申请报告”按钮，如图 3-69 所示。

（5）执行操作后，进入“获取身份验证码”界面，用户必须在 10 分钟内回答界面中的 5 道问题，如图 3-70 所示。

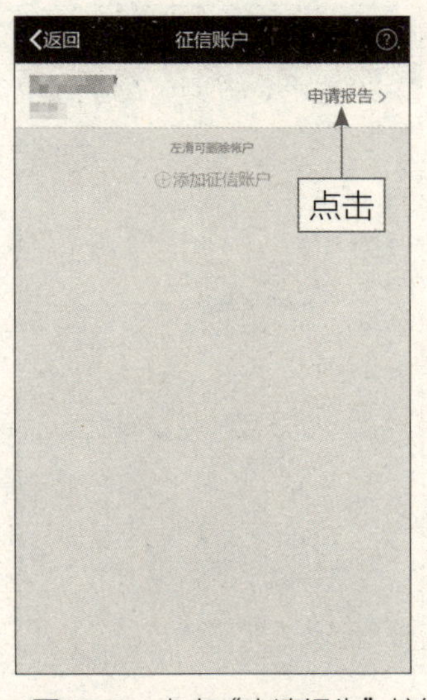

▲ 图 3-69 点击“申请报告”按钮

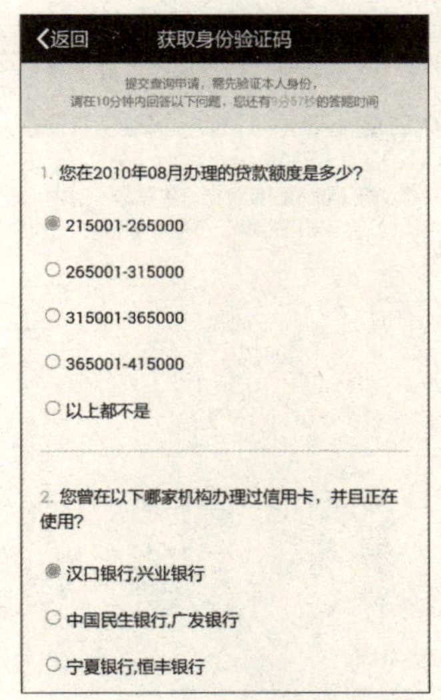

▲ 图 3-70 回答界面中的问题

（6）回答完成后，点击“下一步”按钮，弹出“提示”对话框，显示信用信息查询请求已提交，用户可以在 24 小时后访问平台获取结果。

（7）当用户的手机收到身份验证码（有效期为 7 天，遗失或过期需要重新申请）

的短信后，再次进入“征信账户”界面点击申请的信用报告进入“身份验证”界面，输入验证码点击“提交”按钮。

（8）执行操作后，即可进入“个人信用报告”界面，在此会显示用户的征信信息，分为信用卡记录、贷款记录、公共记录和查询记录 4 个板块。用户可以点击相应的板块名称，即可查看相应的征信记录详情。

3.6.2　卡牛信用卡管家征信查询

卡牛信用卡管家也推出了“个人征信查询”功能，而且采用了分级分类展示信用报告的处理方式，极大地提高了用户体验。下面介绍通过卡牛信用卡管家查询个人信用报告的具体操作方法。

（1）登录卡牛信用卡管家后，进入“我的”界面，点击“个人征信”按钮，进入“个人征信”界面，填写登录名、密码和验证码，然后登录。

（2）执行操作后，进入“个人征信报告”界面，提示查询请求已提交，将在 24 小时内返回相应结果，如图 3-71 所示。

（3）查询成功后，用户可以在此查看个人信用报告的具体内容，包括信月卡记录、贷款记录、公共记录等信用信息，如图 3-72 所示。

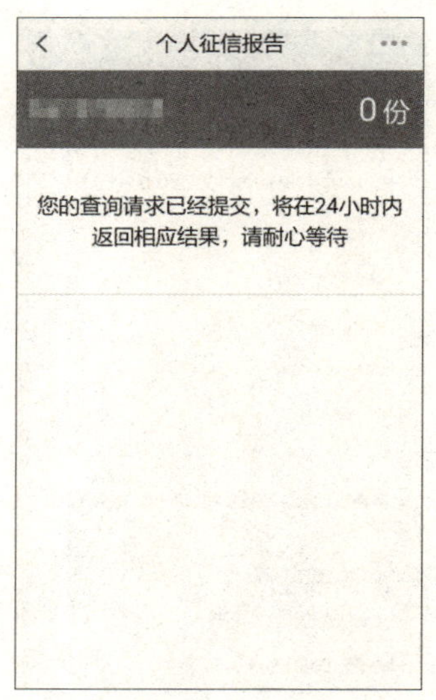

▲ 图 3-71　提交查询请求

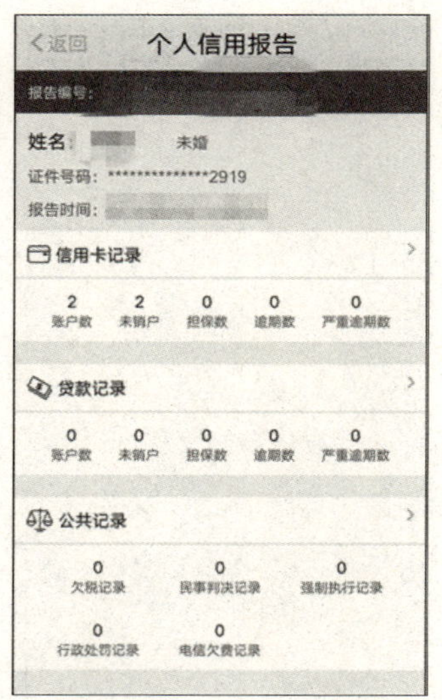

▲ 图 3-72　查看个人信用报告

3.6.3　挖财信用卡管家征信查询

挖财信用卡管家的征信查询与卡牛类似，也是通过央行的个人征信平台来查询，主要过程为注册征信账号、进行身份验证以及得到征信数据的反馈。下面介绍通过挖财信用卡管家查询个人信用报告的具体操作方法。

（1）登录挖财信用卡管家后，进入“服务窗”界面，点击“征信报告”按钮，进入“登录央行征信”界面，首次使用央行征信的用户可以点击“立即注册”按钮，进入“注册央行征信”界面，根据操作提示进行注册。

（2）已有央行征信账户的用户直接在登录界面输入登录名、密码和验证码，并点击“登录”按钮，如图3-73所示。进入“等待身份验证码”界面，提交查询申请，征信中心会在申请的24小时内反馈用户查询结果，如图3-74所示。

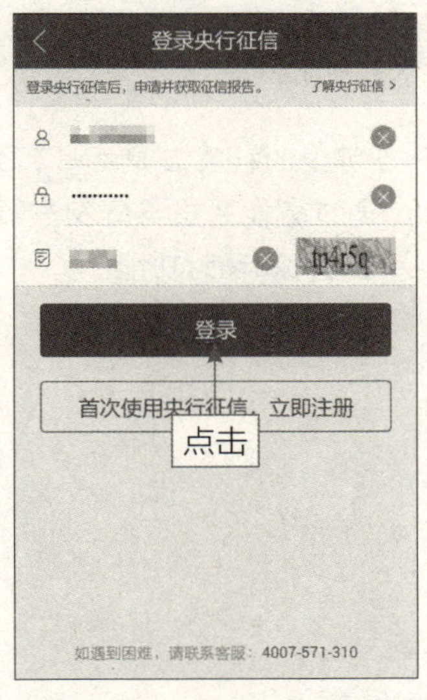

▲ 图3-73 点击“登录”按钮

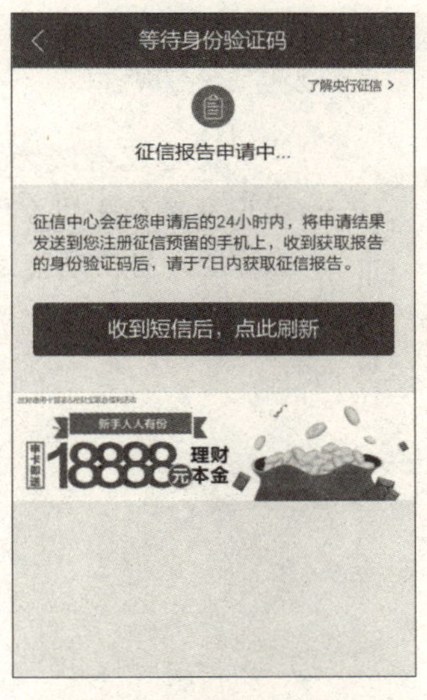

▲ 图3-74 等待身份验证码

（3）当用户的手机收到身份验证码的短信后，再次进入“获取征信报告”界面，输入验证码点击“获取征信报告”按钮。执行操作后，进入“征信报告”界面，点击“下载征信报告”按钮。

（4）执行操作后，即可查看PDF版本的征信报告。不过，挖财信用卡管家只是提供了央行的PDF版信用报告，并没有针对手机端作出优化，优点是内容全面，而缺点则是浏览体验比较差。

第 4 章

微信理财：
互联网化的社交信用

微信已经成为大众生活中必不可少的社交工具之一，大部分用户都是在手机上使用微信 APP，通过智能手机与好友进行互动。微信除了社交功能之外，还可以实现支付和理财功能。

- 微信支付的基本操作
- 有关微信的理财通功能
- 如何使用理财通进行理财

4.1 微信支付的基本操作

微信是大部分用户在日常生活中不可缺少的社交软件，由微信产生的微商、朋友圈、微信红包、微信支付等功能风靡国内。作为社交平台，微信打造的是先社交后支付模式，但非常值得读者对其支付功能进行借鉴和学习。

4.1.1 微信如何快速关联银行卡

微信中添加了银行卡支付功能，这给用户通过手机购物、充话费等行为提供了较多便利，下面将介绍在微信里添加银行账号的基本操作。

（1）用户登录微信平台，并在微信平台上点击微信主界面下方的“我”按钮。

（2）进入“我”界面，点击“钱包”选项。

（3）执行以上操作之后，用户点击右上角的“银行卡”按钮，进入银行卡管理界面，如图4-1所示。

（4）点击“添加银行卡”按钮，进入添加界面，如图4-2所示。

▲ 图4-1 用户点击右上角的“银行卡”按钮

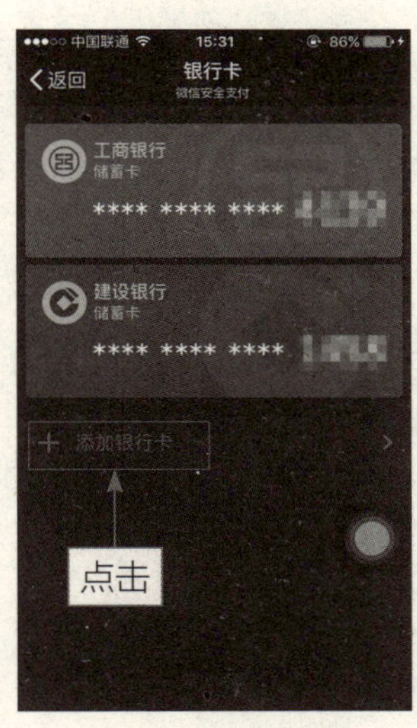

▲ 图4-2 点击“添加银行卡”按钮

（5）进入添加银行卡界面，首先需要输入支付密码，如图4-3所示。

（6）进入“添加银行卡”界面，输入持卡人姓名和卡号，如图4-4所示。

（7）点击“下一步”按钮，进入“填写银行卡信息”界面，设置银行卡的相关信息，输入手机号码。

（8）点击“下一步”按钮，进入“验证手机号”界面，点击“获取验证码”按钮，手机会收到一条验证信息，然后输入该信息即可。

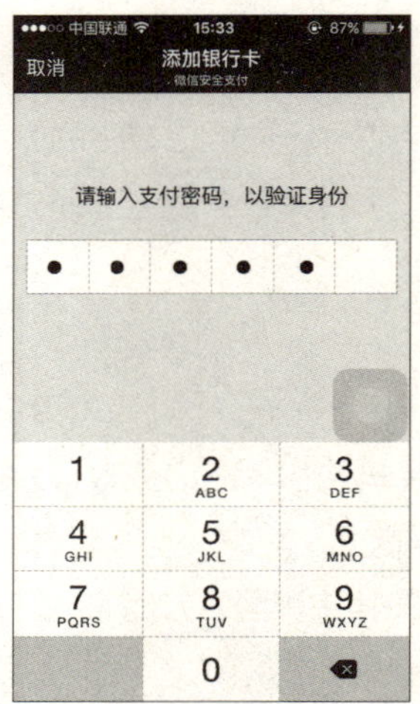

▲ 图 4-3 输入支付密码

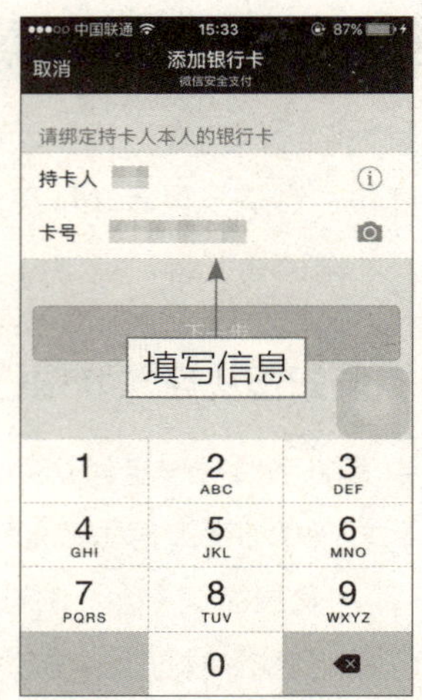

▲ 图 4-4 输入持卡人姓名和卡号

专家提醒

为了微信用户的账户安全，在微信平台上只能绑定持卡人本人的银行卡，不容许绑定其他用户的银行卡。

如果用户在绑定银行卡的过程中需要获得更多的帮助，比如了解哪些银行卡不可绑定、微信支付的细节问题等，可以致电腾讯的电话客服。

如果用户需要解除银行卡绑定，可以在银行卡管理界面中点击某银行卡进入相应界面，然后点击右上角的按钮如图 4-5 所示。进行操作后，点击“解除绑定”按钮即可解绑银行卡，如图 4-6 所示。

▲ 图 4-5 点击右上角的按钮

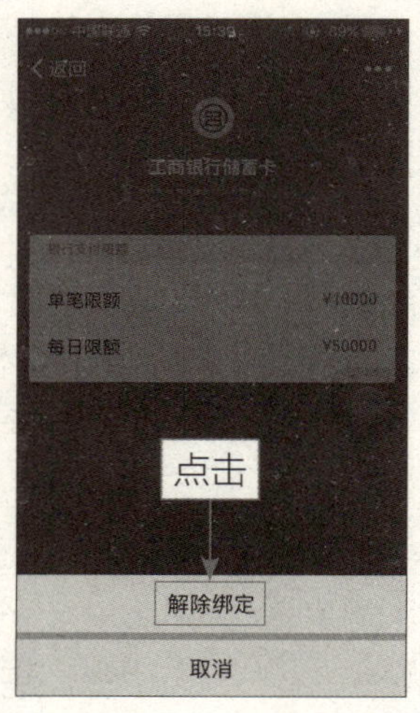

▲ 图 4-6 解绑银行卡

专家提醒

在解绑时，系统会要求用户输入支付密码进行验证，验证成功后即可解除这张银行卡和微信的绑定。

微信支付密码是在网上购物时的支付密码，用户一定要记住设置为6位数字，为了安全起见，笔者建议不要跟银行卡的取现密码一样，而应当另外设置一个密码。

4.1.2 微信零钱怎么免费提现

微信零钱是微信支付的一个方式，用户可以把平时的零用钱存放到微信上，用于网络购物时快捷支付。下面简单介绍用户怎么在微信上充值提现。

（1）在微信“钱包”界面上方可以看到“零钱”功能按钮，点击该按钮，如图4-7所示。

（2）进入“零钱”界面，点击“提现”按钮，如图4-8所示。

（3）进入“零钱提现”界面，输入提现金额，然后点击“提现”按钮，如图4-9所示。

（4）弹出“请输入支付密码”窗口，如图4-10所示，只要输入支付密码即可完成提现。

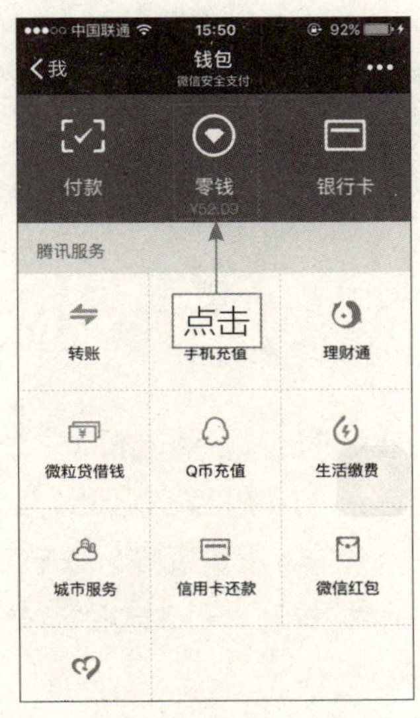

▲ 图4-7 “我的钱包”界面

▲ 图4-8 点击“提现”按钮

▲ 图 4-9　点击“提现”按钮

▲ 图 4-10　“请输入支付密码”窗口

4.1.3　微信钱包怎么用，微信钱包有什么用

微信零钱属于微信钱包中的一个功能，而微信钱包为用户提供的便利服务并不只是零钱。图 4-11 所示为微信钱包中的 8 个核心功能。

▲ 图 4-11　微信钱包中的 8 个核心功能

这些功能都属于腾讯平台提供的服务，在微信钱包中，除了腾讯服务之外，用户还可以使用第三方服务。微信钱包中的 9 个第三方服务入口包括滴滴出行、火车票机票、美团外卖、美丽说、58 到家、酒店、京东精选、电影演出赛事和吃喝玩乐。

下面主要针对与微信支付密切相关的微信转账功能进行分析，转账的具体操作步骤如下。

（1）进入“钱包”界面，点击“转账”按钮，如图 4-12 所示。

（2）执行操作后，进入转账界面，选择转账的对象，用户可以在此搜索要转账的朋友，或直接选择相应联系人，如图 4-13 所示。

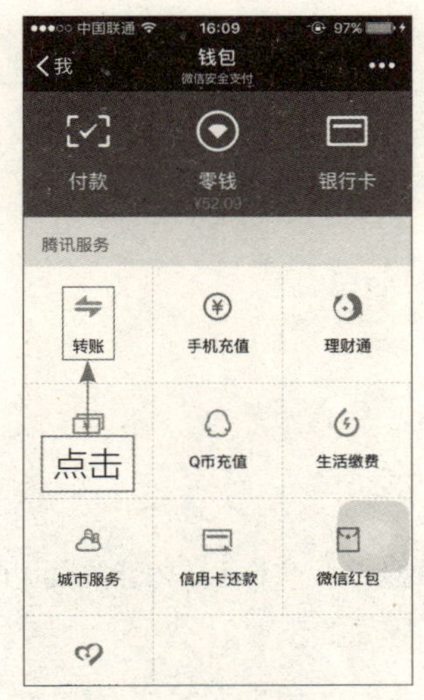

▲ 图 4-12 点击“转账”按钮

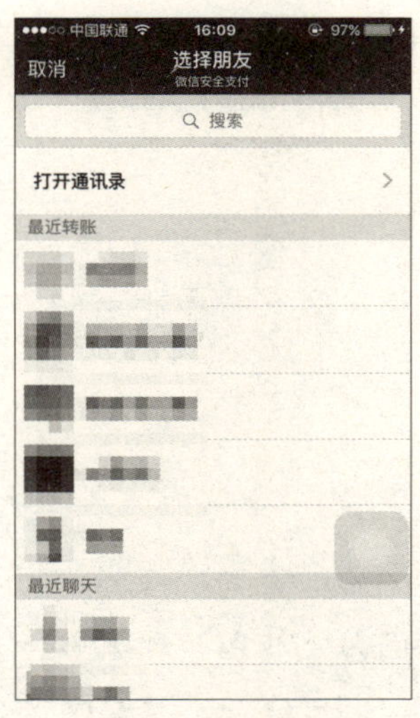

▲ 图 4-13 选择转账的对象

（3）进入“转账给朋友”界面，输入转账金额，点击“转账”按钮，如图 4-14 所示。

（4）执行操作后，跳出“请输入支付密码”窗口，如图 4-15 所示，输入密码，即可转账成功。

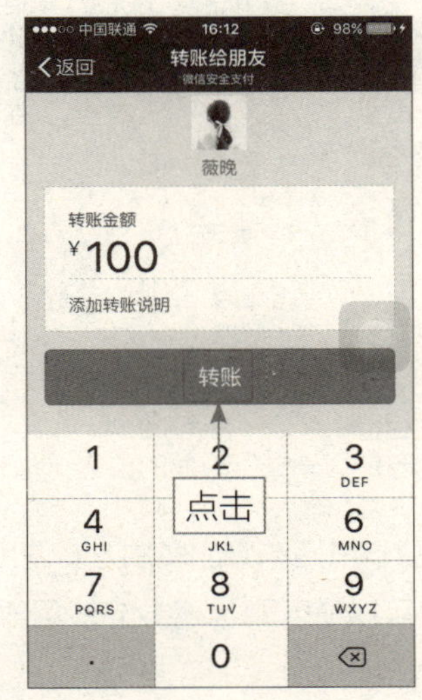

▲ 图 4-14 点击“转账”按钮

▲ 图 4-15 请输入支付密码界面

4.1.4 如何使用微信公众平台卡包功能

微信的卡包里有各种卡券，微信的卡券功能与支付宝的卡券功能基本一致，主要是用户在商家的活动界面领取卡券之后，就可以在微信的卡券功能中查看。如图 4-16 所示，为 3 种常见的卡券形式。

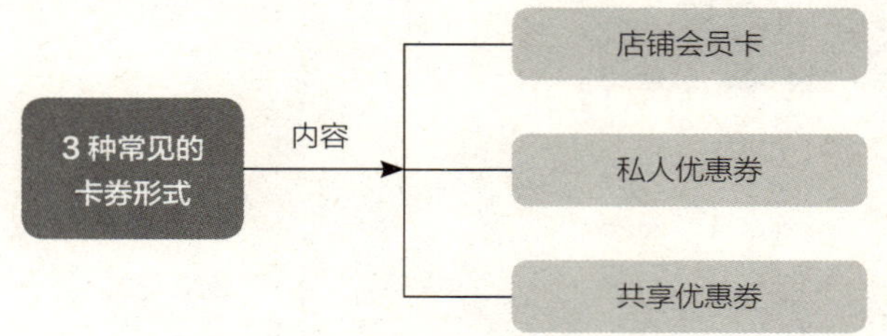

▲ 图 4-16　3 种常见的卡券形式

用户在微信的“我”界面点击“卡包”按钮，直接进入“卡包”功能界面，图 4-17 所示为用户从 “卡包”界面进入“朋友的优惠券”界面的步骤。

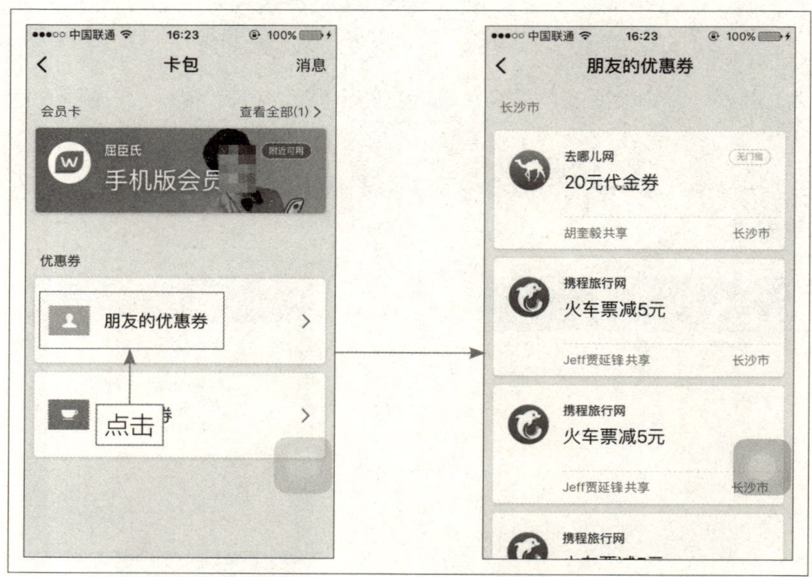

▲ 图 4-17　用户从“卡包”界面进入“朋友的优惠券”界面的步骤

用户点击已有的卡券就可以查看卡券的具体信息，包括卡券的发放方、使用方法、使用条件、使用时间等信息。用户点击立即使用就可以进入到优惠券的使用界面，图 4-18 所示为去哪儿网的优惠券使用步骤。

专家提醒

会员卡一般是永久性的，也有部分特殊的会员卡有时间限制，而优惠券几乎全部是有时间限制的。

▲ 图 4-18 去哪儿网的优惠券使用步骤

4.1.5 收付款，快捷收款和付款的工具

收付款是微信推出的快捷收款和付款的工具，其入口不在微信底部的导航栏中，而是位于微信用户界面的右上角，用户点击右上角的加号按钮，可以进入微信的二级菜单，其中就有收付款功能。图 4-19 所示为用户进入收付款功能的操作步骤。

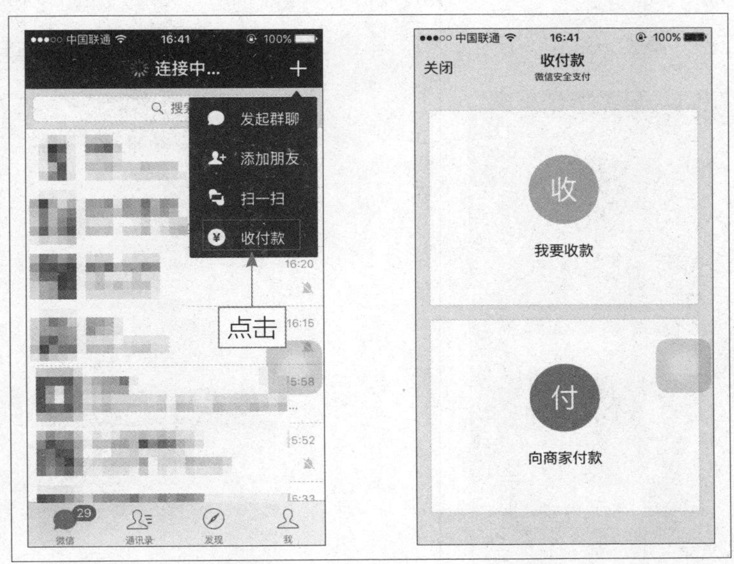

▲ 图 4-19 用户进入收付款功能的操作步骤

专家提醒

收付款的快捷功能入口是微信在 2016 年推出的新设计，用户通过微信收款可以设置收款的金额，但是通过微信付款无法设置付款金额，相关金额需要由收款方进行设置。

收款时，对方直接通过微信扫描二维码即可付款。付款时，用户向商家展示二维码及条码，商家使用扫码枪快速扫描用户的二维码或条码，即可完成交易。微信平台的安全系统会对可疑的交易进行拦截。

收付款界面的二维码、条形码具有时效性并且只有一次是有效的，被使用之后立刻失效。每个用户只能够对一台手机的微信开通收付款功能。

4.1.6 微信红包，“支付＋社交”金融模式

微信红包是全民红包娱乐的发起者，而支付宝借鉴微信红包的方式之后将其进一步改善。

微信红包的形式共有两种，第一种是普通等额红包，可以发给一个人，也可以一次发给多个人；第二种是“拼手气群红包”，用户在红包设置界面中输入总金额和红包个数后，系统会在其他用户领取时自动生成不同金额的红包。下面以普通红包为例，了解用户通过微信派发红包的具体操作方法。

（1）在微信“钱包”界面，点击“微信红包”按钮进入其界面，此时有两个选择，分别是“拼手气红包”和“普通红包”，如图 4-20 所示。

（2）点击“普通红包”按钮进入其界面，设置相应的“红包个数”“单个金额”和留言，点击“塞钱进红包”按钮，如图 4-21 所示。

▲ 图 4-20 “微信红包”界面

▲ 图 4-21 点击“塞钱进红包”按钮

（3）执行操作后，弹出“请输入支付密码”窗口，用户选择支付方式，然后输入密码，如图4-22所示。

（4）执行操作后，进入相应界面，点击“发红包”按钮，如图4-23所示，然后在出现的界面中按照个人需求发到微信群或者好友聊天界面即可。

▲ 图4-22 输入密码

▲ 图4-23 点击“发红包”按钮

专家提醒

微信红包的根本目的是通过社交圈扩散的方式，来实现微信的推广和宣传，同时用户接收红包需要绑定银行卡，开通微信支付，微信红包就通过这种方式来促使用户自主使用微信支付方式。

随着用户使用红包的范围扩大，越来越多的微信用户习惯通过红包来向好友进行支付，这也意味着微信打造的“支付＋社交”的模式已经成功。

4.1.7 如何使用微信微粒贷借钱？

2015年9月，微粒贷借钱功能在微信钱包上线，微信用户可以根据个人信用获得不同的贷款额度。系统在对用户授信时会充分参考用户的相关数据，尤其是在微信平台上的活跃度等信息。

在微粒贷上借钱非常简单，用户进入“钱包”界面，然后点击“微贷粒”按钮，如图4-24所示，进入微粒贷界面，点击“借钱”按钮，如图4-25所示。

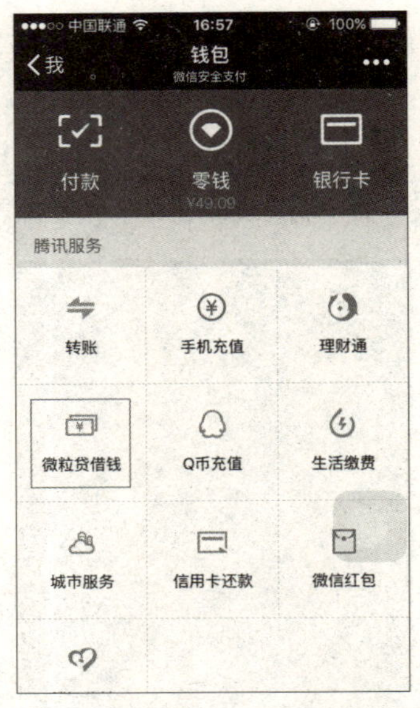

▲ 图 4-24　点击“微贷粒”按钮

▲ 图 4-25　点击“借钱”按钮

选择借钱金额及还款期数之后，点击“下一步”按钮，如图 4-26 所示，选择收款银行卡，点击“下一步”按钮，如图 4-27 所示。然后确认信息，点击“确认借钱”按钮，如图 4-28 所示，进入“验证支付密码”界面，如图 4-29 所示，输入支付密码验证身份，即可完成借钱。

▲ 图 4-26　点击“下一步”按钮

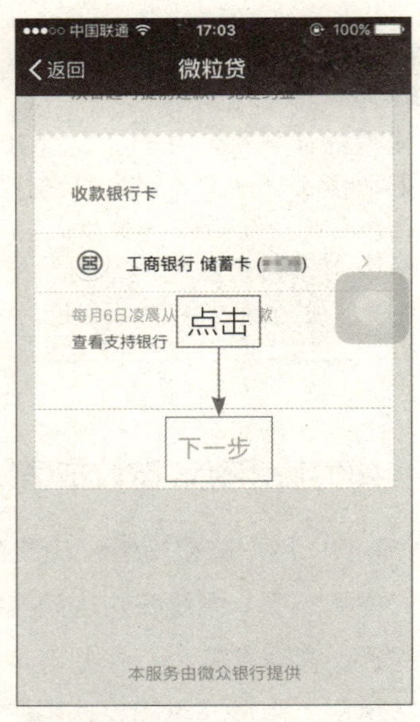

▲ 图 4-27　点击“下一步”按钮

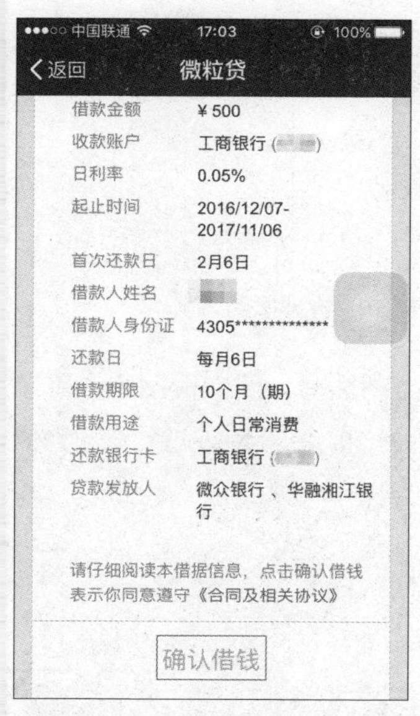

▲ 图 4-28 点击“确认借钱”按钮

▲ 图 4-29 “验证支付密码”界面

专家提醒

并不是所有的微信用户都能够开通微粒贷，对于微信不活跃的用户或者使用微信支付次数较少的用户，一般很难开通微粒贷。

用户通过微粒贷借款的最低额度为 500 元，可以分为 5 个月、10 个月等还款期数，不同还款期数所需要还款的利息有所不同。

4.2 有关微信的理财通功能

在微信平台上，用户可直接用于理财的功能平台就是理财通，这是腾讯官方的理财平台，根据官方数据显示，截至 2016 年 2 月，理财通总用户数超过四千万。用户可以通过电脑端进行理财，但是从便捷程度而言，更常见的理财方式为通过平台进行移动理财，用户在微信和 QQ 上都可以进行。本节内容主要是以微信为主体，介绍微信移动理财的相关内容。

4.2.1 有关平台和产品的相关简介

微信理财通是为用户提供多样性理财服务的移动平台，在平台上，金融机构作为产品的提供者，主要负责金融产品的相关模式设计与运作，而平台的作用主要起到管理作用。图 4-30 所示为微信理财通平台提供的管理服务。

▲ 图 4-30　微信理财通平台提供的管理服务

在微信理财通平台上，用户可以选择的产品类别很多，用户根据个人需求可以进行的多元化的选择也帮助微信理财通的影响力进一步扩大。图 4-31 所示为微信理财通平台的产品类别。

微信理财通平台的产品类别

- 货币基金
  - 华夏基金财富宝
  - 汇添富基金全额宝
  - 广发基金天天红
  - 易方达基金易理财
- 定期理财
  - 民生加银理财月度
  - 银华双月理财
  - 招商招利月度理财
- 指数基金
  - 易方达沪深 300ETF 联接
  - 嘉实沪深 300ETF 联接
  - 工银沪深 300 指数
  - 南方中证 500ETF 联接
- 保险理财
  - 国寿嘉年月月理财
  - 平安养老富盈 5 号
  - 国寿嘉年保险理财
  - 光大永明定活保
- 专项理财
  - 中信证券天天利财周周盈
  - 中信证券天天利财双周盈
  - 中信证券天天利财月月盈

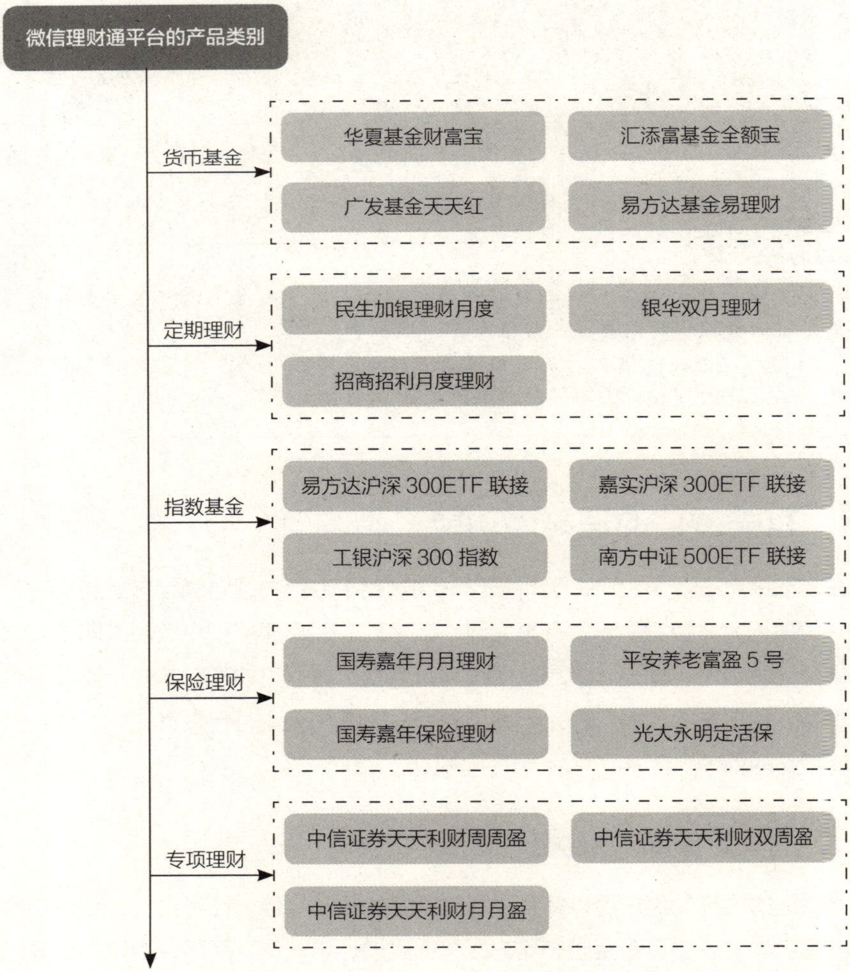

▲ 图 4-31　微信理财通平台的产品类别

专家提醒

不同的微信理财通产品的要求和收益都是不同的，更主要的是理财风险有着巨大的差异性。对于追求平稳理财的用户而言，低收益是其理财目标，对于追求高收益的用户而言，高风险是必须承担的。

4.2.2 微信理财通有哪些优势，使用有什么条件？

对于微信用户而言，开通使用微信理财通的条件要求较低，只需要用户在微信账户上绑定有银行储蓄卡即可。

用户在绑定银行卡时，系统就会提示设置微信支付独立密码，设置之后用户就可以使用微信支付功能进行支付。需要注意的是，用户绑定银行卡的同时除了开通微信支付功能之外，还会完成实名认证功能。

市场上移动理财方面的平台有很多，比如支付宝平台上的余额宝、定期理财、基金等。在对众多的移动理财平台进行分析时，用户首先需要关注的就是其金融产品的收益率。

以理财通为例，平台能够在短时间内成为网络的主流理财平台，在于其平台上产品的货币基金收益相比于其他平台要较稍高一些。对于用户而言，使用微信理财通进行理财的优势并不仅仅在于其收益较高，还在于其以下 3 个方面的优势，如图 4-32 所示。

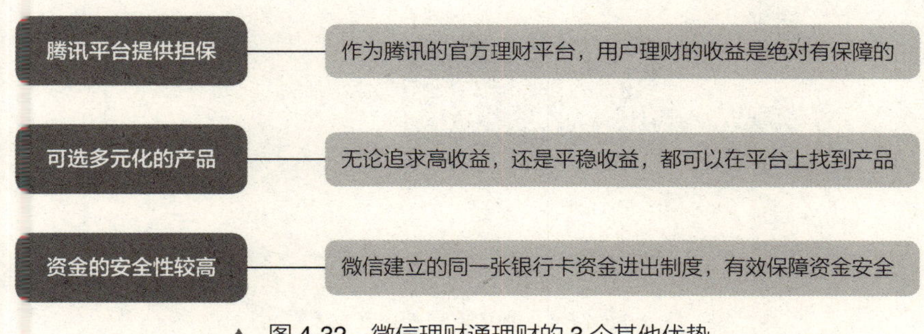

▲ 图 4-32 微信理财通理财的 3 个其他优势

专家提醒

尽管与支付宝相比，微信理财通的理财操作流程同样非常简单，但是在资金流通安全性上，支付宝因为支持余额宝等理财方式内的资金直接消费的缘故，其资金存在较大的风险，比如用户手机丢失，容易导致资金被盗。

4.2.3 购买微信理财通产品不得不知的事项

下面首先介绍用户理财的 4 个注意事项，这些注意事项是用户无论在何种平台上进行理财都需要注意的。图 4-33 所示为用户理财的 4 个注意事项内容。

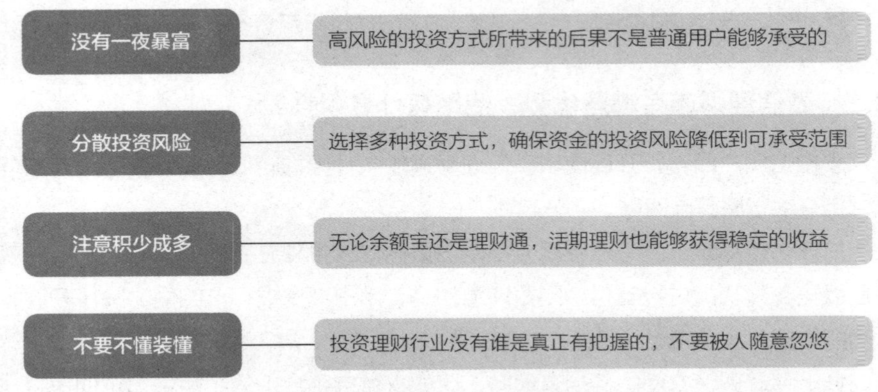

▲ 图 4-33　用户理财的 4 个注意事项内容

不同的理财平台也有不同的买入须知，用户在投资理财时需要格外注意。以微信理财通为例，平台为用户提供了安全卡功能，主要是帮助用户保障理财通的资金安全。图 4-34 所示为理财通官方的安全卡界面。

▲ 图 4-34　理财通官方的安全卡界面

一般情况下，用户第一次购买理财产品的银行卡将自动作为安全卡，用户以后的理财资金只能通过安全卡提取，但是可以通过多张银行卡购买理财产品，这是其他平台所没有的功能。

用户也可以通过微信平台对安全卡进行更换，首先用户需要登录微信平台，在“我”的界面中进入“钱包”功能，点击“理财通”按钮。进入“腾讯理财通”主界面之后，用户点击“我的”按钮，然后点击“安全卡”，即可进行相关操作。

专家提醒

由于理财产品涉及用户的资金流通问题，所以用户在购买理财通产品时需要仔细了解不同金融产品的相关投资风险，并且考虑个人的风险承受能力，然后再做出投资决策。无论理财结果是否符合用户预期，都需要买者自负。

4.2.4 理财通会在用户理财时给予操作提示

理财作为金融的一个方式，并不是所有的微信用户都对其有一定认识的，所以为了帮助用户快速地熟悉理财流程，进而扩大理财用户的数量，理财通平台在用户进行操作时会不断地给予提示。图 4-35 所示为用户在理财通首次买入保险理财时的界面提示信息。

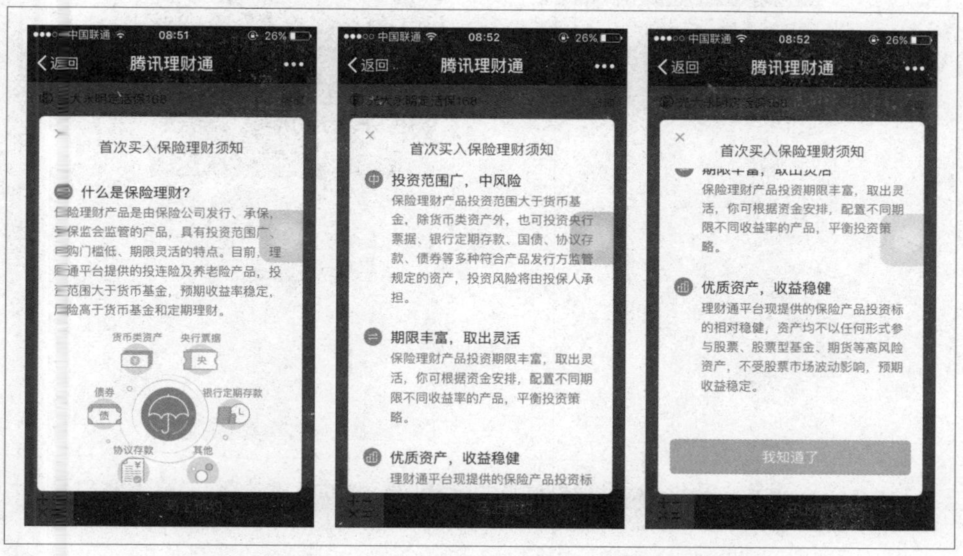

▲ 图 4-35 用户首次买入保险理财时的界面提示信息

对于未曾接触过投资理财、股票等方面信息的微信用户而言，在购买理财产品时一定要根据平台的提示，仔细了解金融产品的相关信息，防止第一次理财时出现误投、过高投资等情况。

专家提醒

微信用户无论是在理财通的电脑端平台还是在移动端平台，都可以在平台上找到帮助或者是客服功能，如果用户对于购买理财产品存在任何疑问，都可以在第一时间去寻求帮助。

4.3 如何使用理财通进行理财

了解完理财通平台的基本知识之后，本节内容主要针对用户如何使用理财通进行理财的过程进行分析。

4.3.1 理财通为用户提供了便捷理财方式

理财通平台为用户提供了一种便捷理财方式，不需要用户完成烦琐的购买产品程序即可快速理财。图 4-36 所示为工资理财的操作界面，工资理财功能会自动将用户的工资卡内金额转入某款理财产品。

▲ 图 4-36 工资理财的操作界面

在用户的工资理财操作界面，用户填写相关信息，包括每月理财金额、转入日期等信息，点击“下一步”按钮然后输入密码即可完成快速理财设置。图 4-37 所示为工资理财的后续操作界面。

> **专家提醒**
>
> 用户开启工资理财后，每个月的工资都会自动转入该理财产品赚取收益，一般情况下用户选择稳定型的理财产品更合适。如果用户选择的是购买条件较低的理财产品，那么投资理财的金额最低可到 0.01 元，这最低投资额度是其他平台所不具备的，用户可以根据个人的经济情况自由选择理财的金额。

在理财通界面上，平台还为用户的工资理财推荐了一个配套的功能，就是直接将用户的工资理财金额还房贷。需要注意的是，用户必须先设置工资理财，才能够开启还房贷功能。

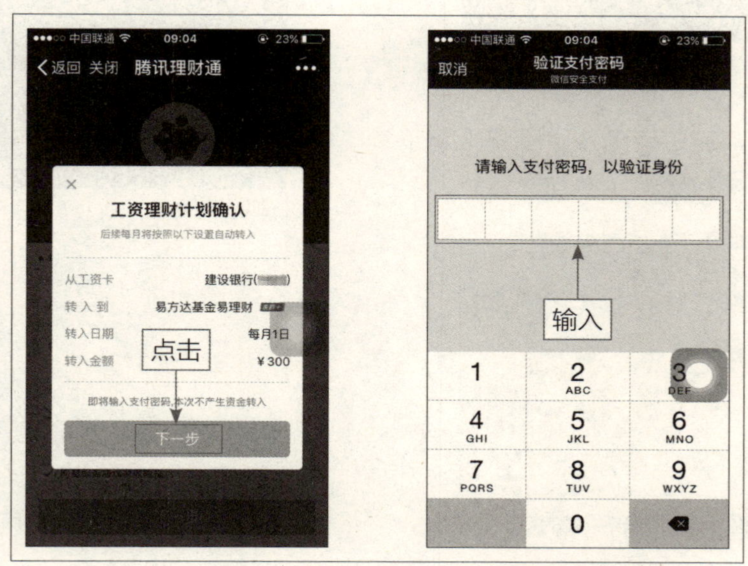

▲ 图 4-37 工资理财的后续操作界面

4.3.2 通过余额买入的方式进行理财

对于刚进来的用户，可以通过平台直接用银行卡中的资金购买理财通产品，如果已经购买了理财产品，并且想要提升购买额度时，用户可以通过余额功能进入余额理财界面，通过“买入”的方式进行投资理财。下面针对这个内容进行分析，让用户了解通过余额“买入”的基本步骤。

（1）用户进入理财通之后，点击“我的”按钮，进入“腾讯理财通”的个人中心界面。

（2）用户在“腾讯理财通”的个人管理中心界面，点击“我的资产”按钮，如图 4-38 所示，进入“腾讯理财通”的用户资产界面，如图 4-39 所示。

（3）完成上述操作之后，用户点击已购买的产品旁的“余额 +”按钮，进入相关的界面，如图 4-40 所示。

（4）点击“买入”按钮，进入相应的界面，如图 4-41 所示。

（5）在该界面输入买入的金额，同时勾选“同意服务协议及风险提示”选项框，然后点击“买入”按钮，如图 4-42 所示。

（6）执行操作后，跳出“请输入支付密码”窗口，如图 4-43 所示，输入支付密码，就能完成操作。

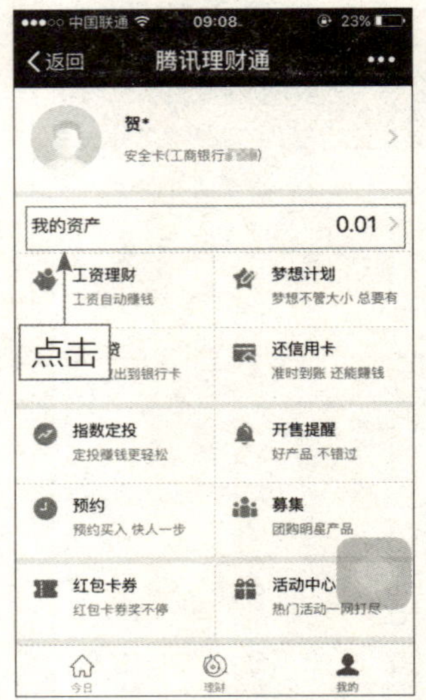

▲ 图 4-38　点击“我的资产”按钮

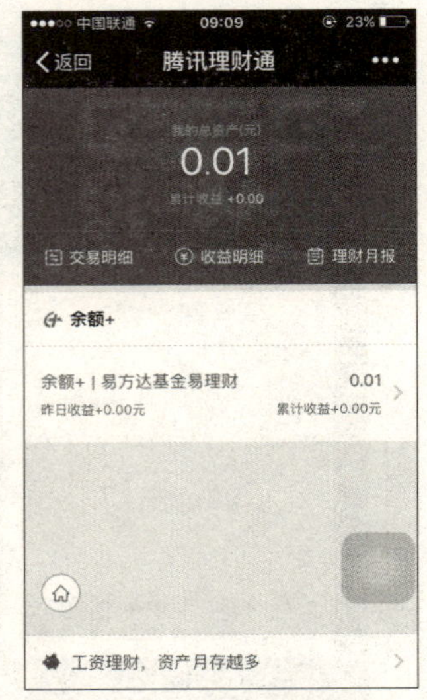

▲ 图 4-39　个人资产界面

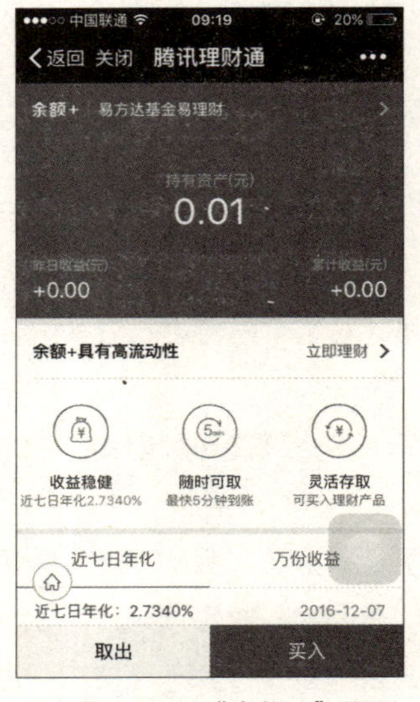

▲ 图 4-40　“余额 +”界面

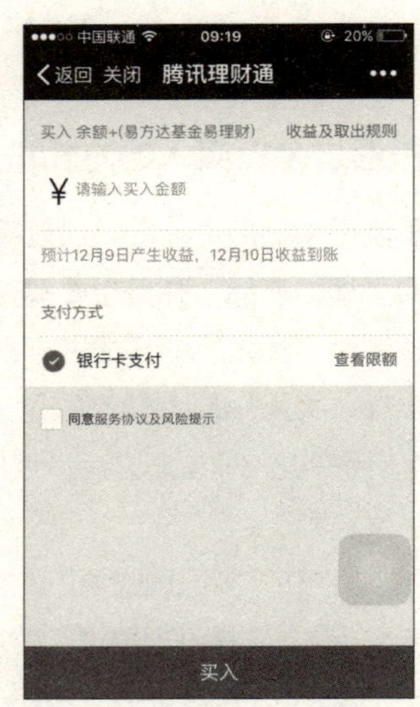

▲ 图 4-41　“买入”界面

专家提醒

用户通过这些操作步骤，就能看到自己资产的余额，还能看到自己购买的理财产品，以及交易明细、收益明细和理财月报。

▲ 图 4-42 点击"买入"按钮

▲ 图 4-43 "请输入支付密码"界面

专家提醒

通过银行卡充值理财通余额，该资金是实时到账的，用户可以立刻使用该资金购买投资理财产品。在余额管理界面，平台也会向用户推荐不同的优质理财产品，希望用户能够购买。

4.3.3 用户自主完成理财通的风险测评

新手用户在第一次购买理财产品时，理财通平台会自动要求微信用户接受理财通风险测评，以便平台了解用户适合于哪种理财产品，进而有针对性地提供相关理财产品给用户，也防止新手用户在理财过程中出现重大的失误操作。

用户进入风险测评界面有两种方式，分别是主动接受和被动接受。主动接受是指用户在理财通的个人管理中心自主进入风险测评界面，被动接受是指用户第一次购买理财产品时，平台强制要求用户接受风险测评。下面以主动接受方式为例，来讲解理财通的风险测评步骤。

（1）用户进入理财通，然后点击"我的"按钮，进入相应界面，再点击自己的头像一栏，如图 4-44 所示，就会进入相应的界面。

（2）执行操作后，在相关界面往下翻，找到"风险测评"按钮，如图 4-45 所示，然后点击该按钮。

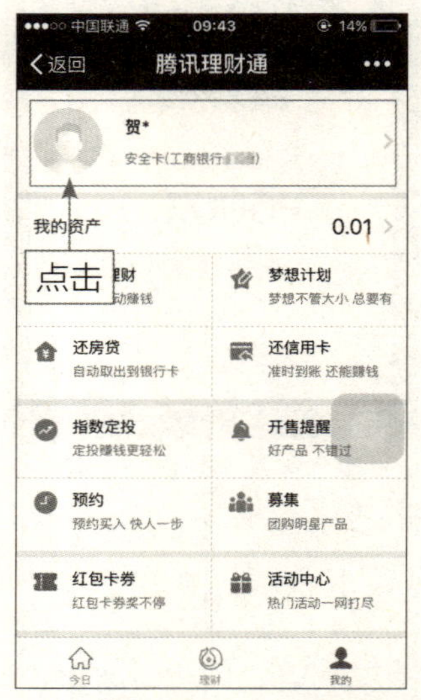

▲ 图 4-44　点击“头像”

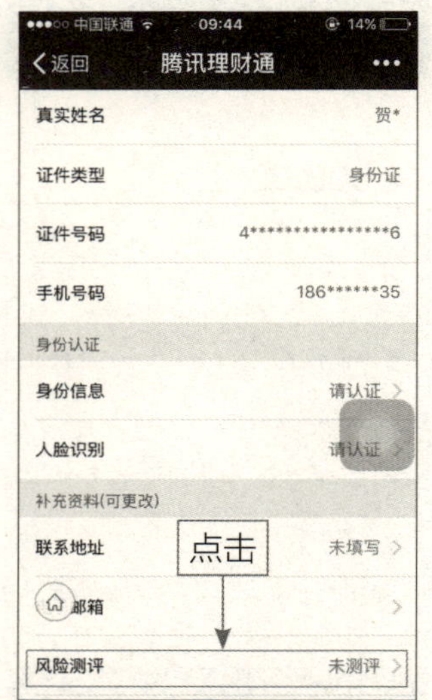

▲ 图 4-45　点击“风险测评”按钮

（3）用户进入相应的界面，点击“开始风险测评”按钮，如图 4-46 所示，就能进入“投资风险测评”界面，如图 4-47 所示，平台会给出 10 道题目，用户逐一完成即可。

（4）用户完成测评之后，系统会给出一个用户投资类型，例如稳健型、保守型等等，同时平台会根据用户的类型为用户提供适合的理财产品，在该界面上，用户可以重新进行风险测评，也可以直接去购买理财产品。

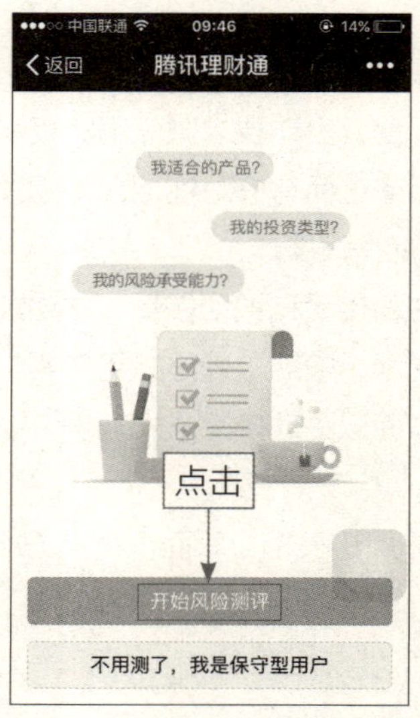

▲ 图 4-46　点击“开始风险测评”按钮

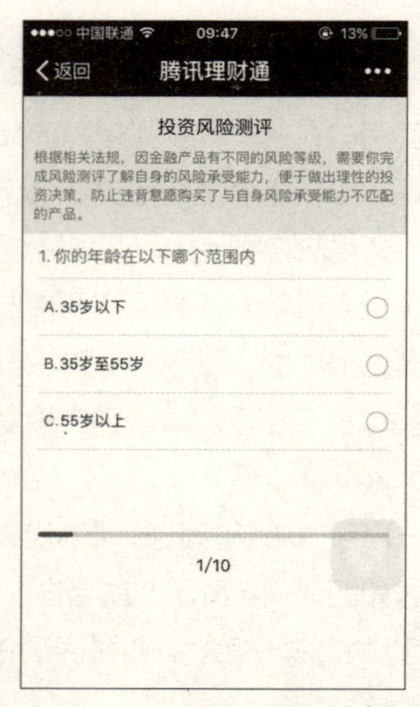

▲ 图 4-47　“投资风险测评”界面

> **专家提醒**
>
> 金融测评是理财通平台的特色功能，帮助用户了解自身的理财类型，从而更好地进行理财。不同的金融产品有着不同的风险等级，用户如果粗心大意地进行投资理财，尤其是投资高风险的理财产品，很容易在资金回收时出现大额的资金损失。

4.3.4 用户如何购买理财通理财产品

下面对用户购买理财通理财产品的具体步骤进行分析，了解购买过程中需要注意的相关方面。

（1）用户点击“理财通”按钮，进入理财通主界面，点击下方导航条中的“理财”按钮，如图 4-48 所示。

（2）在“理财”界面，用户可以查看不同的理财产品，根据个人需求选择不同风险种类的理财产品，点击“更多”按钮即可，如图 4-49 所示。

▲ 图 4-48 点击下方导航条中的“理财”按钮

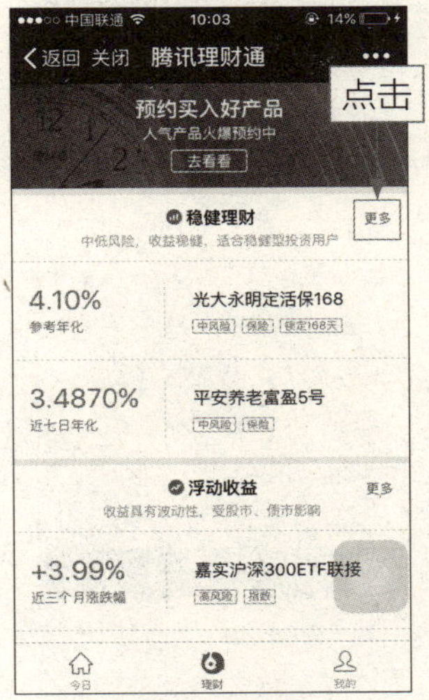

▲ 图 4-49 点击“更多”按钮

（3）执行操作后，用户进入相关界面，如图 4-50 所示，在该界面中，用户可以通过了解“人气主题”产品和“收益排行”产品来选择想要购买的产品，选中想要购买的理财产品，然后点击下方的“买入”按钮，如图 4-51 所示。

（4）执行操作后，进入相应界面，如图 4-52 所示，输入购买金额，选择支付方式，填写地址，然后勾选同意协议的选项框，点击下方的“买入”按钮。

（5）执行操作后，跳出“请输入支付密码”对话框，如图 4-53 所示，用户输入支付密码，即可完成购买。

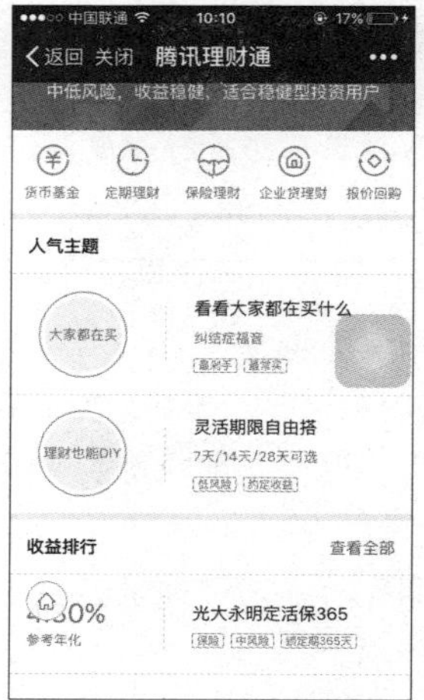

▲ 图 4-50　进入相关界面

▲ 图 4-51　点击“买入”按钮

▲ 图 4-52　相应界面

▲ 图 4-53　输入密码界面

专家提醒

用户在理财界面中根据不同的选择方式可以得到平台推荐的不同理财产品，然后根据个人需要选择想要的理财产品点击进入购买即可。

4.3.5　如何利用理财通绑定信用卡

对于办理了信用卡的用户来说，还可以利用理财通还信用卡，在此之前，用户首先要做的就是绑定信用卡，具体操作步骤如下所示。

（1）用户点击进入理财通主界面，在理财通的主界面上点击“还信用卡”按钮，如图 4-54 所示。

（2）执行操作后，进入相应的界面，点击“+ 添加信用卡”按钮，如图 4-55 所示，执行操作后，进入银行卡列表界面，如图 4-56 所示，点击“我知道了，去添加银行卡”按钮。

（3）执行操作后，进入“添加银行卡”的密码验证界面，如图 4-57 所示，用户输入支付密码，以验证身份。

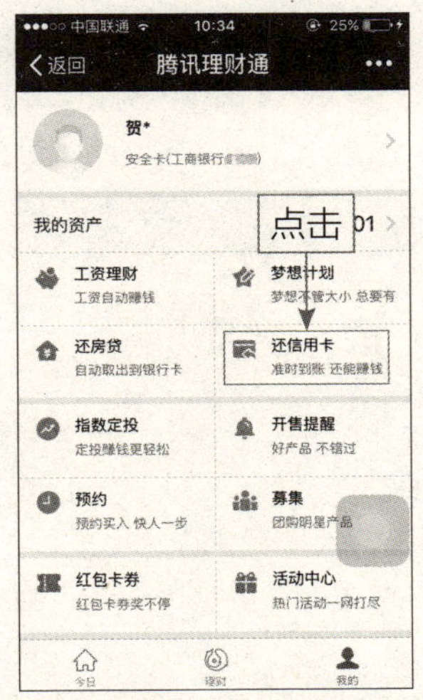

▲ 图 4-54　点击“还信用卡”按钮

▲ 图 4-55　点击“添加信用卡”按钮

▲ 图 4-56　银行卡列表界面

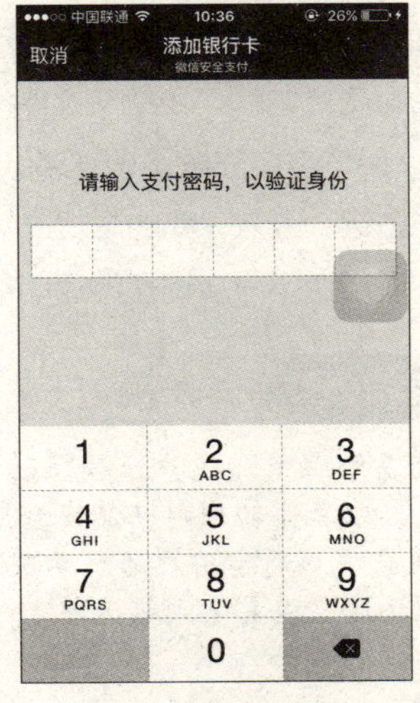

▲ 图 4-57　“添加银行卡”界面

（4）执行操作后，进入相应界面，如图 4-58 所示，用户添加信用卡卡号，然后点击“下一步”按钮。

（5）执行操作后，进入“填写银行卡信息”界面，输入银行预留手机号，点击“下一步”按钮，如图 4-59 所示，后续的操作根据平台的提示的操作即可，因篇幅有限，笔者不再详述。

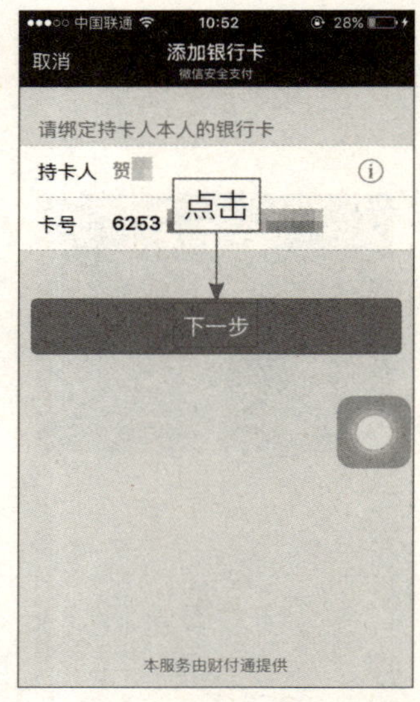

▲ 图 4-58 “添加银行卡”界面

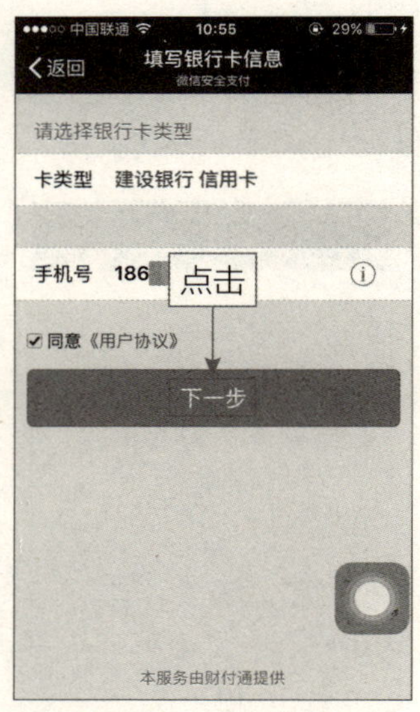

▲ 图 4-59 点击“下一步”按钮

4.3.6 如何查询理财通的交易明细和收益明细

前面提到过，用户可以在理财通平台上查看资金明细账单，在总资产界面上，主要可以查看两类明细，包括交易明细和收益明细。查看的方式如下所示。

（1）用户需要先登录理财通，然后点击“我的”按钮，进入相应界面，再点击“我的资产”按钮，进入“我的总资产”界面就可以找到交易明细和收益明细的功能入口。图 4-60 所示为用户查询理财通明细账单的前期步骤。

专家提醒

交易明细是指用户通过理财通平台完成的资金周转账单，包括买入与取出两种形式，以具体的理财产品资金为主体。

收益明细是指用户通过购买理财产品获得的收益，累积收益包含预估收益和已到账收益，以真实到账为准。

▲ 图 4-60 用户查询理财通明细账单的前期步骤

（2）用户分别点击交易明细和收益明细，就可以进入用户的账单界面，了解账单详情。图 4-61 所示为腾讯理财通的交易明细界面与收益明细界面。

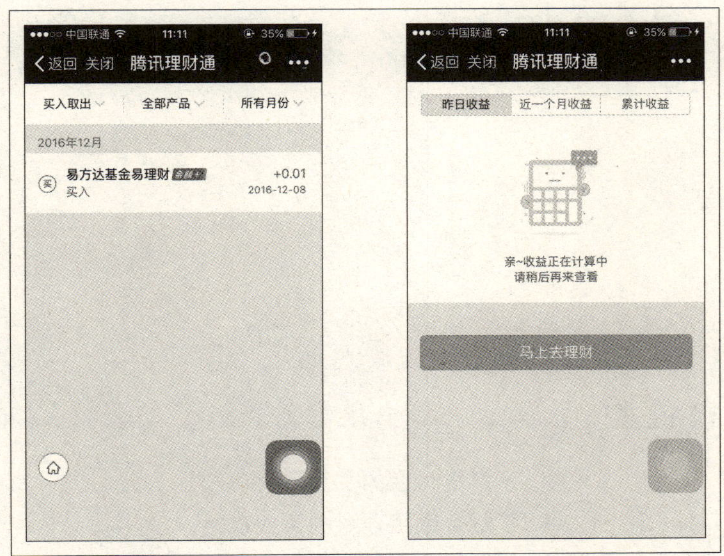

▲ 图 4-61 腾讯理财通的交易明细界面与收益明细界面

第 5 章

支付宝：
消费、理财两不误

支付宝是目前影响力较大的超级 APP 之一，其功能的丰富让用户群体爱不释手，同时支付宝打造的营销概念在市场上的应用也越来越广泛，必将成为未来的主流营销方式之一。下面笔者将针对支付宝理财的内容进行详细的讲解。

要点展示

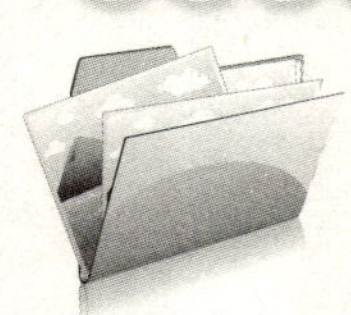

- 了解支付宝的生活理财功能
- 了解余额宝理财的实战攻略
- 一些重要的移动理财工具

5.1 了解支付宝的生活理财功能

随着支付宝版本的不断更新，支付宝的基本功能和特色功能越来越多，下面以 2016 年 12 月的支付宝 APP 版本进行分析，了解支付宝的基本功能，初步认识支付宝 APP 的实用性。

5.1.1 手机支付宝如何关联银行卡

关联银行卡是用户利用支付宝进行快捷支付的前提条件，如果用户没有关联银行卡，那么就无法直接使用支付宝完成支付，关联银行卡的操作步骤如下所示。

（1）用户登录支付宝 APP，进入支付宝主页，点击“我的”按钮，进入“我的”界面。点击个人头像，进入“个人中心”界面，点击“我的银行卡”按钮，进入“我的银行卡”界面，这一流程如图 5-1 所示。

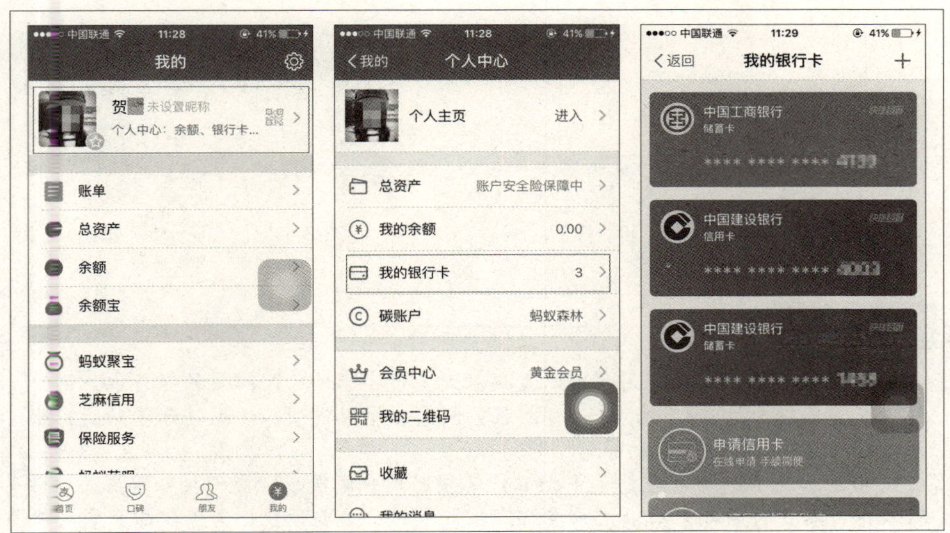

▲ 图 5-1 进入“我的银行卡”界面的流程

（2）执行操作后，点击右上角的加号按钮，就可进入“添加银行卡”界面。

（3）在“添加银行卡”界面中填写持卡人银行卡号，确认无误之后点击“下一步”按钮进入手机验证界面，如图 5-2 所示。

（4）进入“填写银行卡信息”界面，输入银行预留手机号码，然后点击“下一步”按钮，如图 5-3 所示。

（5）支付宝平台自动发送校验码到用户申请银行卡时预留的手机号码上。

（6）用户收到校验码后在支付宝 APP 的填写校验码界面中输入校验码，需要注意，由于短信信息受到手机、网络、地区等因素的限制，不一定会立刻显示在用户手机上，用户填写效验码后点击“下一步”按钮。

（7）如果效验码与支付宝平台发送至用户手机上的效验码一致，那么界面显示添加成功，用户可以再点击界面右上角的“完成”字样即可。

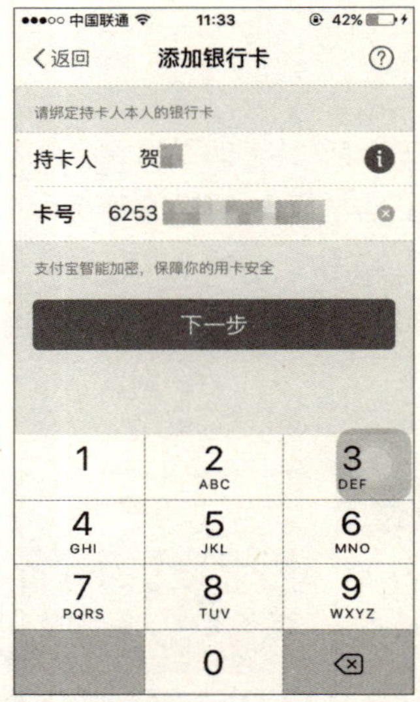

▲ 图5-2　点击“下一步”按钮

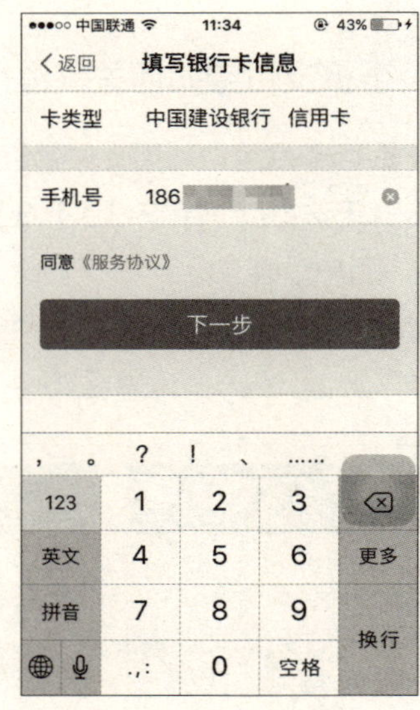

▲ 图5-3　点击“下一步”按钮

专家提醒

在银行卡管理界面，用户可以直接看到支付宝账号已经绑定的银行卡，用户可以点击已绑定的银行卡，进行查看服务网店、蚂蚁借呗、快速转账等功能，除此之外还可以删除已绑定的银行卡。

由于绑定了银行卡的支付宝APP能够帮助用户实现一键支付，不需要额外再输入银行卡支付密码，所以用户在绑定银行卡时一定要注意，为保证账户资金安全，只能绑定认证用户本人的银行卡，以免出现资金纠纷。另外支付宝平台能够自动识别银行卡账号归属，不需要用户额外输入银行卡所属银行名称。

5.1.2　支付宝免费转账攻略一览

对于大部分保持长期使用支付宝APP的用户而言，利用支付宝进行转账是使用次数最多的功能之一。

用户通过支付宝APP可以进行3类转账，分别是转给用户已添加的朋友账号、转到支付宝账户和转到银行卡账户。下面以转到银行卡账户为例，对转账流程进行分析，帮助读者学会使用快速转账功能。

1）用户在支付宝APP的主界面上点击“转账”按钮，如图5-4所示，进入用户转账界面。

2）在转账界面点击“转到银行卡”按钮，如图5-5所示，进入银行卡转账的个人界面。

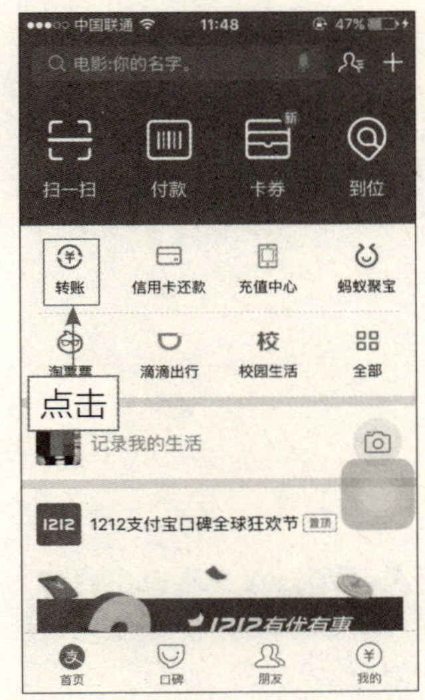

▲ 图5-4 支付宝APP的主界面

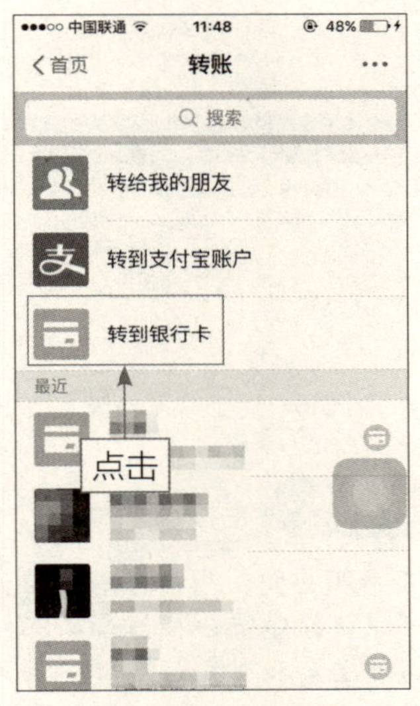

▲ 图5-5 银行卡转账的个人界面

专家提醒

不同支付宝APP版本上的转账功能所处位置有所不同，但是一定是位于主界面上，用户可以直接找到的。

3类转账方式中不同转账方式的安全性有所不同，其中转账给朋友，必须是用户已经添加的实名用户朋友，安全系数最高，但为了防止转账错误，用户转账前可以打电话给朋友核对转账账号；其次是转到银行卡，安全性适中，用户需要多次核对银行卡卡号信息，以免转账到其他人账户上；最后是转账到个人支付宝账户，用户只需有对方支付宝账户，即可直接转账，对方自动收款，无须确认转账信息，安全性较低。

（3）用户在转账界面填写收款人姓名、收款人储蓄卡号、收款人储蓄卡的银行名称和转账的金额，确认无误之后点击“下一步”按钮，如图5-6所示，进入确认转账信息界面。

（4）在确认转账信息界面，用户可以填写备注信息，主要是向被转账的用户说明转账的原因，以免产生误解，如图5-7所示，然后点击“确认转账”按钮。

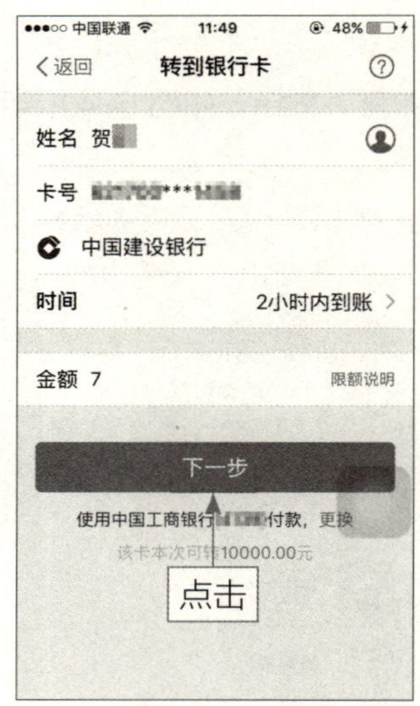

▲ 图 5-6 点击“下一步”按钮

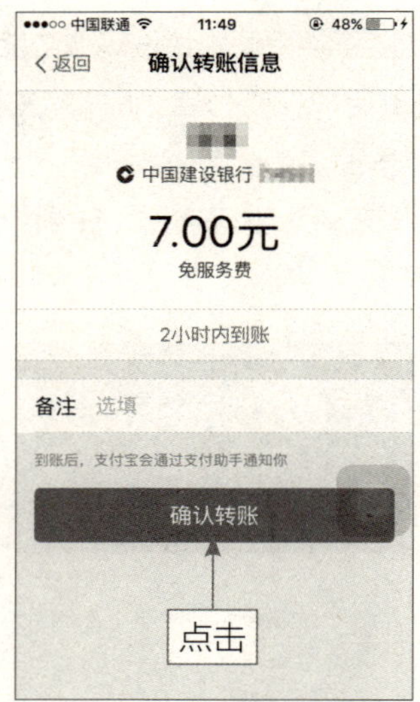

▲ 图 5-7 点击“确认转账”按钮

专家提醒

在转账界面，用户可以使用多种方式进行资金转账，点击界面中的“更换”按钮可以选择账户余额、余额宝、已绑定银行卡、新银行卡等多种方式，还可以通过支付设置来决定支付方式的顺序、免密支付功能的开启与关闭等。

（5）用户点击“确认转账”按钮之后，需要在弹出的数字键盘界面中输入账户的支付密码，并点击确认，界面跳转至转账结果界面，用户点击完成按钮，如图 5-8 所示，就可以回到银行卡转账的个人界面。

（6）用户完成转账之后，可以在界面中点击“去账单查看进度”按钮，进入“账单”中心，也可以等待几分钟时间，转账的资金就会到账，到账之后支付宝会发生提示信息给用户，用户可以直接点击提示信息，进入账单详情界面，查看转账的完成情况，如图 5-9 所示。

专家提醒

通过支付宝进行转账，一般在 2 个小时内就会到账，具体到账时间根据系统的繁忙程度而定，最迟 2 个小时。笔者的这笔转账到账时间为 4 分钟，其转账速度是比较快的。

除了转账相关的功能介绍之外，用户每转账一次，支付宝还为用户提供一次蚂蚁会员专享的刮奖机会，用户可以刮奖获得现金，也可以获得其他平台的优惠券，比如滴滴出行的优惠券、淘票票的优惠券等。

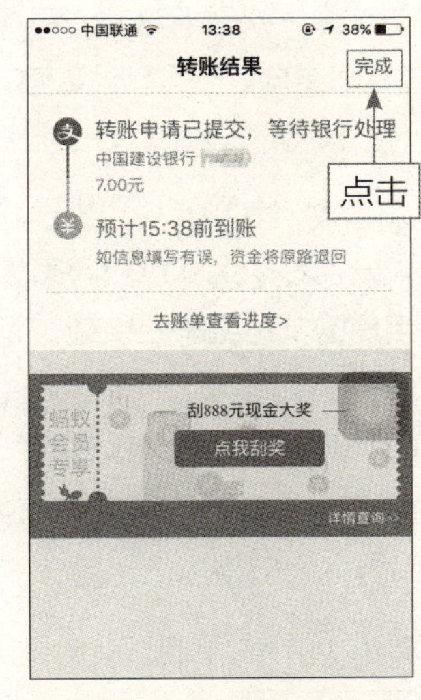

▲ 图 5-8 转账结果界面

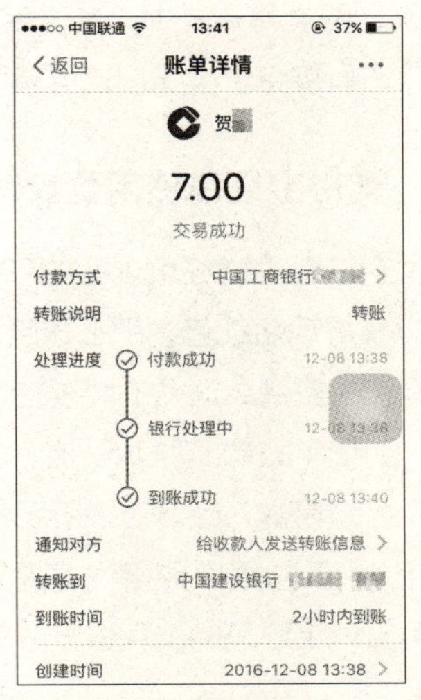

▲ 图 5-9 “账单详情”界面

尽管支付宝转账是最常见的功能，但是用户通过支付宝转账需要注意 3 个方面，图 5-10 所示为支付宝转账的注意事项。

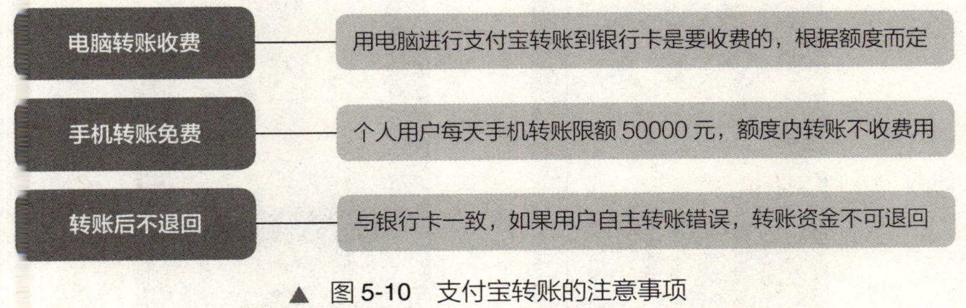

▲ 图 5-10 支付宝转账的注意事项

5.1.3 收款功能：二维码与 AA 收款

用户既然可以通过支付宝 APP 转账，那么也可以通过支付宝 APP 收款。常见的支付宝收款方式分为 3 种，图 5-11 所示为 3 种支付宝 APP 收款方式的分析。

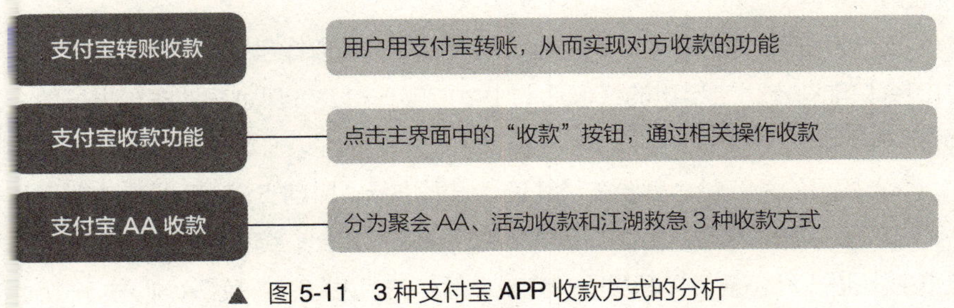

▲ 图 5-11 3 种支付宝 APP 收款方式的分析

在这 3 种收款方式中，支付宝转账收款的流程与转账付款是相对的，基本流程一致，收款方直接将个人账户告诉转账者，转账者通过支付宝向收款方转账即可。

5.1.4 支付宝红包使用全攻略

支付宝红包根据红包内容的不同主要分为两种，分别是现金红包和商家优惠券。如果用户获得现金红包，那么该红包金额直接进入用户的支付宝账户余额，而商家优惠券则是在相应商店消费的时候使用。

在 2016 年的春节联欢晚会，支付宝红包推出的“咻一咻”和“集五福”等营销活动深受大众喜欢，图 5-12 所示为支付宝 APP 的用户“集五福”界面，这种方式促使支付宝 APP 的用户数量快速提升，并且在短时间内成为网络热门话题，下面针对用户使用支付宝红包的流程进行分析。

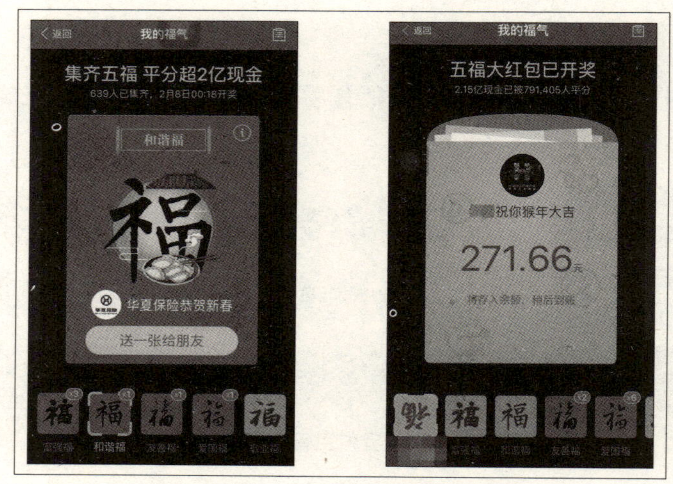

▲ 图 5-12 支付宝 APP 的用户“集五福”界面

（1）用户在支付宝平台主界面中点击“全部”按钮，然后进入相关界面，选择红包功能按钮点击进入，如图 5-13 所示，需要注意不同的支付宝版本上红包功能入口的位置有所不同。

（2）在用户红包界面中，用户可以输入口令来领取红包，如图 5-14 所示。一般红包口令只能在支付宝推出的红包活动中才能够获得，红包金额的多少根据口令的不同而不同。

（3）如果要领红包，就要在“红包”界面进行，目前支付宝支持个人红包和群红包两种形式。用户点击个人红包，进入“选择朋友”界面，选择不同朋友之后点击“确定”按钮，进入红包信息填写界面，完成之后点击“发红包”按钮，如图 5-15 所示，输入支付密码即可。

（4）在“红包”界面中，用户还可以发送群红包，点击“群红包”按钮进入“群红包”界面，填写红包信息，完成之后点击“发红包”按钮，输入支付密码，在悬浮框中选择并点击相对应的发送方式即可，如图 5-16 所示。

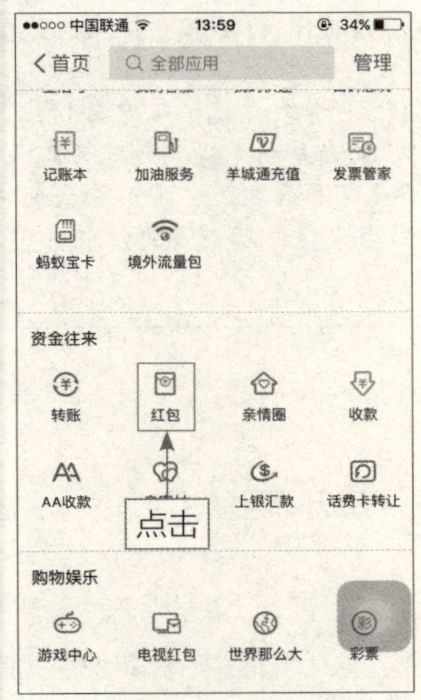

▲ 图 5-13　支付宝平台主界面

▲ 图 5-14　输入口令领取红包

▲ 图 5-15　点击“发红包”按钮

▲ 图 5-16　选择发送方式

专家提醒

当红包发出之后，支付宝会通知对方登录支付宝 APP 领取红包，领取之后红包金额自动转入支付宝账户余额。

个人红包是有固定的有效期的，其有效期时间为 72 小时，如果在有效期内，对方没有领取红包，那么红包内的资金自动退回至发送者的支付宝账户中。需要注意的是，领取红包的账户必须满足平台对身份实名认证的要求，并且也是在 72 小时内完成，不然红包也将自动退回。

群红包的领取分为随机和定额两种方式，随机是指系统随机确定每份红包的金额，定额是指发送者设定每一份红包的金额。领取者先到先得，领完为止。

除了直接将群红包发送给朋友或者微信群等社交平台之外，发送者还可以将红包分享到生活圈、钉钉等，甚至可以通过红包口令发送给所有看到红包的用户，用户只需输入口令就可领取红包。

5.1.5 账单：了解自身消费情况

账单功能主要是为用户提供详细账单内容，便于用户了解自身消费情况，进而有效地对相关消费进行管理，具体操作如下所示。

（1）用户在支付宝平台主界面上点击“我的”按钮，进入“我的”界面，然后点击“账单”按钮，进入“账单”界面，如图 5-17 所示。账单界面中的账单信息为默认的本月账单，用户可以通过手指上下滑动的方式来查看每一笔通过支付宝完成的消费支出。

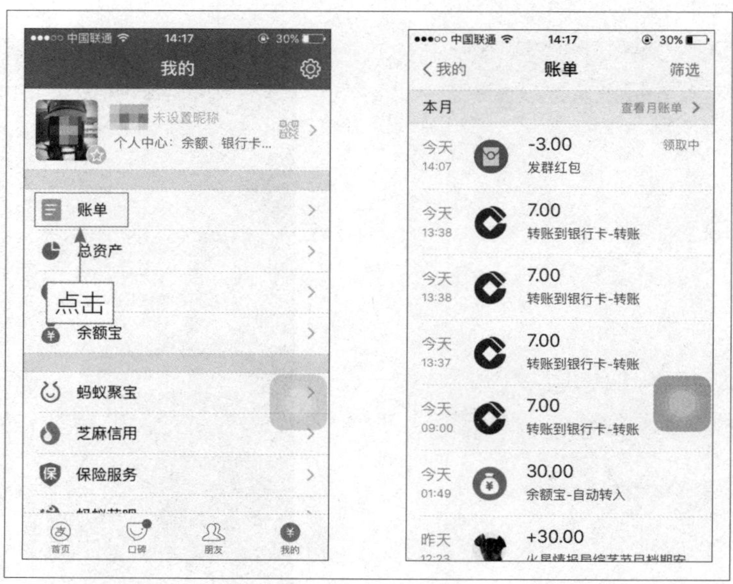

▲ 图 5-17 进入“账单”界面

专家提醒

账单是支付宝为用户提供的消费查询工具，不仅可以查询到所有已完成的支出和收入，还可以直接查询到个人的未完成订单，帮助用户及时了解消费情况。

每一笔支出和收入的数据都可以更加细致，用户点击某笔支出或收入，可以看到更为详细的内容，包括该支出或收入的对象、付款的方式、说明和精准到分钟的创建时间。除此之外，用户还可以点击“查看月账单”进入以月为单位进行数据统计的相关账单信息，包括总消费、总收入、会员积分、钱来钱往等功能信息。

（2）用户点击右上角的“筛选”按钮，可以进入账单筛选界面，便于用户查询不同类型的账单，以购物为例，用户点击“购物”按钮，如图 5-18 所示，会进入用户“购物账单”界面，所有购物账单按照月份直接展示出来，如图 5-19 所示。

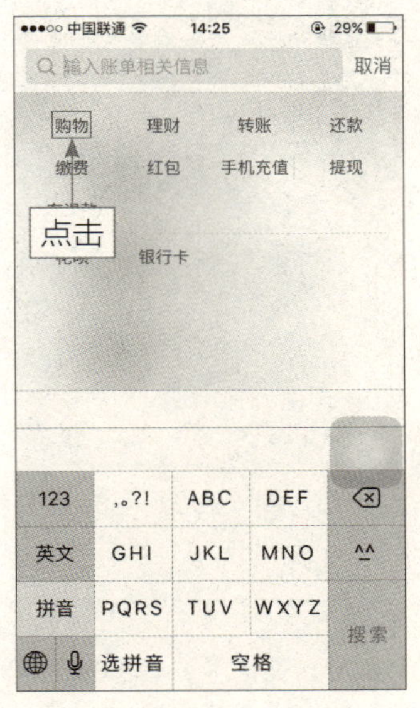

▲ 图 5-18　点击“购物”按钮

▲ 图 5-19　“购物账单”界面

专家提醒

在账单筛选界面，用户除了查看购物类账单之外，还可以查看理财、转账、还款、缴费、红包、手机充值、提现、退款、花呗和银行卡等类型账单，还可以在界面上方的搜索框中输入账单的相关信息来进行精准搜索。

用户通过这种方式查询账单可以查询到本月及前三个月的账单信息，如果用户需要查询更早之前的账单信息，那么需要通过电脑登录支付宝官网的方式来进行更加全面的查询。

5.1.6 卡券：更多会员卡和优惠券

在支付宝 APP 平台上，已经入驻的商家有很多，而这些商家会不定时地挂出活动来吸引用户，比如它们会向用户提供会员卡和优惠券等。用户直接在商家的活动界面领取会员卡和优惠券之后，就可以在支付宝的卡券功能中查看。

（1）用户进入支付宝平台主界面，点击上方的“卡券”功能按钮，如图 5-20 所示，进入卡券界面。

（2）在卡券界面，用户可以查看账户中已有的卡券，如图 5-21 所示。

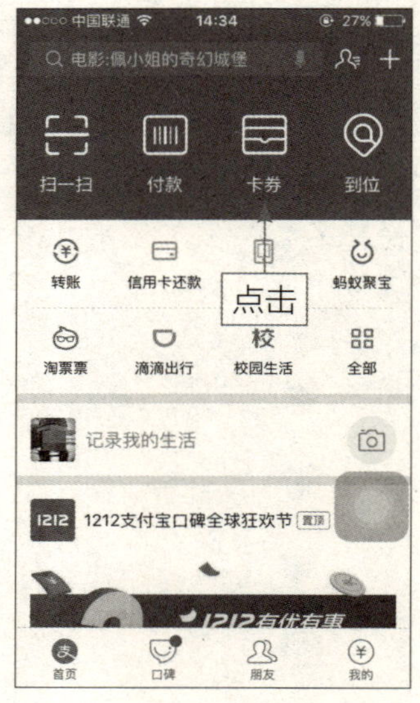

▲ 图 5-20 点击“卡券”按钮

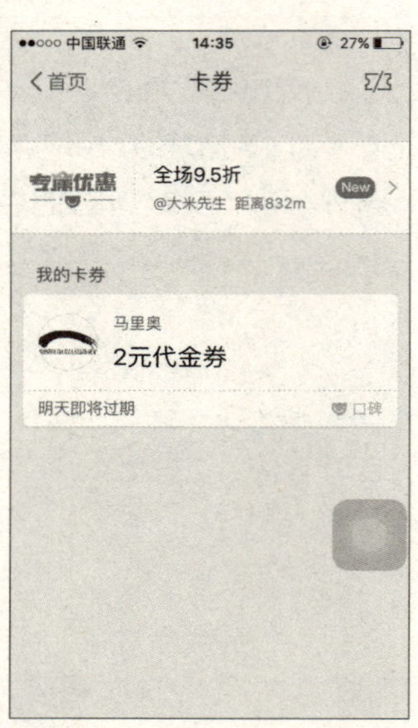

▲ 图 5-21 查看已有的卡券

专家提醒

尽管大部分商家都会向用户提供活动的优惠券或会员卡等，但如果商家目身属于第三方平台，再由第三方平台以链接的形式在支付宝上推出活动，那么月户领取的卡券与支付宝无关。

以淘宝网为例，淘宝网在支付宝上推出限时购物优惠活动，淘宝网平台二的商家参与活动，并向用户提供卡券，而支付宝用户需要通过进入淘宝网链接来领取卡券，那么领取之后无法在支付宝平台的卡券功能中查看，而需要在淘宝冈平台中查看。

（3）用户点击需要查看的卡券，进入卡券详情界面，如图 5-22 所示。

（4）点击详情界面下方的“使用须知”按钮，就能了解用户使用卡券时的有效期、使用时段、使用条件等事项，如图 5-23 所示。

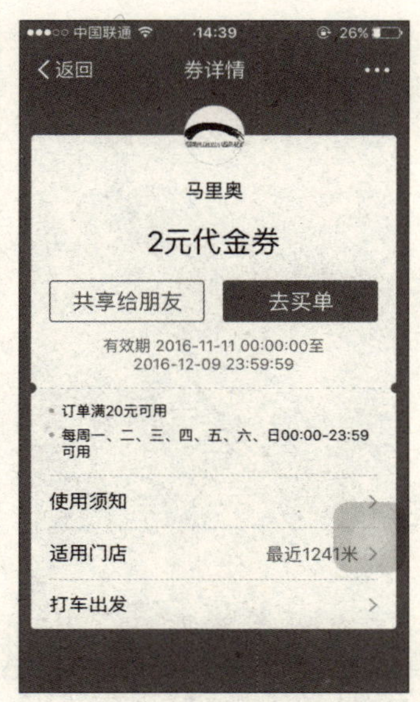

▲ 图 5-22 “券详情”界面

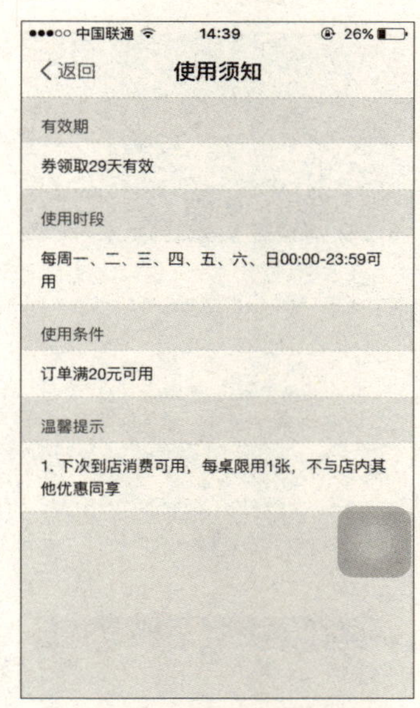

▲ 图 5-23 “使用须知”界面

5.1.7 扫一扫：简单的扫描方式

扫一扫功能的主要作用是帮助用户通过扫描二维码的方式来获得更多信息，这是连接线上和线下的一个重要通道。

扫描二维码并不是支付宝的特色功能，在 QQ、微信及部分电商平台上都有同一种功能，通过扫一扫，用户可以快速添加好友、查询快递运单号、获得优惠券、购买商品、网页上网、下载 APP、获得个人名片等。

（1）为了方便用户快速使用扫一扫功能，支付宝将其入口放在支付宝平台主界面的左上方，用户打开支付宝，点击“扫一扫”按钮，如图 5-24 所示，就可以快速进入扫一扫功能界面。

（2）执行操作后，用户直接将手机对准二维码进行扫描即可，同时在界面中用户可以点击“我的二维码”按钮，生成个人二维码，如图 5-25 所示。

（3）在个人二维码界面，用户可以直接将该二维码展示给身边的朋友看，如图 5-26 所示，朋友通过扫码的方式就可以快速添加用户为好友。

（4）用户也可以点击生成吱口令的功能，将二维码分享至 QQ、微信等平台。点击“点击生成吱口令”按钮，就能生成吱口令，如图 5-27 所示，在悬浮框中选“去 QQ 粘贴”或“去微信粘贴”即可。

▲ 图 5-24 点击"扫一扫"按钮

▲ 图 5-25 点击"我的二维码"按钮

▲ 图 5-26 "我的二维码及吱口令"界面

▲ 图 5-27 吱口令生成

5.2 了解余额宝理财的实战攻略

随着互联网与金融行业的进一步融合，互联网金融从新兴领域成为普通大众都有所接触的一种金融模式。图 5-28 所示为互联网金融的 5 个优势。

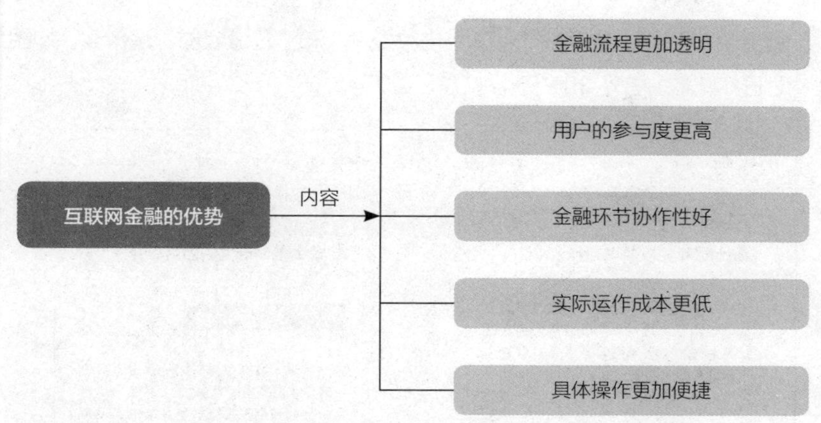

▲ 图 5-28 互联网金融的 5 个优势

在热门的互联网金融理财产品中，支付宝 APP 推出的余额宝就属于较被用户认可的一款产品。通过余额宝，用户可以得到高于银行活期存款的收益，也能随时对资金进行消费、支付和转出，本节笔者就带大家来了解一下余额宝的理财攻略。

5.2.1 不得不知的收益规则

了解余额宝的收益规则，首先需要了解余额宝的界面内容。用户点击支付宝主界面的“我的”|“余额宝”按钮，即可进入“余额宝”界面。在该界面中，用户可以看到昨日收益、总金额、七日年化（%）等数据，图 5-29 所示为“余额宝”界面。

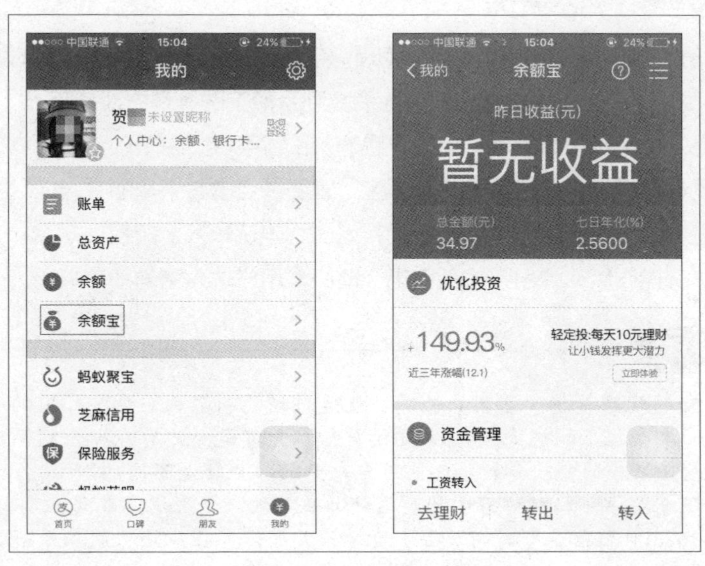

▲ 图 5-29 “余额宝”界面

在余额宝中，用户需要明白“七日年化收益率”和“万份收益”是什么，如图 5-30 所示为“七日年化收益率”和“万分收益”的解释。

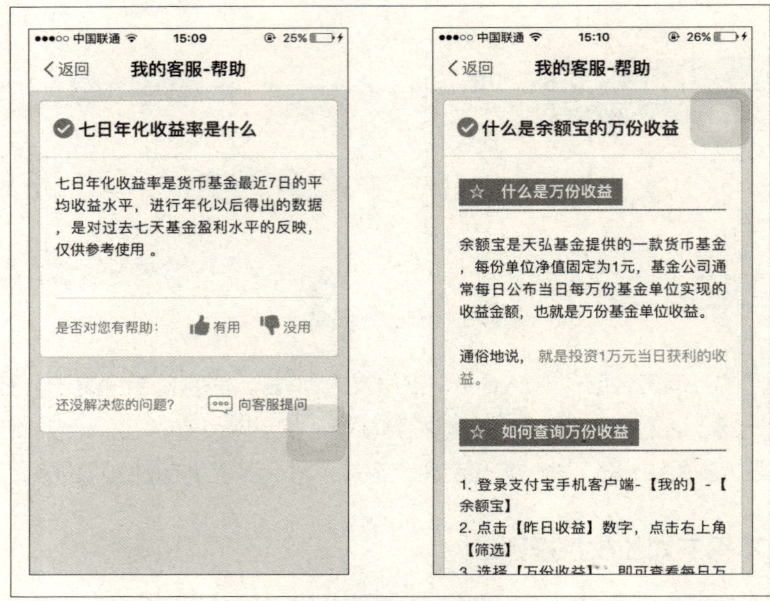

▲ 图 5-30 “七日年化收益率”和“万分收益”的解释

5.2.2 如何实现转入操作

用户注册好账户并绑定银行卡后，即可将银行卡内的资金直接转入的余额宝中，开始理财投资。用户使用手机客户端转入资金到余额宝的操作方法如下。

（1）进入支付宝主界面后，点击“我的”|“余额宝”按钮。

（2）执行操作后，即可进入“余额宝”界面，点击右下角的“转入”按钮。

（3）进入“转入”界面，输入金额，点击“确认转入”按钮。

（4）执行操作后，弹出“输入密码”窗口，用户输入密码即可。

专家提醒

余额宝的收益是属于复利的性质，就是所谓的利滚利，会把每次的收益加入到下一次的本金里面。它每天的收益利率和本金都是变化的，即余额保理财每次的本金都是在累加的，就算利率相同可是每天的收益还是不同的。

另外还需要注意，双休日也是延迟计算收益的。如果用户在周五 15：00 之后到下周一 15：00 之前这个时间段存入资金，开始计算收益是从周二开始。

5.2.3 如何实现转出操作

余额宝内的资金可以随时转出，用户只需要有一部可以上网的手机即可快速完成资金转出的操作。

一般来说，用户使用电脑转出的资金会在第二天24：00之前到账，而使用手机转出的资金一般只需要2个小时即可到账，用户可根据需要的紧急程度来选择相对应的操作方法。用户使用手机赎回余额宝资金的操作方法如下。

（1）进入余额宝主界面，点击“转出”按钮，如图5-31所示。

（2）执行操作后，进入“转出”界面，如图5-32所示，用户可以选择将资金转出到账户余额或者银行卡，下面以转出到银行卡为例讲述。

▲ 图5-31 点击“转出”按钮

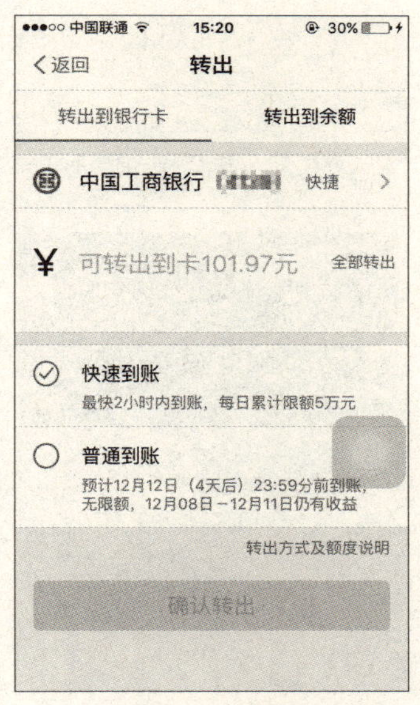

▲ 图5-32 “转出”界面

（3）点击“快捷”按钮，进入“选择银行卡”界面，点击选择相应的银行卡，如图5-33所示。

（4）选好银行卡之后，点击“返回”按钮，输入转出的金额后，用户可以选择到账的方式，到账的方式分为两种，一种是快速到账，一种是普通到账，如图5-34所示。

（5）选择好到账方式后，点击“确认转出”按钮，如图5-35所示。

（6）执行操作后，跳出“输入密码”窗口，如图5-36所示，用户输入密码，即可实现转出操作。

▲ 图 5-33　选择相应的银行卡

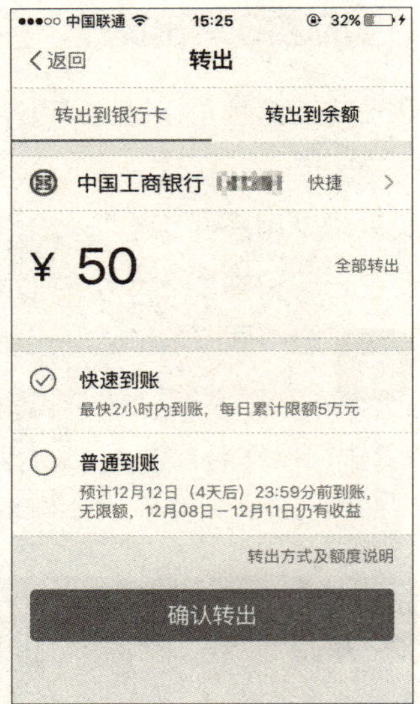

▲ 图 5-34　选择到账方式

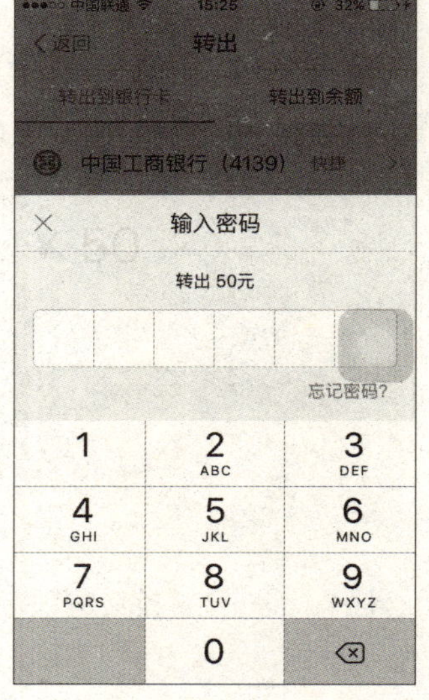

▲ 图 5-35　“输入密码”窗口

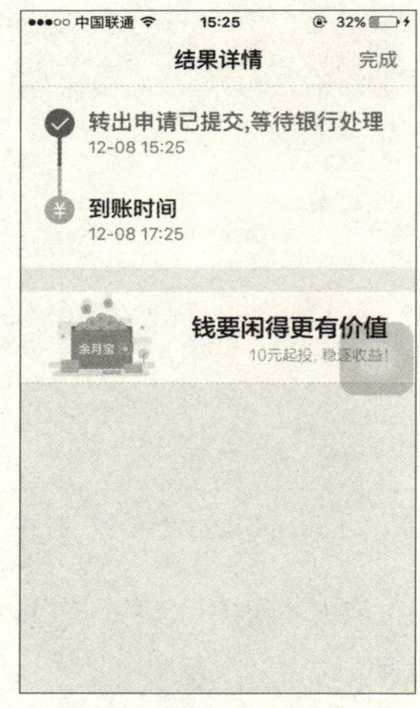

▲ 图 5-36　转出结果详情界面

5.2.4　如何查看收益情况

用户可以在余额宝中查看累计收益和昨日收益，如果要查看“昨日收益”情况，点击“我的”|“余额宝”按钮，就能进入“余额宝”界面查看，如果要查看“累计收益”情况，点击“昨日收益”按钮，就能进入“累计收益”界面，操作流程如图 5-37 所示。

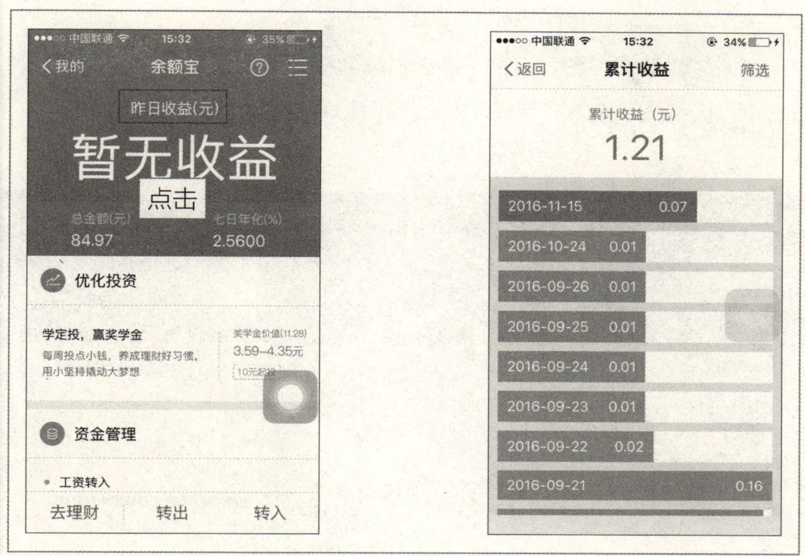

▲ 图 5-37 查看“累计收益”的操作流程

5.2.5 如何进行网购付款

下面以手机淘宝 APP 购物为例，分析余额宝网购付款的基本流程。

（1）用户在淘宝 APP 中选择好需要购买的商品，点击“提交订单”按钮，如图 5-38 所示，进入付款页面，也就是付款详情界面。

（2）在付款详情界面，点击“付款方式”，如图 5-39 所示，进入选择界面。

▲ 图 5-38 点击“提交订单”按钮

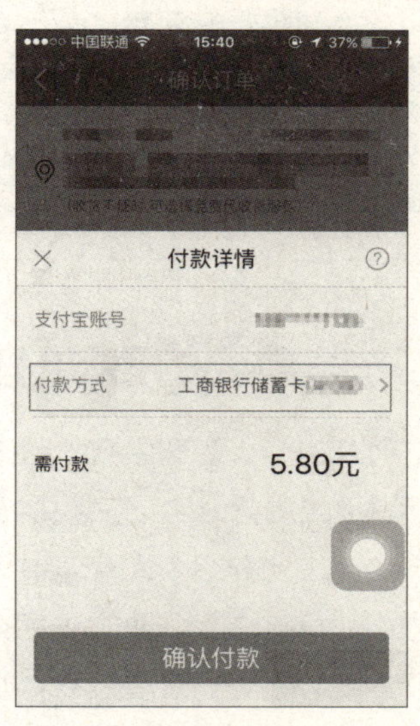

▲ 图 5-39 点击“付款方式”按钮

（3）选择“余额宝”按钮，如图 5-40 所示。

（4）在“付款详情”窗口点击“确认付款”按钮，如图 5-41 所示。

（5）执行操作后，进入“输入密码”窗口，如图 5-42 所示，输入密码，即可完成付款。

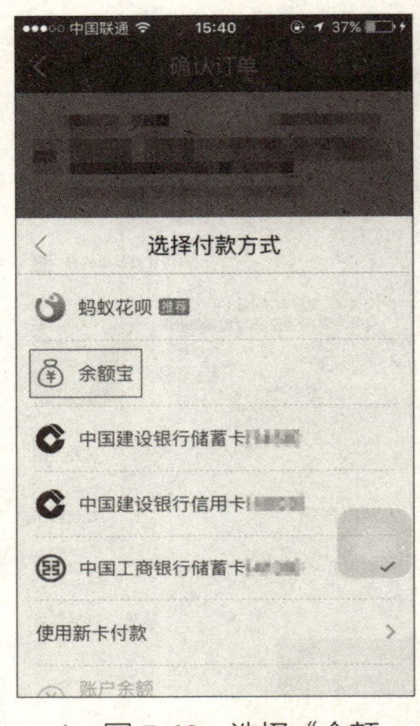

▲ 图 5-40 选择“余额宝”按钮

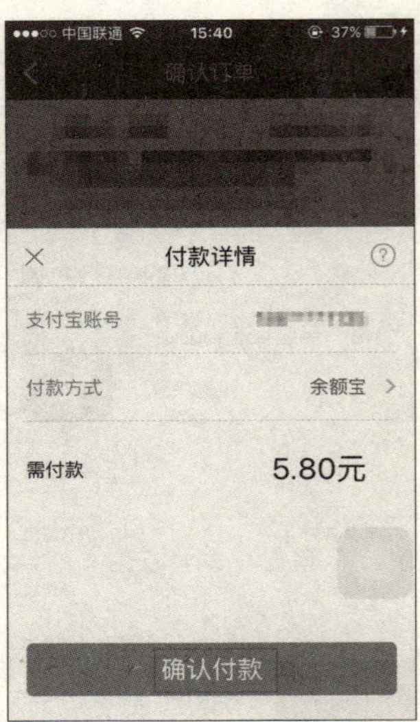

▲ 图 5-41 点击“确认付款”按钮

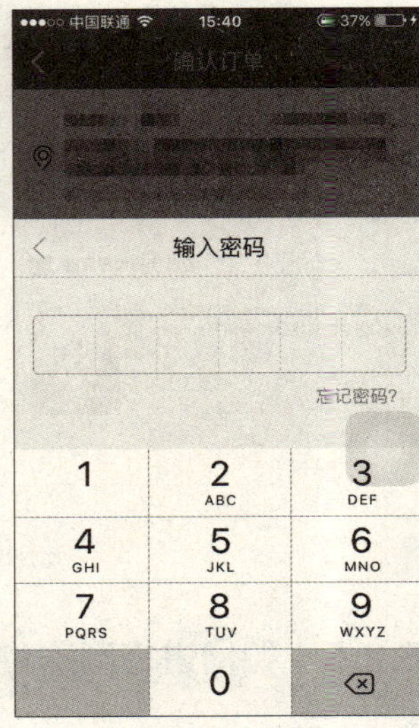

▲ 图 5-42 “输入密码”窗口

专家提醒

通过余额宝进行购物，属于在线支付的范畴，由于存在人为因素，这种支付方式是可能有一定危险的，比如密码被盗、进入病毒网站等。

为了尽可能地降低购物风险，用户最好是设置与其他账户不同的支付密码，如果在电脑支付，那么需要安装数字证书、进行安全检测等防御措施，一旦账户信息泄露，要第一时间修改密码。

5.3 一些重要的移动理财工具

在支付宝的个人管理中心，用户除了使用余额宝进行移动理财，还可以使用支付宝提供的其他工具帮助自己获得更好的理财体验。

本节内容主要介绍个人管理中心界面的相关理财工具，所有功能入口全部能够在个人管理中心直接进入。需要注意的是，在用户的个人管理中心界面中，部分优质的支付宝用户能够看到蚂蚁借呗的功能入口，而大部分用户不能看到该功能，原因是支付宝未向该用户开放借呗功能。本节笔者为大家介绍支付宝的移动理财工具。

5.3.1 芝麻信用：点滴珍贵，重在积累

芝麻信用属于蚂蚁金服旗下的第三方征信机构，为客户提供个人的信用状况数据，并且该数据能够应用于个人信用卡、在线消费、客户融资、入住酒店、线下租房、旅游出行、公共服务等上百个领域。

支付宝中的用户芝麻信用分是芝麻信用通过对用户的相关信息进行分析和评定推出的用户分数，如图 5-43 所示，为芝麻信用主要考核的 5 个方面内容。

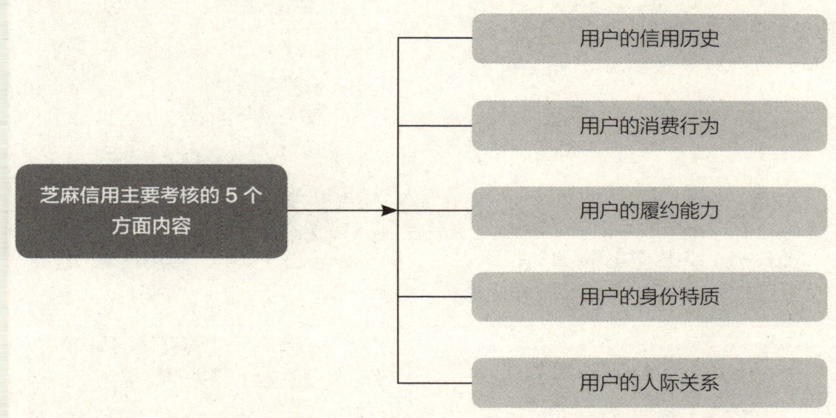

▲ 图 5-43 芝麻信用主要考核的 5 个方面内容

专家提醒

2016 年 5 月芝麻信用与光大银行正式合作，银行将芝麻信用分作为分析用户信用卡发放、风险控制的基础条件。

在未来的发展中，随着其影响力扩大，芝麻信用分会成为支付宝的核心功能之一。信用体系在国内的发展并不成熟，但是支付宝一旦快人一步，建立起全民信用体系，那未来的成长不可限量。

如何找到芝麻信用呢？用户进入支付宝，然后在首页点击“我的”按钮，就能在相应界面找到“芝麻信用”按钮，点击该按钮，就能进入“芝麻信用”界面，下面对芝麻信用的相关功能进行步骤详解。

（1）在“芝麻信用”界面中，点击下方的“信用管理”按钮，如图 5-44 所示，就能进入“信用管理”界面，如图 5-45 所示。

（2）在信用管理界面点击“个人信息”按钮，添加个人信息，能够快速提升用户的芝麻信用分，依次点击“学历学籍”“单位邮箱”“职业信息”等功能，然后完成信息填写，有个人车辆及公积金的用户可以继续填写相关资料。如图 5-46 所示，为填写学历学籍的步骤。

▲ 图 5-44 点击“信用管理”按钮

▲ 图 5-45 “信用管理”界面

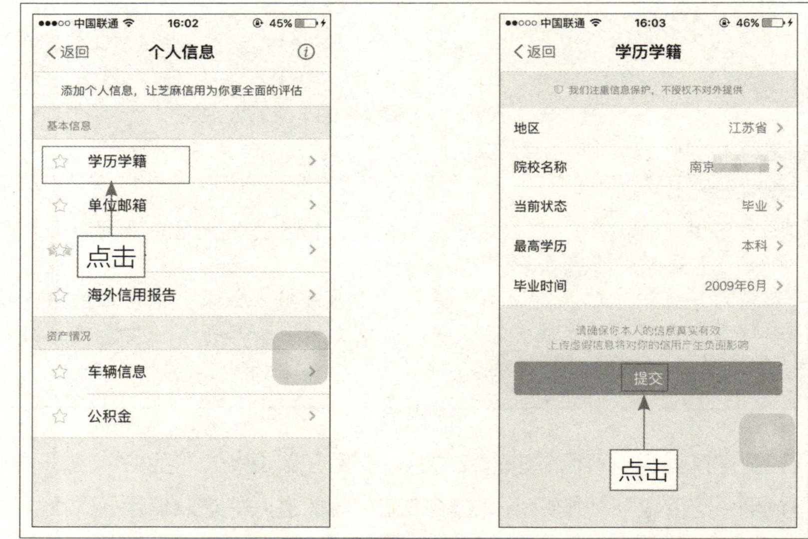

▲ 图 5-46 填写学历学籍的步骤

在“芝麻信用”界面，用户还可以点击下方的“信用生活”按钮，了解芝麻信用分的可用领域和相关活动，这些信息会不定时地进行更新。

对于用户而言，需要保持良好的使用习惯，才能够一直快速提升芝麻分。需要注意的是，用户的芝麻分越高，那么用户获得开通蚂蚁借呗的可能性就越高，芝麻分低于 600 的用户是很难获得蚂蚁借呗开通资格的。

用户可以点击“芝麻信用”界面中的“了解分”按钮，来了解自身的芝麻分情况，如图 5-47 所示。

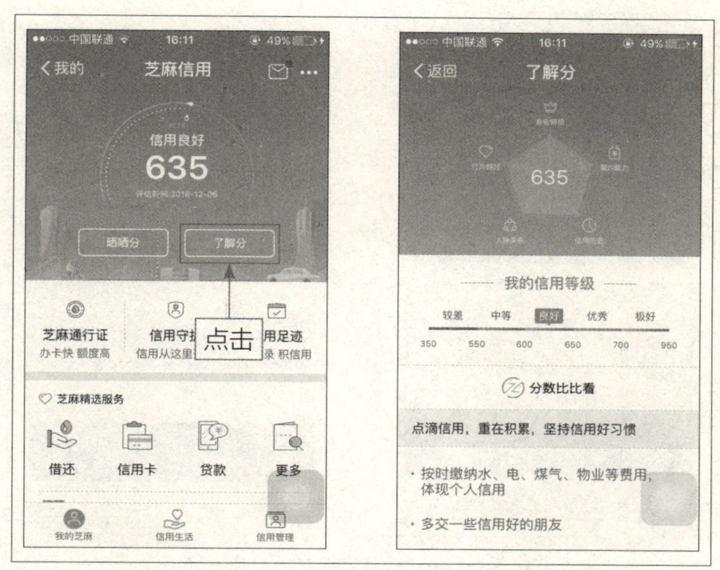

▲ 图 5-47 芝麻分解读的界面

5.3.2 蚂蚁花呗：互联网消费信贷产品

蚂蚁花呗的最大特色就是“这月买，下月还”，用户可以先使用花呗购物，到下个月时再还钱，大部分天猫和淘宝的商户都支持花呗功能。

用户使用花呗购物主要集中于 8 类商品或服务，如图 5-48 所示。

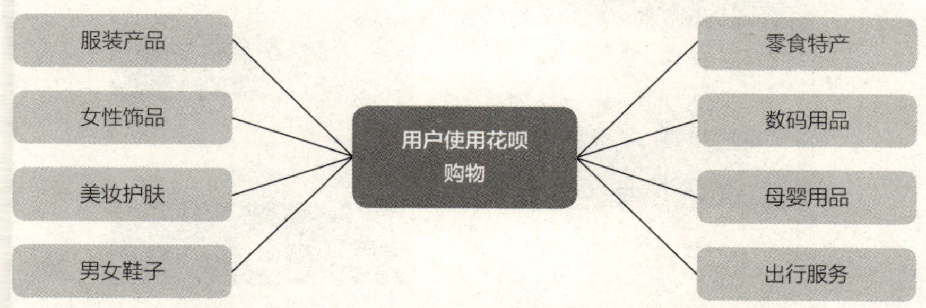

▲ 图 5-48 用户使用花呗购物主要集中于 8 类商品或服务

开通蚂蚁花呗需要两个基本条件，首先是用户完成实名认证，年龄在 18~60 周岁之间，并且账户绑定手机号码；其次是同一身份证或同一绑定手机名下所有账户，只能有一个账户开通花呗。

用户在“我的”界面点击“蚂蚁花呗”按钮即可进入“蚂蚁花呗”界面，图 5-49 所示为蚂蚁花呗的主功能界面。

▲ 图 5-49　蚂蚁花呗的主功能界面

用户点击蚂蚁花呗界面下方的“花呗权益”按钮，可进入相关界面查看花呗积分情况以及其他可兑换的活动，如图 5-50 所示。

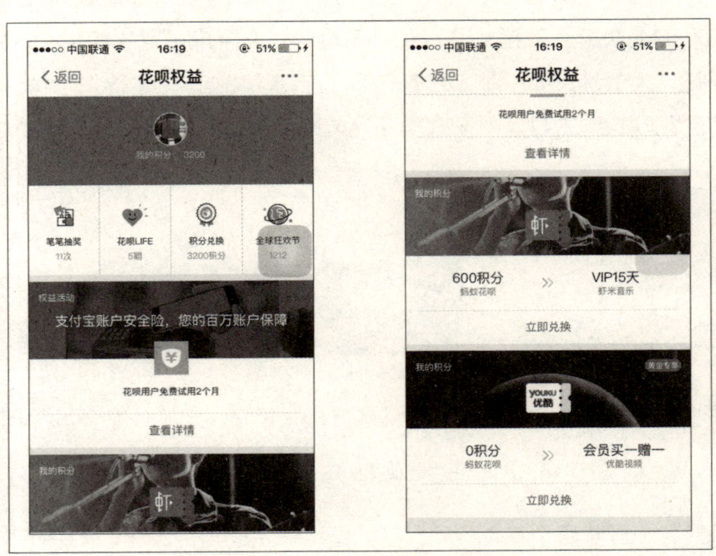

▲ 图 5-50　“花呗权益”界面

除了以上的功能之外，用户点击“花呗分期”按钮，就能进入相应界面查看可分期购买的商品，如图 5-51 所示。

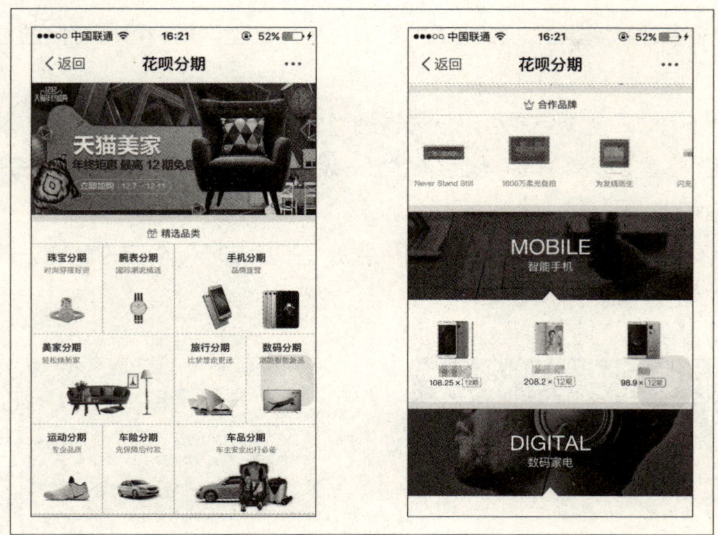

▲ 图 5-51 “花呗分期”界面

5.3.3 蚂蚁借呗：向用户推出的贷款服务

蚂蚁借呗是支付宝向用户推出的一款贷款服务，对于用户而言，最基本的申请开通蚂蚁借呗的条件是芝麻信用分在 600 以上。

用户通过蚂蚁借呗可用申请的贷款额度从 1000~300000 元不等，最长的还款期限为 12 个月，随时可借随时可还，但是不同额度的借款日利率是不同的。

根据蚂蚁借呗客服针对用户开通蚂蚁借呗问题的回答，笔者结合自身的支付宝情况，整理出了用户开通蚂蚁借呗的 5 个条件，如图 5-52 所示。

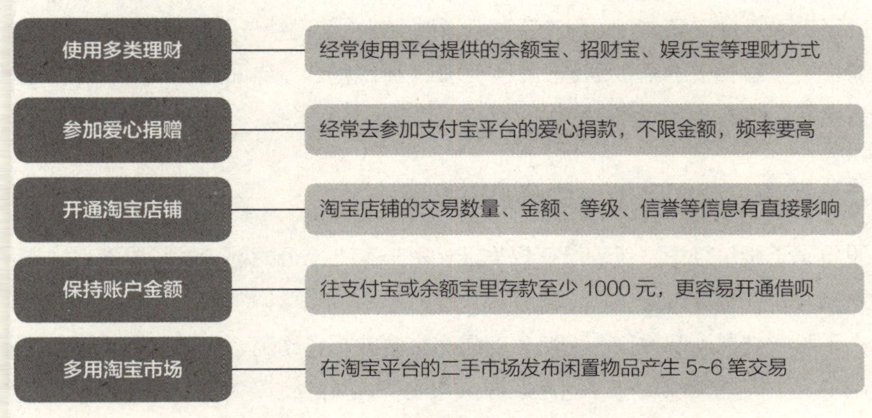

▲ 图 5-52 用户开通蚂蚁借呗的 5 个条件

5.3.4 基金：手机线上理财，方便又好用

基金是投资理财类型的一种方式，在支付宝平台上，用户可以直接通过支付宝购买基金进行理财。

基金根据不同的分类方式可以分为多种类型，比如根据基金的投资对象不同，就可以分成期货基金、股票基金、债券基金等。用户可以通过电脑访问专业的基金网站，查询相关基金的情况。

图5-53所示为支付宝的基金入口，点击“基金市场”按钮，就能进入“基金”界面查看购买的基金。

▲ 图5-53 进入基金市场的操作

除了进入基金市场之外，用户还可以通过点击“热门精选”按钮进入“热门精选”基金界面，了解相关的基金信息，还可以在“热门精选”界面点击“新手入门”按钮查看基金买卖攻略。

5.3.5 股票：随时随地，快速股市投资

股票属于股份公司发行的所有权凭证，每一家上市公司都会发行股票，也是目前影响力最大的投资方式之一。

由于股票交易涉及大量的资金，容易产生金融市场动荡，所以支付宝平台并不直接向用户提供股票交易功能，而是以提供与股票相关的资讯为主。图5-54所示为支付宝平台上的股票界面。

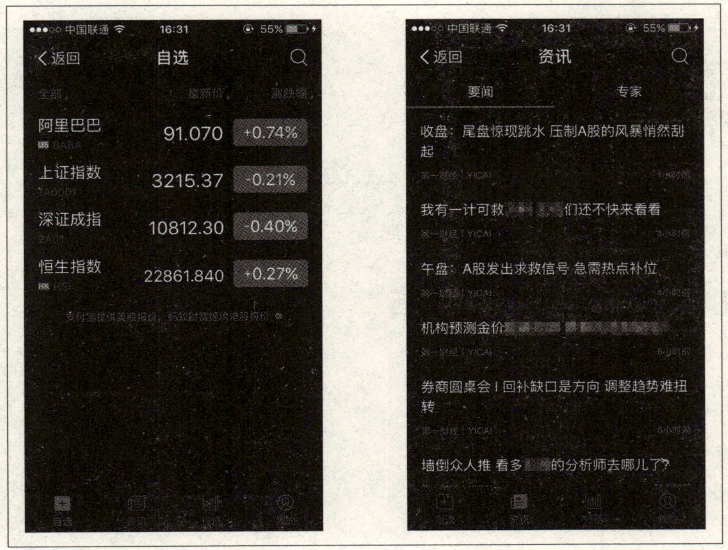

▲ 图 5-54　支付宝平台的股票界面

第6章

京东金融：
玩转快乐理财生活

京东金融是京东集团旗下的子集团，京东金融 APP 是京东旗下推出的一款移动互联网理财综合服务应用软件。京东金融 APP 拥有京东小金库、基金理财、小银票、保险理财、银行理财等多种理财产品，下面笔者将针对京东金融 APP 的内容进行详细的讲解。

要点展示

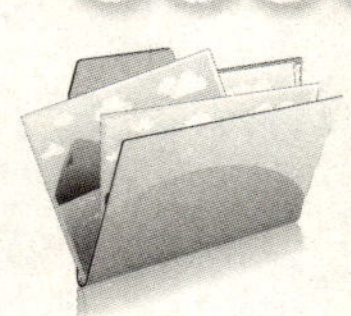

- 京东理财，丰富的理财产品
- 京东白条，信用好，打白条
- 京东投资，互联网理财综合服务

6.1 京东理财，丰富的理财产品

想要了解京东金融 APP，就要从它丰富的理财产品入手，本节笔者将为大家介绍京东金融 APP 的主要理财产品。

6.1.1 京东小白理财：操作简单便捷

京东金融作为互联网理财的巨头企业之一，自成立以来，就开发了许多优质的理财产品，例如“小白理财”。

“小白理财”的主要特点是简易安全，主要功能是为用户推荐低风险的稳健产品，而且操作简单快捷，能够让用户随时随地实现理财，下面笔者为大家介绍小白理财的具体步骤。

（1）打开京东金融 APP，在“我”的界面往下翻，如图 6-1 所示，找到“京东小白理财”。

（2）在该界面上，可以看到“历史年化回报率”和“1 元起购”的内容，对于新手来说，都会享有一定的优惠，点击“新手享 1~100 元红包”按钮，进入“京东小白理财”界面，如图 6-2 所示。

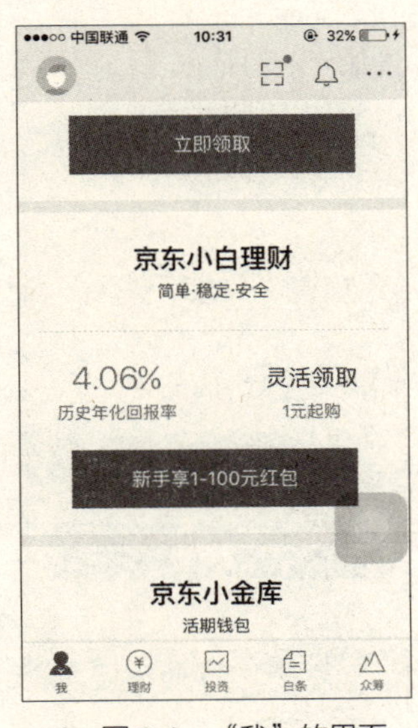

▲ 图 6-1 “我”的界面

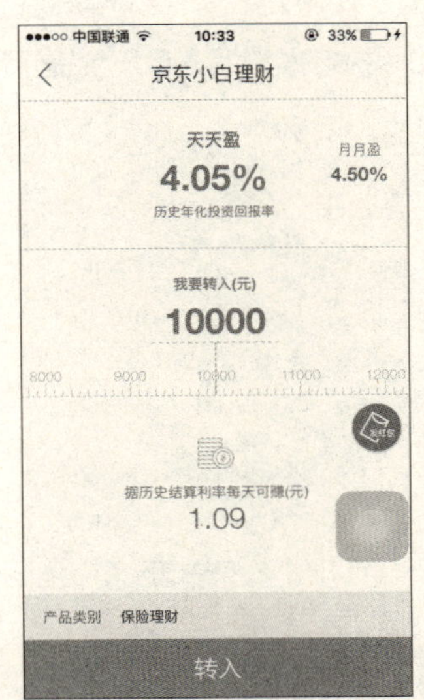

▲ 图 6-2 “京东小白理财”界面

（3）在该界面，用户可以看到相关的产品介绍，包括“产品类别”“产品名称”“承保公司”“收益规则”“费用规则”等等，如图 6-3 所示。

（4）如果用户想了解更多，可以点击“查看更多详情”按钮，进入“定期理财详情”界面查看详情内容，如图 6-4 所示。

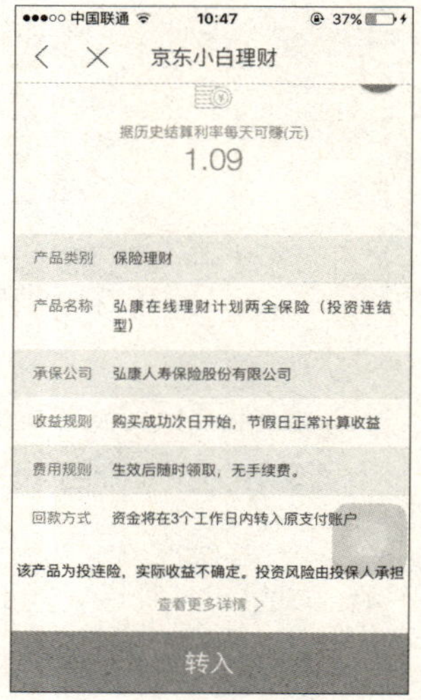

▲ 图 6-3 相关的产品介绍

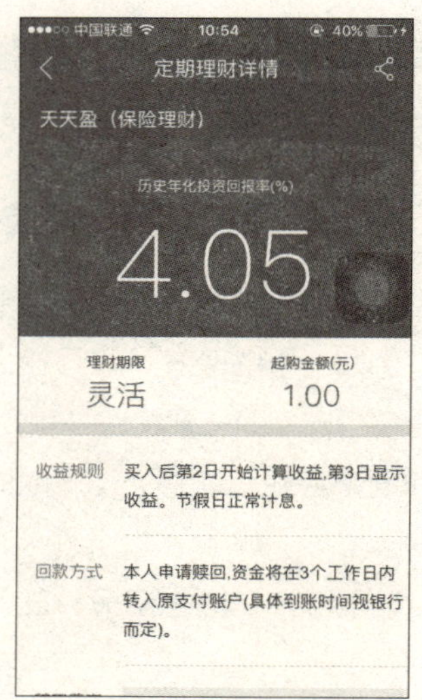

▲ 图 6-4 “定期理财详情”界面

（5）详情查看完毕后，点击左上角的按钮，返回“京东小白理财”界面，然后点击“转入”按钮，如图 6-5 所示。

（6）执行操作后，系统会提示用户登录平台，如图 6-6 所示。

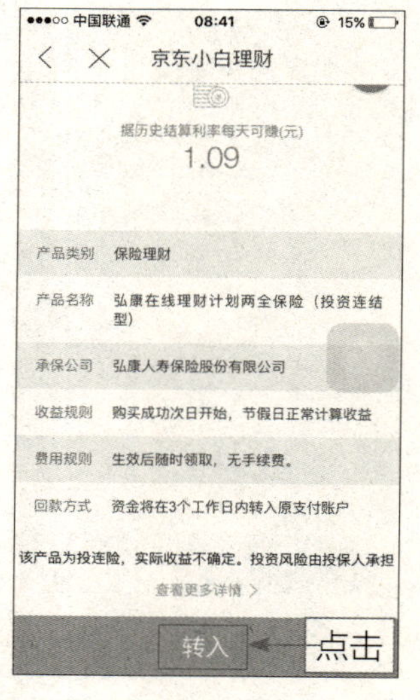

▲ 图 6-5 点击“转入”按钮

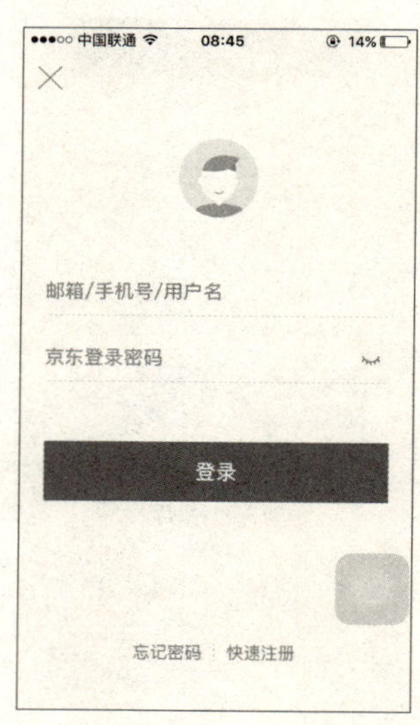

▲ 图 6-6 登录界面

（7）如果是新人，就需要先进行注册，如果不是新人，直接输入账号和密码。然后点击“登录”按钮，进入设置手势密码界面和指纹解锁界面，如图 6-7 所示。

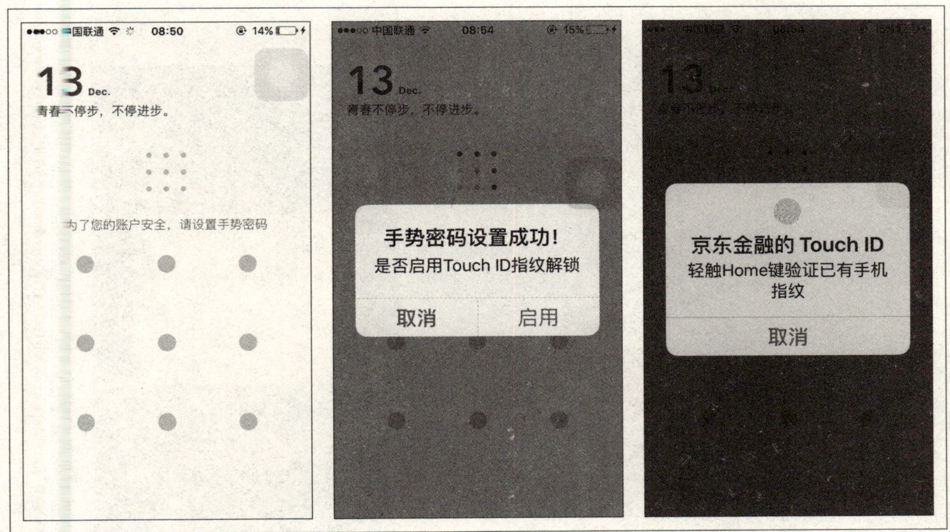

▲ 图 6-7 设置手势密码和指纹解锁界面

（8）执行操作后，跳出“实名认证”窗口，如图 6-8 所示。

（9）点击“实名认证”按钮，进入“实名认证”界面，如图 6-9 所示，用户要在该界面输入真实姓名和身份证号，然后点击“下一步”按钮。

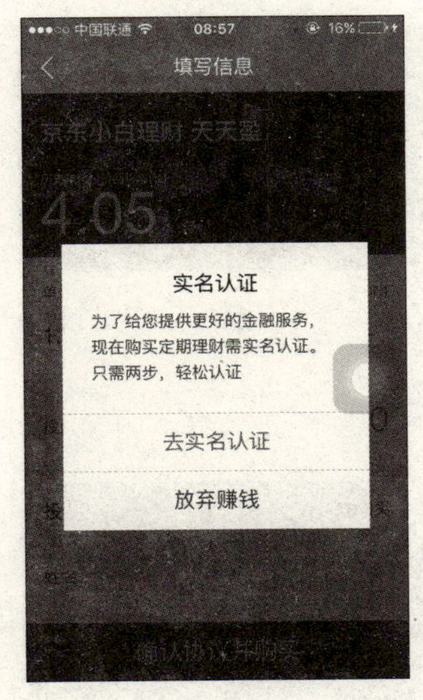

▲ 图 6-8 “实名认证”窗口

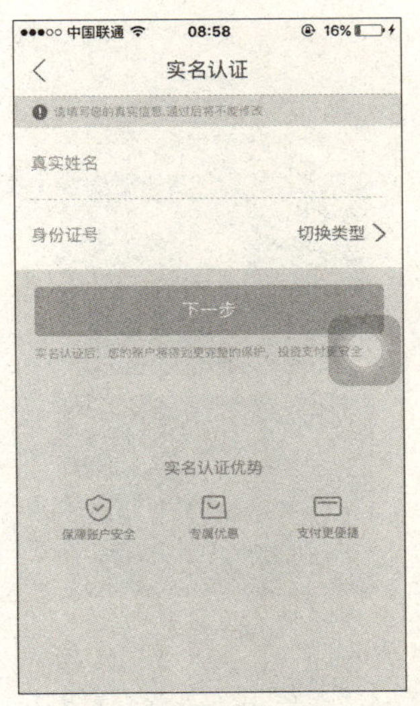

▲ 图 6-9 “实名认证”界面

（10）执行操作后，进入相应界面，如图 6-10 所示，在该界面输入银行卡号和预留手机号等信息，然后点击“下一步”按钮，就会跳出一个“实名认证”窗口，如图 6-11 所示，输入短信验证码，点击“确定”按钮。

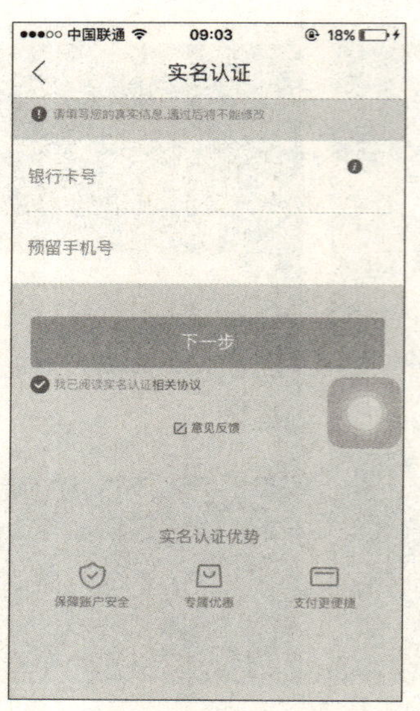

▲ 图 6-10　相应界面

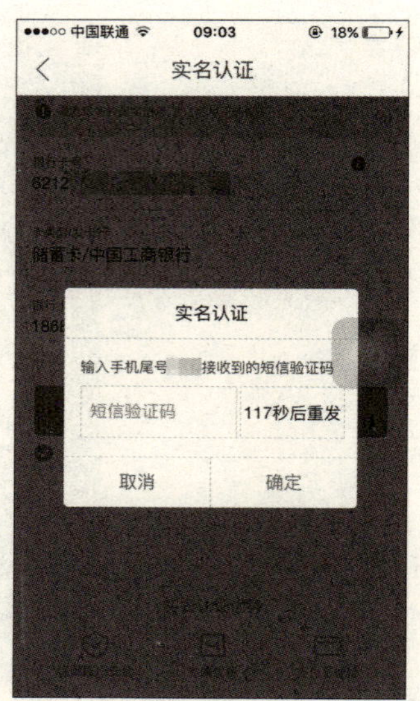

▲ 图 6-11　“实名认证”窗口

（11）执行操作后，进入“上传身份证件”界面，如图 6-12 所示，用户根据提示上传身份证正面照和反面照，然后点击“确认上传”按钮。

（12）等待审核通过，系统会给出上传成功的提示窗口，如图 6-13 所示。

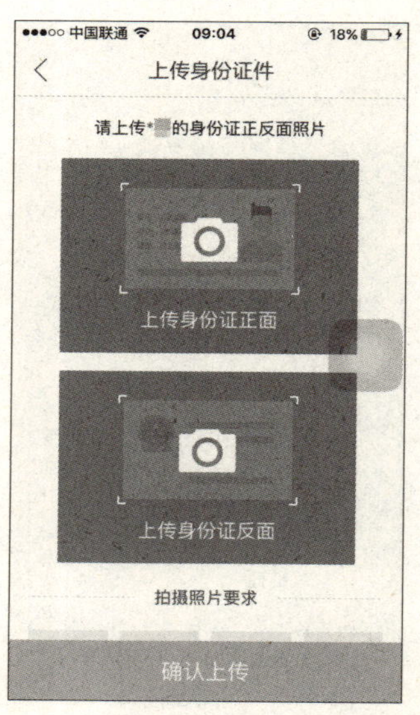

▲ 图 6-12　“上传身份证件”界面

▲ 图 6-13　上传成功的提示窗口

（13）执行操作后，用户即可登录平台，在“我”界面中，点击“小白理财”按钮，如图 6-14 所示，就能进入“京东小白理财红包”界面，点击“立即开通领取”按钮，如图 6-15 所示。

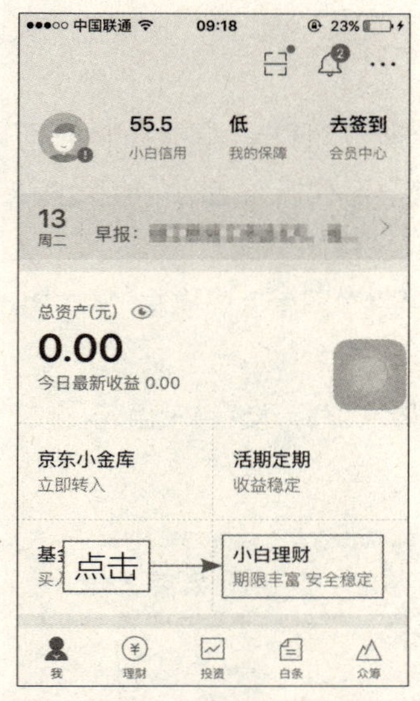

▲ 图 6-14 点击“小白理财”按钮

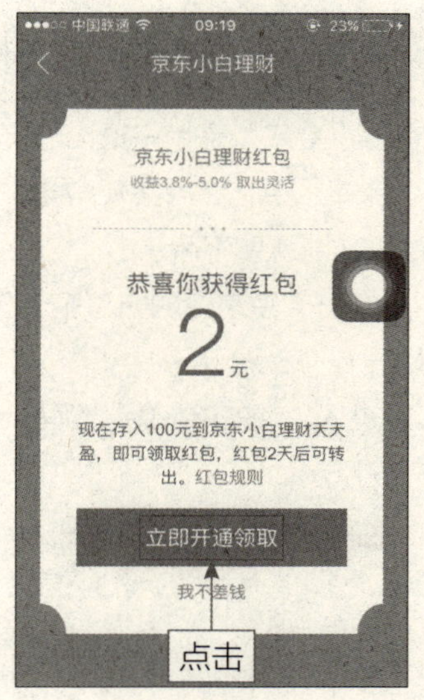

▲ 图 6-15 点击“立即开通领取”按钮

（14）进入“填写信息”界面，如图 6-16 所示，填写好信息之后，点击“确认协议并购买”按钮，进入“购买”界面，如图 6-17 所示。

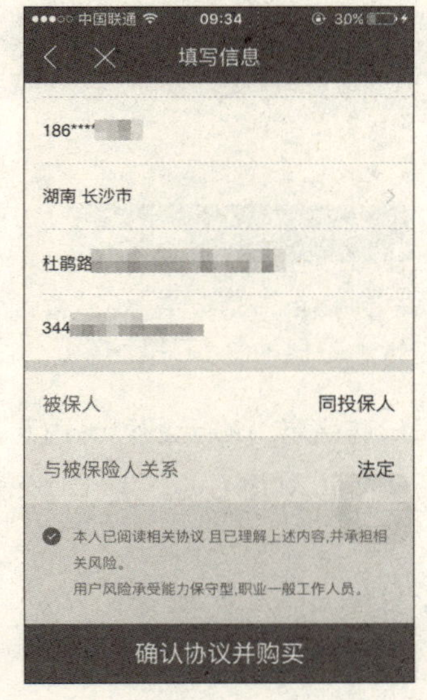

▲ 图 6-16 “填写信息”界面

▲ 图 6-17 “购买”界面

（15）点击“确认支付”按钮，之后的步骤按照系统提示操作即可完成首次的

100 元的订单操作。

6.1.2 京东小金库：风险低且稳定可观

“京东小金库”是京东推出的一个类似于“余额宝”的理财平台，用户可以将钱转入“小金库”中，然后实现购物、理财、信贷等一系列操作活动，将资金转入“小金库”的操作流程如下所示。

（1）打开“京东金融”APP，登录之后，在“我”界面里，点击“京东小金车”按钮，如图 6-18 所示。

（2）进入“京东小金库”界面，点击“开户送最高 100 元红包 + 百元礼包”按钮，如图 6-19 所示。

▲ 图 6-18 点击“京东小金库”按钮

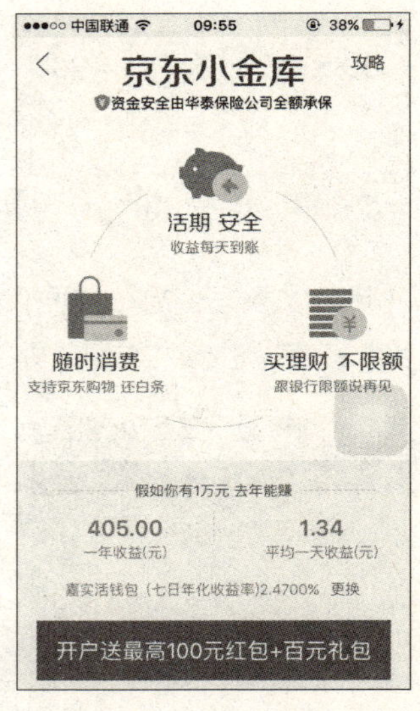

▲ 图 6-19 点击“开户送最高 100 元红包 + 百元礼包”按钮

（3）进入“小金库”开户流程，用户点击“开户送最高 100 元红包 + 百元礼包”按钮之后，系统就会自动跳转到“小金库开户成功”界面，如图 6-20 所示，点击“确定”按钮即可。

（4）执行操作后，进入“京东小金库”界面，如图 6-21 所示。

（5）点击“转入”按钮，进入“转入”界面，输入转入金额，点击“确认转入”按钮，如图 6-22 所示。

（6）进入下一界面，输入手机短信验证码，然后点击“转入”按钮，如图 6-23 所示，即可完成自己的转出。

▲ 图 6-20 “小金库开户成功”界面

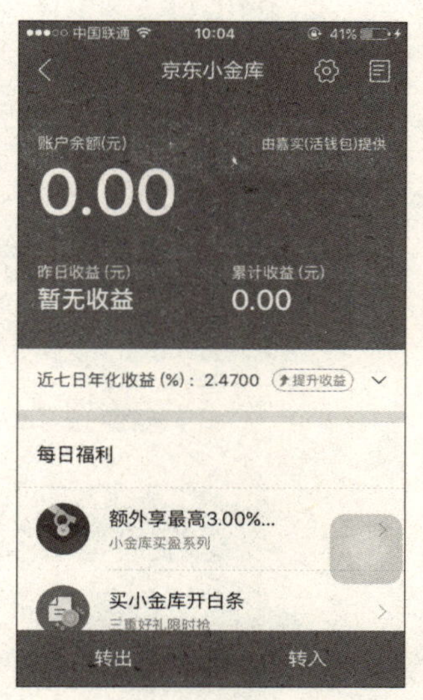

▲ 图 6-21 “京东小金库”界面

▲ 图 6-22 点击“确认转入”按钮

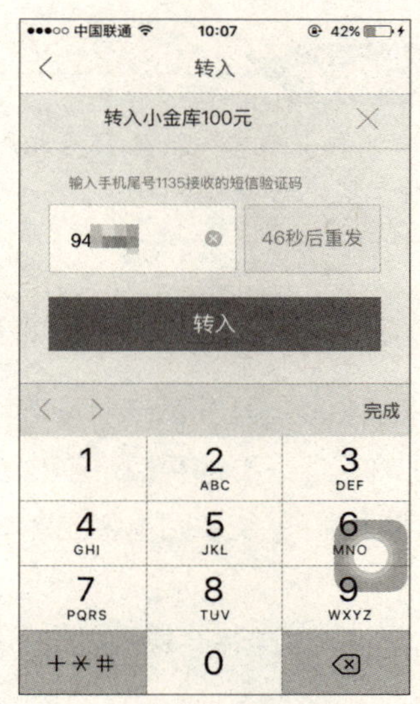

▲ 图 6-23 点击“转入”按钮

（7）如果用户想要将“小金库”的资金转出，具体的操作流程和“转入”的操作流程差不多，首先进入“京东小金库”界面，然后点击“转出”按钮，就能进入“转出”界面，如图 6-24 所示，在该界面，有“快速转出”和“普通转出”两种选项，用户可以根据自身的情况选择合适转出的方式，两者的区别是：

- 快速转出在两个小时以内会到账；
- 普通转出在 12~14 日才到账。

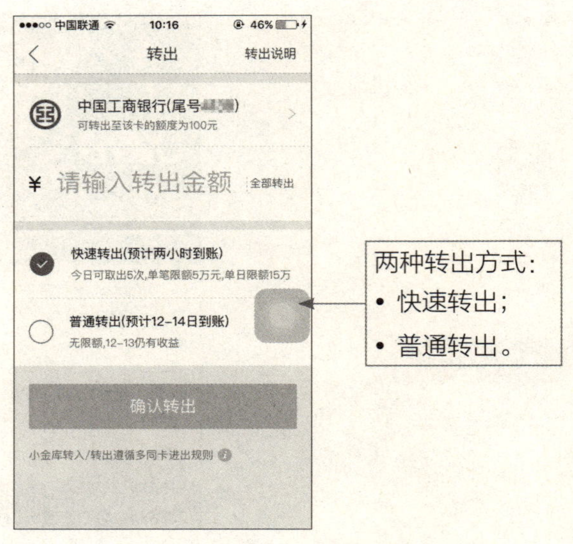

▲ 图 6-24 “转出”界面

专家提醒

“京东小金库”虽然收益相对来说较少，但是其稳定和风险低的特点还是非常受新手用户的喜爱。

6.1.3 京东白拿：白拿商品，理财有收益

“京东金融”开发了一个叫“京东白拿”的平台，在该平台上，用户如果看中自己喜欢的商品，只要购买相对应的定期理财产品，就能不花钱得到这个商品，等到理财产品到期后，就能拿回本金或者本息，下面笔者为大家简单介绍一下“京东白拿”的玩法。

（1）进入“京东金融”APP，登录之后，点击下方的“理财”按钮，如图 6-25 所示。

（2）执行操作后，进入相应的理财界面，如图 6-26 所示，点击上方的“特色理财”按钮。

（3）执行操作后，进入相应的特色理财界面，如图 6-27 所示，在该界面点击“白拿理财”按钮。

（4）进入白拿商城，如图 6-28 所示，在该商城中，有百万种商品等着用户白拿。用户挑选好自己喜欢的商品，然后点击该商品即可进行理财，笔者以博朗剃须刀为例进行讲解。

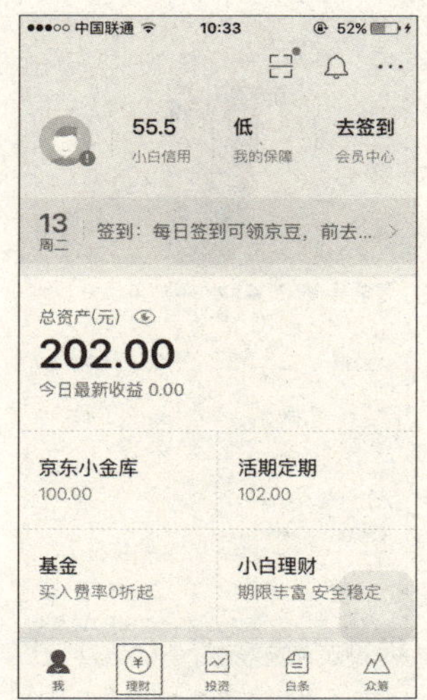

▲ 图 6-25 点击"理财"按钮

▲ 图 6-26 相应的理财界面

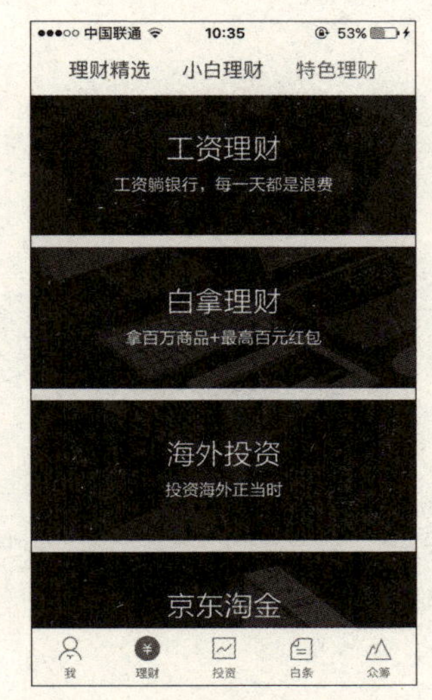

▲ 图 6-27 相应的特色理财界面

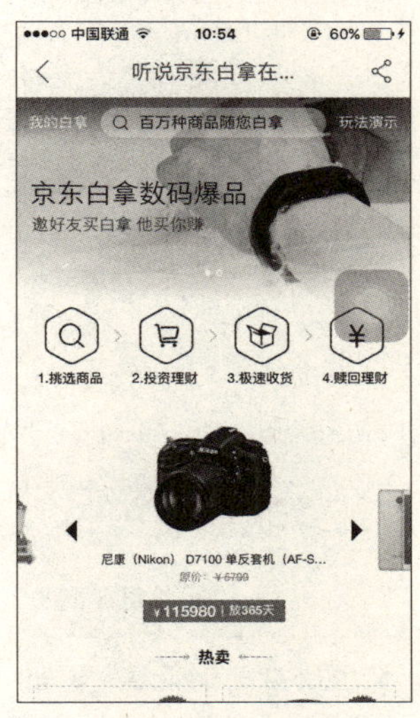

▲ 图 6-28 白拿商城

（5）点击博朗剃须刀，如图 6-29 所示。执行操作后，进入"白拿详情"界面，如图 6-30 所示。

（6）在该界面，可以看到有三种投资期限，即三种投资方式，每种投资的额度不一样。选中其中一种投资期限，然后点击"立即白拿"按钮，进入"购买"界面，如图 6-31 所示。

（7）用户在该界面填写好理财人信息，然后点击"确定购买"按钮，进入"京东支付"界面，如图 6-32 所示。

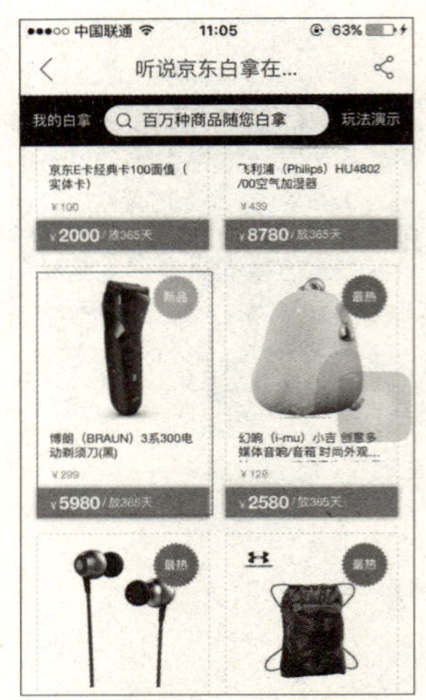

▲ 图 6-29　点击博朗剃须刀

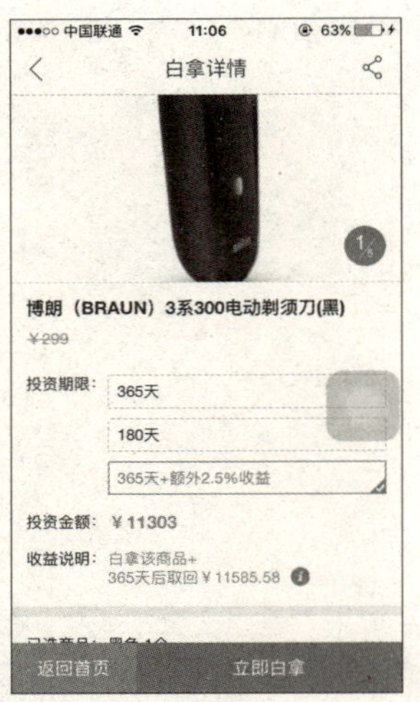

▲ 图 6-30　“白拿详情”界面

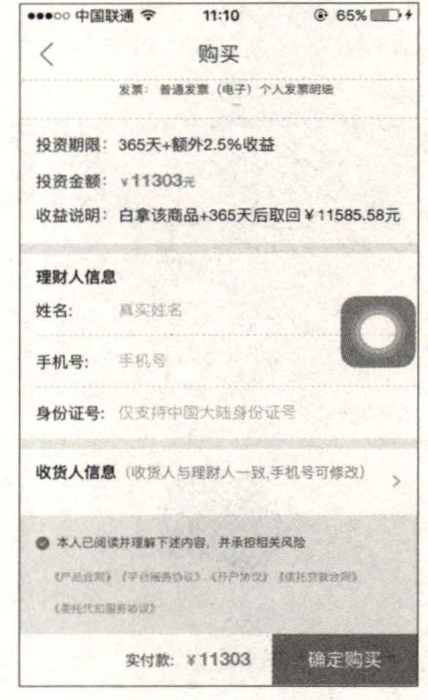

▲ 图 6-31　“购买”界面

▲ 图 6-32　“京东支付”界面

（8）后面的步骤，用户只要根据系统提示进行操作即可。

6.1.4　京东众筹：好玩，就是要抢先尝

在“京东金融”APP 上，京东发起了一个审核简单、即发即筹的众筹模式，什么是众筹？众筹也叫大众集资，主要由发起人、跟投人、平台构成，具体是指发起人通过平台向群众募资，来支持个人或机构的某个项目的行为，众筹和理财其实是相关联的，用户可以通过众筹的方式来获得第一桶创业金，下面笔者为大家简单介绍京东众筹项目的发起步骤。

1）进入“京东金融”APP，登录之后，点击下方的“众筹”按钮，如图 6-33 所示。

2）进入相应的界面，将页面往下翻，翻到页面的最底部，点击“发起我的轻众筹”按钮，如图 6-34 所示。

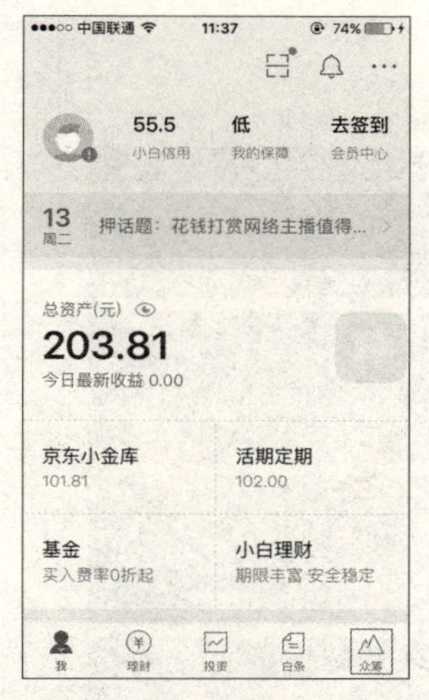

▲ 图 6-33 点击“众筹”按钮

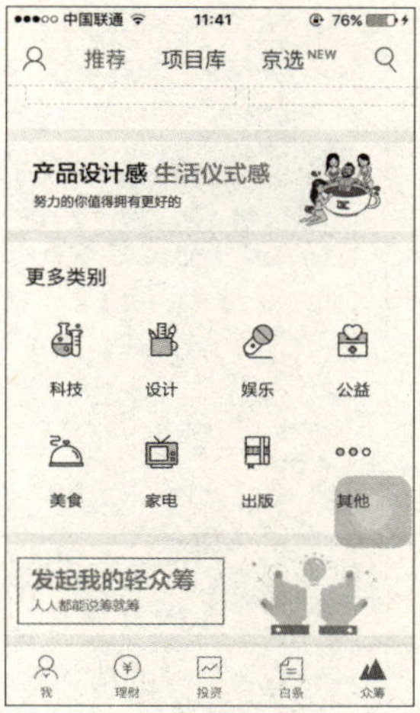

▲ 图 6-34 点击“发起我的轻众筹”按钮

3）进入“京东轻众筹”界面，如图 6-35 所示，点击“发起”按钮。

4）进入“发起轻众筹”界面，如图 6-36 所示，填写众筹信息。

5）点击“下一步”按钮，进入相应界面，如图 6-37 所示，点击“同意协议并创建”按钮即可发起轻众筹。

▲ 图 6-35 点击“发布”按钮

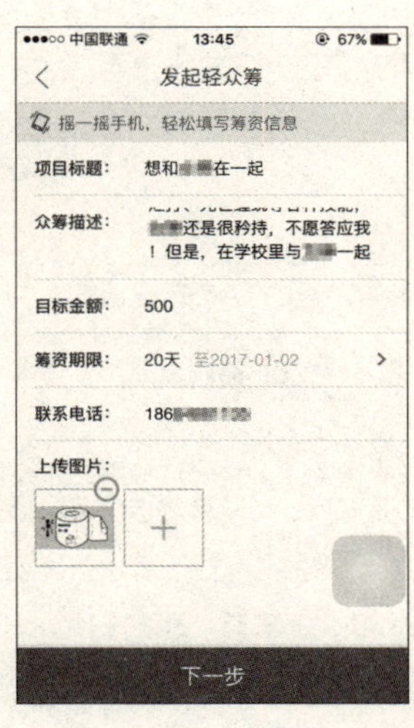

▲ 图 6-36 “发起轻众筹”界面

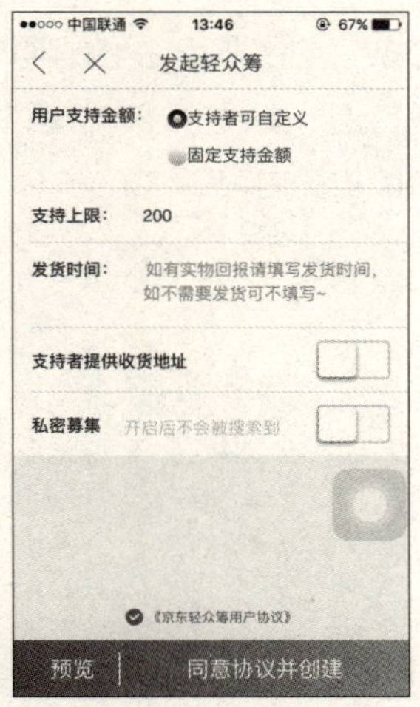

▲ 图 6-37 相应界面

6.1.5 其他理财：工资、定期、票据、固收

除了以上介绍的那些理财产品之外，“京东金融”APP还有工资理财、定期理财、票据理财、固收理财等等众多类型的理财产品，如图6-38所示。

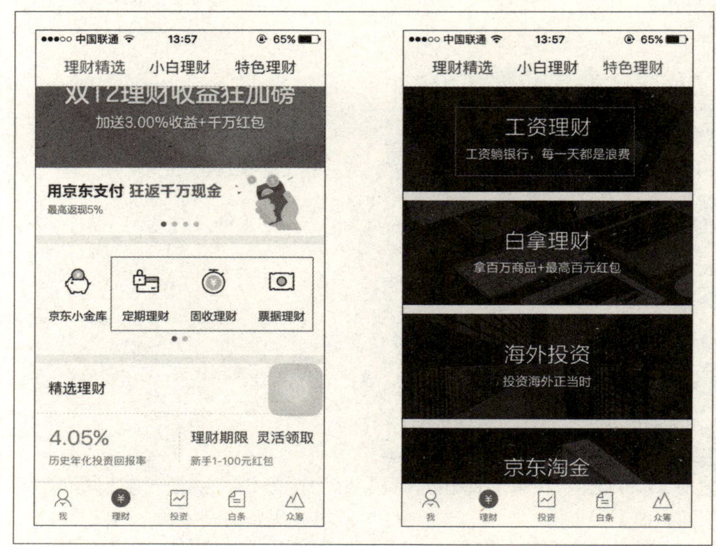

▲ 图6-38 “京东金融”其他的理财产品

6.2 京东白条，信用好，打白条

“京东白条”有点类似于信用卡，都是“先消费，后付款”的金融产品，“京东白条”的主要用途是，用户使用京东白条进行消费后，可以享受延期付款或分期付款的待遇，如图6-39所示为京东对“京东白条”的介绍。本节笔者为大家介绍京东白条的相关内容。

京东白条是京东推出的会员增值服务，白条用户购物时可以享受“先消费、后付款”的全新购物体验，并享有30天的免息付款期和灵活的分期方式。

直白地说，京东白条是一种支付方式。您开通白条时会获得白条额度，购物时选择用白条支付，30天内还清，不会收取任何费用。您也可以选择白条分期，并分期偿还。

▲ 图6-39 京东对“京东白条”的介绍

6.2.1 开通白条：先消费，后付款

用户如果想要使用“京东白条”，首先就要激活“京东白条”，目前来说，用户

能够激活的白条包括两种，一种是普通白条，另一种是校园白条。

激活普通白条和激活校园白条所需要的条件不一样，激活普通白条的条件如图6-40所示，激活校园白条的条件如图6-41所示。

1）激活普通白条需要您在京东有良好的消费记录。如果您是新用户，建议先不要尝试激活白条。

2）激活过程中您可能需要绑定储蓄卡或者信用卡（我们会根据您的京东消费情况判断您需要绑定储蓄卡还是信用卡）以验证身份。目前支持的储蓄卡有：建设银行、中国银行、浦东发展银行、光大银行、华夏银行、上海银行、兴业银行、广东发展银行、江苏银行；支持的信用卡有：工商银行、建设银行、中国银行、浦东发展银行、民生银行、中信银行、光大银行、华夏银行、上海银行、南京银行、广东发展银行、江苏银行。

普通白条可以在线上直接完成激活，无需面签。

▲ 图6-40 激活普通白条的条件

目前校园白条支持[illegible]部分高校的本科生、硕士生和博士生，暂不支持大四和硕士三年级的学生。校园白条激活分为线上申请和线下面签两部分。线上申请时，需要您提供姓名、身份证号、学籍、联系人等信息。线上申请通过后，您需要到白条面签点进行面签，核对身份证信息，并完成激活。

▲ 图6-41 激活校园白条的条件

6.2.2 白条商城：智慧金融，轻松采购

为给用户提供更好的服务，京东为“白条”用户提供了“白条商城”，帮助用户实现采购理财两不误，本节笔者为大家介绍“白条商城”购物的具体操作。

（1）打开“京东金融”APP，登录之后，点击下方的“白条”按钮，如图6-42所示

（2）执行操作后，进入相应界面，如图6-43所示，在该界面点击“白条商城”按钮

（3）进入“白条商城”界面，如图6-44所示，选中想要采购的商品种类，点击进入相应的界面。

（4）在该界面选中想要购买的产品，点击该产品，如图6-45所示。

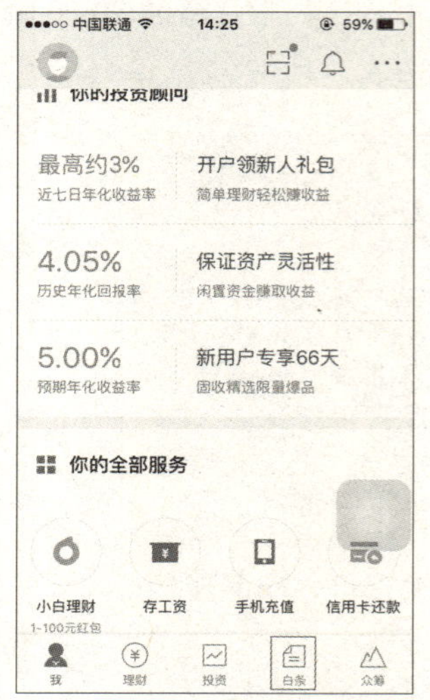

▲ 图6-42　点击“白条”按钮

▲ 图6-43　进入相应界面

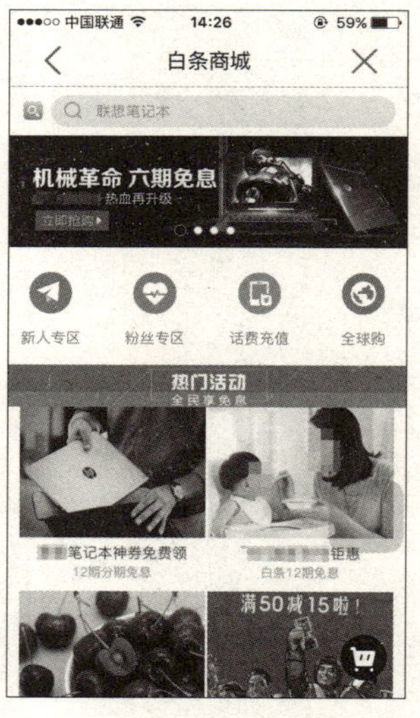

▲ 图6-44　“白条商城”界面

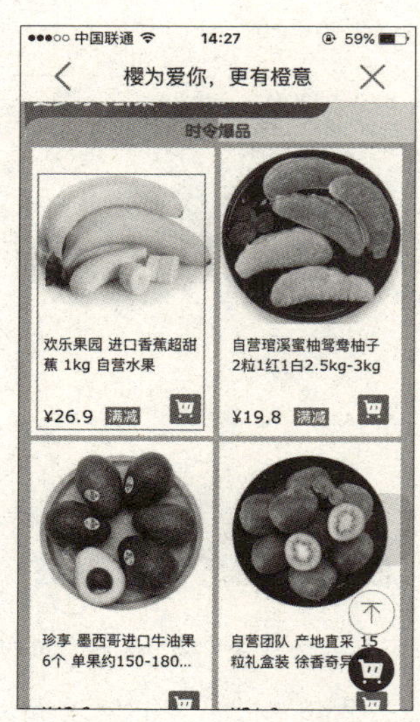

▲ 图6-45　点击要购买的产品

（5）进入产品购买界面，点击“立即购买”按钮，如图6-46所示。

（6）进入“确认订单”界面，如图6-47所示。

（7）点击“去支付”按钮，在支付的时候，选择白条支付，白条支付有两种付款方式，一种是“无分期付款”方式，另一种是“分期付款”方式，用户只要按照系统提示操作即可。

▲ 图 6-46 点击“立即购买”按钮

▲ 图 6-47 “确认订单”界面

6.2.3 白条贷款：现金借款，随借随还

用户不仅能够利用“白条商城”进行购物，还能利用“白条贷款”功能进行贷款，贷款虽然是需要偿还利息的，但是用户通过贷款，可以实现提早买房、买车、装修等等日常行为，让生活更加幸福美好，也是一种打理财产的方式，图 6-48 所示为进入“白条贷款”界面的操作步骤。

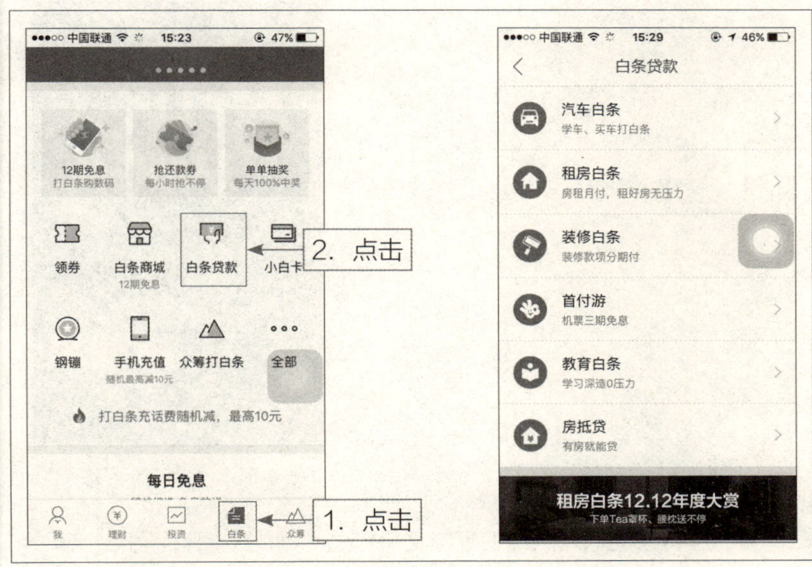

▲ 图 6-48 进入“白条贷款”界面的操作步骤

6.2.4 小白卡：会赚钱的信用卡

“小白卡”是京东白条发布的联名信用卡，目前支持的银行有中信银行和光大银行，有关“小白卡”的介绍，京东给出了如图 6-49 所示的解释。

> **1．什么是小白卡?**
> 京东白条联名信用卡，又名“小白卡”。京东金融实名、白条账户、信用卡账户的身份信息需一致，一卡兼具双重额度，线下消费线上优惠，积分永不过期。

▲ 图 6-49 “小白卡”的介绍

用户办卡的步骤为：

（1）进入“京东金融”APP 后，点击“白条”按钮，进入“白条”界面，如图 6-50 所示，点击“小白卡”按钮，进入“小白卡”办卡界面，如图 6-51 所示。

（2）点击“快速办卡”按钮，进入“选择小白卡”界面如图 6-52 所示，根据不同卡片的功能特点选择喜欢的卡片，然后点击“立即申请”按钮。

（3）进入“基本信息”填写界面，如图 6-53 所示，用户将基本信息填写完整，然后点击“下一步”按钮。

（4）后面的步骤，用户只要根据系统提示进行操作即可。

▲ 图 6-50 “白条”界面

▲ 图 6-51 “小白卡”办卡界面

小白卡有哪些特色呢？对用户的理财又有哪些帮助呢？拥有了小白卡，用户可以每天登录 xbk.jd.com，参与互动，得各种惊喜，还可以利用小白卡的积分换取京东钢镚，在京东商城消费时，1 钢镚可抵 1 元钱，除此之外，还可以不定期地享受其他的优惠活动，例如京东购物满 108 立减 18 等。

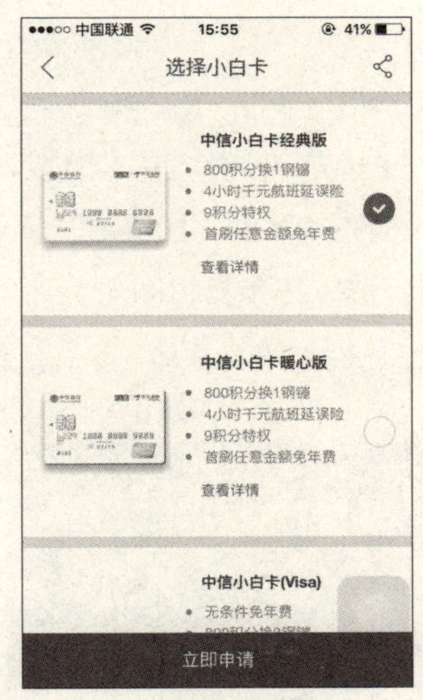

▲ 图 6-52 “选择小白卡”界面

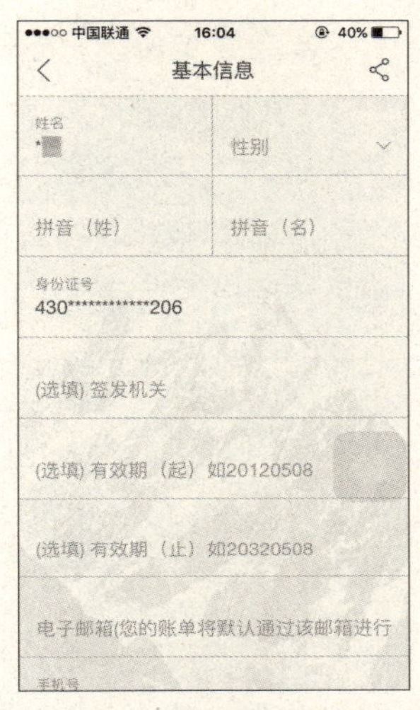

▲ 图 6-53 “基本信息”填写界面

6.2.5 钢镚：让积分有希望

在前面笔者介绍了，京东钢镚在消费的时候，是可以抵消现金用的，1 钢镚抵消 1 元钱，所以，用户可以经常了解一下自己的“小白卡”的积分情况，然后用这些积分去换取京东钢镚，图 6-54 所示为“京东钢镚”界面，点击“积分换钢镚”按钮，就能进入相应的界面，查看积分换钢镚规则，如图 6-55 所示。

▲ 图 6-54 “京东钢镚”界面

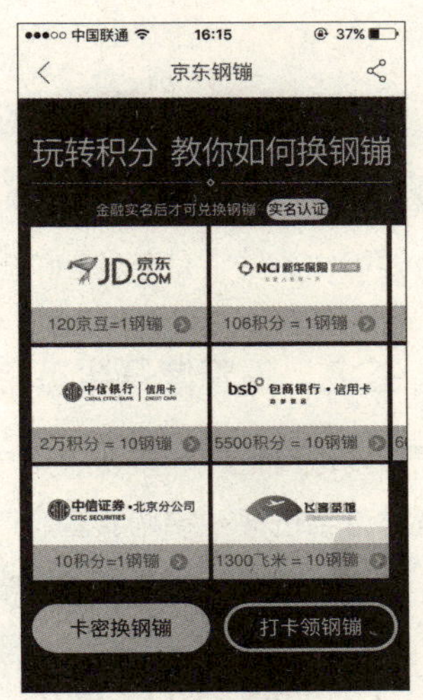

▲ 图 6-55 积分换钢镚规则

6.2.6 京东众筹也可以打白条

在京东金融将众筹与白条这两款产品打通之后，京东众筹平台上的部分产品可以用京东白条完成支付了，意味着京东众筹也可以打白条了。具体操作步骤如下所示。

（1）用户进入“京东金融”APP，然后点击“白条”按钮，进入相应界面，然后点击“众筹打白条”按钮，如图 6-56 所示，进入相应的界面，如图 6-57 所示。

（2）然后选择想要支持的众筹项目，在支付时，选择白条支付即可。

▲ 图 6-56　点击“众筹打白条”按钮

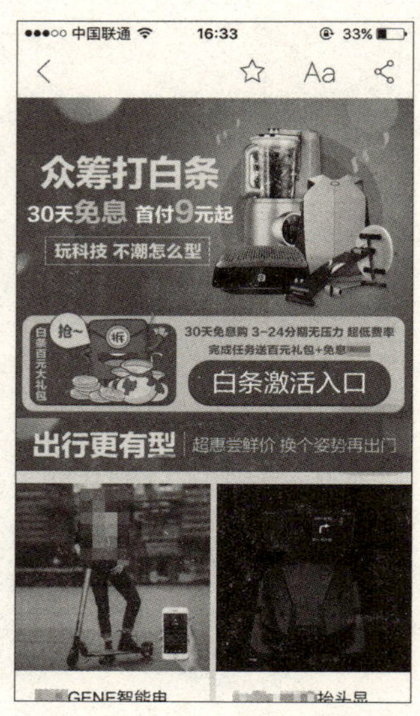

▲ 图 6-57　进入相应界面

6.3 京东投资，互联网理财综合服务

了解了京东金融的理财产品和“京东白条”“京东众筹”等系列产品之后，接下来，笔者要给大家介绍京东金融的投资内容。

6.3.1 基金：跟着信号买基金

对于想要进行低风险投资的用户来说，基金是个不错的选择，在京东金融平台上，用户可以通过手机移动端购买基金产品，其具体的操作步骤如下所示。

（1）进入“京东金融”APP，登录后，在“我”界面点击“基金”按钮，如图 6-58 所示。

（2）进入“基金理财”界面，如图 6-59 所示，点击“买入”按钮。

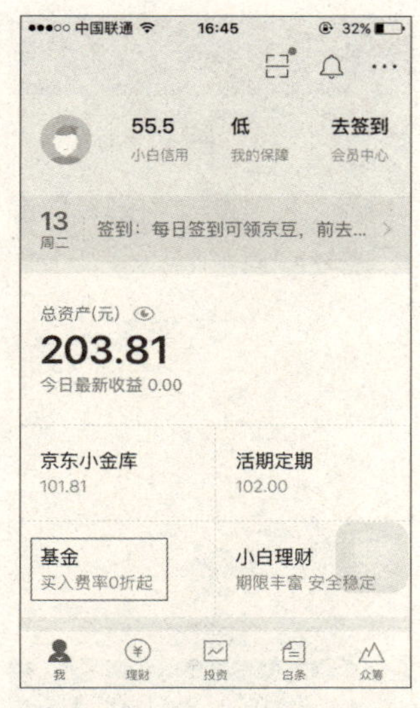

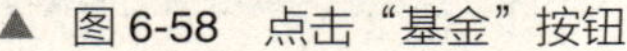

▲ 图 6-58 点击“基金”按钮

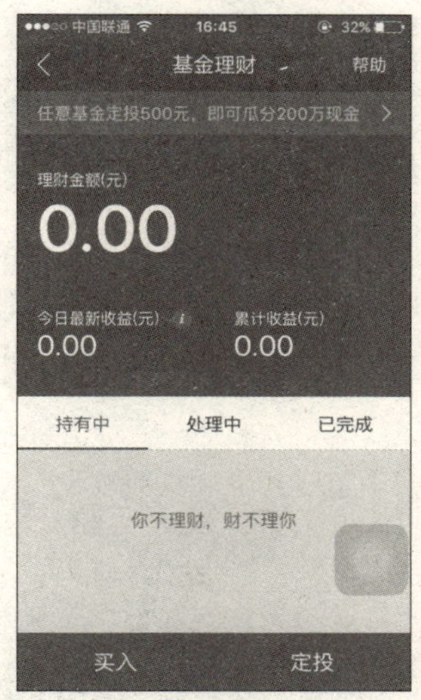

▲ 图 6-59 “基金理财”界面

（3）进入“基金”界面，如图 6-60 所示。

（4）点击“业绩排行”按钮，进入相应界面，如图 6-61 所示，在该界面，用户可以查看全部基金的单位净值、年涨跌幅、半年涨跌幅、季涨跌幅等等信息。

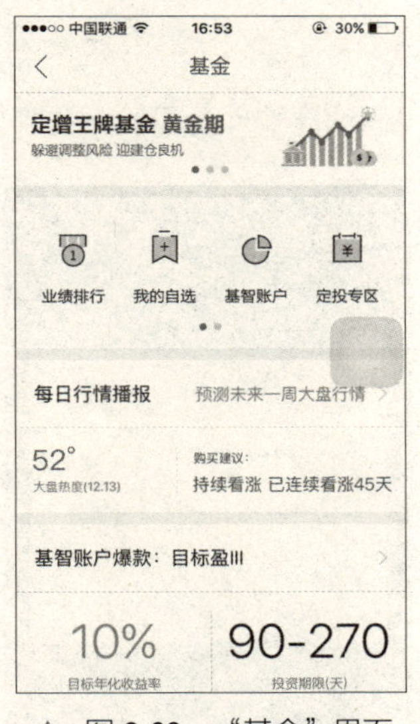

▲ 图 6-60 “基金”界面

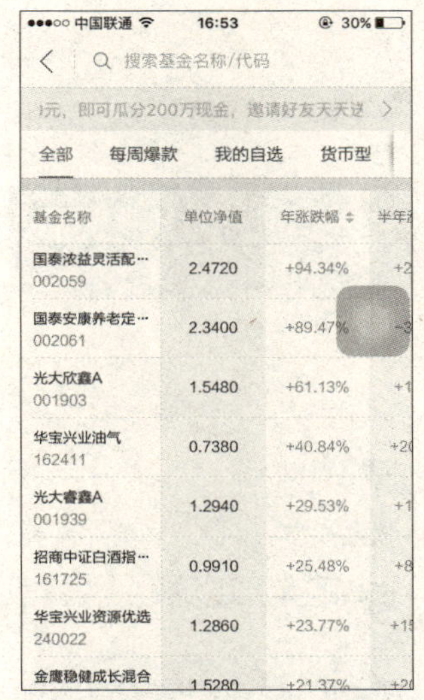

▲ 图 6-61 相应界面

（5）选择想要购买的基金，点击进入“基金详情”界面如图 6-62 所示。

（6）用户仔细查看“买入须知”等内容，然后点击“立即申购”按钮，如图 6-63 所示。

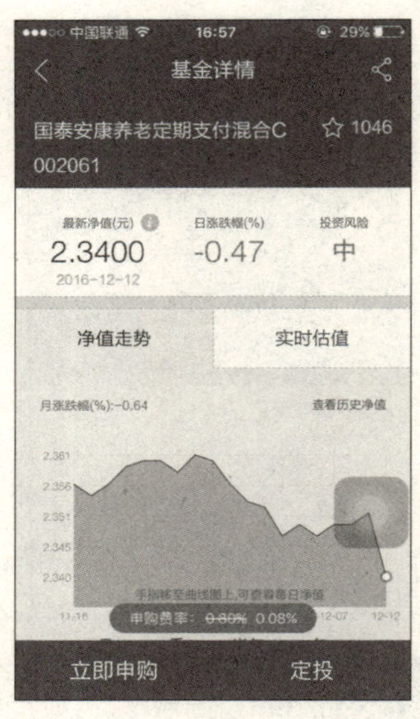

▲ 图 6-62 “基金详情”界面

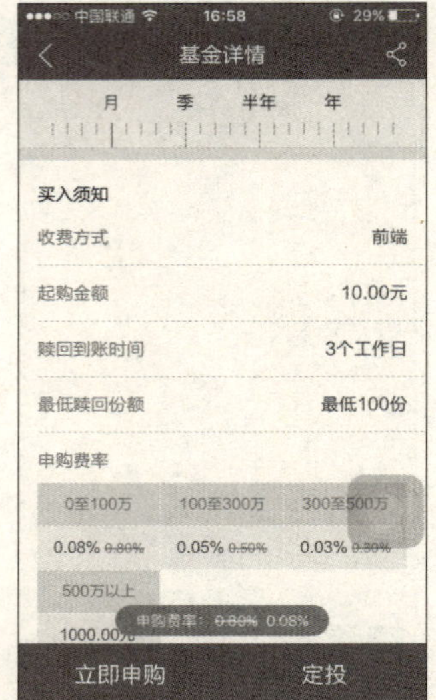

▲ 图 6-63 点击“立即申购”按钮

（7）执行操作后，进入“购买”界面，如图 6-64 所示，输入购买金额，然后点击“购买”按钮。

（8）跳出相应的窗口，如图 6-65 所示，输入手机接收到的验证码，然后点击“确定”按钮。

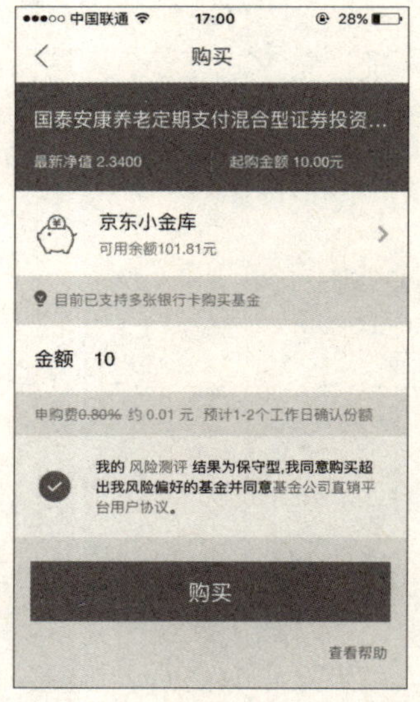

▲ 图 6-64 “购买”界面

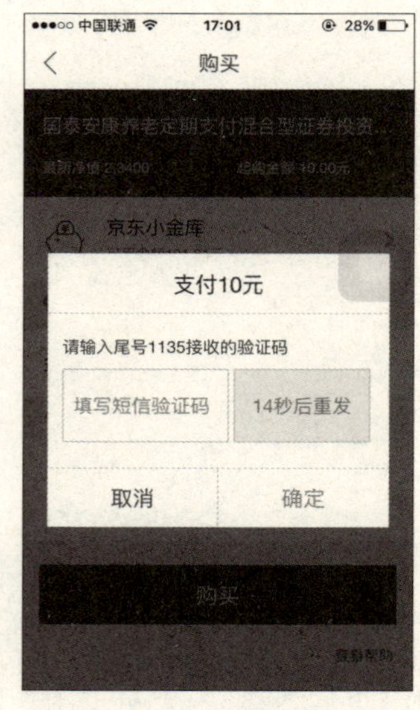

▲ 图 6-65 跳出相应的窗口

（9）剩下的操作步骤，用户根据提示进行操作即可。

6.3.2 股票：跟着“牛人”找“牛股”

京东金融 APP 中，除了基金业务之外，还有股票服务，对于新手用户来说，可以跟着“牛人”炒股，同时还可以关注“牛人”，随时了解“牛人”的动态，关注“牛人”的操作步骤如下所示。

（1）打开“京东金融”APP，点击下方的“投资”按钮，如图 6-66 所示。

（2）进入“投资”界面，如图 6-67 所示，点击“股票”按钮。

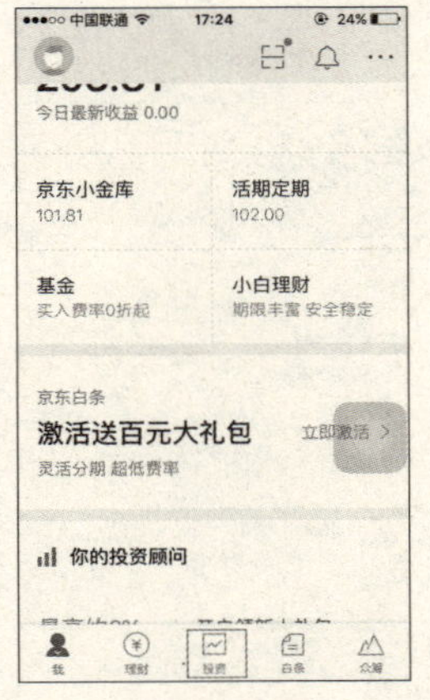

▲ 图 6-66 点击“投资”按钮

▲ 图 6-67 “投资”界面

（3）进入“股票”界面，如图 6-68 所示。

（4）在该界面可以看到“推荐牛人”一栏，点击某个“牛人”，进入“牛人”界面如图 6-69 所示。

（5）在“牛人”界面，点击“关注”按钮，就能关注“牛人”了。

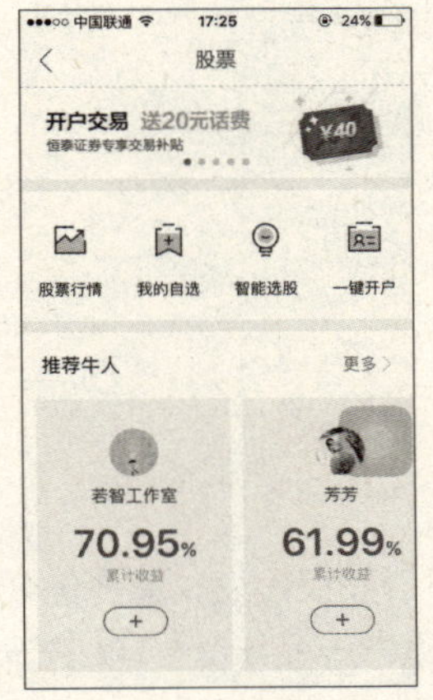

▲ 图 6-68 “股票”界面

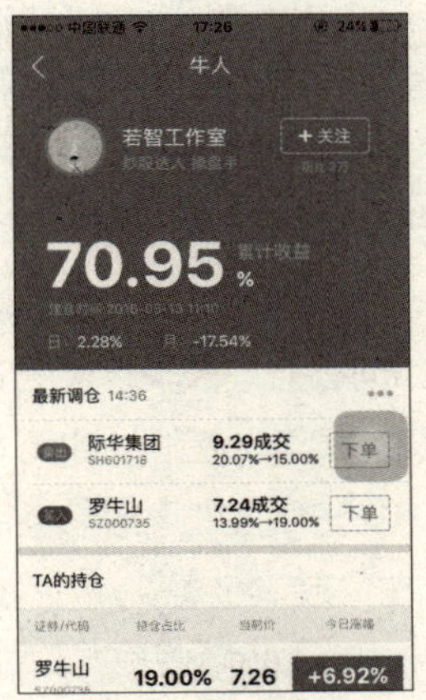

▲ 图 6-69 “牛人”界面

6.3.3 京东东家：有效连接融资的供求双方

“京东东家”于 2015 年 3 月 31 日上线，原名叫“京东私募股权众筹平台”，是京东金融旗下的私募股权融资平台。用户可以在“京东金融”APP 上进行东家股权投资，什么是东家股权投资？京东给出的解释是：投资人通过购买公司股权，成为该公司股东，从而获得它未来多种收益的一种投资方式，本节笔者为大家介绍“京东东家”的相关内容。

（1）用户打开“京东金融”APP，登录之后，点击下方的“投资”按钮，进入“投资”界面，如图 6-70 所示。

（2）点击“东家”按钮，进入“东家”界面，如图 6-71 所示。

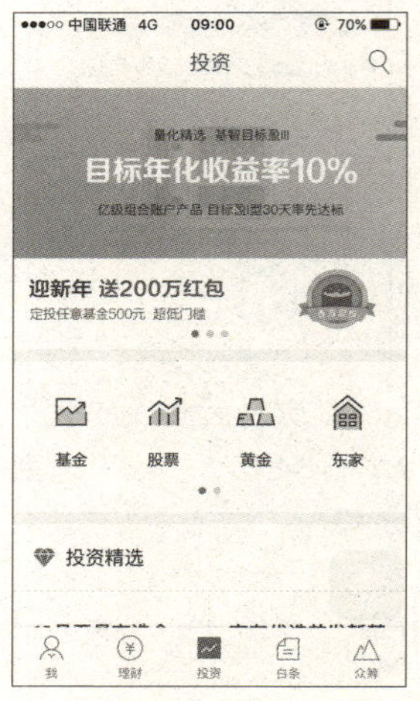

▲ 图 6-70 “投资”界面

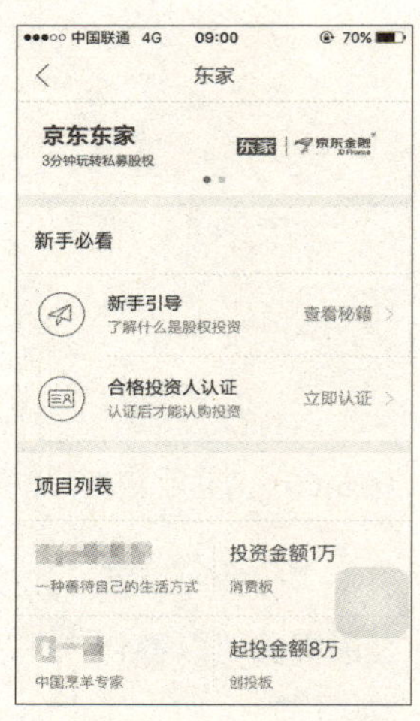

▲ 图 6-71 “东家”界面

（3）对于新手来说，可以点击“新手引导”旁边的“查看秘籍”按钮，进入“新手入门”界面查看，在该界面，用户可以看到如下所示的内容：

- “你适合哪种股权投资”板块，如图 6-72 所示；
- “如何在东家进行股权投资？”板块，如图 6-73 所示；
- “投后管理”板块，如图 6-74 所示；
- “如何收益”板块，如图 6-75 所示；
- “风险提示”板块，如图 6-76 所示；
- “怎样降低投资风险”板块，如图 6-77 所示。

（4）在“京东金融”APP 上，如果用户想要进行股权投资，首先需要认证东家合格投资人，具体的操作步骤是，在“东家”界面点击“立即认证”按钮，如图 6-78 所示。

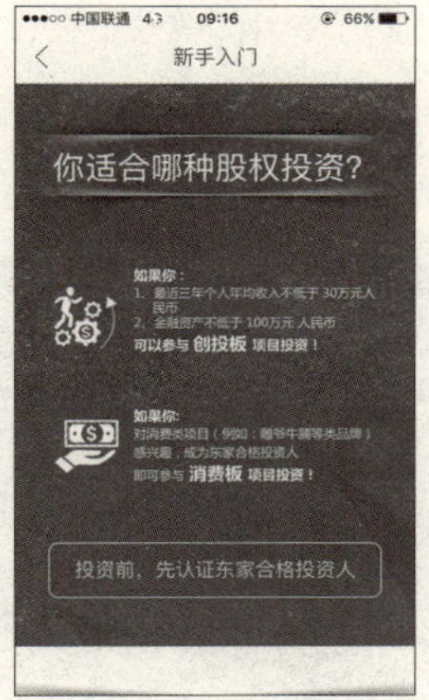

▲ 图 6-72 “你适合哪种股权投资”板块

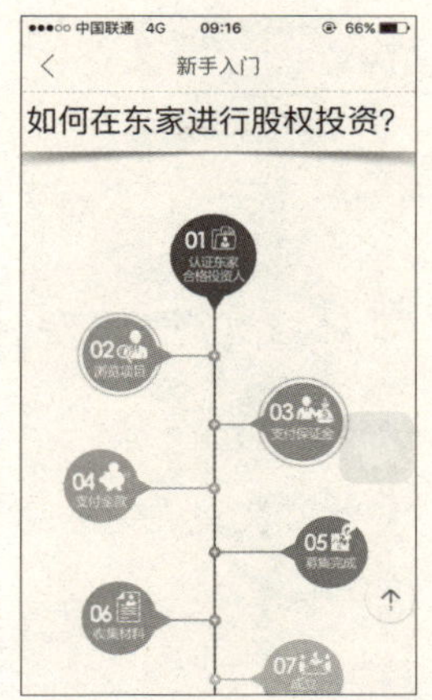

▲ 图 6-73 “如何在东家进行股权投资”板块

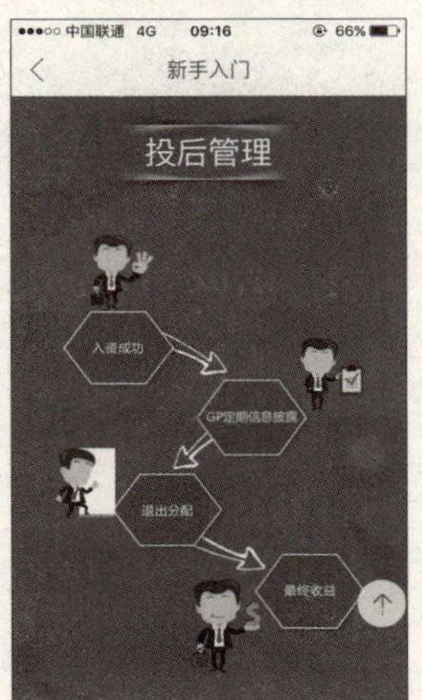

▲ 图 6-74 “投后管理”板块

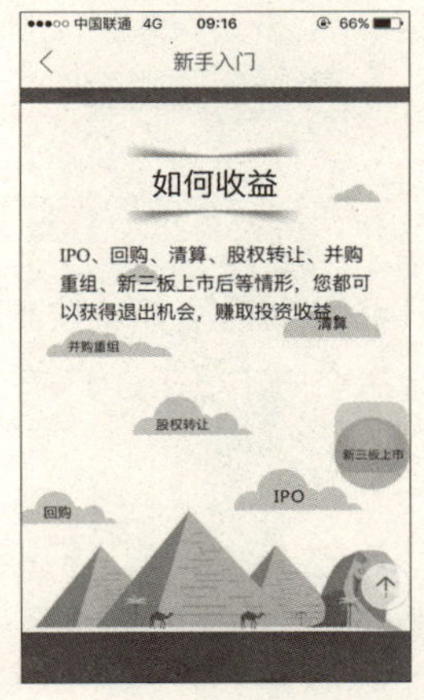

▲ 图 6-75 “如何收益”板块

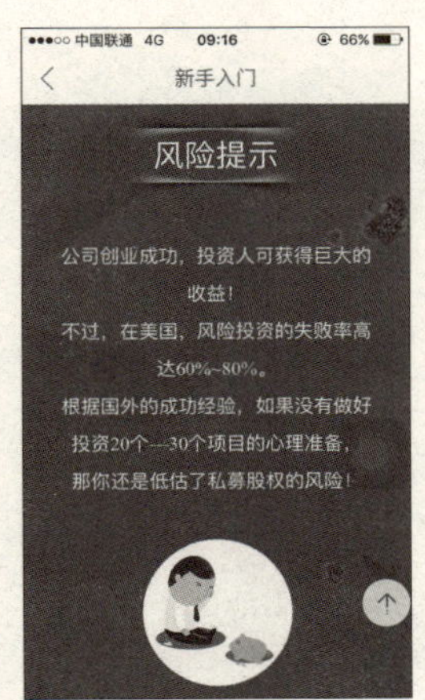

▲ 图 6-76 “风险提示”板块

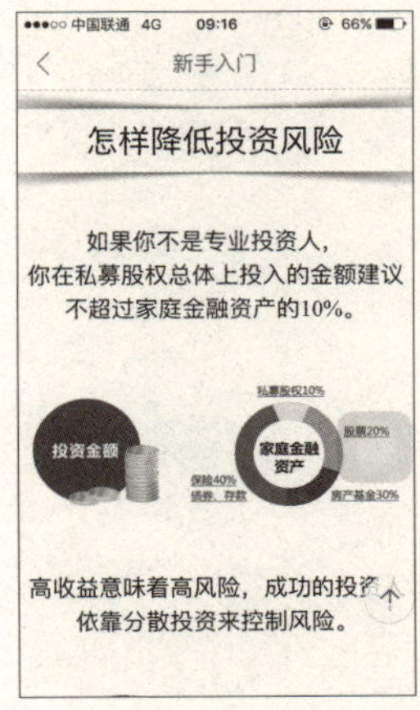

▲ 图 6-77 “怎样降低投资风险”板块

（5）进入“合格投资人认证”界面，如图 6-79 所示，用户需要输入、上传相应的信息。

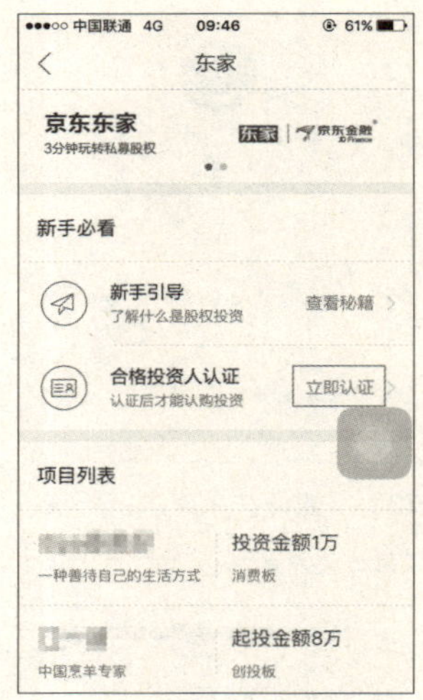

▲ 图 6-78　点击“立即认证”按钮

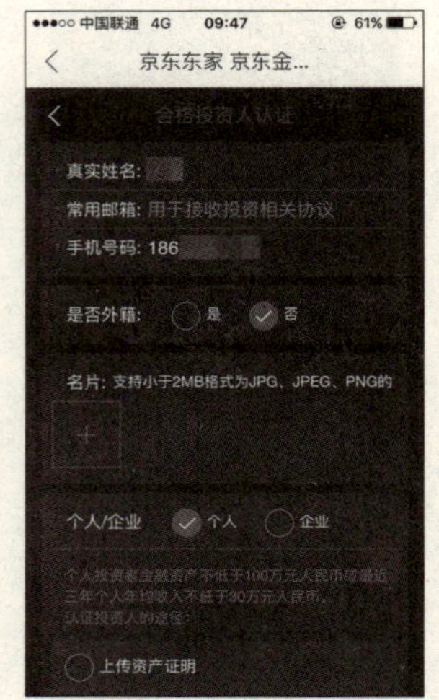

▲ 图 6-79　“合格投资人认证”界面

（6）后续的流程，用户按照提示进行操作即可，值得注意的是，如果是个人投资者，要求金融资产不低于 100 万元人民币或者最近三年个人年收入不低于 30 万元人民币。

第 7 章

同花顺：方寸间掌控股市风云

同花顺是一款老牌炒股软件，凭借十多年为千万股民服务经验及股民口口相传，在如大智慧、东方财富网、益盟操盘手、和讯股票等一应软件中脱颖而出，同时其手机版具有行情交易速度快、数据全、支持券商多等优势，成为股民们的第一选择。

要点展示

- 学会通过同花顺查看行情报价
- 同花顺 APP 的特色功能应用
- 手机炒股的技巧、费用与风险

7.1 学会通过同花顺查看行情报价

有数据显示，中国的股民中有 90% 的人无法经常到证券营业厅看行情并进行交易，而电话委托交易的费用较高，并且时常占线，而且电话委托和网上交易终端的固定性决定了不能随时随地进行交易，而手提电脑也不能老带着。但手机炒股克服了以上不足，这是其受青睐的主要原因。本节将介绍使用同花顺查看行情报价的相关方法和技巧，帮助读者随时掌握股市行情变化。

7.1.1 如何查看大盘指数

使用同花顺手机炒股票软件看大盘指数的具体操作方法如下。

（1）打开同花顺手机交易软件，点击“大盘指数”按钮，如图 7-1 所示。

（2）执行操作后，进入“市场行情”界面，显示国内外的常用指数，如上证指数、深证成指、创业板指、沪深 300、上证 50、中证 500、日经指数、道琼斯、纳斯达克等，如图 7-2 所示。

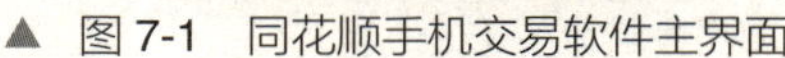
▲ 图 7-1 同花顺手机交易软件主界面

▲ 图 7-2 “市场行情”界面

（3）选择某种大盘指数后，点击进入其分时走势页面，如图 7-3 所示。

（4）在分时图上可点击显示与移动光标，并以浮动框显示光标时间点的分时数据信息，如图 7-4 所示。

（5）用户也可以结合 K 线图走势进行分析，以提高预测准确度。按住屏幕向右翻动，即可进入大盘 K 线图页面，如图 7-5 所示。

（6）在 K 线图上可点击显示光标，并可以查看光标时间点的相关数据信息，如

图 7-6 所示。

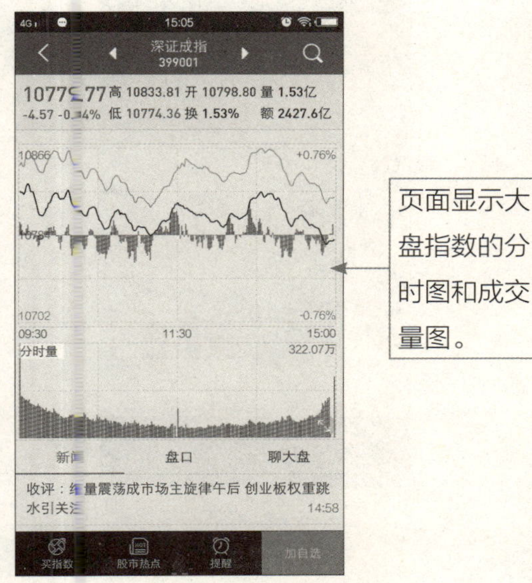

▲ 图 7-3 大盘分时页面

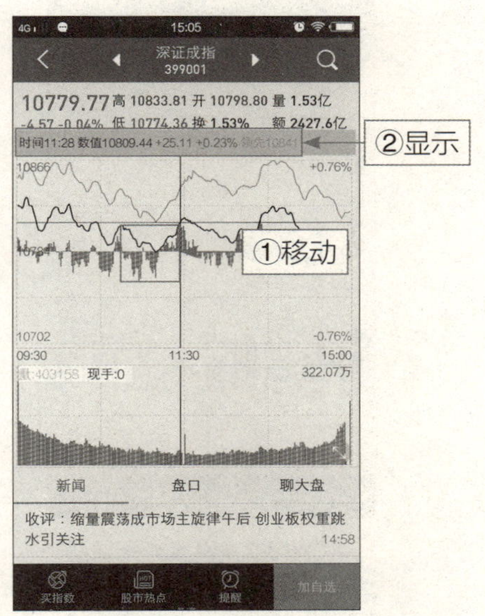

▲ 图 7-4 显示相关信息

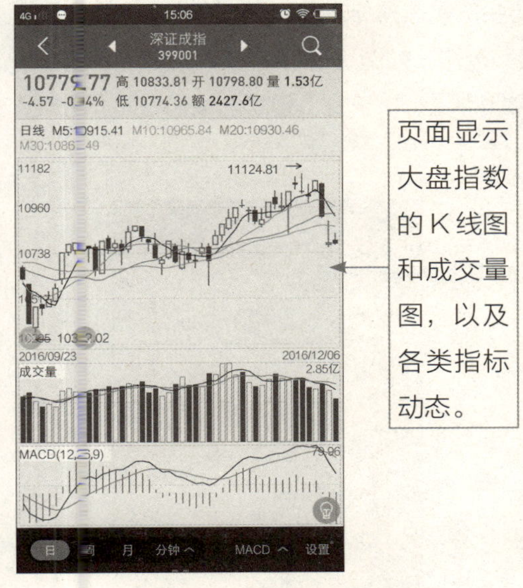

▲ 图 7-5 大盘 K 线图页面

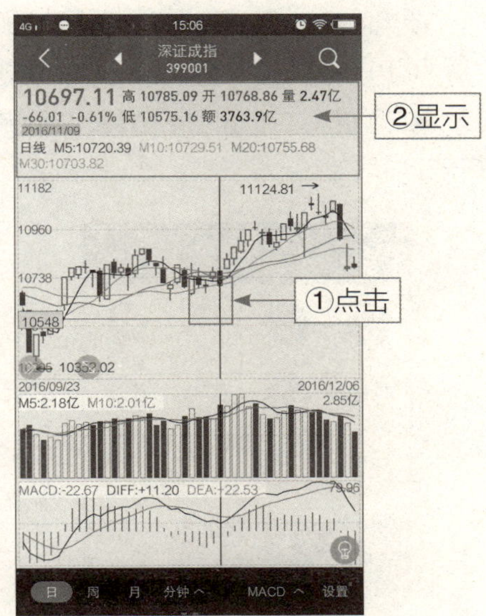

▲ 图 7-6 显示相关信息

（7）点击右下角的“周”按钮，设置 K 线周期显示，如图 7-7 所示。

（8）点击下方的指标名称，在弹出的菜单中可以选择 K 线图的辅助指标，如图 7-8 所示。

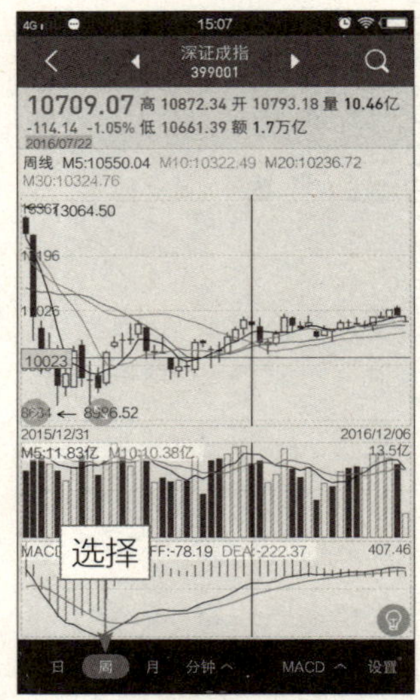

▲ 图 7-7　设置 K 线周期

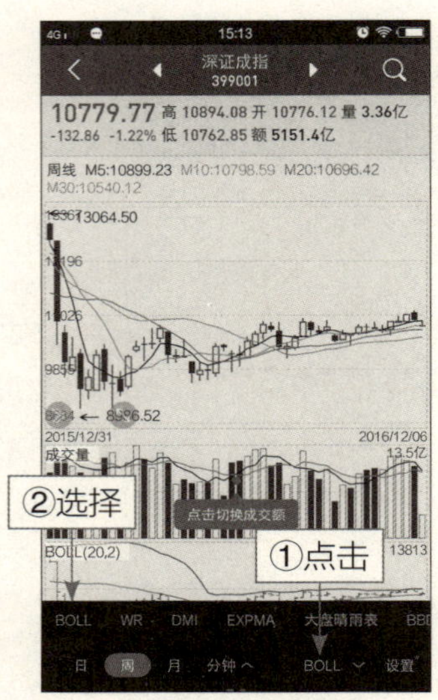

▲ 图 7-8　设置辅助指标

7.1.2　如何查看涨跌排名

使用同花顺手机炒股票软件查看涨跌排名的具体操作方法如下。

（1）在同花顺主界面点击“涨跌排名”按钮，如图 7-9 所示。

（2）进入“市场行情”界面，可以看到默认显示“沪深”模块涨幅榜，如图 7-10 所示。

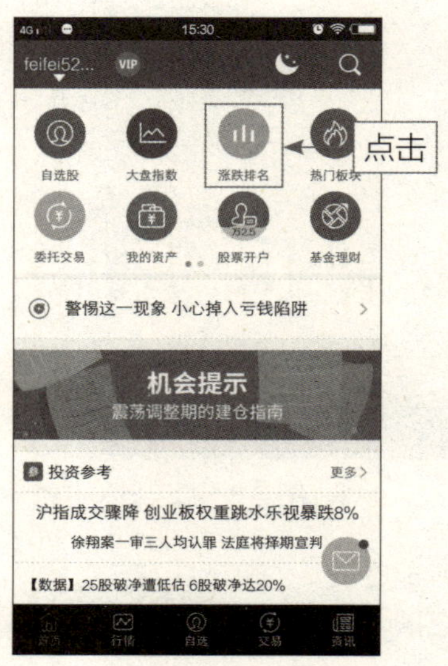

▲ 图 7-9　点击“涨跌排名”按钮

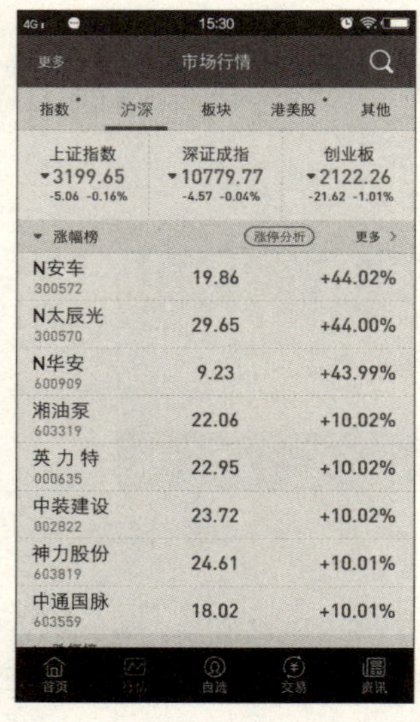

▲ 图 7-10　“市场行情”界面

（3）点击顶部的不同标签，用户可以切换查看指数、沪深、板块、港美股以及其他市场行情，图 7-11 所示为板块的市场行情。

（4）在“沪深”模块中，向上滑动屏幕，还可以查看沪深股票的跌幅版、快速涨幅榜、量比排行榜、成交额排行榜等数据，如图 7-12 所示。

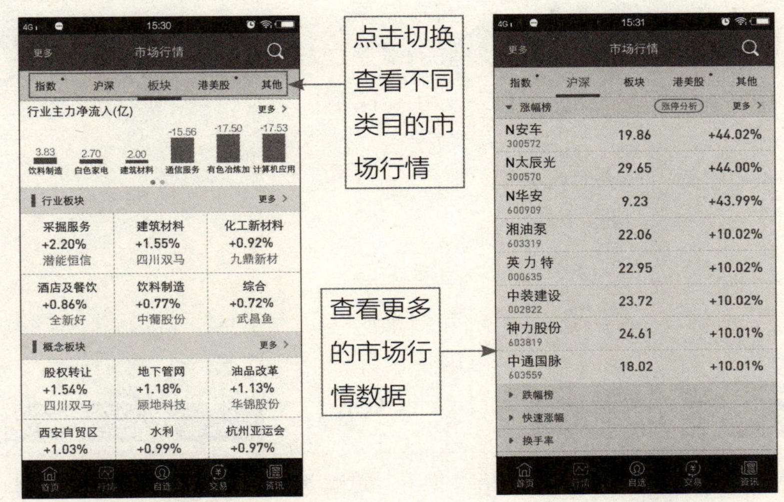

▲ 图 7-11　板块的市场行情　　▲ 图 7-12　成交额排行榜

（5）点击“更多”按钮，可以查看更多股票的涨跌幅信息，如图 7-13 所示。

（6）点击“涨幅”或“涨跌”标签，可以切换至查看相应的升序或降序排列方式，图 7-14 所示为“涨跌”的降序排列。

沪深A股

	最新	涨幅↓	涨跌
N安车 300572	19.86	44.02%	6.07
N太辰光 300570	29.65	44.00%	9.06
N华安 600909	9.23	43.99%	2.82
湘油泵 603319	22.06	10.02%	2.01
英力特 000635	22.95	10.02%	2.09
中装建设 002822	23.72	10.02%	2.16
神力股份 603819	24.61	10.01%	2.24
中通国脉 603559	18.02	10.01%	1.64
同力水泥 000885	18.46	10.01%	1.68
苏州科达 603660	15.39	10.01%	1.40
通灵珠宝	48.37	10.01%	4.40

▲ 图 7-13　更多股票的涨跌幅信息

点击标签名称可以切换排序方式

沪深A股

	最新	涨幅	涨跌↓
	38.01	10.00%	12.55
	29.84	10.00%	11.80
300569	16.67	10.00%	10.61
贵州茅台 600519	326.42	3.32%	10.49
N太辰光 300570	29.65	44.00%	9.06
乐心医疗 300562	85.53	10.01%	7.78
精测电子 300567	74.40	9.99%	6.76
N安车 300572	19.86	44.02%	6.07
丝路视觉 300556	65.04	9.99%	5.91
神宇股份 300563	58.45	9.99%	5.31
通灵珠宝	48.37	10.01%	4.40

▲ 图 7-14　“涨跌”的降序排列

（7）在数据区域左右滑动屏幕，还可以切换查看涨速、总手、换手、量比、现手、市盈（动）、振幅、金额、总市值、流通市值等排行数据，如图 7-15 所示。

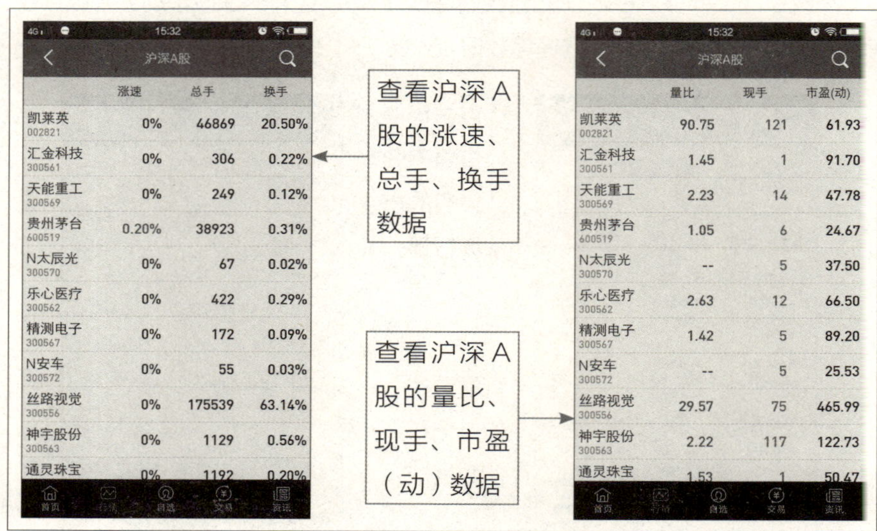

▲ 图 7-15（1） 涨速、总手、换手、量比、现手、市盈（动）的详细数据

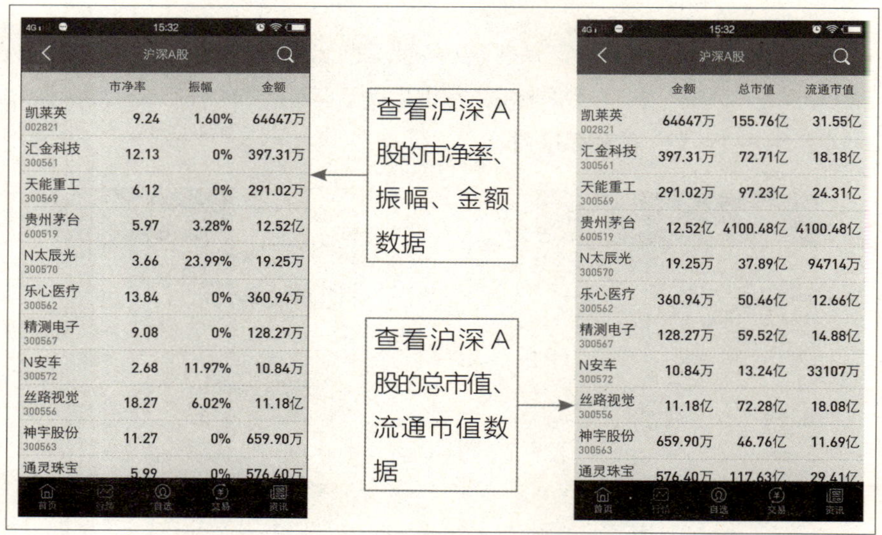

▲ 图 7-15（2） 市净率、振幅、金额、总市值、流通市值的详细数据

（8）返回“市场行情”界面，点击“港美股”按钮进入其界面，可以查看 AH 股的涨幅和溢价率，如图 7-16 所示。

（9）返回“市场行情”界面，在“港美股”界面中，可以查看美股（道琼斯、纳斯达克、标普 500）的相关行情，如图 7-17 所示。

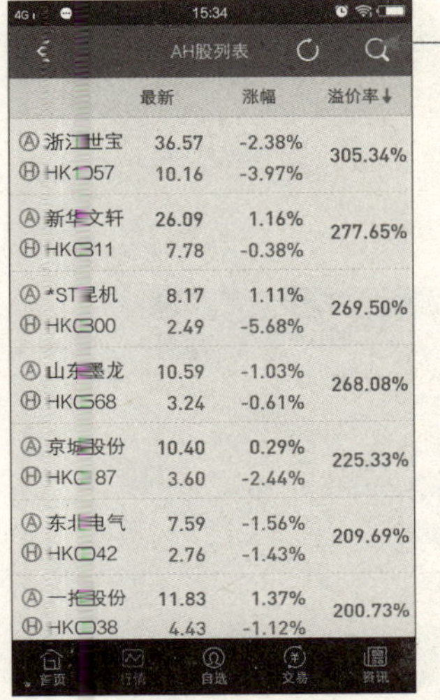

AH 股是 A 股和 H 股的简称。A + H 就是指某家公司在内地的上海（或深圳）证券交易所和香港联合交易所按照同股、同时、同价的原则分别发行 A 股和 H 股的行为。A 股市场的股票价格高于 H 股市场的股票价格的幅度就是 AH 股溢价。

▲ 图 7-16 “AH 股列表”界面

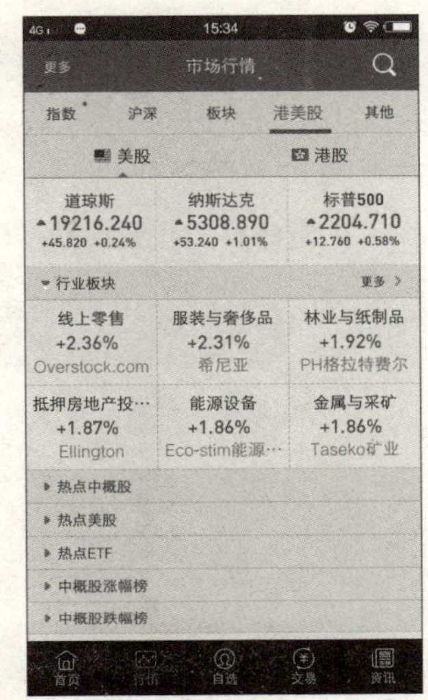

▲ 图 7-17 “港美股”模块

（10）返回“市场行情”界面，点击“其他”按钮进入其界面，可以查看现货市场、全球市场、基金、个股、债券的相关行情，如图 7-18 所示。

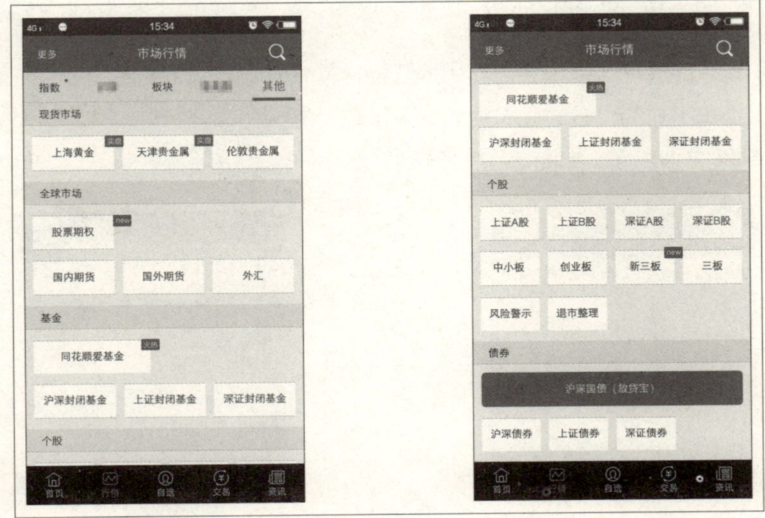

▲ 图 7-18 “其他”模块

（11）点击其中任何一个按钮，都会显示出按钮所代表的市场，如点击“沪深国债（放贷宝）”按钮，将显示沪深国债的理财产品。点击“天津贵金属”按钮，将显示相关的市场报价。

7.1.3 如何查看个股行情

使用同花顺手机炒股票软件查看个股行情的具体操作方法如下。

（1）在同花顺主界面点击右上角的搜索按钮，如图 7-19 所示。

（2）执行操作后，进入“股票搜索”界面，在搜索框中输入相应的股票代码或名称，如格林美的股票代码“002340”，如图 7-20 所示。

▲ 图 7-19　点击搜索按钮

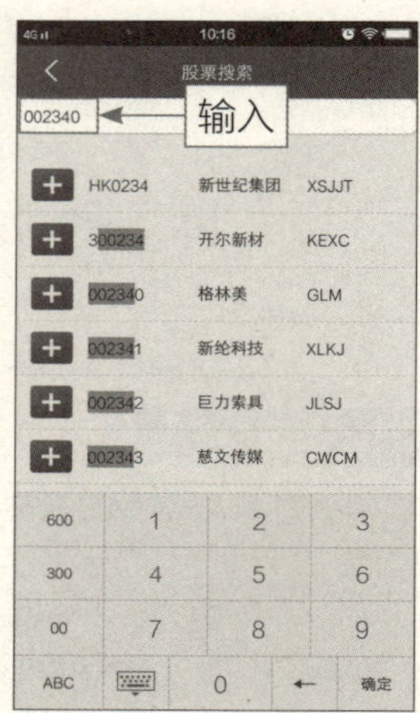

▲ 图 7-20　“股票搜索”界面

（3）输入完成后，系统会自动切换至格林美分时走势图，如图 7-21 所示。

（4）点击下方的“分时量”图表，可以在“量比”“分时量”“大单净额”“大单金额”等图表中切换，如图 7-22 所示。

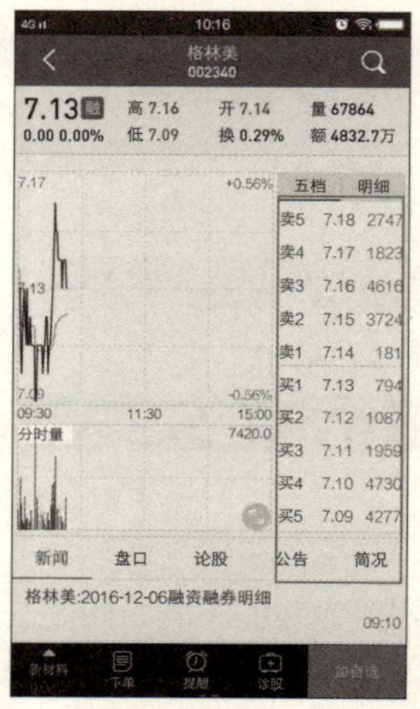

▲ 图 7-21　切换至分时走势图界面

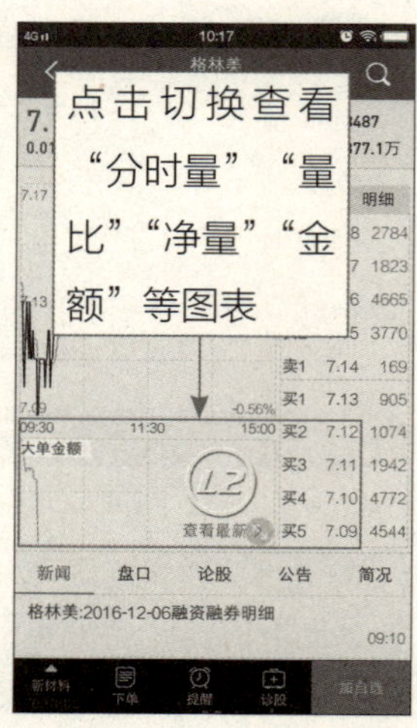

▲ 图 7-22　切换副图指标

（5）点击右侧的“五档”“明细”等标签，可以切换查看相应的盘口数据等，如图7-23所示。

（6）按住屏幕向右翻动，即可进入K线图页面，如图7-24所示。

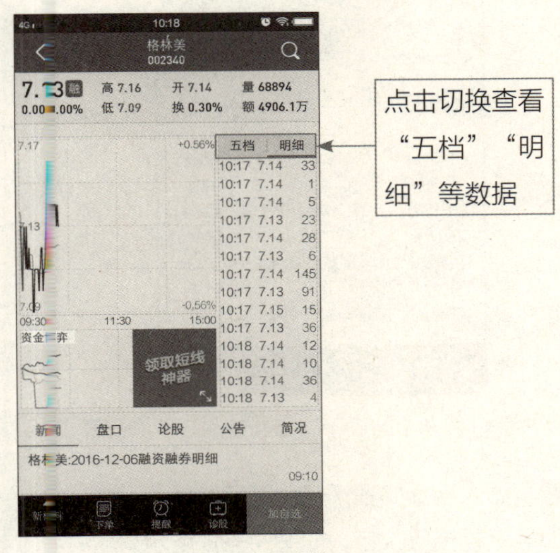

▲ 图7-23 切换查看盘口数据

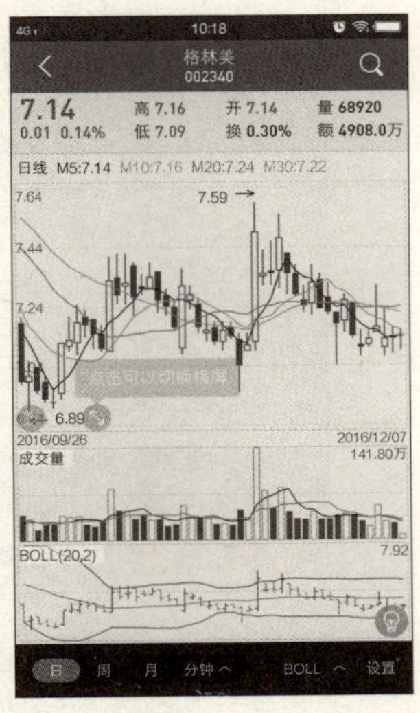

▲ 图7-24 K线图页面

7.1.4 如何查看财经新闻

使用同花顺手机炒股票软件，在走势图界面中就可以查看当前股票的相关新闻，具体操作方法如下。

（1）在同花顺APP中，进入相应个股的走势图界面，点击底部的“新闻”按钮，如图7-25所示。

（2）向上滑动屏幕，执行操作后，即可查看最新的个股财经新闻列表，如图7-26所示。

专家提醒

股市作为目前最大的投资市场，长期以来都占据着人们投资理财最重要的地位。随着移动互联网技术的进步、市场的发展，如今人们开始使用手机查阅各种股票信息。对于新手投资者来说，当看到股市盘面后，他们常常会被复杂的数据与各种曲线弄得头昏脑涨。实际上，投资者可以通过手机APP快速了解这些内容，轻松看懂各种盘口信息，进一步帮助他们更准确地找到股价的运行方向。

同花顺手机炒股软件最大的特点就是操作非常简便、用户使用体验优秀，同时具备非常强大的行情资讯功能，在移动互联网时代，帮助手机用户掌握主力和机构动态以便在股市中获利。

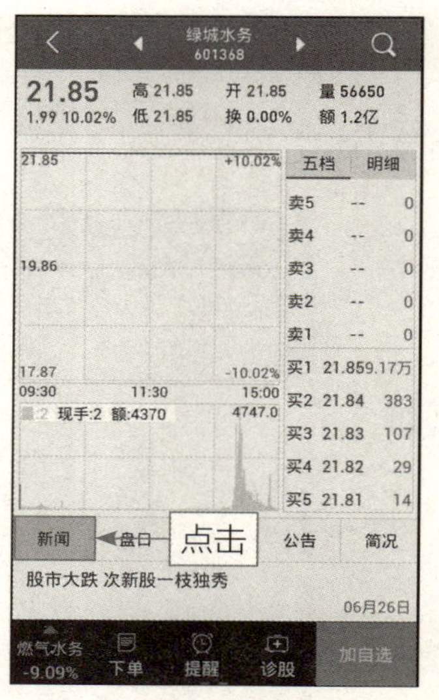

▲ 图 7-25 点击“新闻”按钮

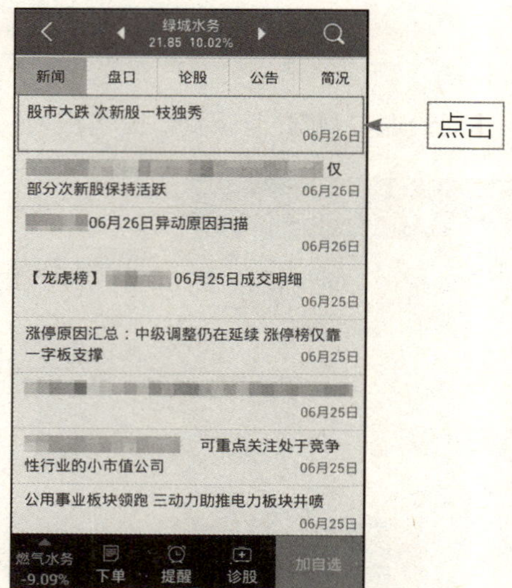

▲ 图 7-26 最新的财经新闻列表

（3）点击相应新闻标题，即可查看具体内容，如图 7-27 所示。

（4）点击内容页中的相关链接，即可查看相应内容，如图 7-28 所示。

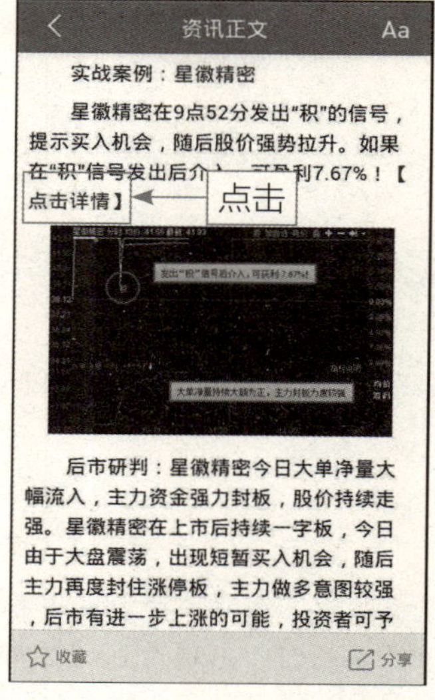

▲ 图 7-27 个股新闻内容

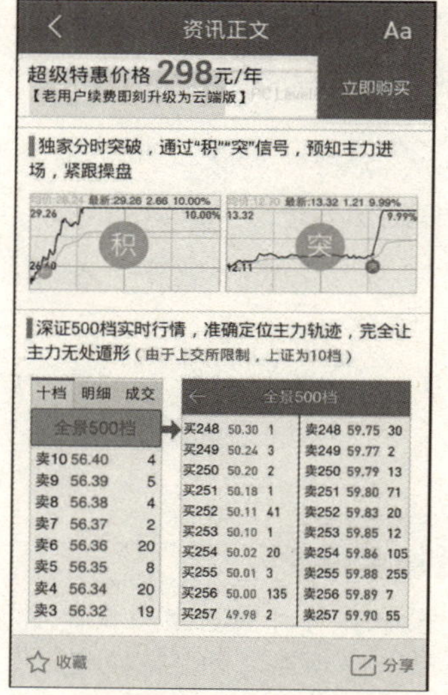

▲ 图 7-28 相关链接内容

7.1.5 如何查看盘口动态

使用同花顺手机炒股票软件查看个股盘口动态信息的具体操作方法如下。

（1）在个股分时图界面，点击底部的“盘口”按钮，如图 7-29 所示。

（2）向上滑动屏幕，执行操作后，即可查看个股所属板块、今日资金流向和盘口数据，如图 7-30 所示。

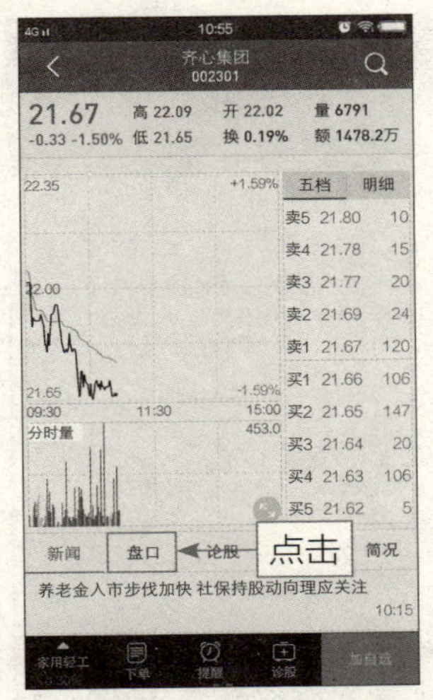

▲ 图 7-29 点击“盘口”按钮

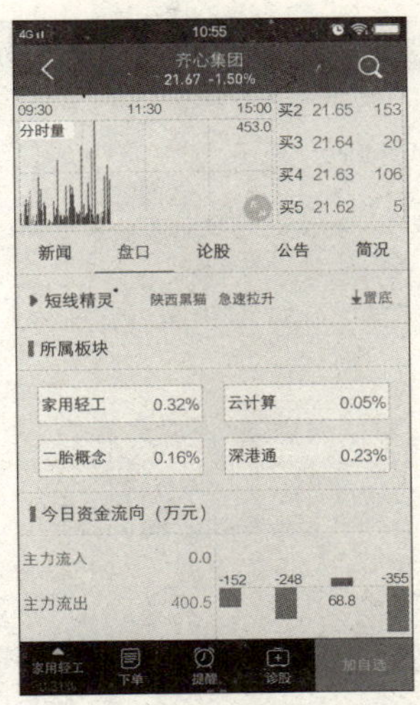

▲ 图 7-30 “盘口”界面

7.1.6 如何查看基本信息

使用同花顺手机炒股票软件，用户不但可以快速评价个股，还可以及时查看个股的公告、简况、财务以及研报等基本信息，具体操作方法如下。

（1）进入个股分时图界面，点击底部的“论股”按钮，如图 7-31 所示。

（2）向上滑动屏幕，即可查看其他投资者对该股的评论，如图 7-32 所示。

▲ 图 7-31 点击“论股”按钮

▲ 图 7-32 “论股”界面

（3）向上滑动屏幕，在下方的文本框中输入评论内容，如图 7-33 所示。

（4）点击“发送”按钮，即可发表评论，如图 7-34 所示。

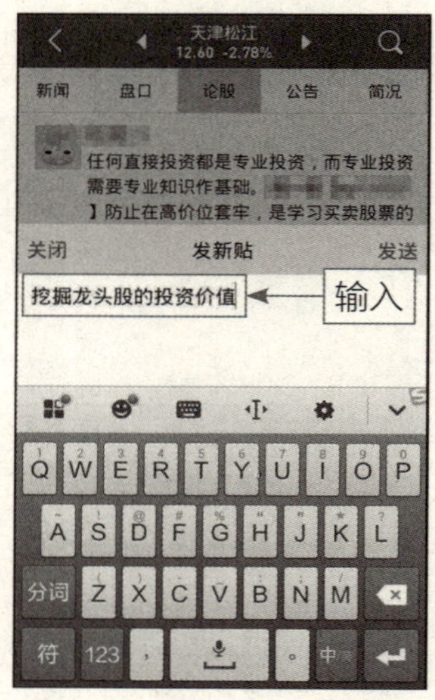

▲ 图 7-33　输入评论内容

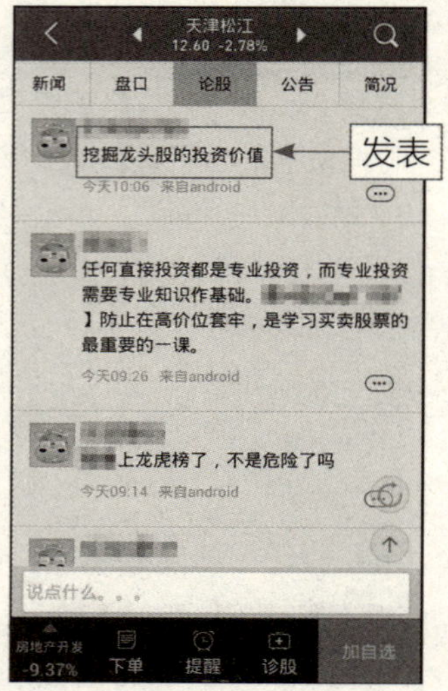

▲ 图 7-34　发表评论

（5）切换至“公告”界面，可以查看该股的相关公告，如图 7-35 所示。

（6）切换至“简况”界面，可以查看该股的主要指标、概念题材以及公司资料等基本信息，如图 7-36 所示。

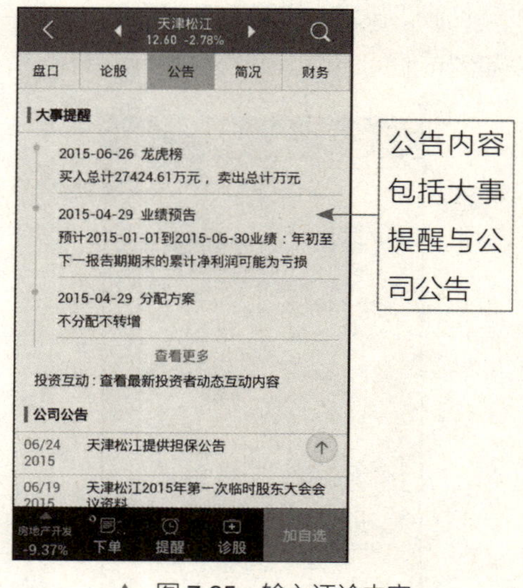

▲ 图 7-35　输入评论内容

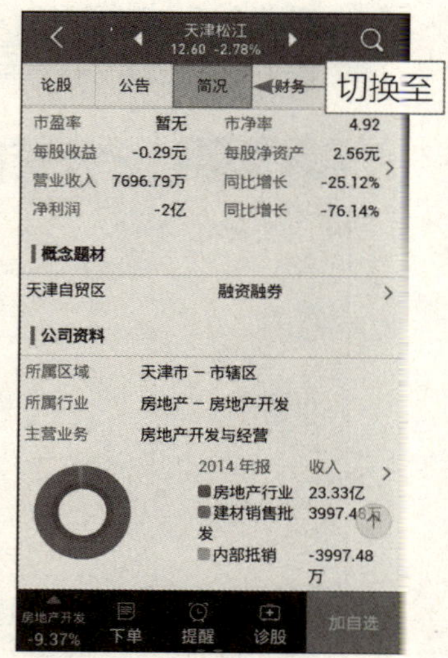

▲ 图 7-36　发表评论

（7）点击相应区域右侧的 > 按钮，即可查看相关详情，如图 7-37 所示。

（8）切换至“财务”界面，即可查看个股的财务状况，如图 7-38 所示。

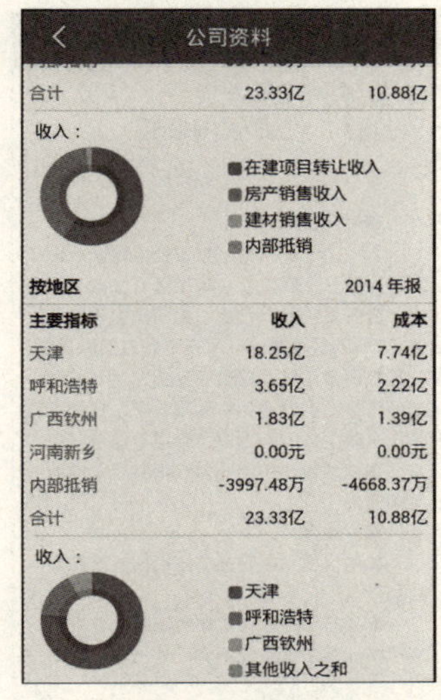

▲ 图 7-37 查看相关详情

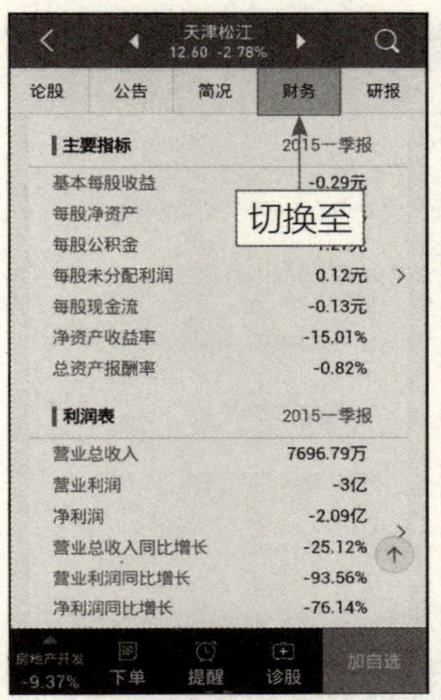

▲ 图 7-38 个股的财务状况

（9）点击主要指标区域右侧的 > 按钮，即可查看个股指标的最新详情，如图 7-39 所示。

（10）点击底部菜单栏中的“年报”按钮，即可查看上一年的年报数据，如图 7-40 所示。用户还可以查看中报、一季报、三季报等。

主要指标

天津松江	2015 一季报
关键指标	
营业收入	7653.56万
营业成本	4287.18万
营业利润	-3亿
净利润	-2.09亿
现金流	15.52亿
每股指标	
基本每股收益	-0.29元
每股公积金	1.44元
每股净资产BPS	2.56元
每股营业收入	0.08元
每股息税前利润	-0.13元
每股未分配利润	0.12元
每股经营现金流	-0.13元
每股现金流量净额	1.66元
盈利能力	
净资产收益率(ROE)(加权)	-15.01%
净资产收益率(ROE)(摊薄)	-8.72%

最新

▲ 图 7-39 主要指标详情

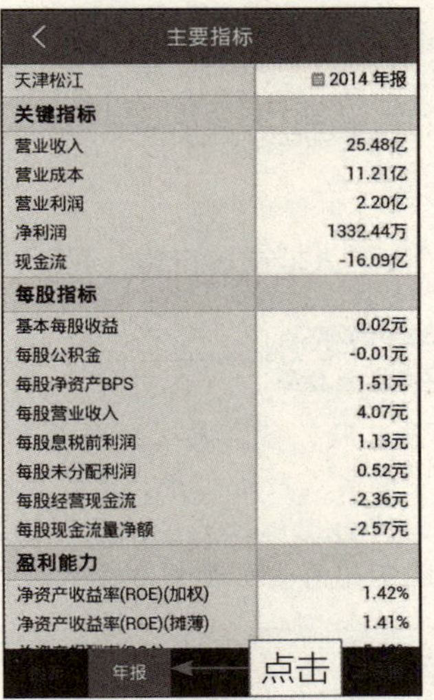
主要指标

天津松江	2014 年报
关键指标	
营业收入	25.48亿
营业成本	11.21亿
营业利润	2.20亿
净利润	1332.44万
现金流	-16.09亿
每股指标	
基本每股收益	0.02元
每股公积金	-0.01元
每股净资产BPS	1.51元
每股营业收入	4.07元
每股息税前利润	1.13元
每股未分配利润	0.52元
每股经营现金流	-2.36元
每股现金流量净额	-2.57元
盈利能力	
净资产收益率(ROE)(加权)	1.42%
净资产收益率(ROE)(摊薄)	1.41%

▲ 图 7-40 查看年报数据

（11）切换至“研报”界面，即可查看个股的研报信息列表，如图 7-41 所示。

（12）点击相应的研报标题，即可查看资讯正文，如图 7-42 所示。

▲ 图 7-41　研报信息

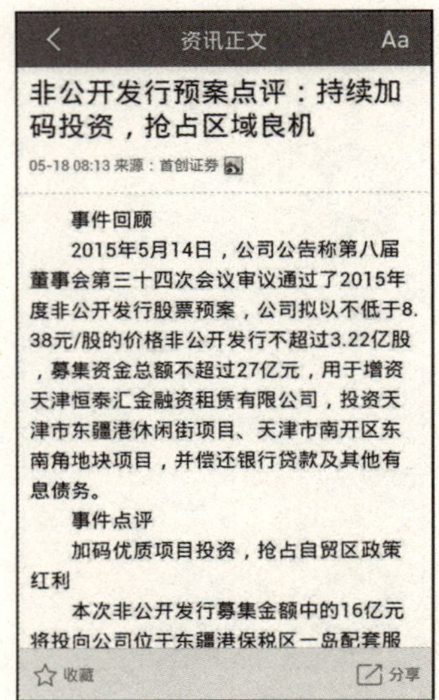

▲ 图 7-42　查看资讯正文

7.1.7　如何添加自选股

手机炒股、看行情，成为了热门的趋势。投资者不需要再实时守在电脑旁边，即可做好股票交易。那么，对于自选股，即投资者自己关注的股票，应该如何添加到手机软件中去呢？下面介绍使用同花顺手机炒股票软件添加自选股的具体操作方法。

（1）打开同花顺手机交易软件，登录主界面，点击“涨跌排名”按钮，如图 7-43 所示。

（2）进入“市场行情”界面，选择感兴趣的股票点击打开，如图 7-44 所示。

专家提醒

自选股，顾名思义，就是自己选择的股票库，即把自己看好的股票加入到自己选定的自选股股行中，用时可以看多个股票。在每个交易软件里都有“自选股”项目，将自己选择的股票代码输入后，该股票的各种数据由软件自动生成，这样用户就不用再在其他地方分散找，调阅起来很方便。

（3）执行操作后，即可打开股票走势界面，点击右下角的“加自选”按钮，如图 7-45 所示。

（4）执行操作后，即可将当期选择的股票加入自选股，如图 7-46 所示。

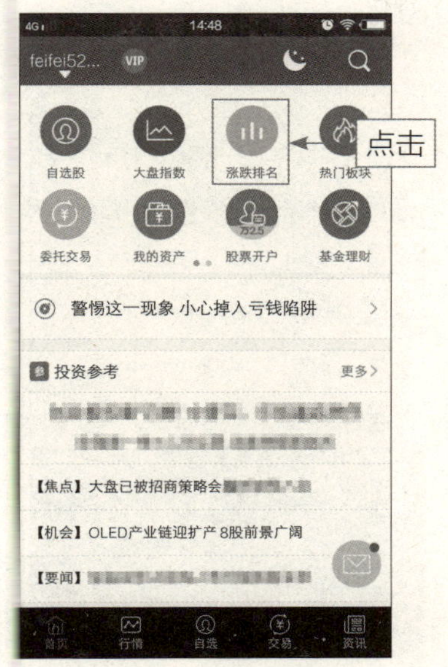

▲ 图 7-43 点击“涨跌排名”按钮

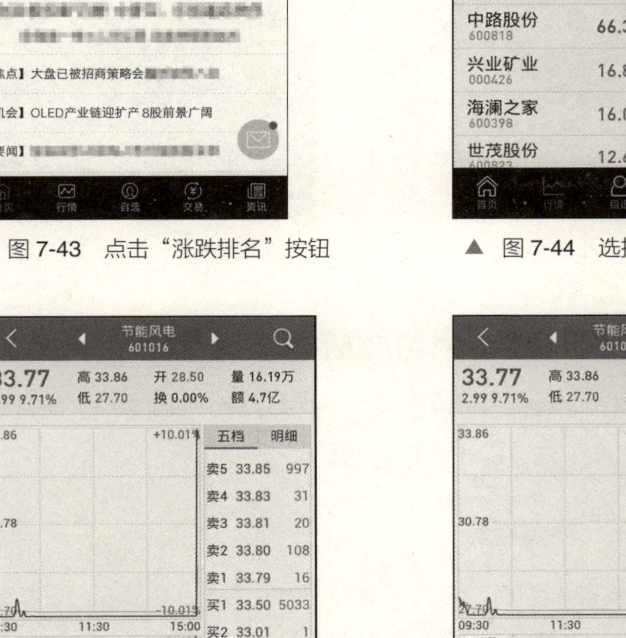

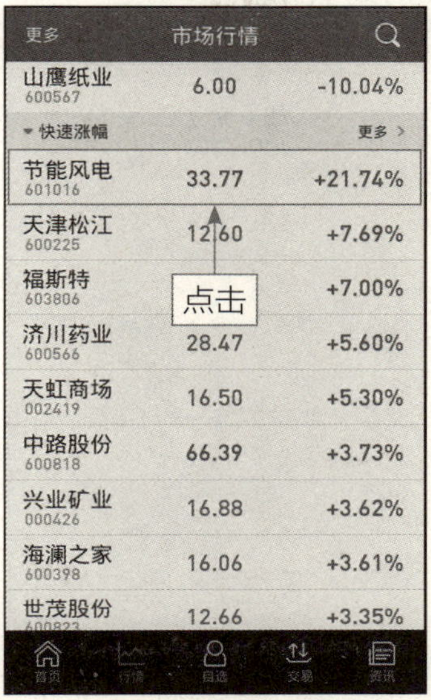

▲ 图 7-44 选择感兴趣的股票

▲ 图 7-45 点击“加自选”按钮

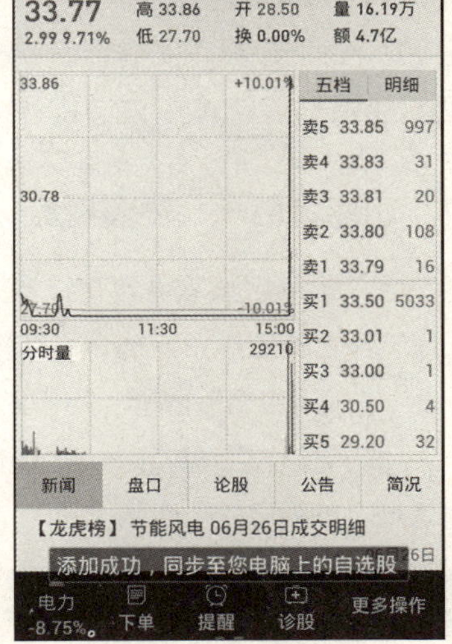

▲ 图 7-46 添加自选股

（5）或者不进入“涨跌排名”界面，直接点击主界面右上角的搜索图标，如图 7-47 所示。

（6）在搜索框中输入自己关注的股票代码和名称，点击左侧的“+”号加入自选股，如图 7-48 所示。

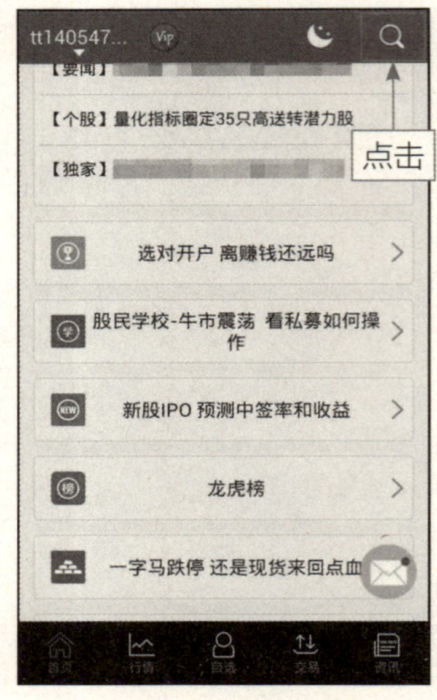

▲ 图 7-47　点击搜索图标

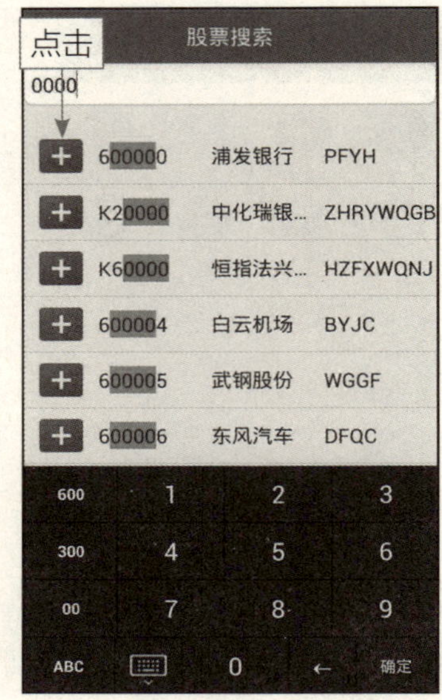

▲ 图 7-48　点击“+”号

7.2　同花顺 APP 的特色功能应用

同花顺 APP 还具有多窗看盘、股票开户、快速下单、模拟炒股、股票预警、手机诊股、问财选股等功能，本节将分别进行介绍。

7.2.1　功能特色一：多窗看盘

同花顺手机炒股票软件具有综合分析功能，用户可以在手机上打开多个分析窗口进行对比，综合查看股票行情，具体操作方法如下。

（1）进入相应个股界面，点击底部的“建筑装饰”按钮，如图 7-49 所示。

（2）执行操作后，弹出一个小窗口，显示与该股相关的行业板块的分时走势图和成交量信息，如图 7-50 所示。

专家提醒

手机炒股软件除了券商自主研发设计的，还有第三方提供的。在市面上流行的手机炒股软件也有很多种，如最早和证券商合作同花顺手机炒股软件。在选择手机炒股软件的时候，需要注意 3 个方面，一个是操作方便、上手快，第二个是反应速度快，让用户及时了解大盘的走势，最后是安全。

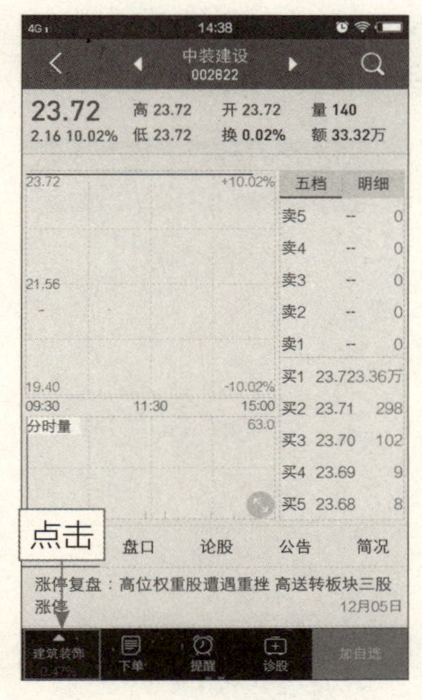

▲ 图 7-49　点击相应按钮

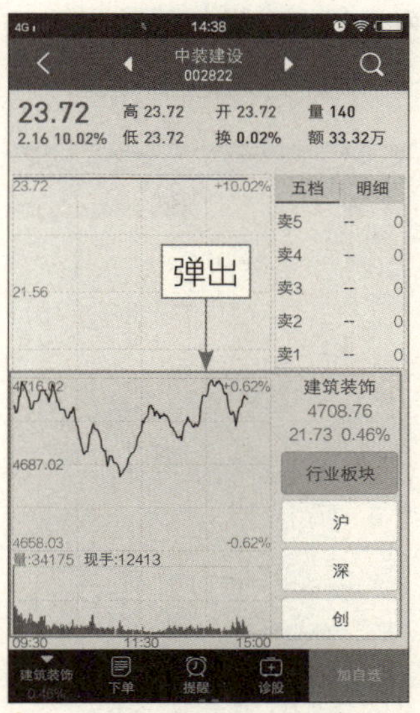

▲ 图 7-50　行业板块窗口

（3）点击“沪”按钮，切换至“上证指数”窗口，显示上证指数的分时走势图和成交量信息，用户可以对比查看个股与上证指数的走势，如图 7-51 所示。

（4）点击“深”按钮，切换至“深证成指”窗口，显示深证成指的分时走势图和成交量信息，用户可以对比查看个股与深证成指的走势，如图 7-52 所示。

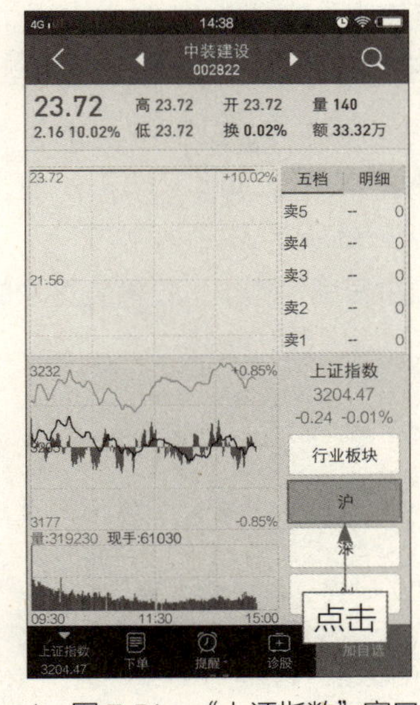

▲ 图 7-51　“上证指数”窗口

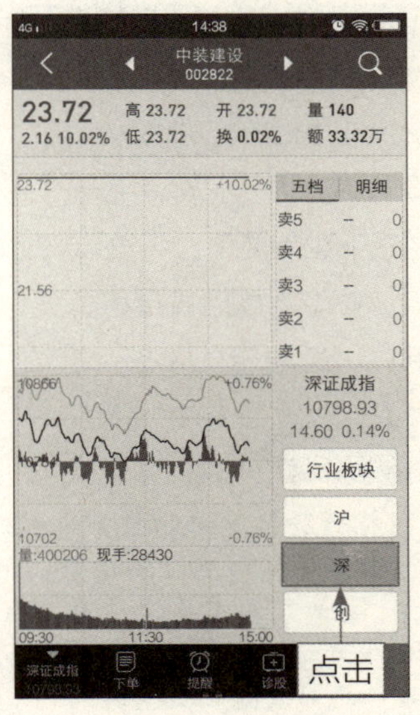

▲ 图 7-52　“深证成指”窗口

（5）点击“创”按钮，切换至“创业板指”窗口，显示创业板指数的分时走势图和成交量信息，用户可以对比查看个股与创业板指的走势，如图 7-53 所示。

（6）点击创业板指的走势图，可以放大显示走势详情，如图 7-54 所示。

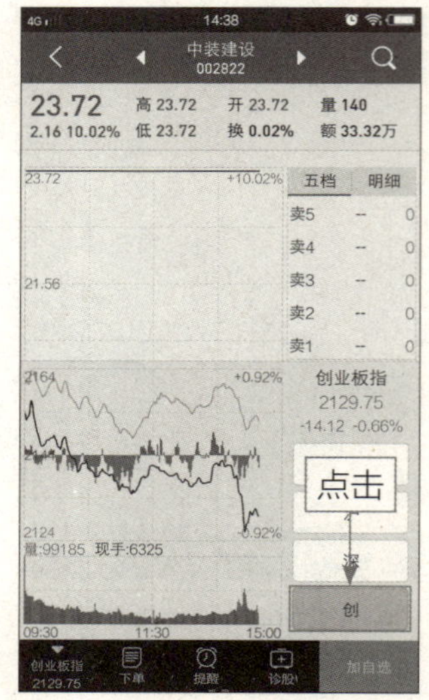

▲ 图 7-53 “创业板指”窗口

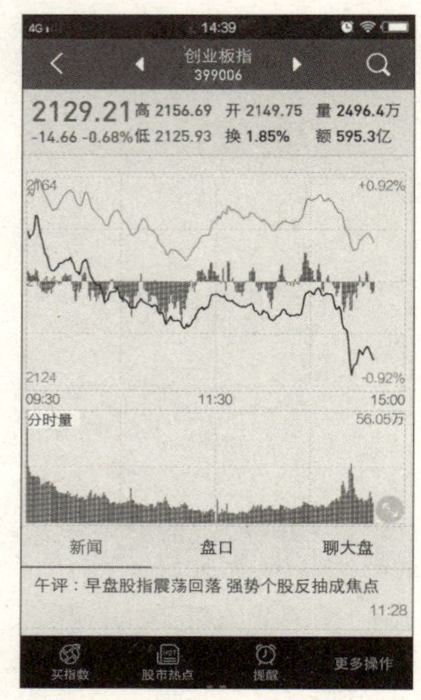

▲ 图 7-54 放大显示走势详情

7.2.2 功能特色二：手机开户

使用同花顺手机炒股票软件开户的具体操作方法如下。

（1）切换至“首页”第二页，点击“股票开户”按钮，如图 7-55 所示。

（2）选择相应的券商，点击“立即开户”按钮，如图 7-56 所示。

（3）提示用户下载专用开户 APP，点击“确定”按钮，如图 7-57 所示。

（4）下载完成后，点击“安装”按钮，如图 7-58 所示。

（5）安装完成后直接点打开，稍等片刻进入主界面，继续选择需要开户的证券商，如图 7-59 所示。

专家提醒

同花顺股票开户的整个流程非常简单，3 ~ 5 分钟可完成，包括上传身份证信息、视频见证、风险测评等。用户需要准备的资料有：本人身份证原件、一张银行卡，另外手机需要通过 3G、4G 或 WIFI 访问互联网，以保证视频见证的通畅。

已经开过户的客户，可以先使用同花顺股票开户 APP 选择相应的券商办理转户手续，之后需要在交易时间到现在的营业部去办理相应转户手续。

（6）进入“手机验证”界面，输入自己的手机号码，点击“获取验证码”，接收到短信后将验证码填入验证码框内，点击“下一步”按钮，如图 7-60 所示。

（7）进入“上传身份照片”界面，用户可以根据界面提示添加相应照片，点击“下一步”按钮，逐步完成个人资料信息，完成手机开户的操作。

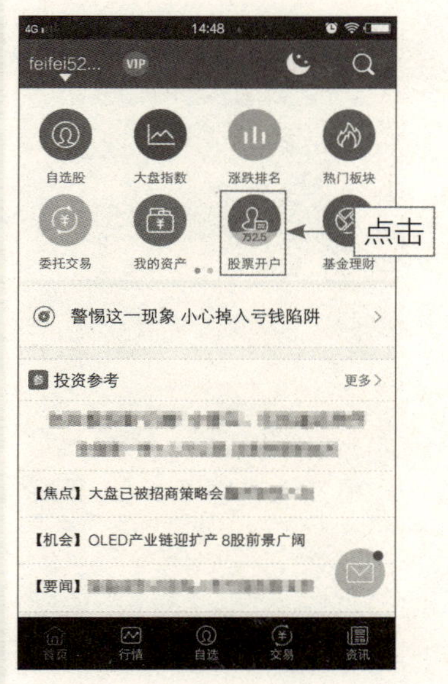

▲ 图 7-55 点击“股票开户”按钮

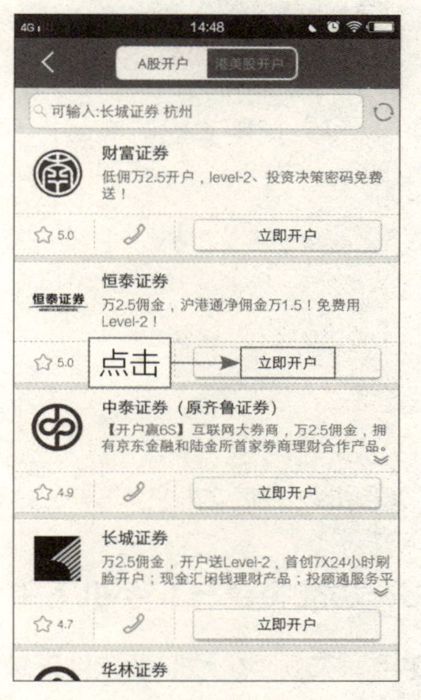

▲ 图 7-56 点击“立即开户”按钮

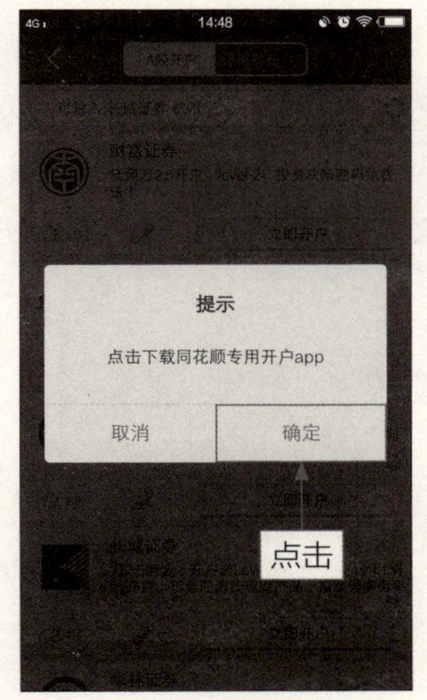

▲ 图 7-57 点击“确定”按钮

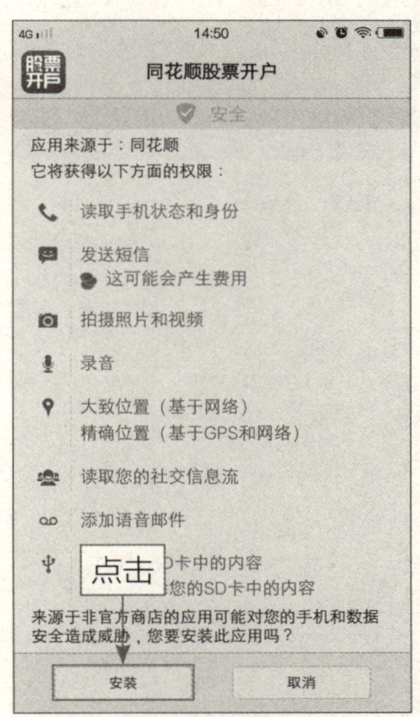

▲ 图 7-58 点击“安装”按钮

▲ 图 7-59 “同花顺股票开户”主界面

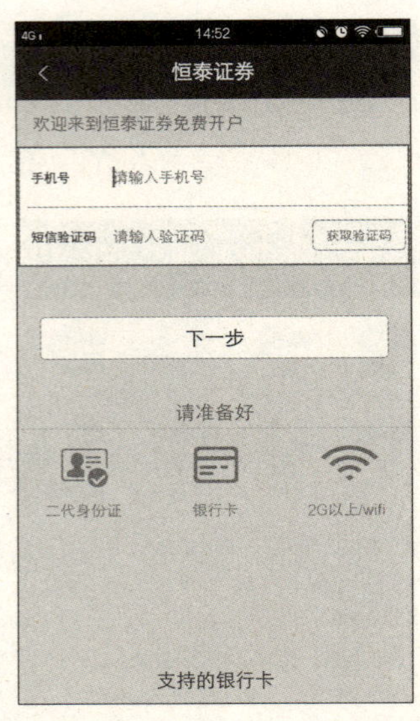

▲ 图 7-60 “手机验证”界面

7.2.3 功能特色三：手机下单

使用同花顺手机炒股票软件下单的具体操作方法如下。

（1）进入个股分时走势图界面，点击底部的“下单”→“买入”按钮，如图 7-61 所示。执行操作后，进入“A 股交易”界面，点击“券商设置”按钮，添加开户券商，如图 7-62 所示。

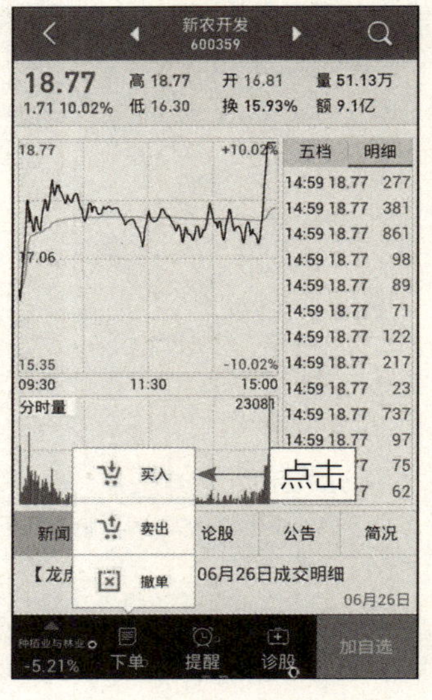

▲ 图 7-61 点击“买入”命令

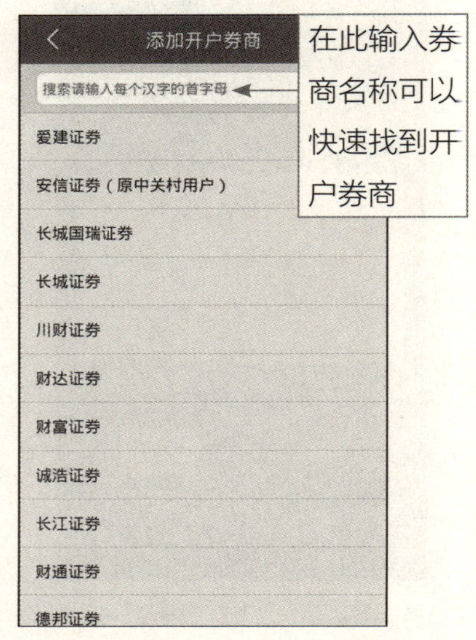

▲ 图 7-62 选择相应开户券商

（2）设置开户券商后，输入交易账号和密码，然后点击“登录”按钮，如图 7-63 所示。

（3）设置买入数量后点击“买入”按钮即可下单，如图 7-64 所示。

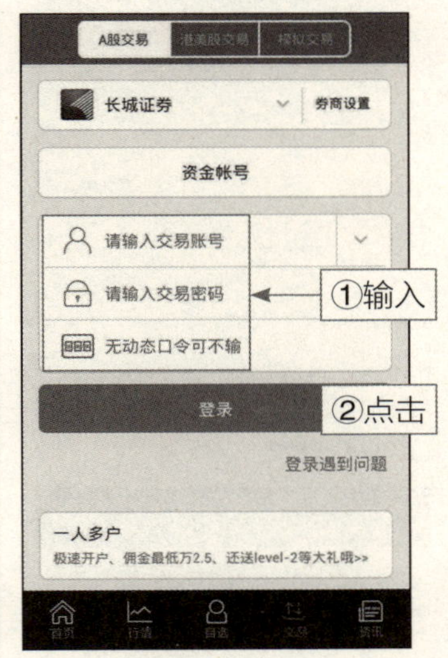

▲ 图 7-63　点击“登录”按钮

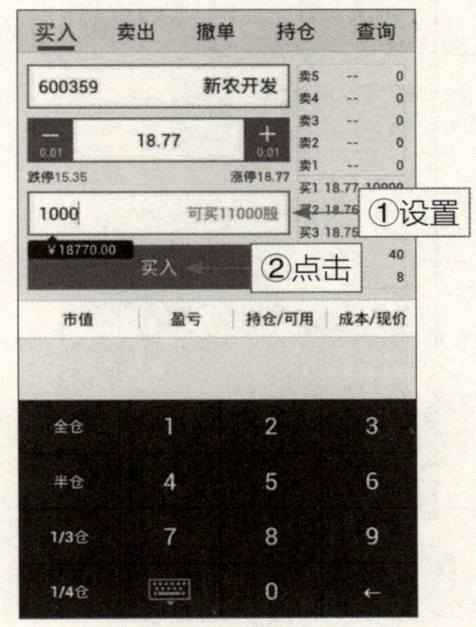

▲ 图 7-64　点击“买入”按钮

7.2.4　功能特色四：模拟炒股

炒股就是买卖股票，靠做股票生意而牟利，买了股票其实就是买了企业的所有权。模拟炒股就是根据股票的交易规则，基于一种虚拟的平台，实现股票买卖的一种炒股手段。同花顺 APP 的模拟炒股系统是一种利用移动互联网技术，根据股市实盘交易规则设计的模拟仿真操作的系统，股票投资者通过模拟炒股系统可以进行系统的锻炼或学习操盘技术。使用同花顺手机炒股票模拟炒股的具体操作方法如下。

（1）首先，进入同花顺 APP 首页，点击“模拟炒股”按钮，如图 7-65 所示。

（2）进入“模拟交易”界面，用户可以进行模拟买入、卖出、撤单、持仓、查询等操作，还可以订阅 T 策略、参加模拟炒股大赛以及查看股票交易规则详解，如图 7-66 所示。

（3）点击“买入”按钮，进入“买入”界面，点击“股票名称”文本框，如图 7-67 所示。

（4）执行操作后，输入相应的股票代码，并点击右下角的“确定”按钮，如图 7-68 所示。

（5）执行操作后，即可添加股票名称，并设置相应的买入数量，然后点击“买入”

按钮，如图 7-69 所示。

▲ 图 7-65　点击“模拟炒股”按钮

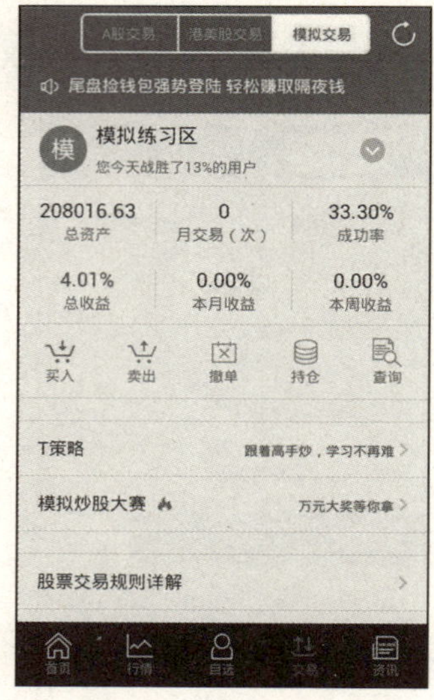

▲ 图 7-66　“模拟交易”界面

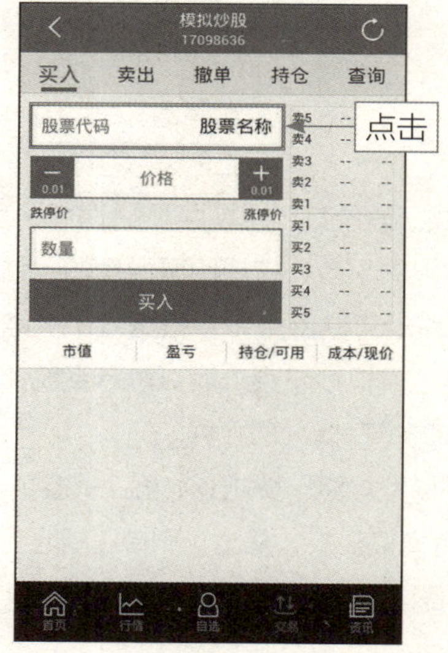

▲ 图 7-67　点击“股票名称”文本框

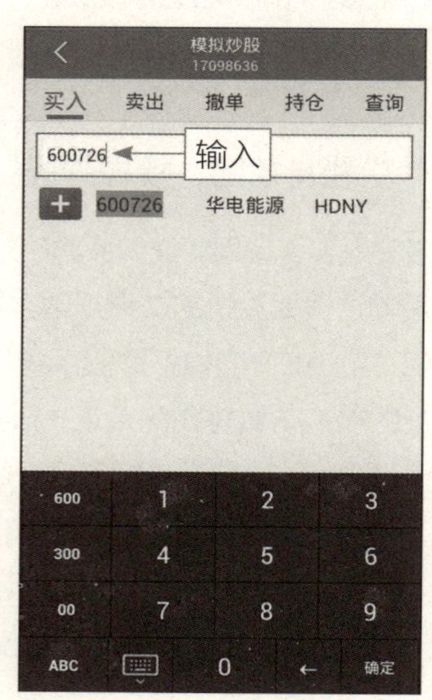

▲ 图 7-68　输入相应的股票代码

（6）执行操作后，弹出“买入委托”对话框，显示用户买入股票的相关信息。确认无误后点击“确认买入”按钮，如图 7-70 所示。

（7）弹出“系统信息”对话框，点击“确定”按钮，如图 7-71 所示，其他的操作，用户只要根据系统提示操作即可，笔者不再详述。

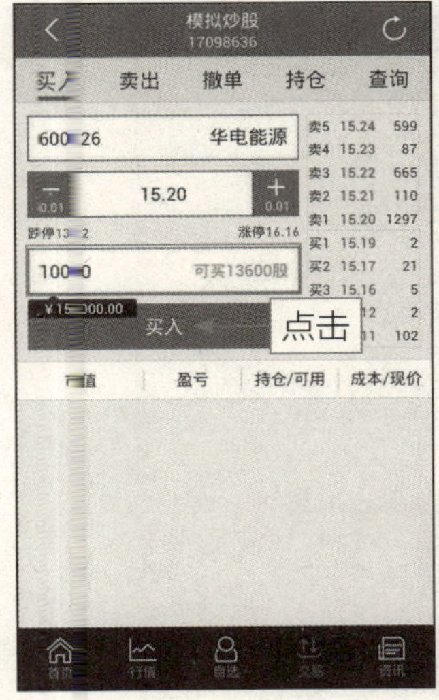

▲ 图 7-69 点击“买入”按钮

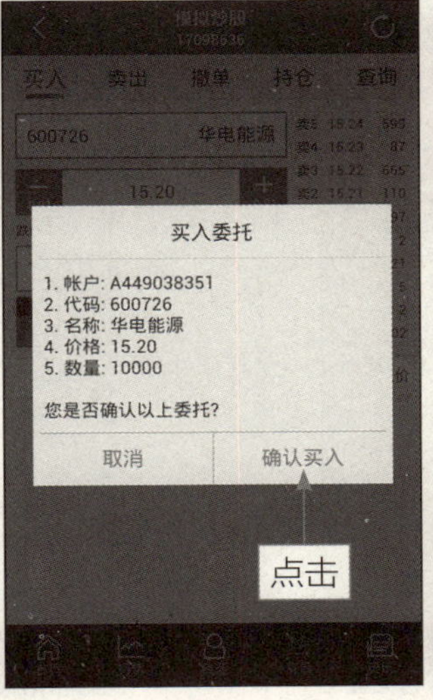

▲ 图 7-70 点击“确认买入”按钮

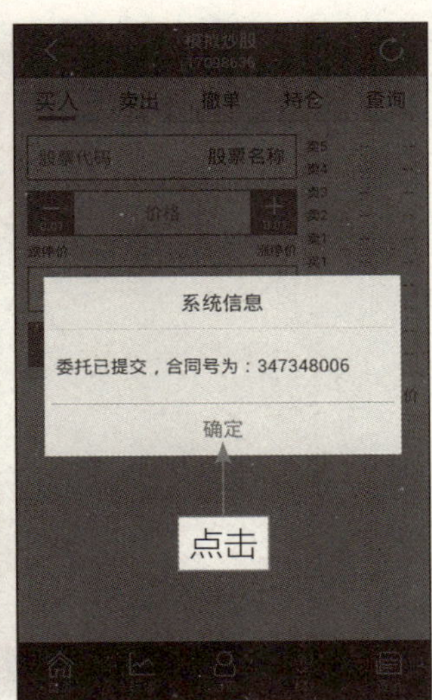

▲ 图 7-71 点击“确定”按钮

7.2.5 功能特色五：股票预警

股票预警是用来在交易时间帮助投资者在瞬息万变的股市上监控任何股票价格变动的情况。投资者可以通过手机 APP 自己定义价格涨跌、幅度、甚至是高手买卖等一系列的预警条件。股票预警的意义如下。

- 投资者无需每天守在电脑前盯着盘面而耽误处理其他事情。
- 外出或者开会以及遇到一些特殊事情的时候，第一时间知道股票的涨跌情况以及买卖点。
- 不会因为时间不够等原因耽误操盘。
- 心理预期：自己的股票终于涨到了某个价位。

使用同花顺手机炒股票软件设置个股价格预警的具体操作方法如下。

（1）在个股分时图界面，点击底部的“提醒”按钮，如图 7-72 所示。

（2）执行操作后，弹出相应菜单，点击“预警”选项，如图 7-73 所示。

（3）进入“添加预警”界面，同花顺提供了“程序预警”和“短信预警”两种方式。例如，选择“程序预警”选项，在下方的“预警条件”选项区中设置相应的条件，如图 7-74 所示。点击“完成”按钮，即可完成预警设置。

（4）另外，用户也可以在“提醒”菜单中点击“笔记”选项，进入“股市笔记”界面，添加相应的笔记，记录自己的感悟、选股心得等点点滴滴，并可以添加定时提醒，如图 7-75 所示。

▲ 图 7-72　点击“提醒”按钮

▲ 图 7-73　点击“预警”选项

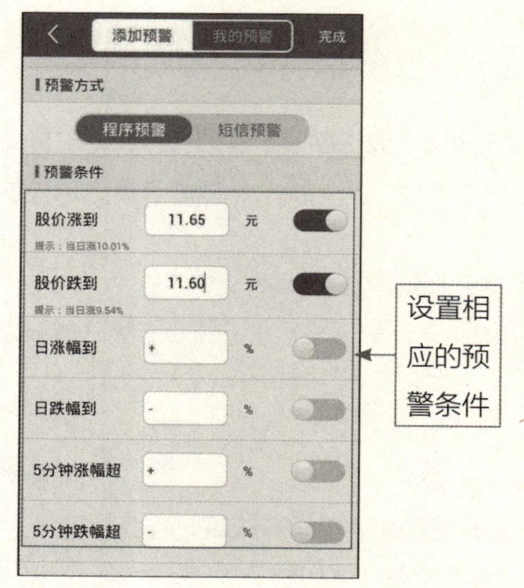

▲ 图 7-74　“添加预警”界面

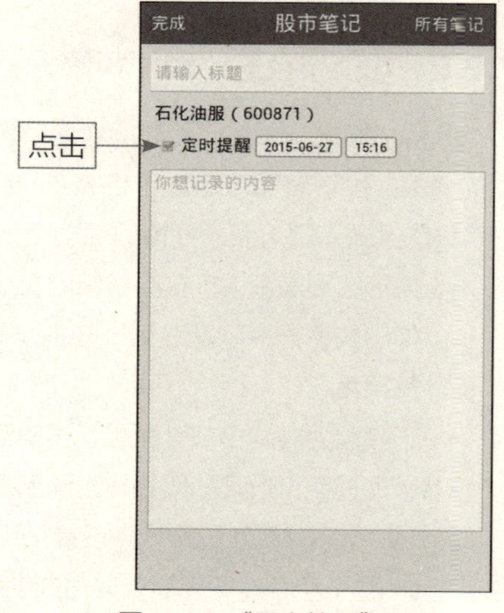

▲ 图 7-75　“股市笔记”界面

投资者可以设定一只股票的涨跌预警价格或幅度后，当股价运行到预警价位或幅度时，用户将自动收到提醒信息，内容通常包含股票代码、名称、预警信息等。

短信示例如下：

预警未达到条件：今日金龙汽车（600686）未达预警点 10，收 9.27 涨 -2.11% 开 9.35 高 9.45 低 9.32【浙江同花顺】

预警达到条件：中海发展（600026）该股 14 点 48 分的股价 13.30 元，低于下

破价各 13.30 元。【浙江同花顺】

专家提醒

股票预警最常用的方式有以下 3 种。

- 实时的软件弹出预警消息，多种软件都提供这功能。
- 股票短信预警，即实时收到预警短信，网上有免费的股票短信预警网。
- 股票电话预警，即实时收到预警电话，但这种方式比较少用。

7.2.6 功能特色六：手机诊股

个股诊断通常是从基本面、技术面、机构认同度三方面入手，为投资者关心的股票提供准确科学的诊断结果，有效测评股票内在的投资价值及市场价值。

使用同花顺手机炒股票软件查看个股诊断信息的操作方法如下。

（1）在个股分时图界面，点击底部的“诊股”按钮，如图 7-76 所示。

（2）执行操作后，进入“诊股”界面，显示该股的综合诊断评分、排名、操作建议、技术面分析、资金面分析等，如图 7-77 所示。

（3）点击“点击展开更多”按钮，即可展开技术面分析区。

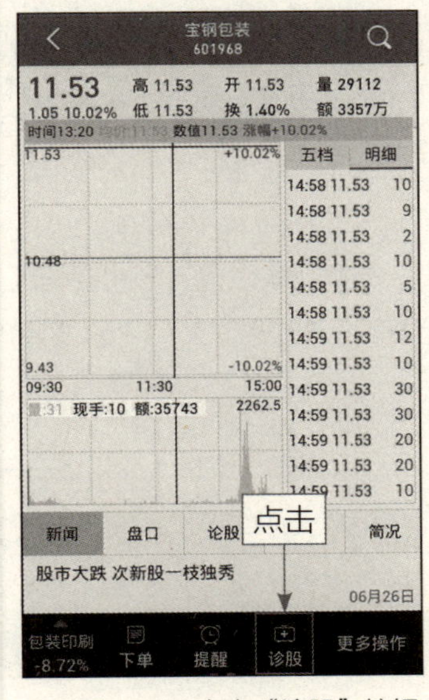

▲ 图 7-76 点击“诊股”按钮

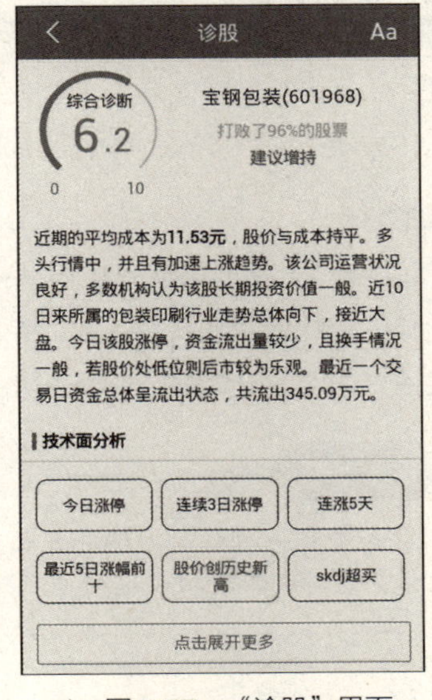

▲ 图 7-77 “诊股”界面

7.2.7 功能特色七：问财选股

“问财选股”是同花顺旗下专业的选股问答平台，致力于为股民提供主力追踪、价值投资、技术分析等各类选股方案，该功能也被移植到手机APP中，帮助手机用户选出想要的股票。

（1）进入同花顺APP首页，切换至第二页功能区，点击“问财选股”按钮。

（2）执行操作后，进入“问财选股”界面，同花顺列出了一些常见的选股条件。例如，点击其中某一个选项，即可自动筛选出符合该条件的所有股票。用户还可以设置多个条件进行筛选。

7.3 手机炒股的技巧、费用与风险

目前，手机炒股主要采用短信、WAP、APP等方式，用户一般要先开通手机上网功能，然后下载相关软件，才能进行手机炒股。

> **专家提醒**
>
> 只要是一部具有上网功能的手机，就具备了无线炒股的基本条件。目前，随着手机的发展，一些手机甚至还内置了移动证券的功能，让手机炒股显得更加专业。

7.3.1 手机炒股有哪些技巧？

使用手机进行股票交易，一般是通过电话委托（热线电话、短信）、WAP网站、股票软件直接下单等形式，其优势也各不相同。

1. 电话委托

电话委托是一种比较传统的股票委托交易方式，即委托人以电话形式委托证券商，确定具体的委托内容和要求，由证券商、经纪人受理股票的买卖交易。只要用户有手机或电话，即可对股票进行买卖交易。

> **专家提醒**
>
> 电话委托一般作为网络委托出现异常时的备用委托途径，由于需要根据提示音操作，相对比较繁琐，速度慢。因此，使用这种方式委托的用户已经比较少了。

2. 手机APP

笔者更加推荐使用手机APP进行交易，目前主流的手机炒股软件有大智慧、同花顺等，这里以大智慧手机版为例，简单介绍一下手机炒股软件的用法。

大智慧手机版主要功能有行情列表、分时走势、K线图、基本面、自选股编辑、

大盘走势、涨跌排行、精品资讯、委托交易以及自动升级等，图 7-78 所示为大智慧 APP 界面。

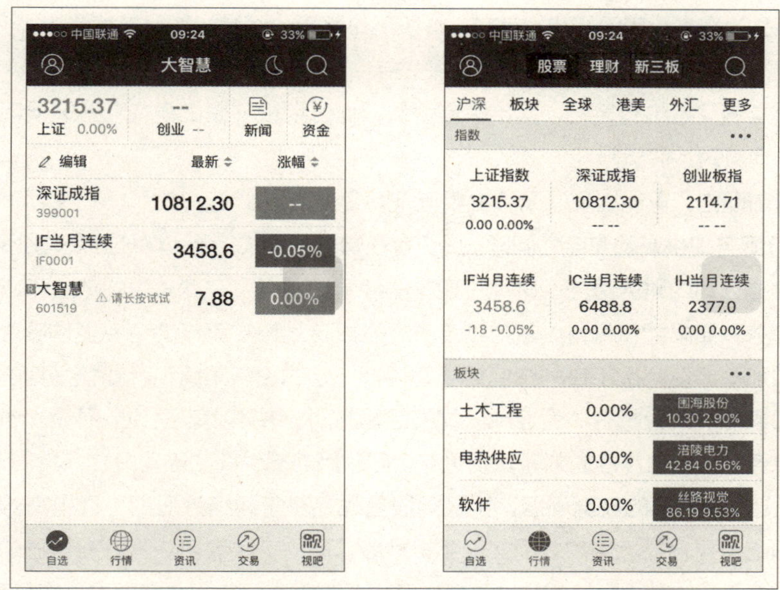

▲ 图 7-78 大智慧 APP 界面

3. WAP 网站

对于那些无法安装 APP 的非智能手机来说，它们也有无线炒股的方法，那就是通过 WAP 炒股。WAP 炒股无需下载 APP，只要用手机登录专门的 WAP 网站，就可以进行行情查看、买入卖出等交易了。需要注意的是，这种方式的安全性、方便性稍微要差一点。

7.3.2 手机炒股有哪些费用?

手机炒股产生的费用主要有以下两方面：

（1）行情信息费。不少第三方手机炒股软件或是 WAP 门户提供的手机行情查看以及无线交易功能都是需要付费的。即使在投资者使用的头一两个月提供免费试用，但是后期基本上都是要付费的。

（2）基于移动网络的流量费。在流量费方面，运营商为了大力推广该项增值业务，也给予了很大优惠，如中国移动开通的 5 元、10 元、20 元等包月上网服务选择。也就是说，如果投资者选择流量费 20 元包月的话，由于行情信息费多数免费，所以事实上每个交易日只花 1 元左右。

7.3.3 手机炒股有哪些风险？

一直以来，股票都以其高回报的特征，吸引着众多投资者，可是由于股票高风险的存在，又让许多人望而却步。其实，炒股不是赌博，而是一种行之有效的投资方法，掌握股票投资的方法和操作规律才是制胜法宝。

人们常说“股市有风险，入市需谨慎”，那么手机炒股究竟有哪些风险呢？投资者又该如何应对炒股风险呢？

就目前而言，可能出现的风险主要有以下 3 个方面。

（1）服务提供商的安全性问题。投资者在购买股票前，要认真分析有关投资对象，即某企业或公司的财务报告，研究它现在的经营情况以及在竞争中的地位和以往的盈利情况趋势。如果能将保持收益持续增长、发展计划切实可行的企业当作股票投资对象，而和那些经营状况不良的企业或公司保持一定的投资距离，就能较好地防范经营风险。如果能深入分析有关企业或公司的经营材料，并不为表面现象所动，看出它的破绽和隐患，并做出冷静的判断，则可完全回避服务提供商的经营风险。

（2）智能手机的安全问题。手机炒股首先是基于网络炒股的，只有证券商方面开通了网络交易功能，用户才能实现手机炒股。因此，建议用户最好在自己的智能手机安装正版杀毒软件、反流氓软件工具以及木马查杀工具等，并定期进行查杀工作。

由于网上交易只要输入自己的账户号码和密码就可以进行操作，而如果账户号码和密码被他人盗取，并以投资者的名义进行网络交易，很可能给投资者带来很多的损失。因此，广大投资者在利用互联网进行交易时，不要轻易下载来路不明的软件，以免给电脑黑客提供可乘之机。此外，经常更改密码，确保密码不被他人知晓，也是保护自己网上交易安全性的方法。

（3）投资者的操作风险。除了保护好账户和交易密码外，投资者在手机上进行股票交易过程中，也需要特别谨慎。其中，网络故障可能造成无法下单或者下单延迟，一旦因为手机或者网络连接出现暂时性故障，导致无法交易，投资者一定要记住应急热线电话。当手机交易软件出现问题时，可以通过电话询问行情或者下达交易指令，避免操作不及时引起的不必要损失。同时，在操作过程中，如果需要进行银行转账时，也要注意保护好密码，以免被人知晓，造成重大损失。

投资者在完成交易后，要正确地退出账户，并关闭交易系统，不能给图谋不轨者留有机会。往往有些投资者在进行投资分析或者交易后，忘记退出系统，而网络运行中经常会给手机带来很多不明病毒，从而给电脑黑客提供了机会，使投资者的账户和密码被盗取，而造成了很大的损失。因此，投资者需要时刻谨记，在手机进行交易时，保护好自己的账号和密码是至关重要的。

第 8 章

天天基金网：“秒变”理财高手

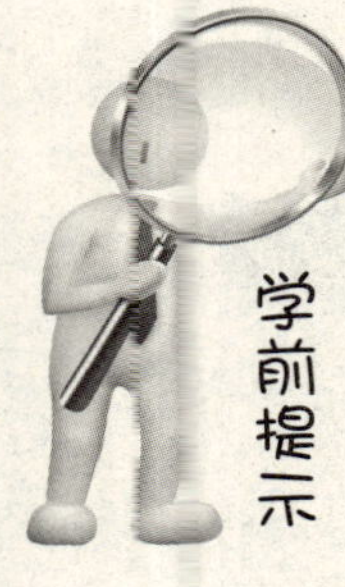

天天基金网是上市公司东方财富旗下专业的基金网站，证监会核准的首批独立基金销售机构，致力于为广大投资者提供专业、及时、全面的基金资讯和产品服务，本章笔者将针对天天基金网 APP 的内容进行详细的讲解。

要点展示

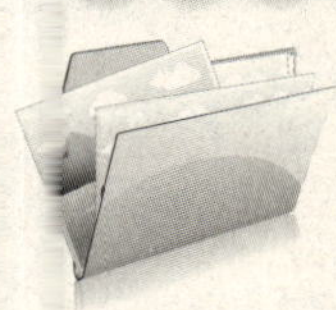

- 天天基金网，收益不间断
- 基金理财产品，投资更灵活
- 手机炒基金的技巧、误区与风险

8.1 天天基金网，收益不间断

想要了解“天天基金网”APP，就要从了解它的基本功能开始，本节笔者将为大家介绍如何在“天天基金网”APP 上开户、查看基金行情、添加自选基金等内容。

8.1.1 手机快速开户

用户在“天天基金网”APP 上，首先要做的就是快速开户，“天天基金网”APP 有一个 10 秒快速开户功能，用户可以通过这个功能实现快速开户，具体操作步骤如下所示。

（1）打开“天天基金网”APP，进入首页，如图 8-1 所示。

（2）点击“10 秒开户”按钮，进入“开户”界面，如图 8-2 所示。

▲ 图 8-1 “天天基金网”首页

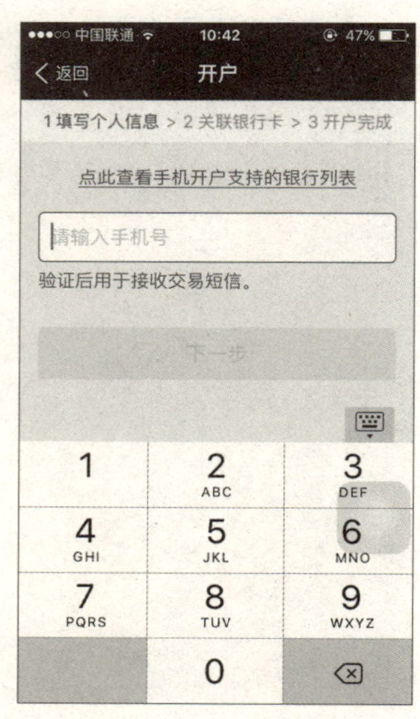

▲ 图 8-2 “开户”界面

（3）输入手机号，点击“下一步”按钮，跳出“请输入验证码”窗口，如图 8-3 所示。

（4）输入验证码，点击“确定”按钮，进入短信验证码界面，输入短信验证码，点击“下一步”按钮，如图 8-4 所示。

（5）执行操作后，进入“填写个人信息”界面，如图 8-5 所示。

（6）填写完毕，点击“下一步”按钮，进入“请选择开户银行卡”界面，如图 8-6 所示。

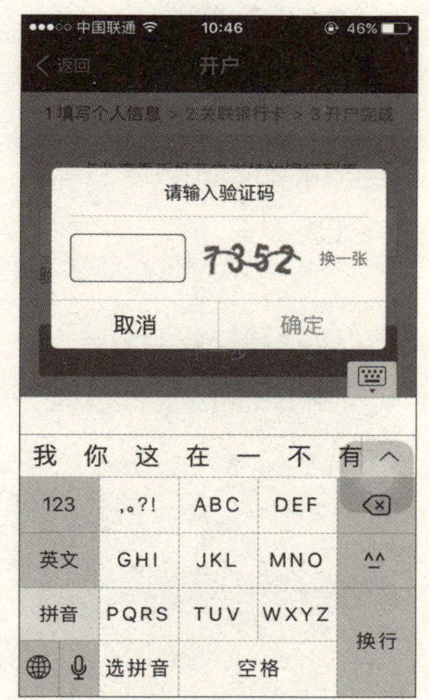

▲ 图 8-3 “请输入验证码”窗口

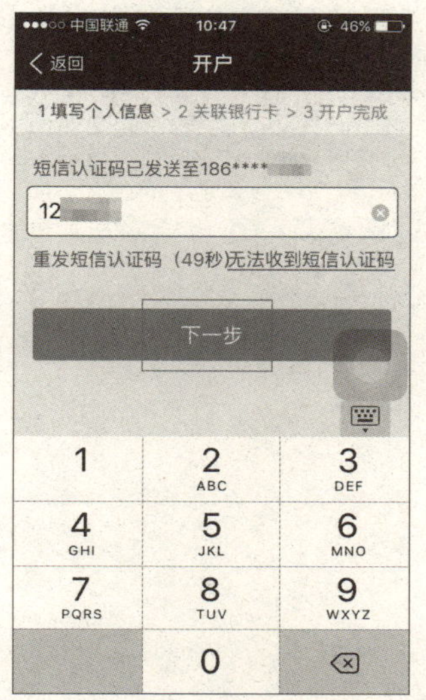

▲ 图 8-4 点击“下一步”按钮

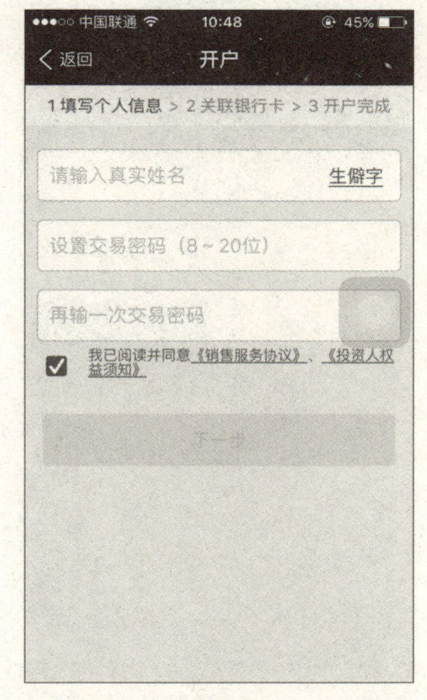

▲ 图 8-5 “填写个人信息”界面

▲ 图 8-6 “请选择开户银行卡”界面

（7）选择好银行卡之后，点击选择的银行卡，进入“关联银行卡”界面，如图 8-7 所示。

（8）输入银行卡信息、持卡人证件号、开户时预留的手机号等等信息，点击“下一步”按钮，如图 8-8 所示。

（9）执行操作后，即可开户成功，系统会给出相应提示，如图 8-9 所示。

（10）点击“立即登录”按钮，就能进入“交易登录”界面，如图 8-10 所示，

用户输入手机号 / 身份证和交易密码，点击“登录”按钮，就能登录成功。

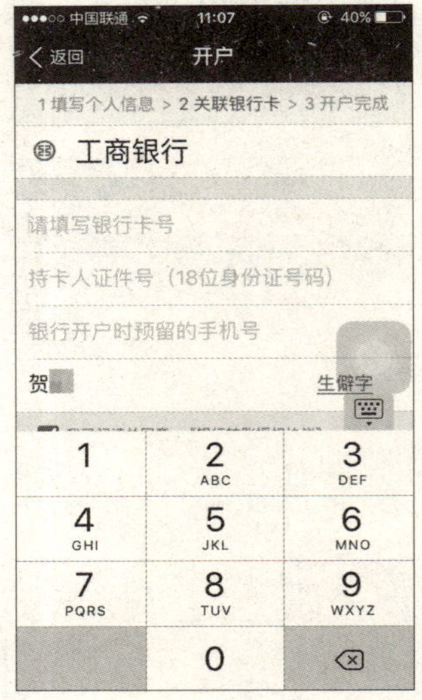

▲ 图 8-7 “关联银行卡”界面

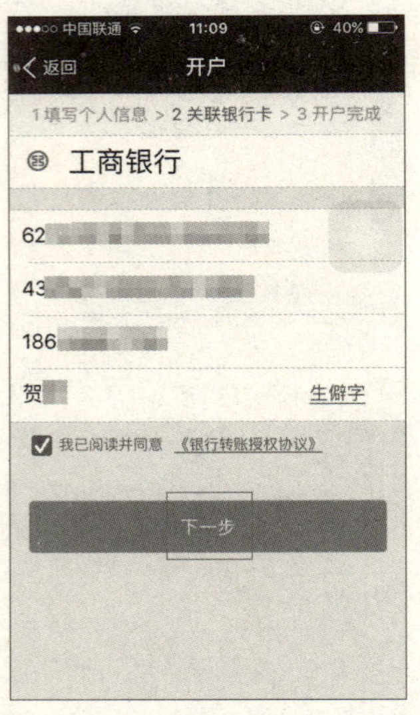

▲ 图 8-8 点击“下一步”按钮

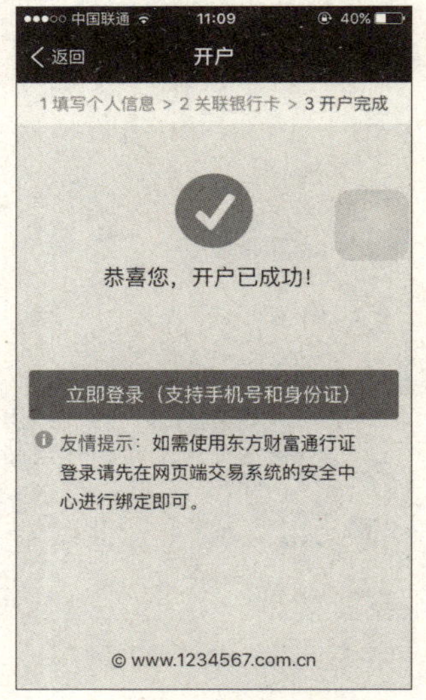

▲ 图 8-9 开户成功

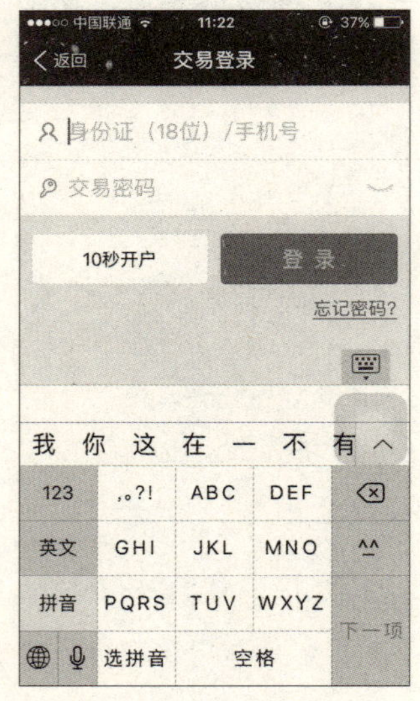

▲ 图 8-10 “交易登录”界面

8.1.2 查看基金行情

用户开户之后，就能登录进入“天天基金网”首页，在“天天基金网”首页，用户可以看到“基金交易”“活期宝”“指数宝”“基金估值”“基金净值”“基金排行”等一系列功能按钮，如图 8-11 所示为“天天基金网”APP 的首页界面。

如果用户想要了解股票、期货、基金的行情，需要在首页将页面往下翻，看到“上证指数”“深圳成指”和“创业板指”三个功能按钮，如图 8-12 所示。

▲ 图 8-11 “天天基金网”首页

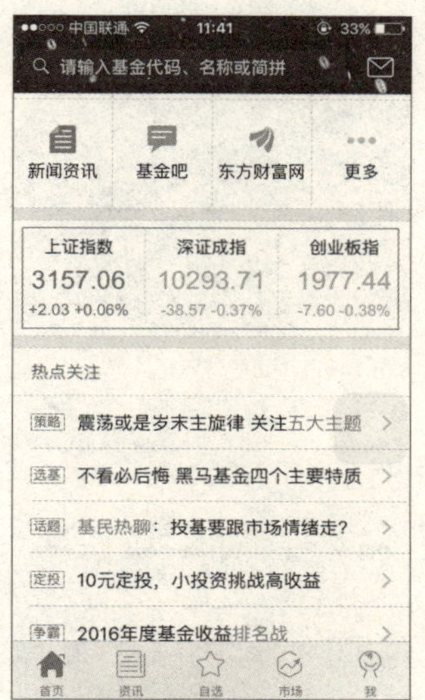

▲ 图 8-12 三个功能按钮

点击这三个按钮，就能进入“行情中心”界面，如图 8-13 所示。

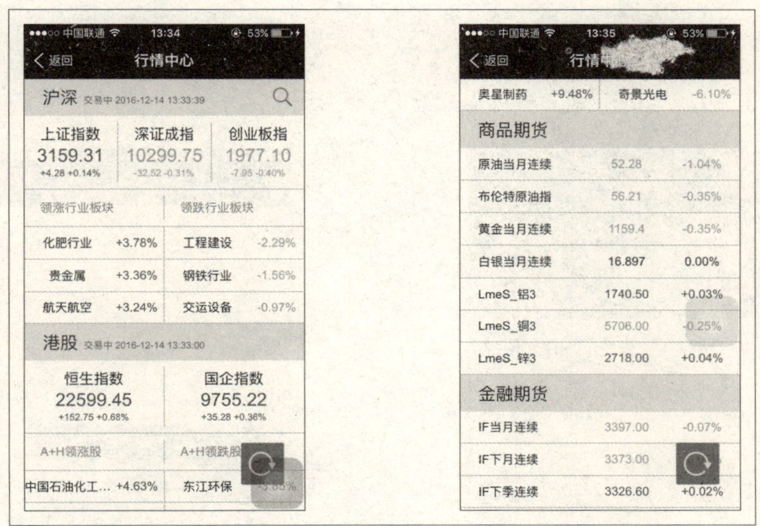

▲ 图 8-13 “行情中心”界面

8.1.3 添加自选基金

用户可以在“天天基金网”APP 上添加自选基金具体的操作步骤如下所示。

（1）打开“天天基金网”APP，点击“登录”按钮，如图 8-14 所示。

（2）进入“交易登录”界面，如图 8-15 所示，输入账号和密码，然后点击“登录”按钮。

▲ 图 8-14 点击“登录”按钮

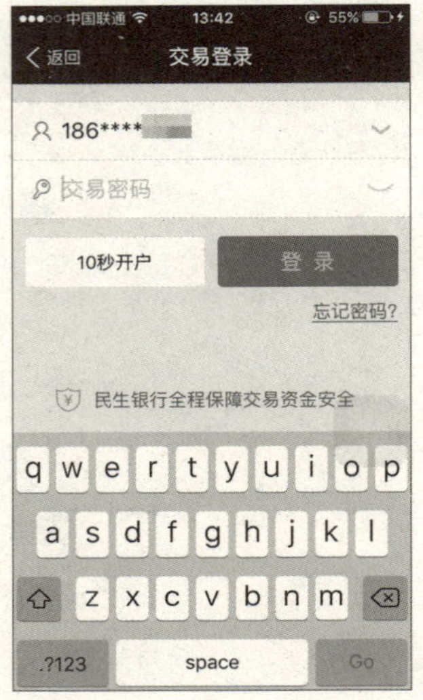

▲ 图 8-15 “交易登录”界面

（3）登录成功后，进入“天天基金网”的首页，点击“自选”按钮，如图 8-16 所示。

（4）进入“自选基金”界面，如图 8-17 所示。

▲ 图 8-16 点击“自选”按钮

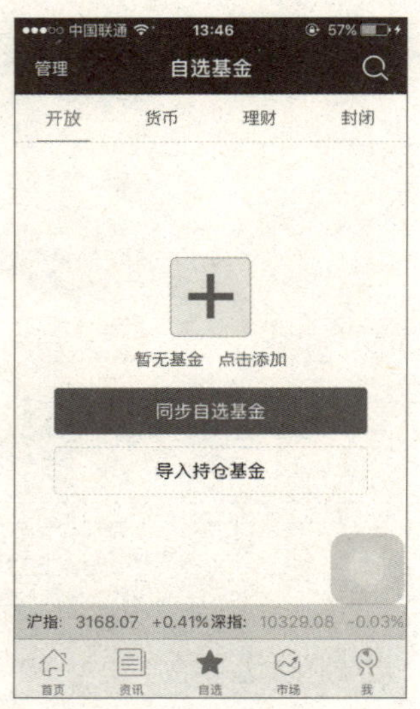

▲ 图 8-17 “自选基金”界面

（5）点击“+”按钮，进入“搜索”界面，如图 8-18 所示，用户可以在搜索框里输入基金代码 / 简称 / 名称。

（6）输入代码，可以看到需要添加的基金，点击右边的“+”按钮，如图 8-19 所示 就能成功添加自选基金。

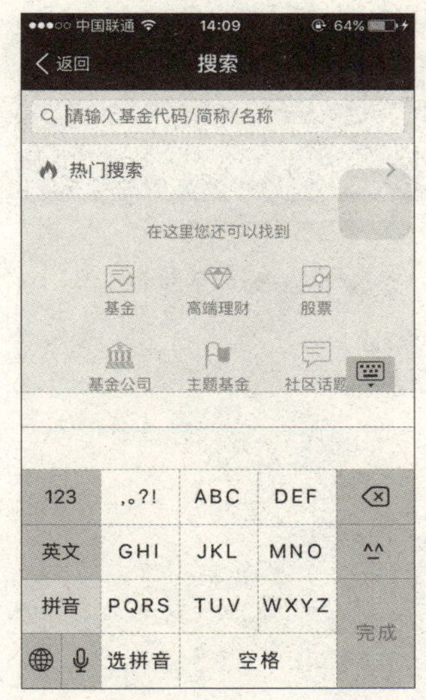

▲ 图 8-18 “搜索”界面

▲ 图 8-19 点击“+”按钮

（7）用户可以点击“返回”按钮，返回“自选基金”界面，查看成功添加的自选基金 如图 8-20 所示。

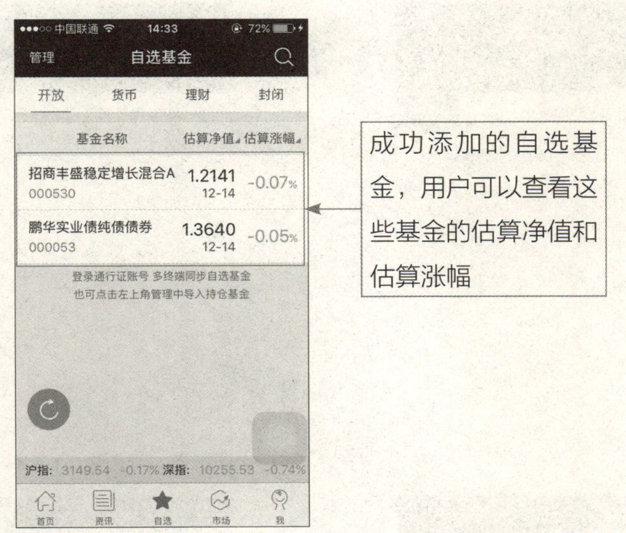

▲ 图 8-20 查看成功添加的自选基金

（8）如果用户想要删除自选基金，可以在“自选基金”界面点击左上角的“管理”按钮，如图 8-21 所示。

（9）进入“自选管理”界面，如图 8-22 所示，选中要删除的基金，点击基金左方的按钮，就会弹出“删除”按钮，如图 8-23 所示。

（10）点击“删除”按钮，就能将选中的基金删除，如图 8-24 所示。

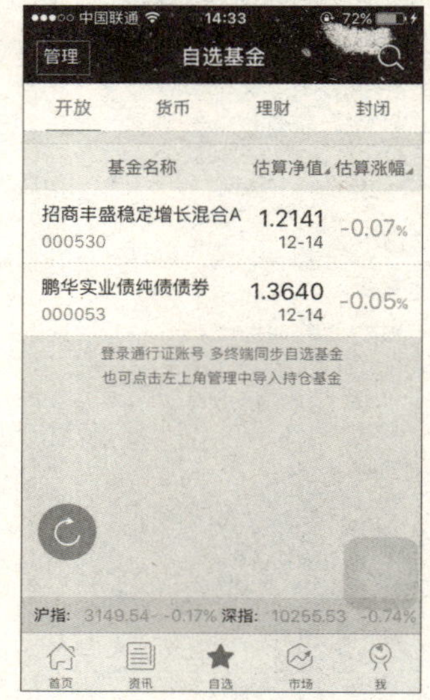

▲ 图 8-21 点击“管理”按钮

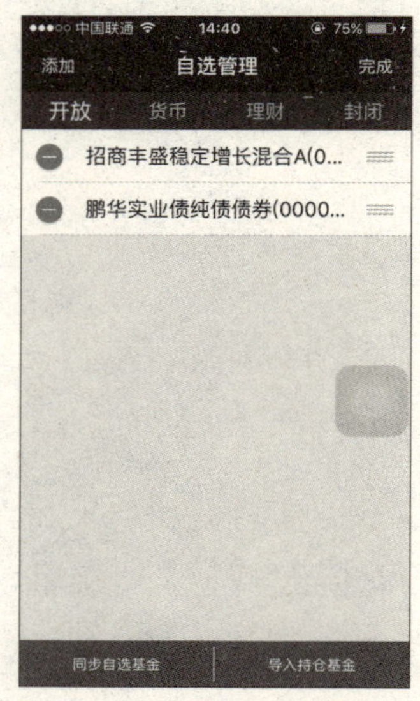

▲ 图 8-22 “自选管理”界面

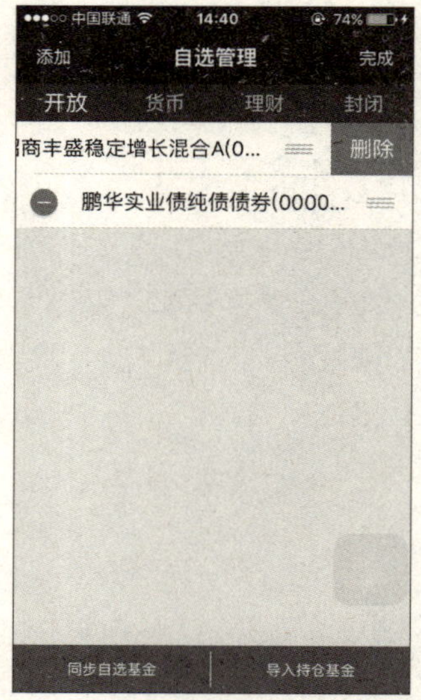

▲ 图 8-23 弹出“删除”按钮

▲ 图 8-24 将选中的基金删除

8.1.4 查看基金资讯

用户还可以在“天天基金网”APP 上查看基金资讯，具体的操作步骤如下所示。

（1）进入“天天基金网”APP，点击“资讯”按钮，如图 8-25 所示。

（2）执行操作后，就能进入“资讯”界面，如图 8-26 所示。

▲ 图 8-25 点击“资讯”按钮

▲ 图 8-26 “资讯”界面

（3）在“资讯”界面，用户可以看到很多频道，包括“要闻”频道、“滚动”频道、“基金吧”频道、“基金研究”频道等等，用户可以在不同的频道查看不同的讯息，如果用户要管理频道，可以点击右上角的“+”按钮，如图 8-27 所示，进入“频道管理”界面，如图 8-28 所示。

▲ 图 8-27 点击“+”按钮

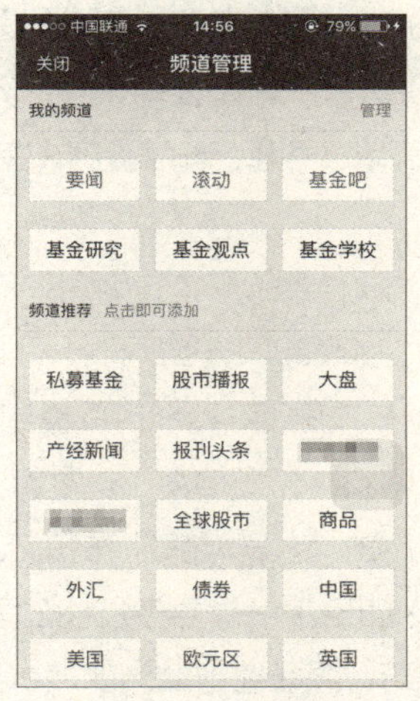

▲ 图 8-28 “频道管理”界面

（4）用户如果想要添加喜欢的频道，只要点击频道即可实现添加，操作步骤如图 8-29 所示。

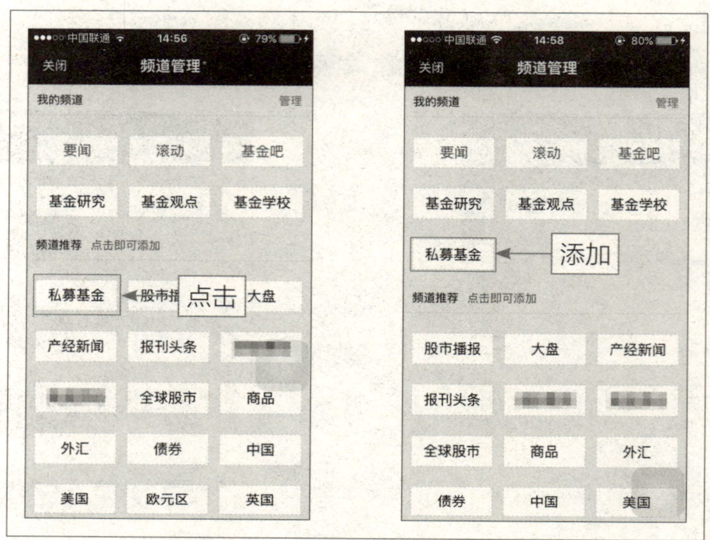

▲ 图 8-29　添加频道步骤

8.1.5　查看基金公司

用户可以在“天天基金网”APP 上查看基金公司，了解哪些基金公司比较强大，了解基金公司旗下名列前茅的优质基金，具体操作步骤如下所示。

（1）打开“天天基金网”APP，在首页点击“更多”按钮，如图 8-30 所示。

（2）进入“更多”界面，如图 8-31 所示，点击“基金公司”按钮。

（3）进入“基金公司大全”界面，如图 8-32 所示。

（4）滑动界面，可以看到“基金公司旗下全部基金数量和规模一览”，如图 8-33 所示。

（5）以“天弘基金”为例，点击“天弘基金”，即可进入“天弘基金管理有限公司”界面，如图 8-34 所示。

（6）在该界面，用户可以看到公司的“管理规模”“基金总数”“基金经理人数”，还可以了解到“公司档案”，“旗下基金分类”“旗下基金排行”等内容，如图 8-35 所示，为点击“公司档案”按钮后，进入的“公司档案”界面。

（7）如果用户想要查看该公司旗下的基金，点击“返回”按钮，在“天弘基金管理有限公司”界面往下翻，就能看到该公司所有的基金，如图 8-36 所示。

（8）点击基金，就能进入相应的界面，如图 8-37 所示。

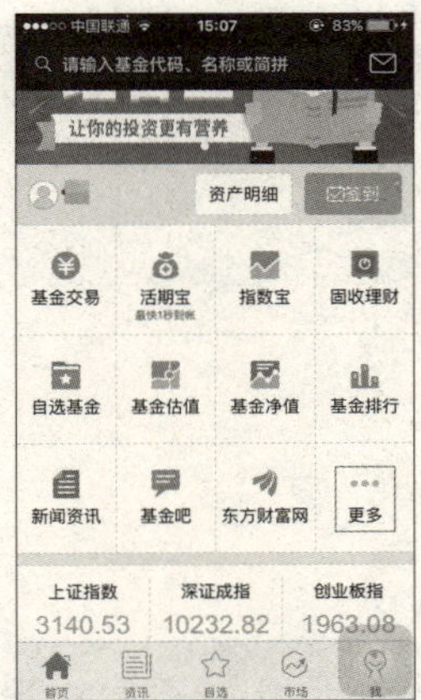

▲ 图 8-30 点击“更多”按钮

▲ 图 8-31 “更多”界面

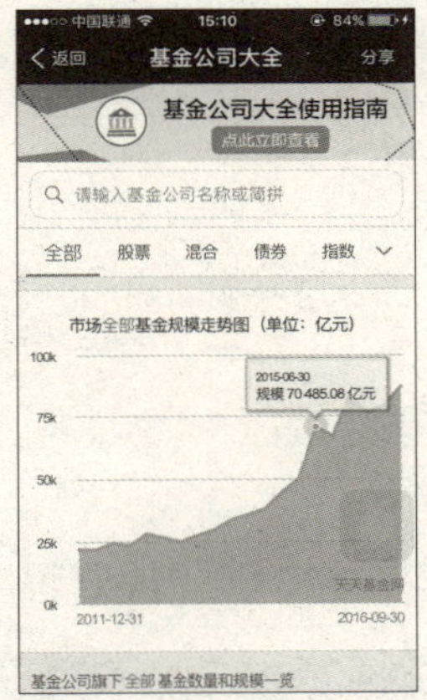

▲ 图 8-32 “基金公司大全”界面

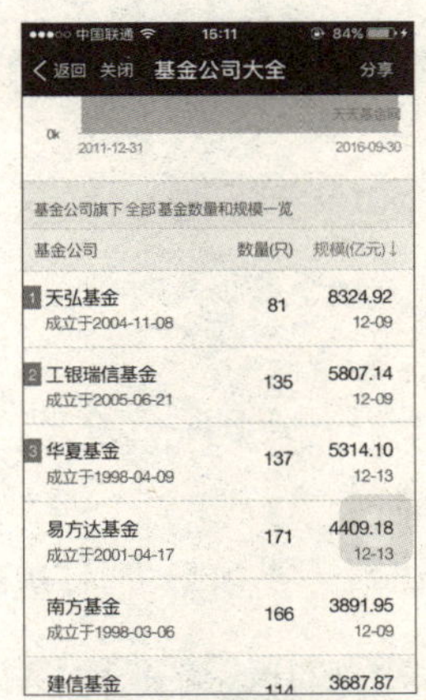

▲ 图 8-33 “基金公司旗下全部基金数量和规模一览”

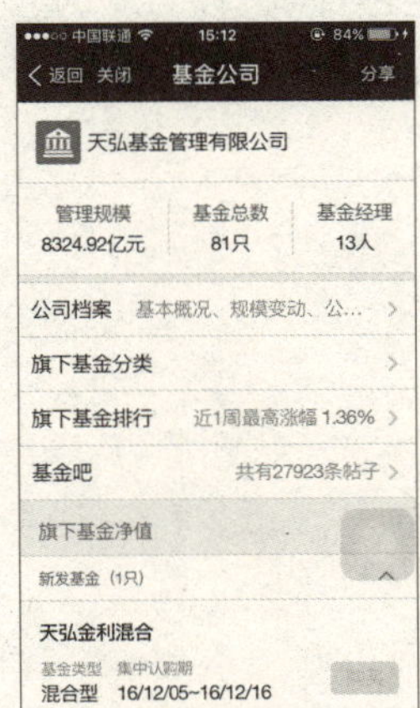

▲ 图 8-34 “天弘基金管理有限公司”界面

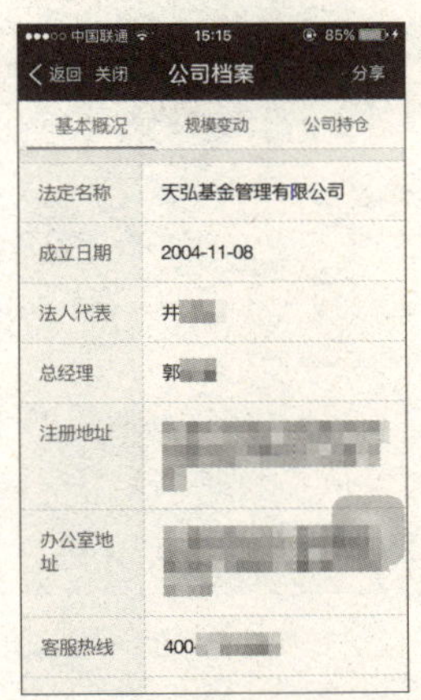

▲ 图 8-35 “公司档案”界面

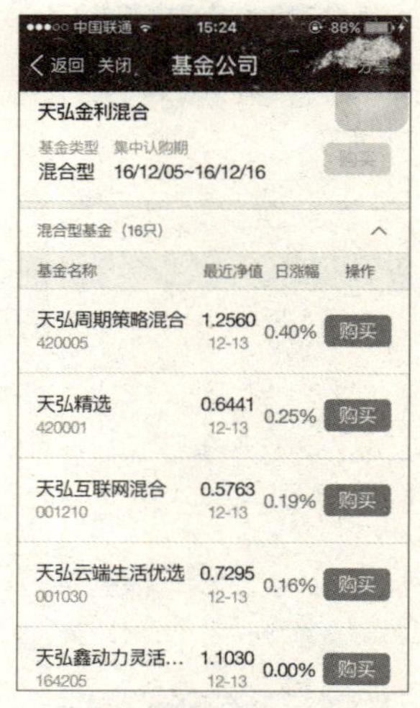

▲ 图 8-36 查看基金

▲ 图 8-37 相应界面

8.1.6 进行基金诊断

在“天天基金网”APP 上，用户可以对看中的基金进行诊断，诊断的具体步骤如下所示。

（1）打开“天天基金网”APP，在首页点击“更多”按钮，进入“更多”界面，如图 8-38 所示。

（2）点击“基金诊断”按钮，进入“基金诊断”界面，如图 8-39 所示。

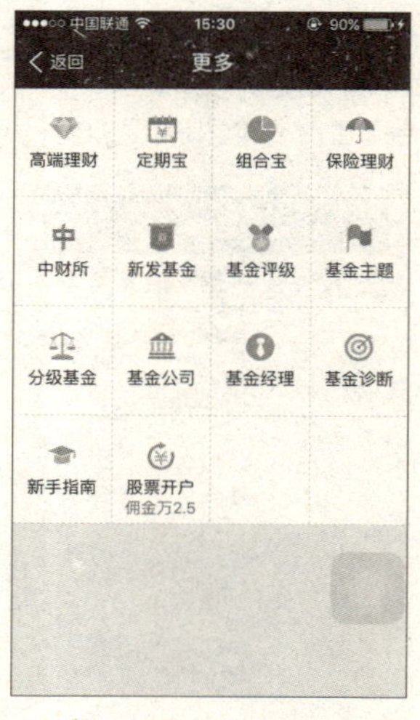

▲ 图 8-38 “更多”界面

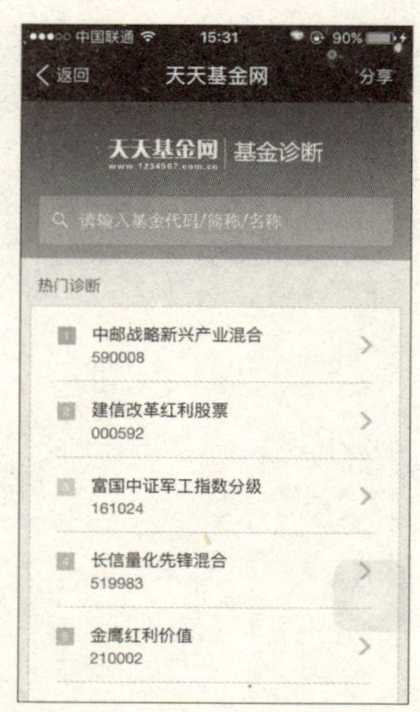

▲ 图 8-39 “基金诊断”界面

（3）在查询框里输入基金代码 / 简称 / 名称，就能查询想要了解的基金，同时，用户还能再热门诊断中看到其他的基金诊断结果，点击“中油战略新兴产业混合”，就能进入“诊断详情”界面，如图 8-40 所示。用户点击某个诊断指标，就能看到对该指示的详细介绍，如图 8-41 所示。

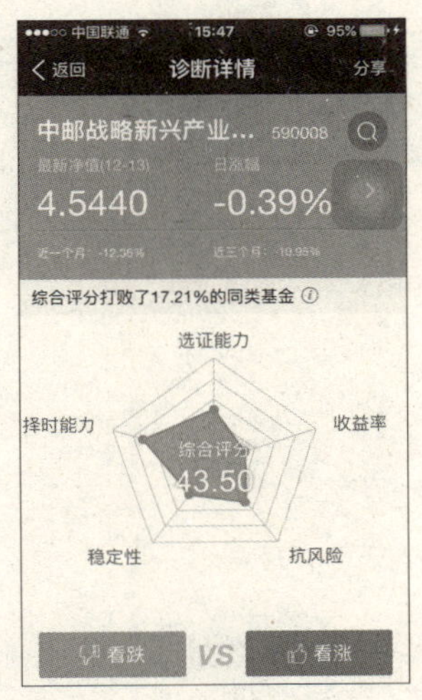

▲ 图 8-40 “诊断详情”界面

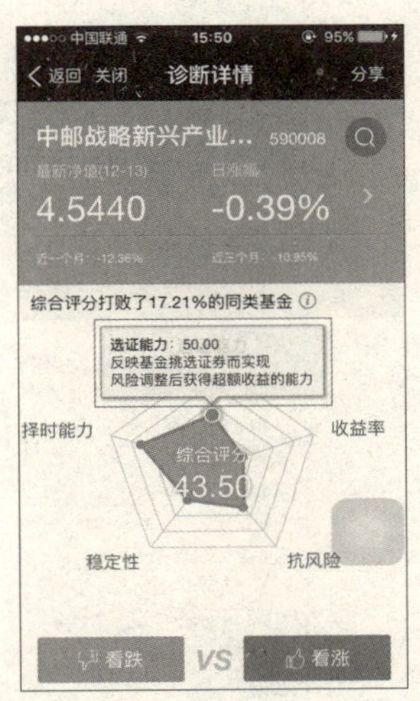

▲ 图 8-41 指标的详细介绍

8.1.7 查看市场动态

用户可以通过“天天基金网”查看市场动态，具体的操作步骤如下所示。

（1）打开“天天基金网”APP，在首页点击“市场”按钮，如图 8-42 所示。

（2）进入“市场”界面，如图 8-43 所示。

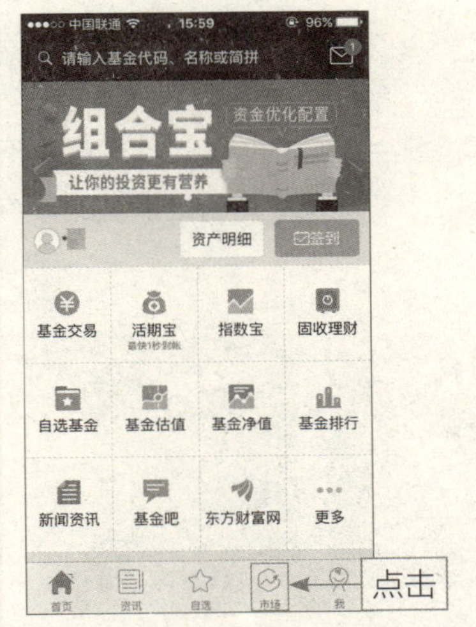

▲ 图 8-42 点击“市场”按钮

▲ 图 8-43 “市场”界面

（3）在该界面，可以查看“基金估值”“基金净值”“基金排行”“基金定投”等一系列内容，以“基金估值”为例，点击“基金估值”按钮，进入“基金估值”界面，如图 8-44 所示，用户可以查看“偏股”“股票”“混合股”的基金的估算净值和估算涨幅。

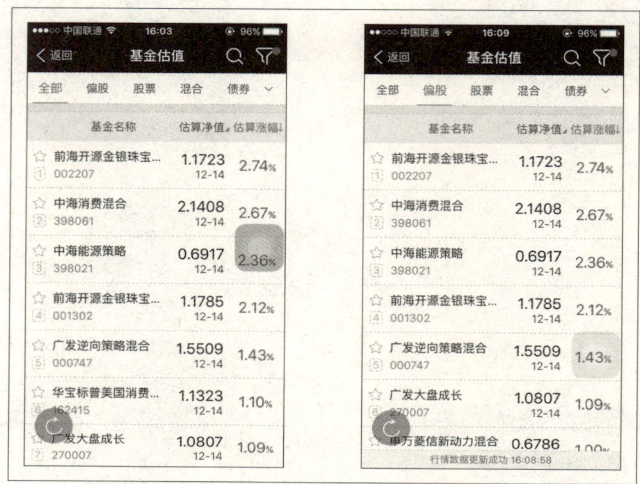

▲ 图 8-44 “基金估值”界面

8.2 基金理财产品，投资更灵活

了解了“天天基金网”APP 的基本功能和操作之后，本节笔者为大家介绍“天天基金网”APP 的基金理财产品，让用户能够在平台上更灵活地展开投资活动。

8.2.1 活期宝：优选货币基金的活期账户

活期宝是天天基金网打造的一款投资货币基金的活期账户，通过活期宝，用户可充值任一优选货币基金，历史七日年化收益率高达 3%~6%。有关活期宝的特点，如图 8-45 所示。

▲ 图 8-45 活期宝的特点

充值活期宝的具体步骤如下所示。

（1）打开“天天基金网”APP，登录之后，在首页点击“活期宝”按钮，如图8-46所示。

（2）进入“活期宝”界面，如图 8-47 所示。

▲ 图 8-46 点击“活期宝”按钮

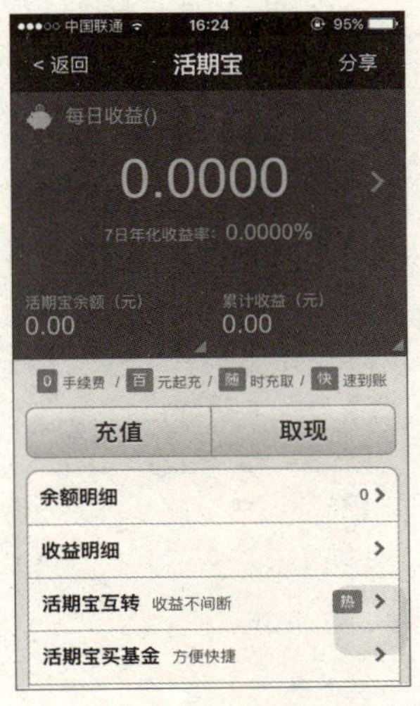

▲ 图 8-47 “活期宝”界面

（3）点击“充值”按钮，进入“选择充值基金”界面，如图 8-48 所示。

（4）选择想要充值的基金，点击“充值”按钮，进入“充值”界面，如图 8-49 所示。

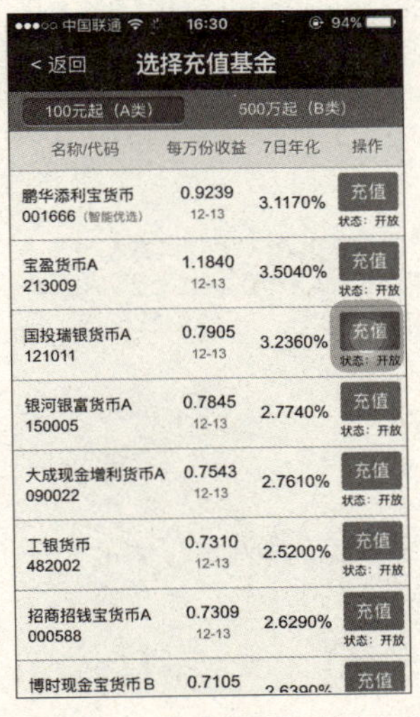

▲ 图 8-48 “选择充值基金”界面

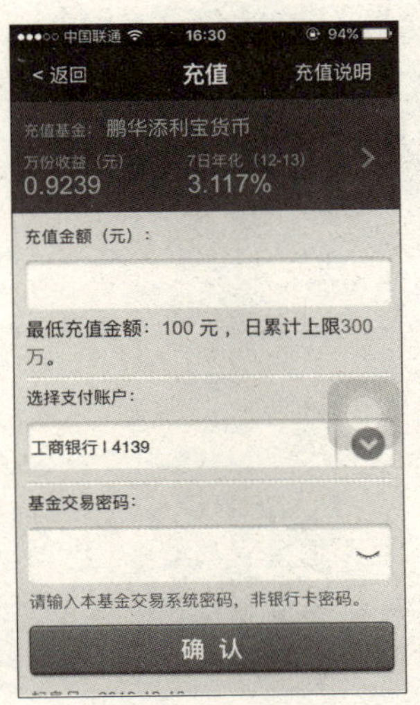

▲ 图 8-49 “充值”界面

（5）在充值之前，用户需要点击右上角的“充值说明”按钮，查看与充值有关的说明，如图 8-50 所示。

（6）看完充值说明之后，点击“返回”按钮，回到“充值”界面，输入充值金额、基金交易密码，点击“确认”按钮，如图 8-51 所示。

（7）后面的操作用户跟着系统提示进行操作即可。

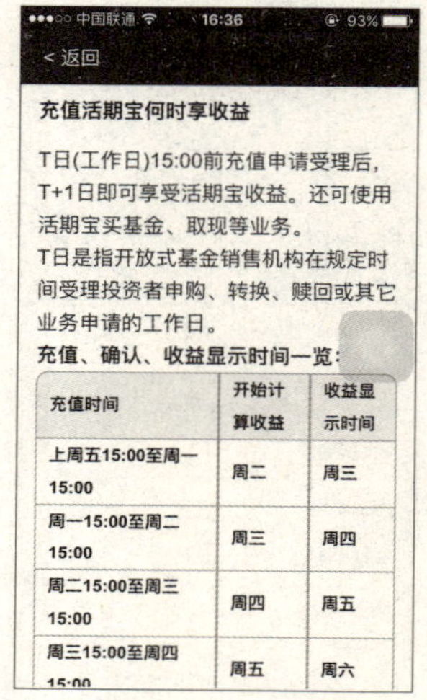

▲ 图 8-50 查看充值说明

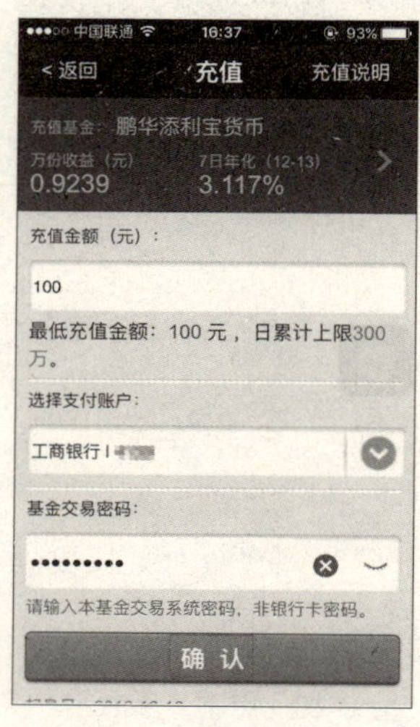

▲ 图 8-51 点击“确认”按钮

8.2.2 定期宝：多种期限，短期理财首先

什么是定期宝？关于定期宝，“天天基金网”给出的解释如图 8-52 所示。

定期宝是天天基金网针对投资者不同的资金流动性需求，推出的一款短期理财工具。存款进定期宝（即购买不同期限的短期理财基金），可获得比同期银行储蓄更高的收益，银河数据显示，大多数理财基金的7日年化收益率高于一年定存利率。您还可通过定期宝享受归集理财资金与生活闲钱的便利服务。

▲ 图 8-52 有关定期宝的解释

在“天天基金网”APP 上，用户可以购买不同期限的短期理财基金，从而获得比同期银行储蓄更高的收益，具体操作步骤如下所示。

（1）打开“天天基金网”APP，登录之后，在首页点击“更多”按钮，进入“更多”界面，如图 8-53 所示。

（2）点击“定期宝”按钮，进入“定期宝”界面，如图 8-54 所示。

▲ 图 8-53 “更多”界面

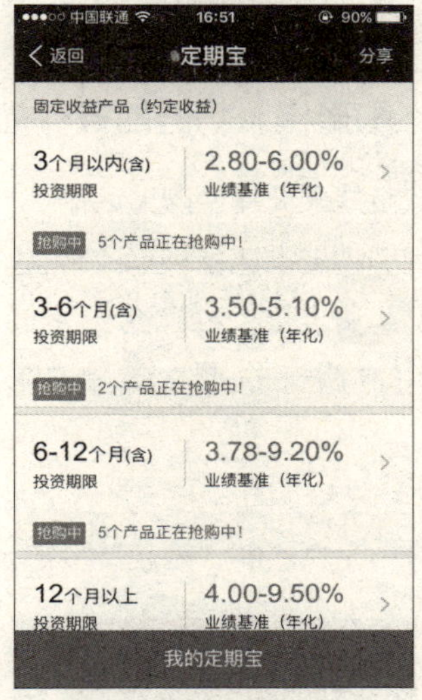

▲ 图 8-54 “定期宝”界面

（3）在该界面可以看到不同投资期限的定期宝理财基金，用户可以选择适合自己的类别，例如“3 个月以内”的类别，点击进入“固定收益产品”界面，如图 8-55 所示。

（4）挑选想买的理财基金，点击“立即购买”按钮，进入“买高端理财产品”界面，如图 8-56 所示。

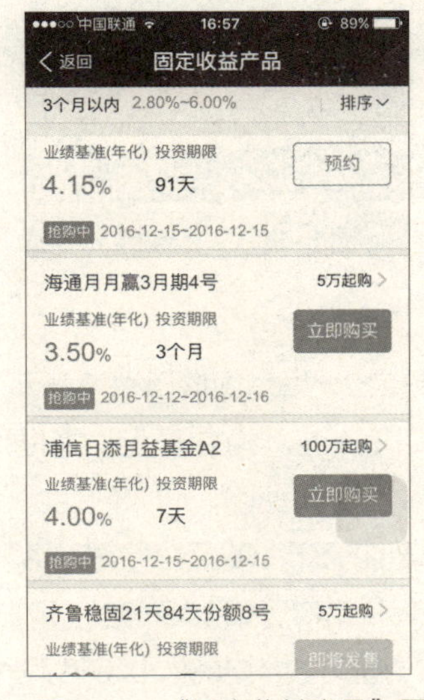

▲ 图 8-55 “固定收益产品”界面

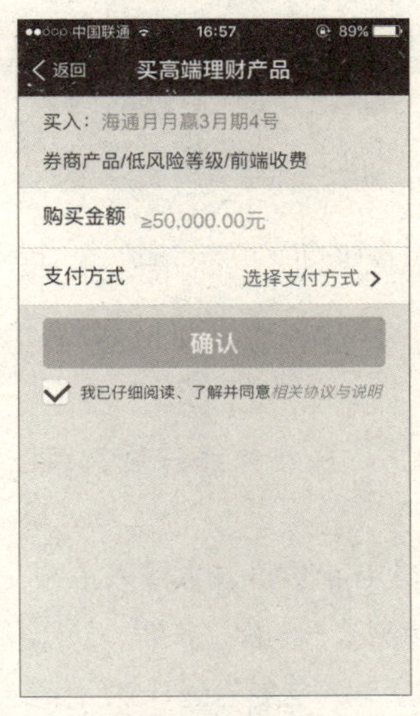

▲ 图 8-56 “买高端理财产品”界面

（5）输入购买金额，选择支付方式，然后点击“确认”按钮，后面的操作用户只要根据系统提示进行操作即可。

8.2.3 指数宝：精选的各种优质指数基金

指数宝是天天基金网继活期宝、定期宝后，推出的第三款“宝宝系”的理财工具，主要为用户精选推送各种指数基金，本节笔者将为大家介绍“天天基金网”APP 中的指数宝的购买步骤，如下所示。

（1）打开“天天基金网”APP，登录之后，在首页点击“指数宝”按钮，如图 8-57 所示。

（2）进入“指数宝”界面，如图 8-58 所示，在“精选基金”栏中选中想要购买的基金，点击右边的“购买”按钮。

▲ 图 8-57 点击“指数宝”按钮

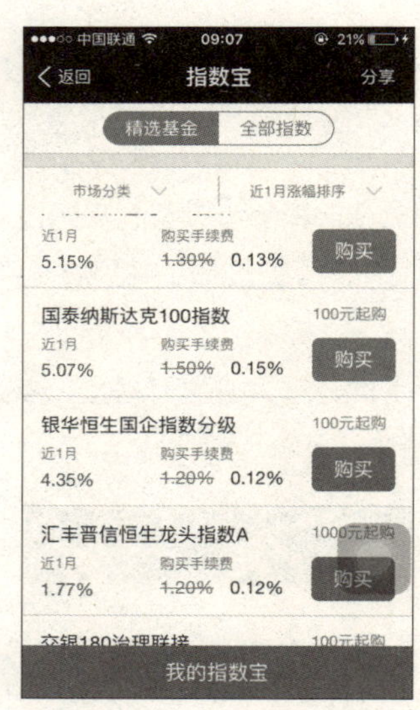

▲ 图 8-58 “指数宝”界面

（3）跳出相应窗口，如图 8-59 所示。

（4）点击“立即购买”按钮，进入“买入指数宝”界面，如图 8-60 所示。

（5）选择支付账户后，点击“下一步”按钮，进入相应界面，如图 8-61 所示。

（6）在该界面输入买入金额（注：购买金额不能低于 100 元），输入买入金额之后，点击“下一步”按钮，跳出“请输入交易密码”窗口，如图 8-62 所示。

（7）输入交易密码，然后点击“确认”按钮，后面的操作步骤，用户只要根据系统提示进行操作即可。

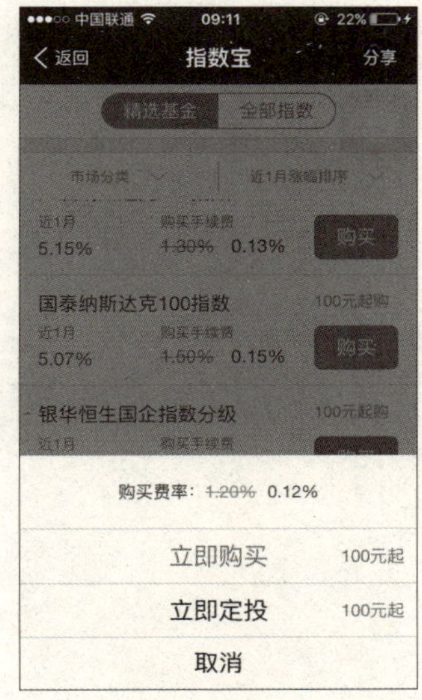

▲ 图8-59 跳出相应窗口

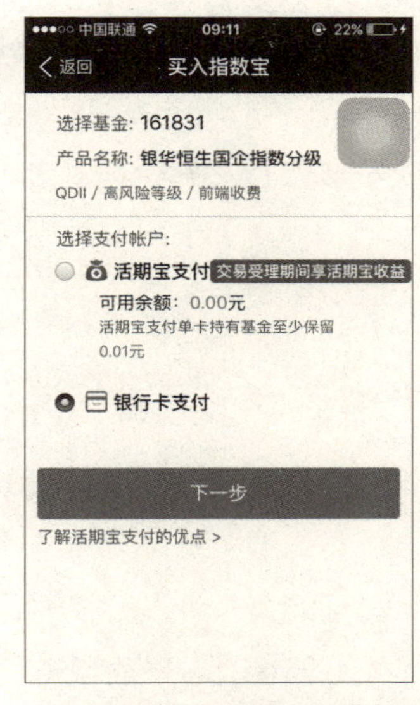

▲ 图8-60 “买入指数宝”界面

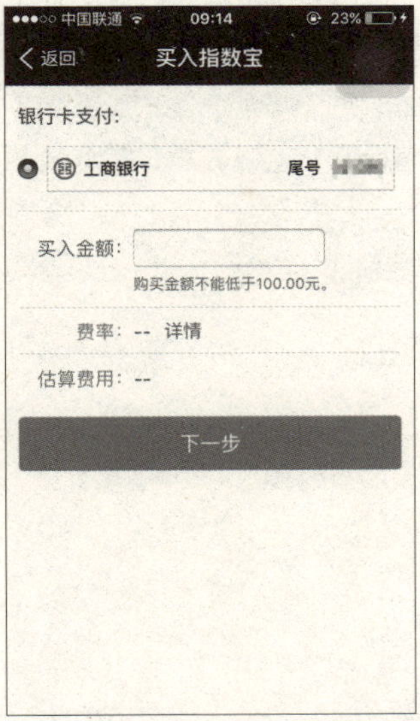

▲ 图8-61 进入相应界面

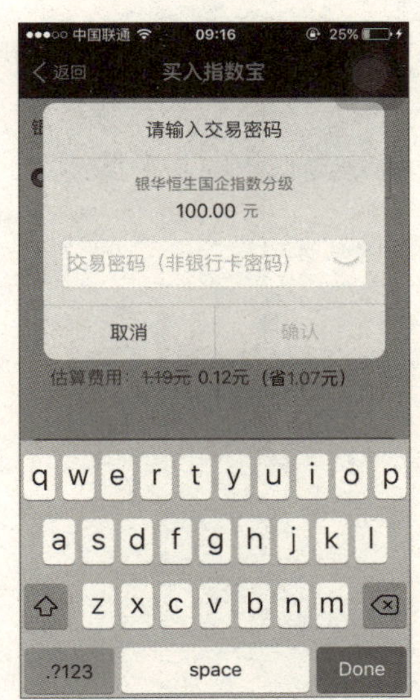

▲ 图8-62 跳出“请输入交易密码”窗口

专家提醒

用户在投资“指数宝”的时候，除了选择购买“指数宝”这一途径之外，还可以选择定投的方式进行投资，什么是定投呢？定投就是用户每月固定买进一定数量的基金，其好处是将股市波动的风险降低，帮助用户获得该基金的平均收益。

8.2.4 组合宝：解决基金筛选上遇到的困难

2016 年 6 月，天天基金联合数家基金公司推出了投资组合产品——“组合宝”。关于“组合宝”，“天天基金网”给出了专业的解释，如图 8-63 所示。

组合宝，让专业机构帮你挑基金

组合宝是由天天基金发起，以公募基金作为投资标的，由专业投资机构依据各自的投资策略对基金产品进行筛选，而后构建的资产组合。个人投资者可以根据组合的目标和定位以及自身的风险偏好筛选满足自身投资需求的组合并一键跟投，即申购组合内的一揽子基金。

▲ 图 8-63 “组合宝”的解释

用户进入“组合宝”界面的操作如下所示。

（1）打开“天天基金网”APP，登录之后，点击“更多”按钮，进入“更多”界面，如图 8-64 所示。

（2）点击“组合宝”按钮，就能进入“组合宝”界面，如图 8-65 所示。

▲ 图 8-64 “更多”界面

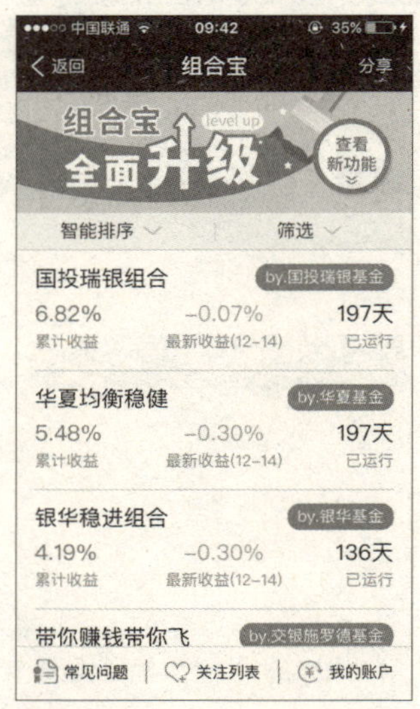

▲ 图 8-65 “组合宝”界面

（3）选择一组组合基金，例如“国投瑞银组合”，点击进入“国投瑞银组合”基金界面，如图 8-66 所示。

（4）点击“一键购买”按钮，进入“组合购买”界面，如图 8-67 所示。

（5）输入购买总金额，选择好支付方式，然后点击“下一步”按钮，后续的步骤只要按照系统提示操作即可。

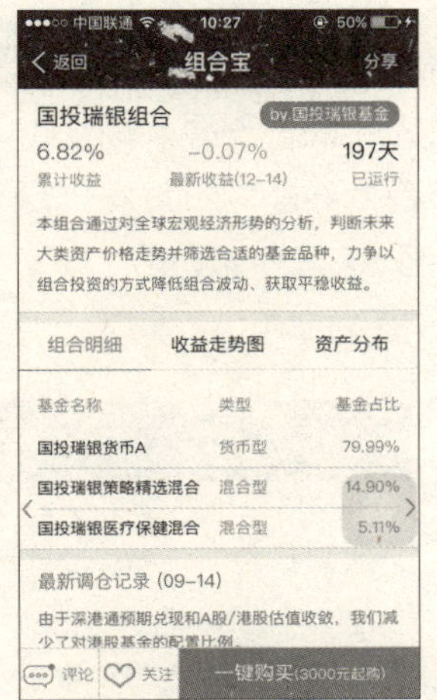

▲ 图 8-66 “国投瑞银组合”基金界面

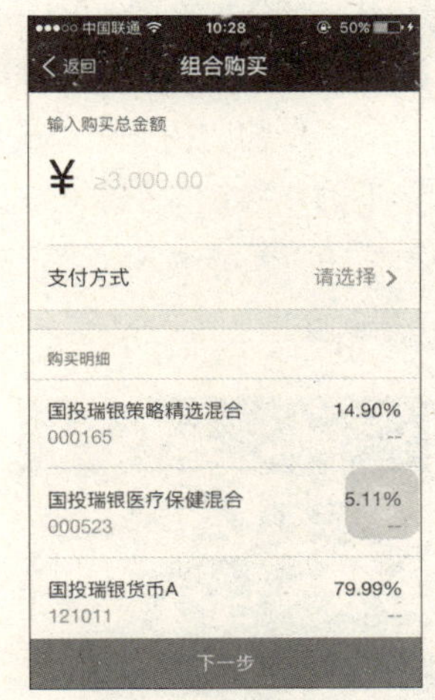

▲ 图 8-67 “组合购买”界面

8.2.5 其他：高端、固收、中财所、保险

“天天基金网”除了活期宝、定期宝、指数宝、组合宝这些“宝宝类”的理财产品之外，还有像“高端理财”“固收理财”“中财所理财”“保险理财”等这类理财工具，下面笔者为大家介绍如何进入这些理财通道。

（1）打开“天天基金网”APP，登录之后，在首页点击“固收理财”按钮，如图 8-68 所示，就能进入“固收理财”界面，如图 8-69 所示，用户点击想要购买的产品，进入产品界面后，按照提示进行操作即可。

▲ 图 8-68 点击“固收理财”按钮

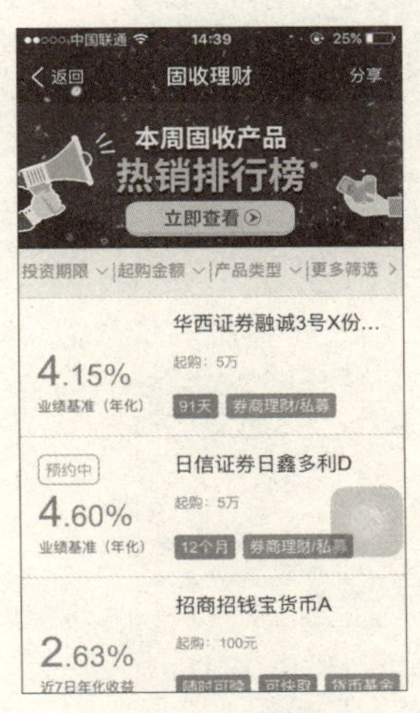

▲ 图 8-69 “固收理财”界面

（2）在“固收理财”界面点击“返回”按钮，回到首页，点击“更多”按钮，如图 8-70 所示，进入“更多”界面，如图 8-71 所示。

（3）在该界面，可以看到“高端理财”“保险理财”和“中财所”这几个理财工具，点击“高端理财”按钮，就能够进入“高端理财产品”界面，如图 8-72 所示。点击“保险理财”按钮，就能够进入“保险理财产品”界面，如图 8-73 所示。点击“中财所”按钮，就能进入“理财产品”界面，如图 8-74 所示。

（4）想购买这些理财产品，按照界面提示进行操作即可。

▲ 图 8-70　点击“更多”按钮

▲ 图 8-71　“更多”界面

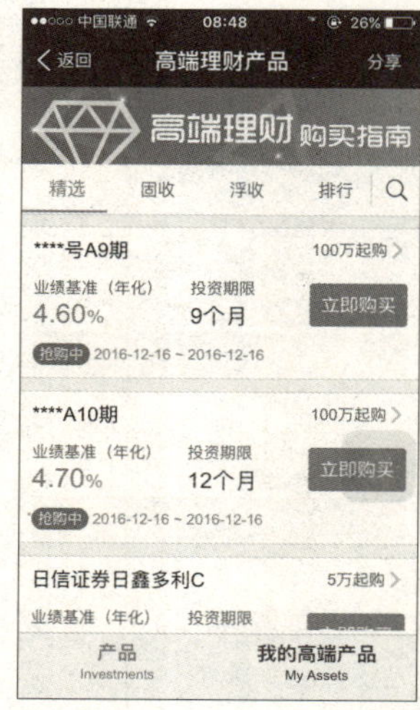

▲ 图 8-72　“高端理财产品”界面

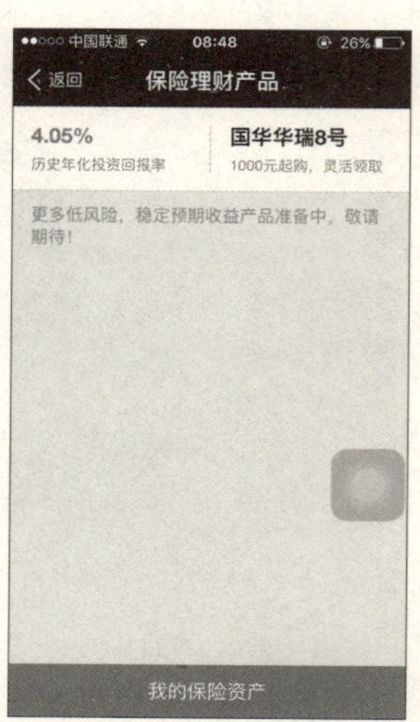

▲ 图 8-73　“保险理财产品”界面

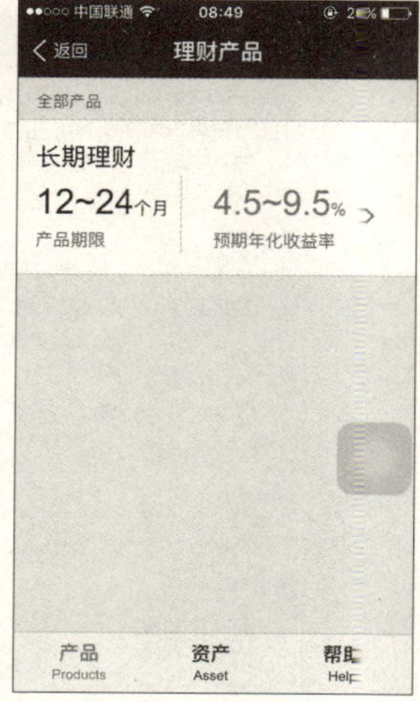

▲ 图 8-74　“理财产品”界面

8.3 手机炒基金的技巧、误区与风险

基金之所以成为个人理财的首选，是因为它的投资门槛低、操作时段长、收益相对稳固、赎回风险小，买了一只基金就相当于请了一个专家团队来为你投资，特别适合有阶段性理财要求的投资者，同时对风险承受能力不强的普通投资者也是一种不错的选择。

智能手机的高度普及、基金理财意识的日益增强以及移动互联网的高速发展，使得投资者对基金类 APP 客户端的需求与日俱增，通过 APP 客户端，投资者能够告别银行排队的烦恼、摆脱计算机和网线的束缚，这无疑打通了理财与生活的“任督二脉”，实现“理财即生活、生活也理财”。

8.3.1 手机炒基金的 3 大技巧

投资者投资基金应做到提高增长率，使投资不断增值，使投资资金保值。因此，投资者需要运用适当的投资策略。如今，通过各类手机 APP，即可让投资者更加轻松的操作基金，快速制定正确的投资策略。

（1）货比三家省费用。基金已经成为最热门的理财品种，但怎么买基金其实有些窍门，巧用一些方法可以节省手续费，省出一点钱来。对于一个精明的投资者来说，货比三家是购物的“王道”，选择基金也是一样。投资者可以通过各类炒基金 APP 中的筛选和对比功能，快速找出收益高、费率低的基金产品。

（2）风格鲜明看内涵。许多基金都有其独特的内涵，等待着投资者去发掘。很多投资者在选择基金时只喜欢看排名，而忽视基金的内涵。其实，比排名更重要的，是稳定性，是较为持续的获取收益的能力，是较高的长期复合收益率。这些基金内涵的背后，则是一家公司的“综合素质”，如品牌、基金经理人选、投研团队实力，虽然看上去不太好把握，不如一纸榜单直观。因此，投资者在进行选择前需要鉴别，在手机 APP 中通过走势、收益、经理、资讯等信息，看清楚每只基金的内涵，寻找最适合自己的风格。

（3）用组合调整投资。高收益、低风险和高流动性是证券市场上所有投资者追求的目标。通过构建投资组合，投资者虽然不能凭空增加利润或者消除风险，但却能够调整投资的收益性、安全性和流动性，将其控制在自己可以接受的范围之内。投资者可以通过手机 APP 判断市场形势，整体的策略可以是：牛市时增加股票基金的比例，熊市增加货币基金和债券基金这些防守力量，在行情剧烈震荡前景不明朗的情况下应该增持配置型基金便于防守反击。

8.3.2 手机炒基金的常见误区

虽然手机银行、掌上证券等类似业务早已推出并以实际数据向投资者证明了其业务的可操作性、方便性、安全性及广泛适用性，不少投资者还是对手机基金交易这种新型交易方式存着三分戒心。

其实，投资者在使用手机进行基金投资的实际操作过程中，需要正确认识手机的“炒基”功能，并避免步入误区，才能找到适合自己的基金产品，并通过它们获取收益。下面列举了手机炒基金的 3 大常见误区。

1. 误区一：“交易安全得不到保障”

每年必然会发生的网络金融案件让部分老实的投资者闻网色变。发展了数十年的互联网尚且如此，这虚无缥缈的无线网络能保证我的交易资金安全吗?

事实上，金融机构比投资者更关注电子交易平台的安全，相对网络交易平台而言，大部分手机 APP 的交易认证程序更多，拥有不亚于网站的交易安全保证体系。与互联网相比，目前的无线网络相对还是一个比较封闭的网络，需要防范的黑客在数量上反而少于互联网，加上完善的安全验证体系，交易安全性较值得信赖。

2. 误区二：“手机交易平台的费用高”

手机上网必然会产生一定的流量费用，这是不可避免的。不过，移动运营商对手机上网的客户已经推出了多种包月制的优惠套餐，而且随着 3G 和 4G 网络的兴起，这些流量套餐的资费已经越来越便宜。而相对的，在手机上进行一次较为复杂的基金交易，流量耗费一般也可控制在 50K 以内。

3. 误区三：“手机的交易功能不够全面”

由于手机屏幕大小的限制，APP 上的内容确实无法达到传统互联网网站的内容丰富程度。但如今很多基金交易 APP 都已经开通开户、托管转入、签约 / 撤约、积分兑换、交易 / 查询等一切电脑上的功能，除能实现认购、申购、赎回、转换等常规交易外，还具备预约交易、定期定额申购 / 赎回 / 转换功能。

8.3.3 手机炒基金的风险分析

基金是一项较为稳健，且有专家打理的投资工具。但只要是投资行为就会有风险，而且投资风险的大小与投资项目的收益是成正比的，风险越大其收益就越高；风险越小收益也会相对较少。通过手机炒基金，也同样具有这些特点。

（1）流动性风险。流动性风险是指投资者在需要卖出基金时面临的变现困难和不能在适当价格上变现的风险。在传统渠道中，这种风险非常明显，但随着互联网金融的兴起，如余额宝、活期宝等货币基金都采用T + 0的交易制度，大大减小了投资者的资金流动性风险。货币基金兼具活期存款流动性与功能性，在收益率上又高出活期存款一大截，将成为国内投资者理财生活中不可或缺的一部分。

（2）金融市场风险。金融市场风险是指由于政治、经济、上市公司的经营情况等方面的影响和变化，导致股票、债券等有价证券价格的下跌，引起投资者手中的基金价格变化，从而给基金持有人带来的损失。如今，通过手机里的基金APP，投资者可以随时掌握金融市场的最新动态，及时地对自己的基金做出调控。

（3）运作机构风险。由于参与基金的成立、运作涉及不同的机构，如果基金经纪公司的经营或管理等出现了问题，将会给投资者带来资金损失的风险。运作机构风险主要包括以下两个方面。

- 基金管理人不够专业：由于基金管理者的水平不高，从而影响基金公司的正常内部运作与内部风险控制能力。
- 上市公司经营不善：如果基金所投资的上市公司经营不善，其股票价格可能下跌，或者能够用于分配的利润减少，使基金投资收益下降。

在手机APP中，通常会有基金公司或经理人的相关评价，投资者可以充分了解基金与基金经理相对于大盘的表现。

（4）基金投资品种风险。不同的基金投资，有着不同的投资风险。收益型基金投资风险较低、平衡型基金风险居中，而成长型和股票型基金投资风险最高。基金的投资品种风险包括股票投资风险和债券投资风险。

- 股票投资风险：该风险主要取决于上市公司的经营风险、证券市场风险和经济周期波动风险等。
- 债券投资者风险：该风险主要指利率变动影响债券投资者收益的风险和债券投资的信用风险。

投资者可以根据自己的风险承受能力，通过手机APP筛选出适合自身财务状况和投资目标的基金品种。

（5）申购、赎回价格未知风险。由于开放式基金的申购数量、赎回金额按照基金交易日的单位基金资产净值加减有关费用计算，因此存在申购、赎回价格未知的风险。投资人在当日进行申购、赎回基金单位时，无法预知基金单位资产净值在自上一交易日至交易当日所发生的变化，只能参考上一个基金交易日的单位资产净值数据，因此在申购、赎回时无法知道会以什么价格成交。如今，投资者可以采用手机APP的净值估算功能，预测基金价格，降低投资风险。

第 9 章

其他理财：一部手机轻松搞定

在经历了连续的经济危机和全球市场波动后，投资环境因多重不确定性而风险加大，缺少多元化的投资渠道，所以越来越多的投资者希望依靠其他理财产品让钱“保值、增值”。如今，通过手机即可进行几乎所有的传统投资项目，使理财变得更加随时随地。

要点展示

- 债券——风险小回报稳定
- 外汇——高手以钱来赚钱
- 期货——以小搏大的投资
- 黄金——金碧辉煌的财路
- 白银——不赚白不赚理财
- 房产——百万富翁的杠杆
- 保险——保家庭健康平安
- 收藏——玩和投资两不误
- 典当——便捷的融资方式
- 彩票——平民的理财游戏

9.1 债券——风险小回报稳定

目前，债券投资是众多投资者热衷的投资项目。与股市相比，债券市场有较丰富的交易品种、绝对稳定的投资保障以及不错的交易性收益，正在吸引更多的普通投资者投身其中。

债券投资不仅可以获取固定的利息收入，而且还能通过市场买卖来赚取差价，可以说是攻守兼备、最为稳健的理财方式。本节以“一创债券通”APP为例，讲解通过手机进行债券理财的具体方法。

9.1.1 查看债券资讯

“一创债券通”APP是多功能的专业债券手机交易终端，集债券行情、债券交易、债券回购、债券精选、新债申购、债券日评、一创债券特色服务等功能于一体。

“一创债券通”APP的主界面主要有债券精选、债券行情、债券自选、债券日评、债券回购及交易、受益计算、正回购逆回购、一创亮点等功能，如图9-1所示。点击“债券行情”按钮进入“债券行情”界面，即可了解最新的债券运势，如图9-2所示。

▲ 图9-1 “一创债券通”APP

债券行情

代码/简称	现价	涨跌	涨幅
沪公司债 000022	180.005	0.063	0.04%
企债指数 000013	209.122	0.080	0.04%
国债指数 000012	160.678	0.043	0.03%
PR濮建投 124046	63.200	3.200	5.33%
14泸纳债 124974	108.800	3.700	3.52%
16浙江08 140075	102.400	2.400	2.40%
16江苏12 140067	102.200	2.200	2.20%
16银亿05 112412	102.000	2.000	2.00%
16方圆01 136807	102.000	2.000	2.00%
14宝钢EB 132001	124.040	2.270	1.86%

上拉加载下一页

主页 行情 交易 精选池 个人中心

▲ 图9-2 “债券行情”界面

另外，用户还可以查看债券日评、债券回购及交易、正回购等债券资讯，如图9-3所示。

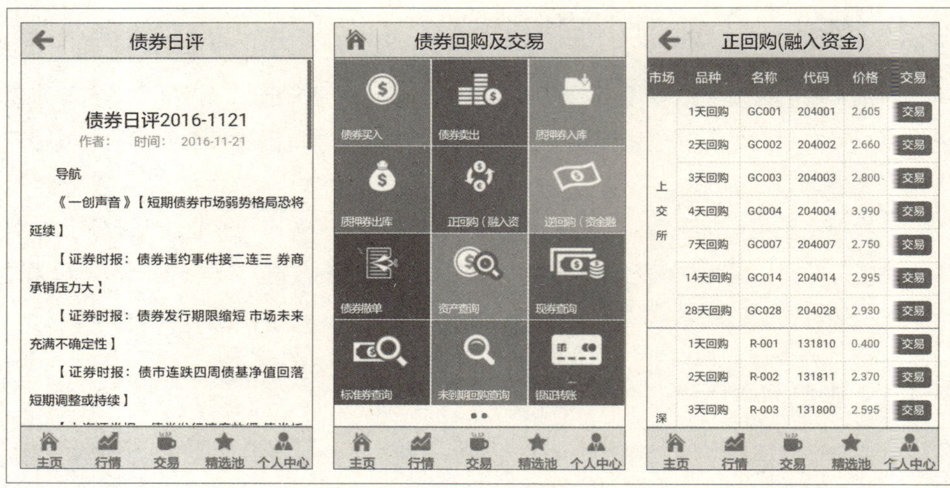

▲ 图 9-3 全面的资讯功能

9.1.2 查看债券交易

点击“一创债券通”APP 主界面下方的“债券回购及交易”按钮进入其界面，如图 9-4 所示，用户即可看到“债券买入”按钮和“债券卖出”按钮。点击任意按钮，进入相应界面，如图 9-5 所示。交易用户在完成交易登录之后即可开始债券的买入或卖出。

▲ 图 9-4 “债券回购及交易”界面

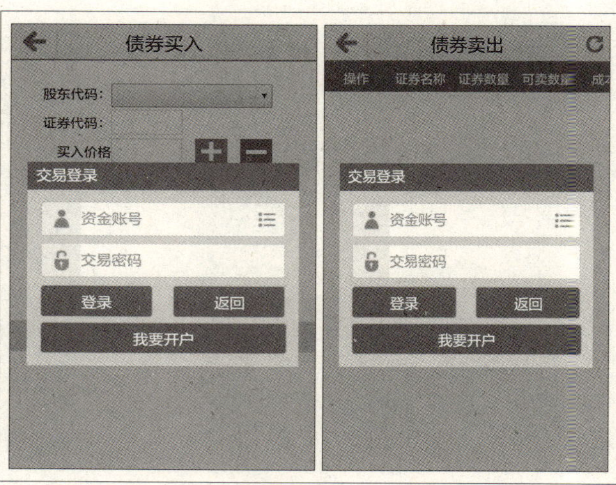

▲ 图 9-5 “债券买入（卖出）”界面

9.2 外汇——高手以钱来赚钱

相对于其他投资方式，外汇投资备受投资者们青睐。外汇投资的对象是钱，因此又被称为“以钱赚钱”的投资方式。外汇市场潮起潮落，只有坚持适合自己的交易计划，掌握投资技巧，投资者这才能以钱生钱，收获财富。本节以“和讯外汇”APP 为例，讲解通过手机进行外汇理财的具体方法。

9.2.1 查看外汇行情

“和讯外汇”APP 是和讯网为财经用户打造的一款全面的外汇平台，实时更新各大主流银行的外汇牌价以供用户横向对比，寻找最佳银行进行外币兑换。

进入“和讯外汇”APP 主界面后，用户可以查看自选、基本、交叉、所有、黄金、全球等外汇行情，如图 9-6 所示。点击相应的外汇产品进入详情界面，可以通过分时、日线、周线、月线等 K 线周期来观察外汇行情走势，如图 9-7 所示。

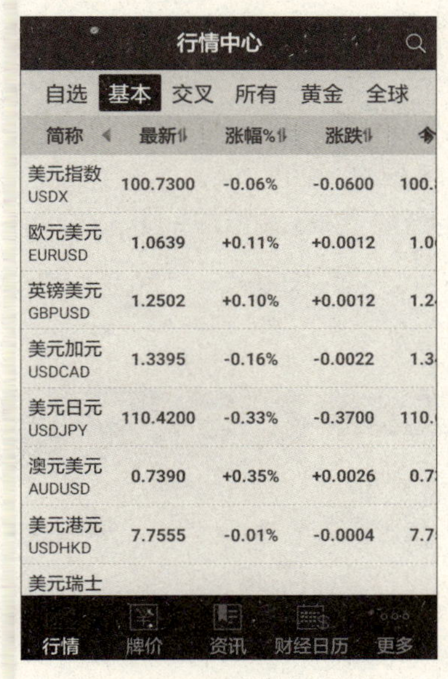

▲ 图 9-6 基本外汇行情

▲ 图 9-7 查看债券详情

用户还可以在首页点击最下方的“牌价”按钮，然后进入相应的界面，查看国内各大银行的外汇投资比价，如图 9-8 所示。或者在首页点击最下方的“资讯”按钮，在“和讯资讯”界面可浏览了解最新的外汇要闻，如图 9-9 所示。

银行	中间价	钞买价	汇买价
农业银行	--	682.6500	687.6100
工商银行	--	682.4900	687.4500
中信银行	688.6800	682.4000	687.3700
招商银行	689.1900	682.3000	687.8100
光大银行	689.0800	682.1892	687.7018
中国银行	687.7900	682.0000	687.6500
兴业银行	688.8000	681.9100	687.4200

▲ 图 9-8　“牌价”界面

▲ 图 9-9　“资讯”界面

9.2.2　计算外汇牌价

如前面所述，“和讯外汇”APP 可以快速查看外汇牌价。例如，在“牌价”界面点击“银行牌价”按钮，进入相应界面，即可看到各外币在中国银行的牌价，如图 9-10 所示。点击“中国银行”按钮，进入“选择银行”界面，如图 9-11 所示。点击“工商银行”按钮，可以查看其外汇牌价，如图 9-12 所示。

简称	中间价	钞买价	汇买价
美元	687.7900	682.4000	688.0500
日元	6.2151	5.9959	6.1887
欧元	731.9800	707.8100	730.5600
英镑	859.3700	826.9100	853.4900
澳大利亚元	507.3600	493.2800	509.1300
加拿大元	513.0300	495.4400	511.6200
瑞士法郎	682.4000	658.2800	679.2400

▲ 图 9-10　中国银行的各外汇牌价

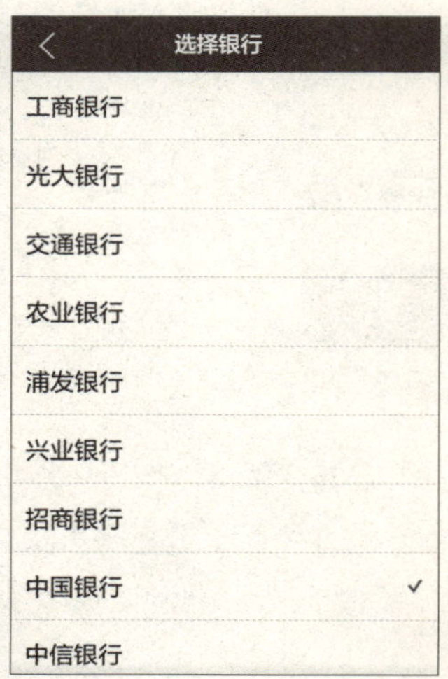

▲ 图 9-11　“选择银行”界面

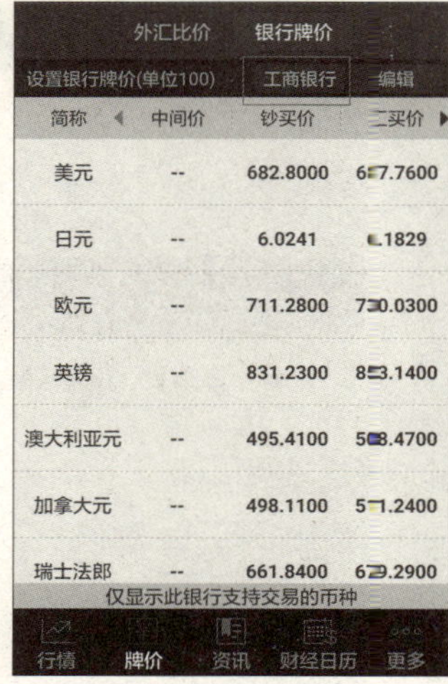

▲ 图 9-12　工商银行外汇牌价

在主页的“更多”界面有“换算工具”按钮，如图 9-13 所示。点击“换算工具”按钮进入“和讯工具”界面，如图 9-14 所示。用户可以在该界面使用购汇、结汇、外汇间兑换、外汇储蓄等理财工具。例如，进入“购汇”选项，可以看到美元及其与人民币兑换比率，输入相应的买入数量，点击“开始计算”按钮，即可自动计算出需要支出的人民币金额，如图 9-15 所示。

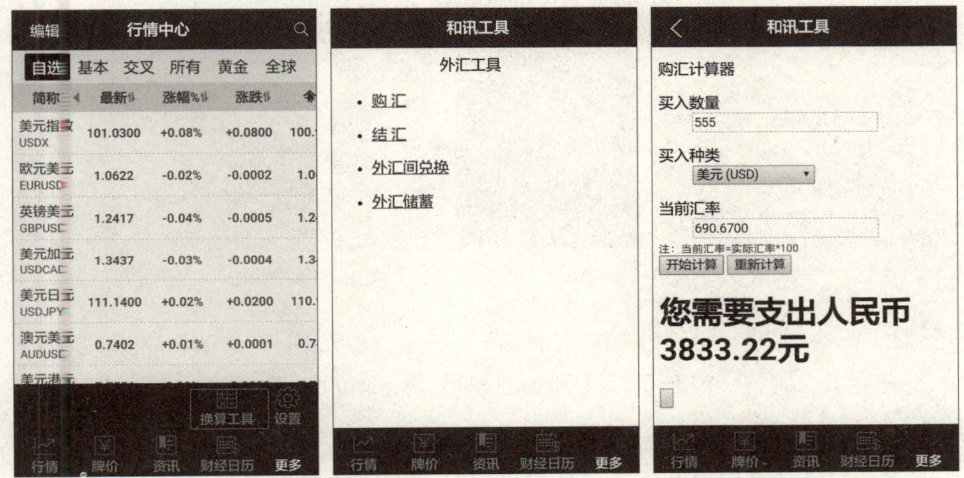

▲ 图 9-13 “换算工具”按钮 ▲ 图 9-14 “和讯工具”界面 ▲ 图 9-15 使用购汇计算

9.3 期货——以小搏大的投资

随着期货市场的迅速发展，越来越多的投资者开始关注期货。期货以其高收益高回报的特征刺激着人们的神经，并且由于期货市场所投资商品的未来性，其价格很难被操纵，因此期货投资成为当今最火爆的投资方式之一。本节以“和讯期货”APP 为例，讲解通过手机进行期货理财的具体方法。

9.3.1 查看期货行情

期货市场是一个形成价格的市场，供求关系的瞬息万变都会反映到价格变动之中。投身期货市场的投资者必须有着敏锐的眼光和高超的操作技巧，借助手机 APP 可以帮助投资者随时了解期货行情。

进入“和讯期货”APP 主界面后，首先看到的是“期货资讯”按钮，如图 9-16 所示。用户可以点击该按钮左侧的按钮看到“行情中心”按钮，如图 9-17 所示。点击“行情中心”按钮进入其界面，即可查看各类期货产品的行情，如图 9-18 所示。

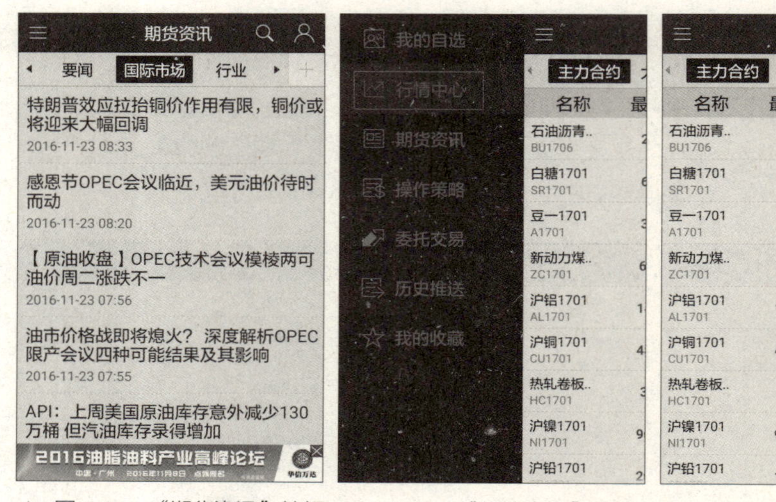

▲ 图 9-16 “期货资讯”按钮 ▲ 9-17 “行情中心”按钮 ▲ 9-18 “行情中心”界面

在“行情中心”界面点击相应的期货产品进入详情界面，可以查看期货产品的 K 线和分时图，如图 9-19 所示；根据产品详情界面下方的选项，用户还可以查看产品的明细和持仓等情况，如图 9-20 所示。

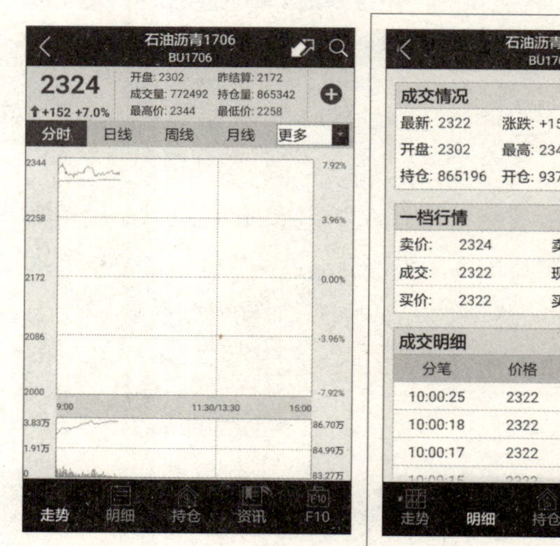

▲ 图 9-19 产品详情界面

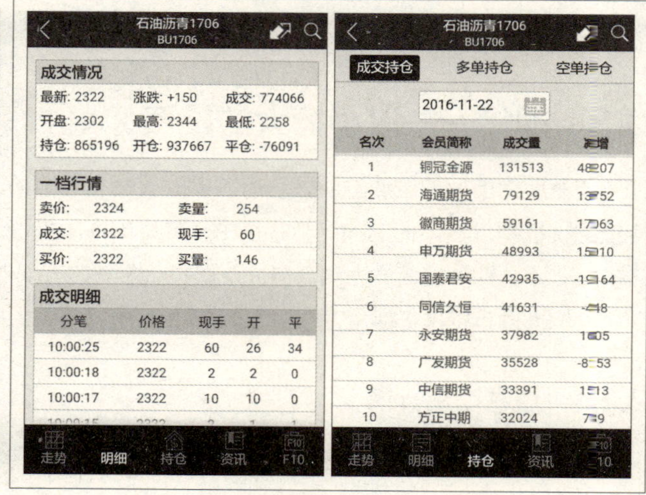

▲ 图 9-20 查看明细和持仓

9.3.2 购买期货产品

期货交易是投资者交纳一定比例的保证金后，在期货交易所内进行的各种商品标准化合约买卖的交易方式；它建立在现货交易的基础上，是一般契约交易的发展。

借助“和讯期货”APP，用户可以实现期货交易。在“和讯期货”APP 首页点击左上角的按钮，进入相应界面，在该界面点击“委托交易”按钮，如图 9-21 所示。

执行操作后，进入“委托交易”界面，如图 9-22 所示。用户可以点击“添加期货公司”按钮，进入“添加期货公司”界面，如图 9-23 所示。用户可以在该界面添加想要委托的公司，即可委托其交易。执行操作后，用户即可在“委托交易”界面看到被添加的期货公司，如图 9-24 所示。

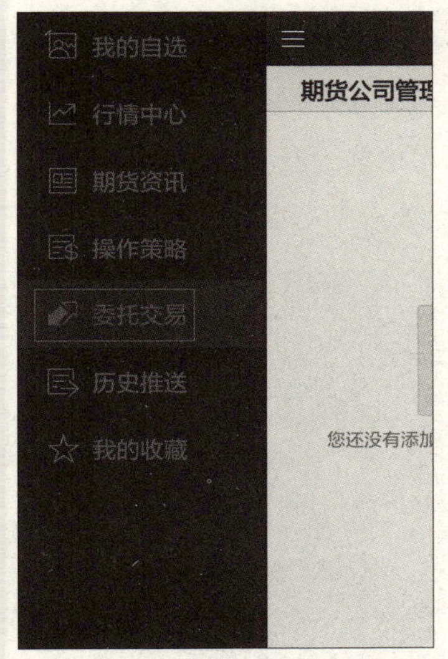

▲ 图 9-21　查看“委托交易”按钮

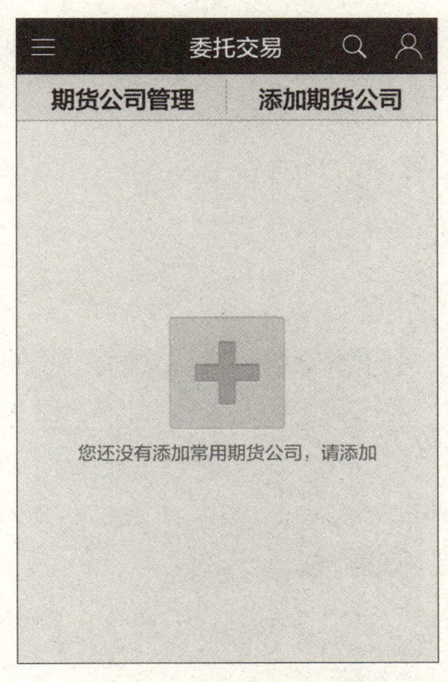

▲ 图 9-22　进入“委托交易”界面

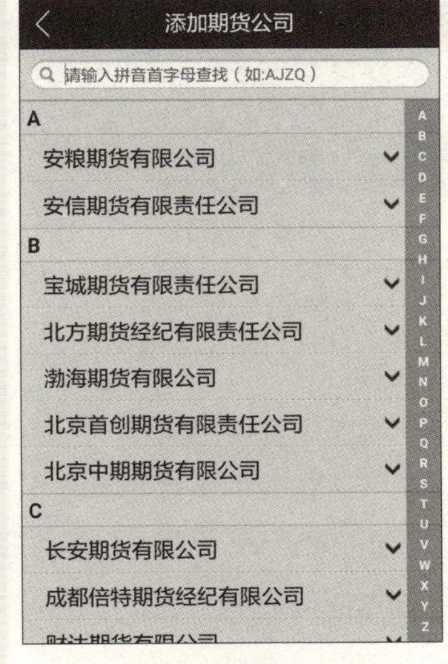

▲ 图 9-23　添加期货公司

▲ 图 9-24　查看所添加公司

9.4 黄金——金碧辉煌的财路

黄金长久以来都是价值不菲的贵金属，其市场价格的涨跌都会引起人们极大的关注。本节以“汇金宝”APP 为例，讲解通过手机进行黄金理财的具体方法。

9.4.1 查看黄金行情

“汇金宝”APP 是一款专注于向用户提供黄金白银原油外汇喊单服务的手机软件。“汇金宝”汇集国内知名专业分析师，为用户提供专业的黄金行情分析。打开 APP，可以在首页看到“行情中心”按钮，如图 9-25 所示。点击按钮，进入“国际黄金”界面，如图 9-26 所示，即可查看国际黄金价格的最新走势，了解其涨跌及涨跌幅度。

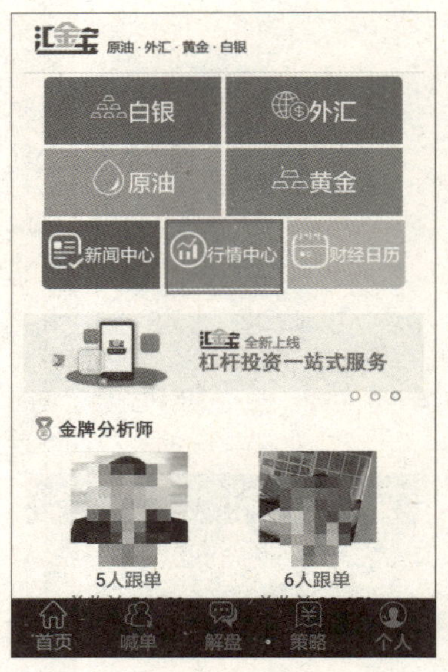

▲ 图 9-25 “行情中心”按钮

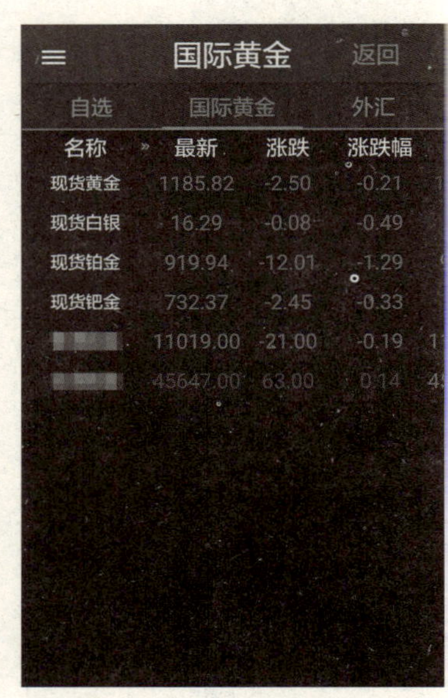

▲ 图 9-26 “国际黄金”界面

9.4.2 黄金产品交易

“汇金宝”APP 致力于提供专业及时的喊单服务。打开 APP，点击“个人”按钮，进入“用户登录”界面，如图 9-27 所示。交易用户可在该页面进行注册登录。执行操作后，可点击“喊单”按钮，进入“喊单中心”界面，如图 9-28 所示。再点击“黄金”按钮，即可查看相关分析师，进而可以选择黄金产品的跟单。

▲ 图 9-27 “用户登录”界面

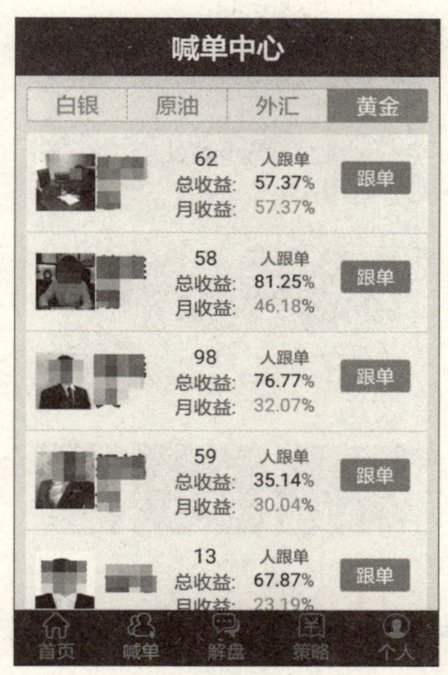

▲ 图 9-28 “喊单中心”界面

9.5 白银——不赚白不赚理财

随着国内白银市场逐步开放、白银投资品种增多，普通的白银投资者有了更多选择。本节以“银天下”APP 为例，讲解通过手机进行白银理财的具体方法。

9.5.1 了解白银行情

“银天下”拥有业内领先的金融机构研究所，是一款专注于黄金、白银等贵金属行情分析的现货投资服务软件，有权威分析师 24 小时做客“专家直播”，提供及时专业的行情分析和策略指导。

本小节笔者将为大家介绍如何利用“银天下”APP 了解白银行情。打开 APP，可以看到主界面上的“银 15kg（买）”按钮，如图 9-29 所示。点击“银 15kg（买）”按钮进入其界面，如图 9-30 所示，可以查看白银的分时、K 线等行情走势。

专家提醒

白银投资信息搜索渠道与股市基本一致，报纸、杂志、互联网、手机APP、电视和广播等都是有效渠道。金融从业者和经纪人对市场的观点，对投资者来说也十分重要。同时，由于现在金融公司的从业人员良莠不齐，利用平台散布假消息的大有人在，所以投资者在利用信息时应谨慎，学会辨别消息真伪。

▲ 图 9-29　“银 15kg（买）”按钮

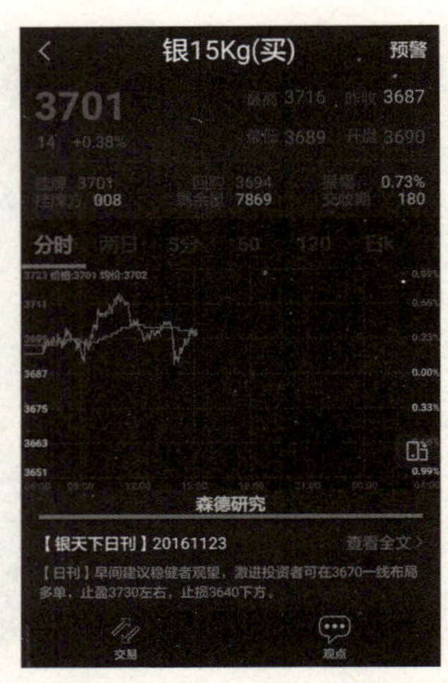

▲ 图 9-30　“银 15kg（买）”界面

9.5.2　白银投资策略

“拥有锦囊妙计，便能够运筹帷幄之中，决胜千里之外”。理财投资需要一定的计谋，炒白银也不例外。在“银天下”APP 应用中，白银的投资策略主要展现在首页的“百家专栏”里。通过向上滑屏，可以看到该专栏，如图 9-31 所示。

在“百家专栏”界面，可以看到“银天下”APP 的电子期刊——《银天下日刊》和《银天下日刊晚间版》。任选其一点击进去，看到注册、登录选项，如图 9-32 所示，注册登录后，用户即可订阅专业分析师每日的行情策略分析。分析师的白银行情策略分析，可以作为用户白银投资的重要策略参考。

▲ 图 9-31　查看“百家专栏”

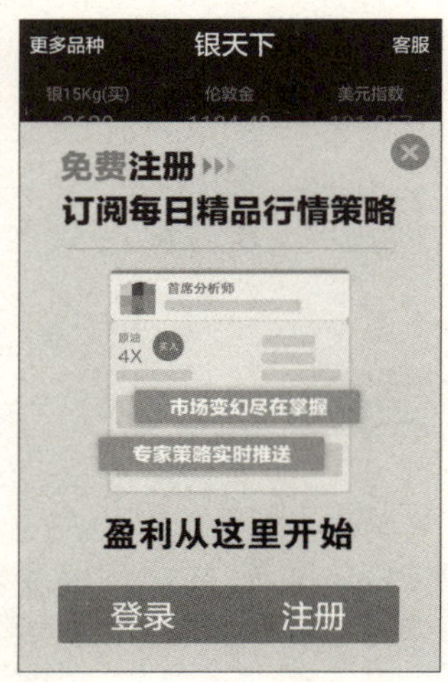

▲ 图 9-32　注册登录选项

9.6 房产——百万富翁的杠杆

用别人的钱赚钱，是房产投资最显著的特点。银行存款利息低，炒股风险大，使得房产投资成为投资者不错的选择。本节以“房天下”APP为例，讲解通过手机进行房产投资的具体方法。

9.6.1 房产买卖

房地产经济活动，是大量资金运动的过程，一旦做出投资决定，资金的投入就是一个难以逆转的持续过程。因此，投资者在投资房产前一定要做好充足的准备，利用手机APP即可最大限度地帮助用户找到最好的房源和求购者。

“房天下”APP是由国内最大的房地产门户搜房网推出的一款集搜房、买房、卖房、租房为一体的房产投资服务软件，方便实用，安装用户量高达千万，如图9-33所示。打开APP，用户可在首页看到“买新房”“买二手房”按钮，如图9-34所示。买房用户可点击这两个按钮进入相应界面查看要买的房，如图9-35所示。

▲ 图9-33 “房天下”APP安装量

▲ 图9-34 查看买房按钮

除了查看房子之外，买房用户借助“房天下”APP还可以进行房贷计算。进入“房天下”APP首页，然后点击“更多”按钮，进入“更多”界面，可看到“房贷计算器”按钮，如图9-36。点击“房贷计算器”按钮，进入“房贷计算”界面，如图9-37所示。用户在该界面可以进行商业贷款、公积金贷款、组合贷款等贷款方式的房贷计算。

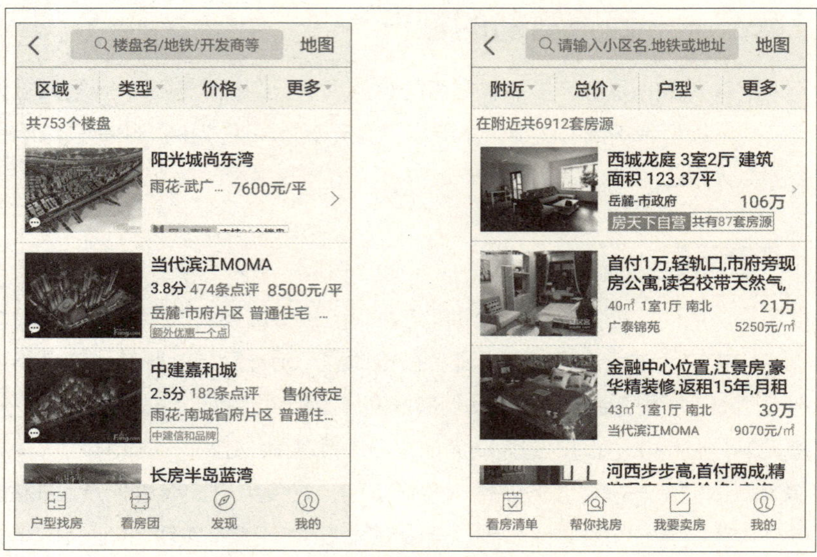

▲ 图 9-35　查看新房和二手房

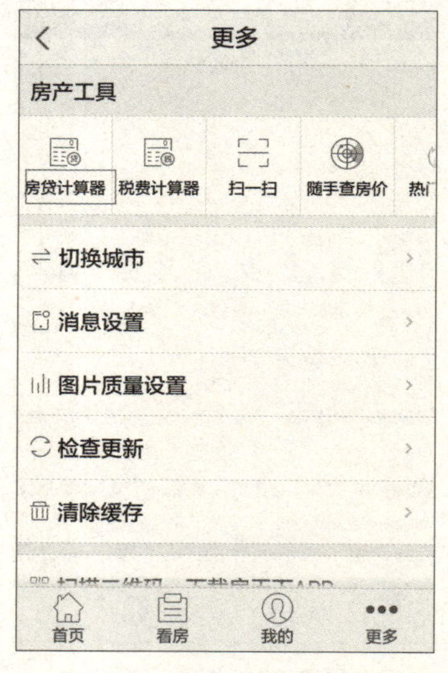

▲ 图 9-36　查看“房贷计算器”

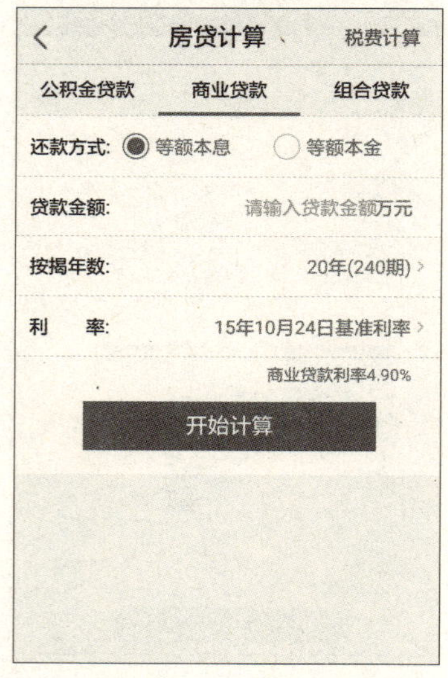

▲ 图 9-37　房贷计算

对于要卖房的用户来说，使用“房天下”APP 可以快速发布卖房信息。进入“房天下”APP 首页，然后点击“我要卖房”按钮，进入相应界面，可以看到红色的“我要卖房”按钮，如图 9-38 所示。

点击该按钮，进入“委托发布”界面，如图 9-39 所示。设置小区名称、户型、建筑面积等信息之后，点击“确认发布”按钮，卖房用户即可完成卖房委托发布。

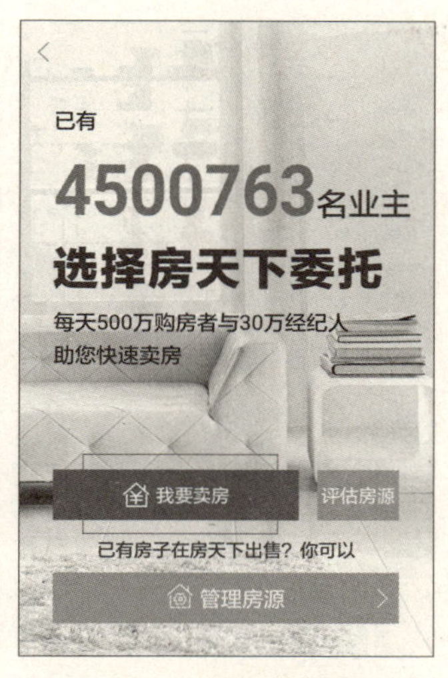

▲ 图 9-38 查看“我要卖房”

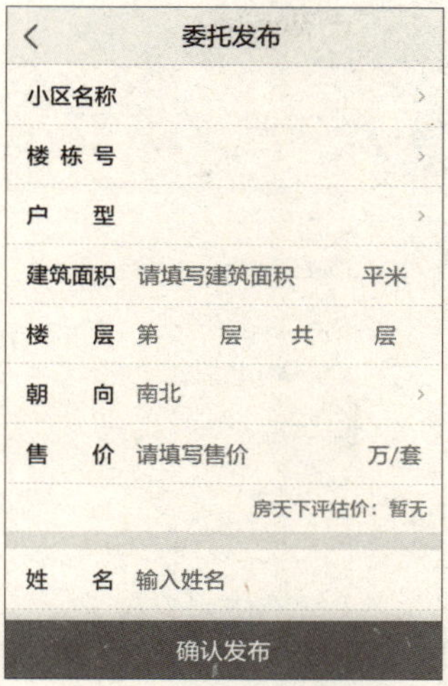

▲ 图 9-39 发布卖房委托

专家提醒

如今，许多投资者选择贷款买房，而且还从中获取了利益。那么，如何才能获得利益最大化地进行买房贷款呢？

（1）选择银行。各家商业银行在首付比例、贷款期限及贷款利率 3 方面都有选择空间，特别是各自都有针对不同群体个性化的个人贷款方案组合。

（2）选择利率。很多商业银行都推出了固定利率个人住房贷款服务，购房者可以根据自己对未来某一阶段利率走势的判断，选择固定利率贷款或浮动利率贷款。

（3）利用公积金。用公积金贷款的利率有很大优惠，每月缴纳公积金的客户在买房时一定要好好利用自己的公积金。

（4）避免逾期。办理贷款项目后每月都要按时还款，没有及时还款不仅需要向银行缴纳罚息，而且会影响自己的信用记录。

9.6.2 房屋租赁

房产投资的最大收益就是房屋出租和房产转让，在正常情况下，投资者都是先通过房屋出租的方式来获取部分收益，然后在适当的时候将房产出售，进而取得转售收益。如果投资房产用来出租收益，就要避免空置现象。用户可以使用“房天下”APP 快速找到租客。打开 APP，然后点击“我要出租”按钮，进入“出租方式”界面，可以看到整租、合租两种出租方式，如图 9-40 所示。点击“整租”按钮，进入“发布整租”界面，如图 9-41 所示。填写房屋详情、联系人等信息之后，点击“发布”按钮，即可完成整租信息的发布。同理可完成合租信息的发布。

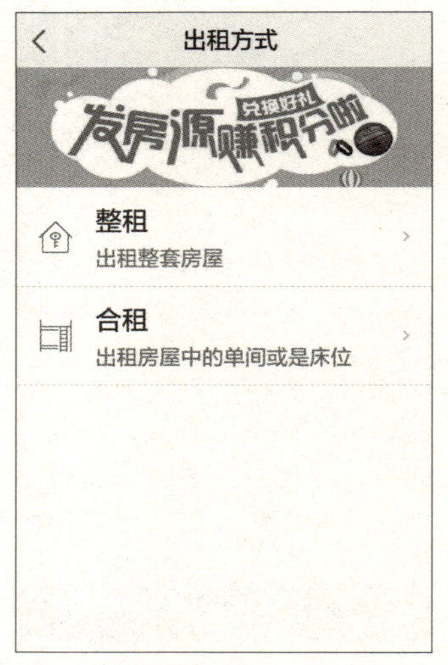

▲ 图 9-40　查看出租方式

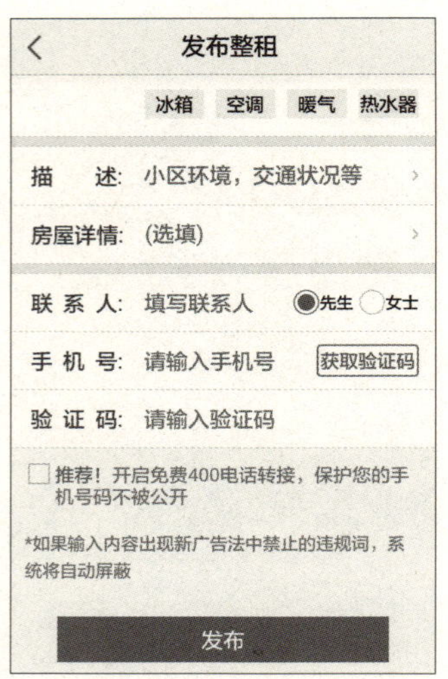

▲ 图 9-41　发布整租信息

坐收租金，不需日日劳心劳力，每月有相对稳定的收入来源，不失为一个好的投资选择。富有的投资者完全可以在有住房的基础上，根据自己的情况再适当购置住宅商品房、二手房或沿街商业房，体验一下家外有“家”、坐收房租的惬意感觉。

另外，对于刚入社会的年轻人来说，租房无疑是最佳的选择。借助“房天下”APP，用户可以找到合适自己的出租房。打开 APP，点击“找房租”按钮，进入相应界面，如图 9-42 所示。设置附近、来源等信息之后，用户可以搜索要租的房子。

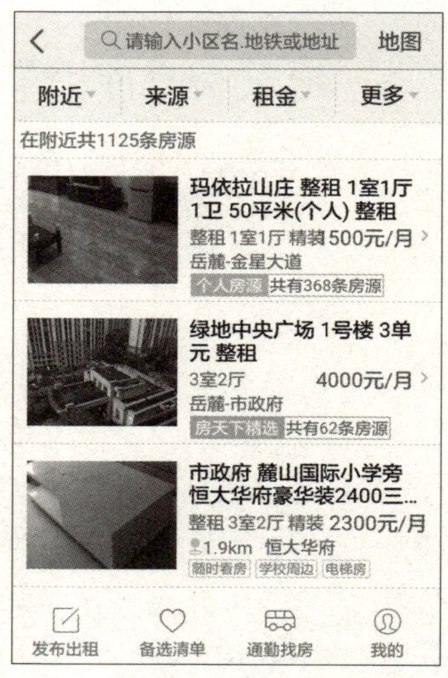

▲ 图 9-42　搜索出租房

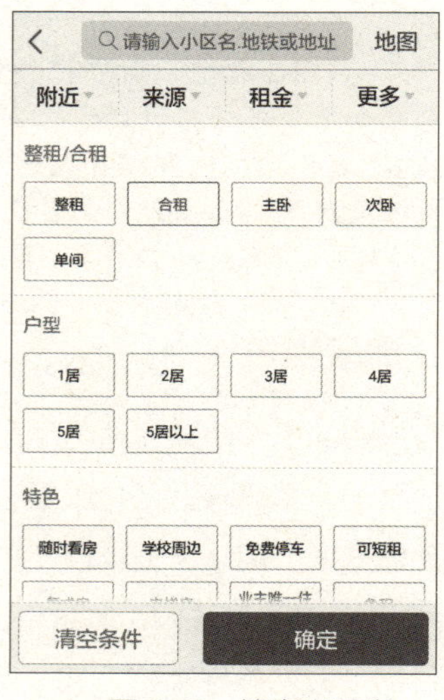

▲ 图 9-43　搜索出租房

在同一界面，可以看到“更多”按钮。点击“更多”按钮，进入相应界面，如图 9-43

所示。设置整租 / 合租、户型等信息之后，点击“确定”按钮，租房用户也可以搜索要租的房子。

> **专家提醒**
>
> 一般与几位朋友合租一套面积较大的房子，每月平摊下来，比一个人租房要划算，而且从相互照顾与居住安全的角度上来说，合租也更有利。

9.7 保险——保家庭健康平安

随着各类投资风险的增加，保险产品越来越受消费者的认可和欢迎，并逐渐成为个人理财的必备金融产品。无论是将保险当作保障人生财务所必需的工具，还是选择商业保险进行投资使财富增值，不可否认的是人们对保险的认识逐渐清晰，购买保险的意识也在逐步提高，保险产品的地位越来越重要。可是保险理财一直是毁誉参半，如何选择正确合适的产品成为了当下投资者首先要面对的问题。本节以“平安保险商城”APP 为例，讲解通过手机进行保险理财的具体方法。

9.7.1 常见保险品种

“平安保险商城”APP 向广大用户展示了一个大型的保险行业移动互联网门户平台，以便捷的浏览方式、强大的应用功能，最新的资讯信息，为用户展开了一个丰富的保险“画卷”，如图 9-44 所示。

在“平安保险商城”APP 主界面单击“保险”按钮，用户可以进入相应界面看到各类型的保险，如车险、意外险、旅行险、财产险等，应有尽有，如图 9-45 所示。

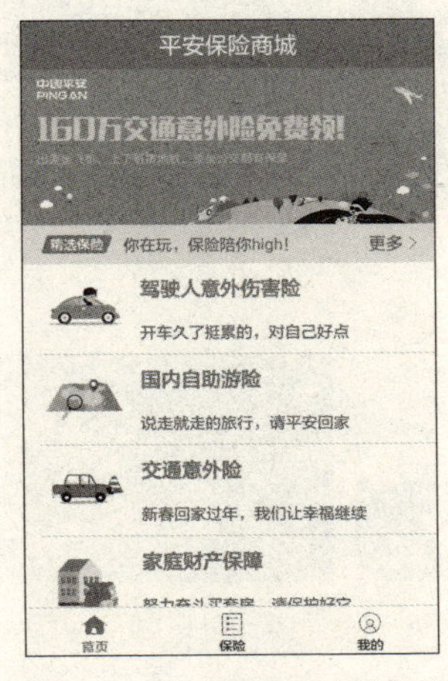

▲ 图 9-44 “平安保险商城”主界面

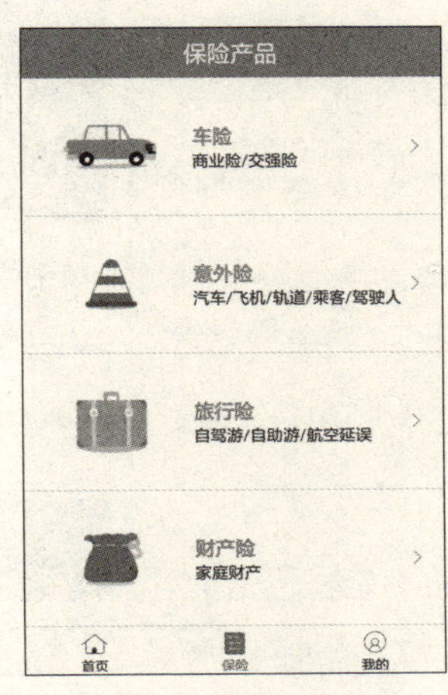

▲ 图 9-45 保险产品列表

专家提醒

从经济角度看，保险是分摊意外事故损失的一种财务安排；从法律角度看，保险是一种合同行为，是一方同意补偿另一方损失的一种合同安排；从社会角度看，保险是社会经济保障制度的重要组成部分，是社会生产和社会生活“精巧的稳定器”；从风险管理角度看，保险是风险管理的一种方法。

9.7.2 产品详细介绍

随着保险的宣传力度增大，很多人都意识到购买保险的重要性。刚过不惑之年的王先生在上海某国有金融企业上班，是公司的中层，每年有近 20 万元的不菲收入。谈到购买理财产品的心得，他直言不讳地说：“购买保险理财产品，既可稳健增值，又可获得保障，是实现‘鱼’和‘熊掌’兼得的最好选择。”

保险除了具有保障功能之外，还具有较大的投资理财的价值。目前，我国各个保险公司陆续推出了投资型保险种类，主要包括投连险、万能险和分红险三种。对于投资型保险这类创新型理财产品，投资者需要看透产品性质与特点，避免投资风险。

“平安保险商城”APP 为用户提供了全面的保险产品详情介绍。例如，打开 APP，点击“保险”按钮，进入“保险产品”界面，如图 9-46 所示。再点击该界面的“意外险”按钮，就会进入“意外险”界面，可以看到对“航空意外保险”保障范围的介绍，如图 9-47 所示。同样是在“意外险”界面，向上滑动屏幕，可以看到对“综合意外保险”保障内容、保障对象的介绍，如图 9-48 所示。

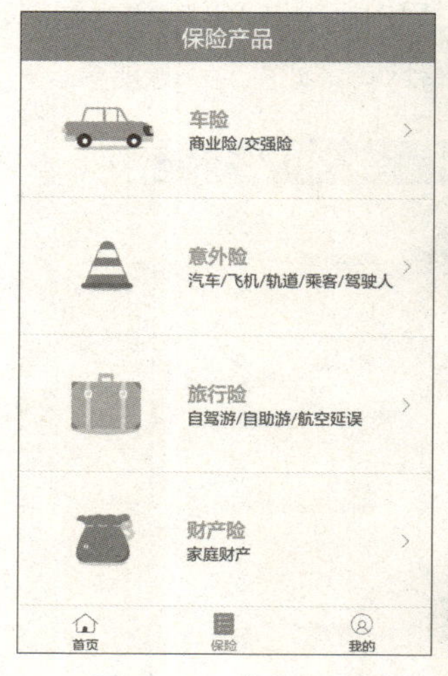

▲ 图 9-46 “保险产品”界面

▲ 图 9-47 “航空意外保险”介绍

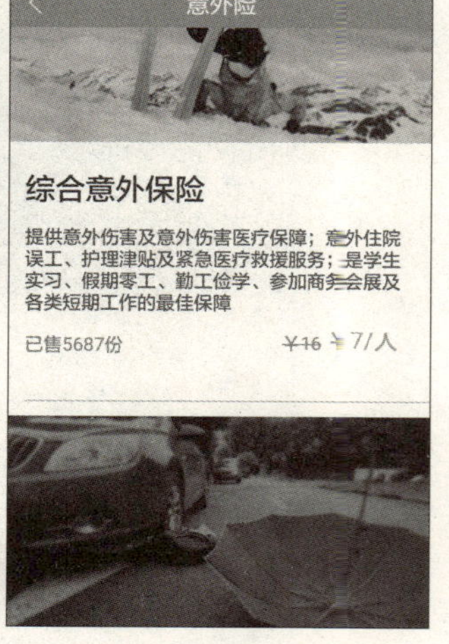

▲ 图 9-48 “综合意外保险”介绍

保险公司的理财产品作为一种特殊的理财方式具有其自身的特点和优势，适合的人群也较广，有打算购买的人应该做好咨询了解工作，结合自身实际情况购买。一般来说，投保人购买保险产品可以通过保险公司、保险代理人、银邮代理机构、专业中介机构、其他兼业机构等渠道。购买保险时，要重点查看保单样式是否正规，是否有承保公司签章，能否取得正规发票，售后是否有保险公司电话回访等。

9.8 收藏——玩和投资两不误

俗话说“乱世黄金、盛世收藏”，收藏不但是非常好的理财方式，而且是一种美的享受，很多人将珍贵的艺术品视为财富、地位与身份的象征。近年来，艺术品投资的回报率较高，使得各类投资者纷纷拥入这个领域。其实，投资收藏品，能否保值增值，大有学问。本节以“收藏天下”APP 为例，讲解通过手机玩转收藏投资理财的具体方法。

9.8.1 热门收藏品种

时下，如何使投资者的“钱袋子”不缩水成了人们谈论最多的话题。许多家庭选择追加投资，除股市、债券、基金以及房产外，收藏也让人们看到了另一个收益可观的投资渠道。“收藏天下”APP 是黄埔区文化艺术品交流中心打造的一款适用于广大收藏爱好者的软件平台，内容涵盖玉石、红木、书画、铜器、佛像等收藏品种，如图 9-49 所示。每个收藏品种，其界面都有分类、订单、购物车、搜索等栏目，如图 9-50 所示。收藏爱好者可以选择自己中意的品种，在相应的界面订购收藏。

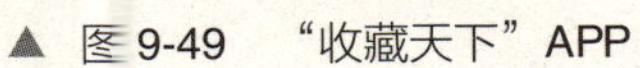
▲ 图 9-49 “收藏天下”APP

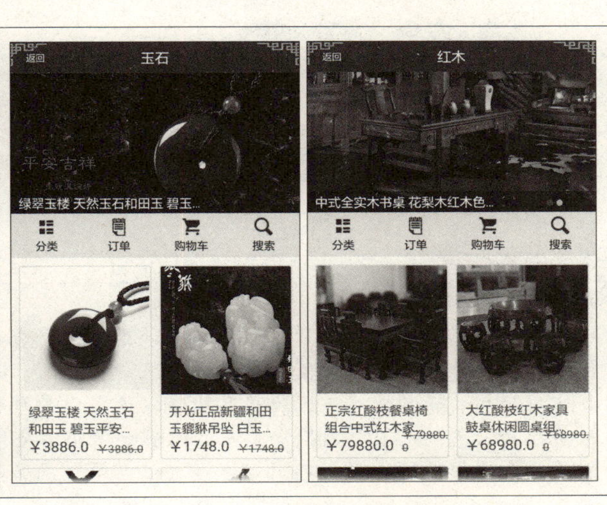

▲ 图 9-50 品种界面栏目

9.8.2 收藏投资技巧

随着市场经济的繁荣发展，收藏品既是货币等价物，也是一种美的享受，更是一种投资理财的工具。收藏是一门艺术，也是一门很深奥的学问。对于收藏者来说，具备一定的专业知识是必不可少的。

随着艺术品投资的火热，大量假货、赝品充斥市场，不善于鉴别的投资者很容易被这些赝品所欺骗而造成损失。行话说：不怕买贵，就怕买假。刚入门的收藏投资者要多听行家的评价，多研究相关资讯，对古玩年代、材质、工艺、流派、真假进行深入细致地了解、鉴赏和识别。因此，一个合格的投资者，不但要具有一定的经济实力和购买魄力，还要有一定的鉴赏能力和收藏耐力。

通过“收藏天下”APP，投收藏爱好者可以获取实用的鉴宝技巧。打开APP，在主页向左侧滑动屏幕，可以看到“鉴宝”按钮，如图9-51所示。点击“鉴宝”按钮，进入“鉴宝”界面，即可查看相关鉴宝文章，如图9-52所示。

▲ 图9-51 查看“鉴宝”按钮

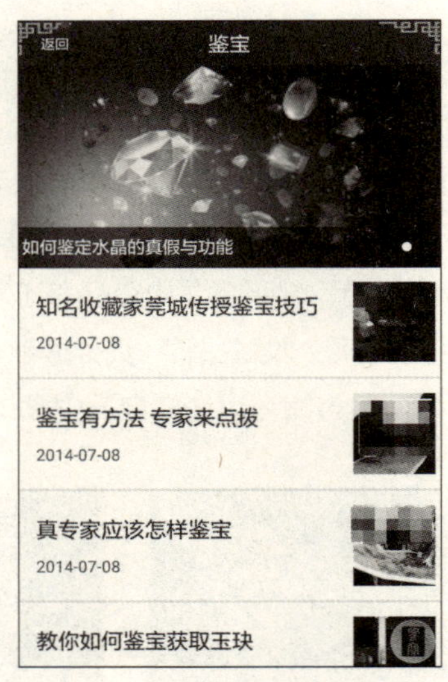

▲ 图9-52 “鉴宝”界面

专家提醒

由于收藏品的流通性远远低于黄金、白银等贵金属，所以不能作为准货币的替代品，只是一种保值、便于携带的“浓缩资产”，等待其价值升高，通过买卖并从中获利。通常情况下，收藏品投资较适合中长期投资，投资者不应该抱有限时获利的心态，也不要因投资艺术品而影响了正常生活。业内人士建议，10年左右是一个比较适宜的投资期限，这样可以在尽可能降低风险的情况下获利最大的收益。

9.9 典当——便捷的融资方式

典当是一种以物换钱的融资方式，只要用户在约定时间内还本并支付一定的综合服务费，便可赎回当物。

9.9.1 了解典当理财

典当理财是指当户在典当行以物换钱的过程，即当户将有价值的财产送至典当行，由典当经济师鉴定评估后向其发放贷款。典当是以金钱借贷为基础，以质押担保为条件的定期有偿的理财方式。

根据我国相关法律规定，当户将物品典当后，每月需支付给典当行相应的综合手续费。当户获取的当金越多，则交的手续费用也随之增加，尤其对于高额借贷者来说，也是一大笔费用。例如，押给当铺的物品价值是 5000 元，但如果只需要 2000 元，则当 2000 元既可，不一定非借 5000 元，否则每月都要多交很多手续费。因此，当户典当物品前，一定要把握好自己的具体需求，根据这个需求设置合适的当金。

9.9.2 玩转典当理财

下面以“典当圈”APP 为例，讲解通过手机玩转典当理财的具体方法。

打开“典当圈”APP，点击首页的“找货”按钮，进入“找货”界面，可以看到各种物品的市场需求，如图 9-53 所示。点击首页的“卖货”按钮，进入“卖货”界面，可以看到各种物品的市场供应，如图 9-54 所示。

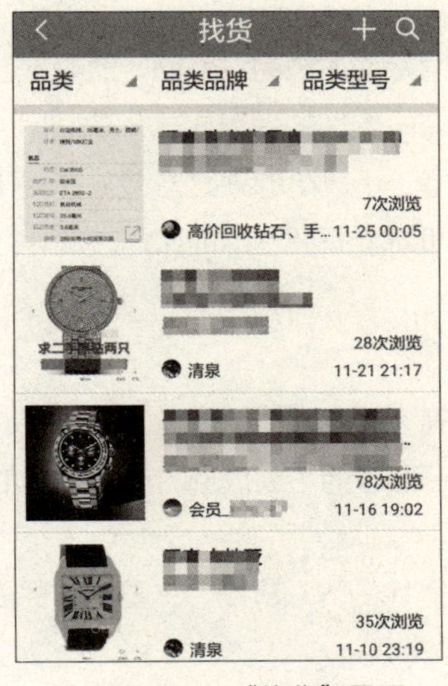

▲ 图 9-53 “找货”界面

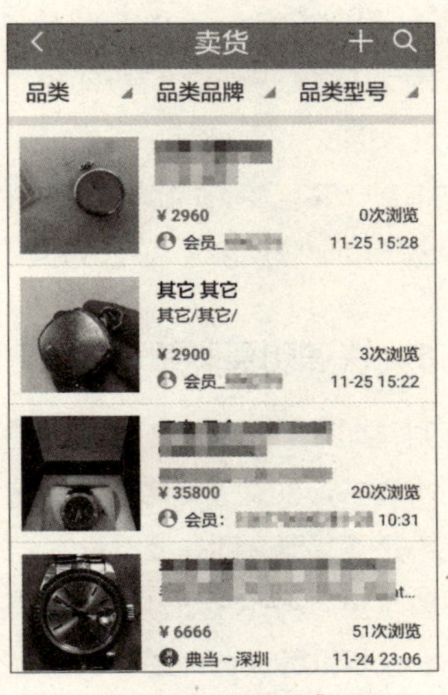

▲ 图 9-54 “卖货”界面

原则上只要来源合法、产权明晰、可以依法疏通的有价值物品或财产权利都可以典当。在“典当圈”APP 中，注册登录的用户可以在首页点击“典当圈”按钮 进入“典当圈”界面，如图 9-55 所示。执行操作后，点击该界面右上角“+”按钮，进入“发状态”界面，如图 9-56 所示。填写信息，点击“发布”按钮，即可发布找货、卖货等状态参与典当。

▲ 图 9-55 “典当圈”界面

▲ 图 9-56 “发状态”界面

9.10 彩票——平民的理财游戏

在绝大多数投资者的传统印象中，彩票与理财是不沾边的。然而，随着理财方式的多元化发展，彩票被越来越多的人当作一种具有投资性的理财方式。在 CPI（消费品价格指数）不断攀升的情况下，彩票这种低门槛、小风险的理财方式或许是不错的选择。本节以“彩票宝”APP 为例，讲解通过手机玩转彩票理财的具体方法。

9.10.1 快速购买彩票

理财是如今家家户户不会忽略的内容，而说到风靡度和群众基础，能与红红绿绿的股指相提并论的，恐怕也只有彩票了。随着人们购彩的不断成熟，越来越多的技术型彩民不是买彩票，而是经营彩票，中得的奖金为家庭赢得了额外的收入。

“彩票宝”APP 是一款常年专注服务于全国彩民的购彩应用，主要为彩民提供手机购彩、分析推荐、咨询图表、辅助投注工具等服务。

进入“彩票宝”APP 的主页面，如图 9-57 所示，点击“购买彩票”按钮，进入

“购彩大厅”界面，用户可以在此选择快乐数字盘、竞彩足球、竞彩篮球等热门彩票，如图 9-58 所示。

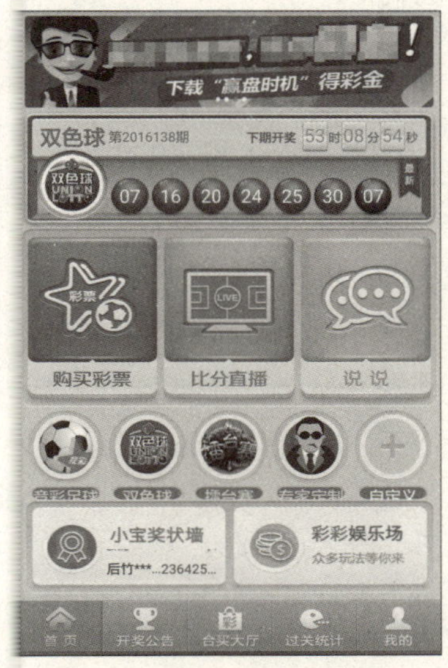

▲ 图 9-57 “彩票宝”APP 主界面

▲ 图 9-58 “购彩大厅”界面

例如，在“彩票大厅”界面点击“快乐数字盘”按钮，进入“快乐数字盘”界面，如图 9-59 所示。点击“11 选 5”按钮，进入相应界面，如图 9-60 所示。投注筹码后点击“立即投注”按钮，用户即可参与投注。

▲ 图 9-59 “快乐数字盘”界面

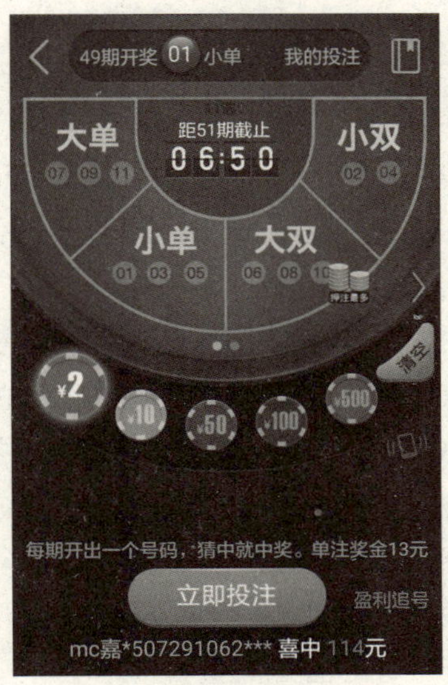

▲ 图 9-60 投注“11 选 5”

另外，用户也可以打开 APP，点击“合买大厅”按钮，如图 9-61 所示，进入“合买大厅”界面，参加其他人发起的合买方案，如图 9-62 所示。

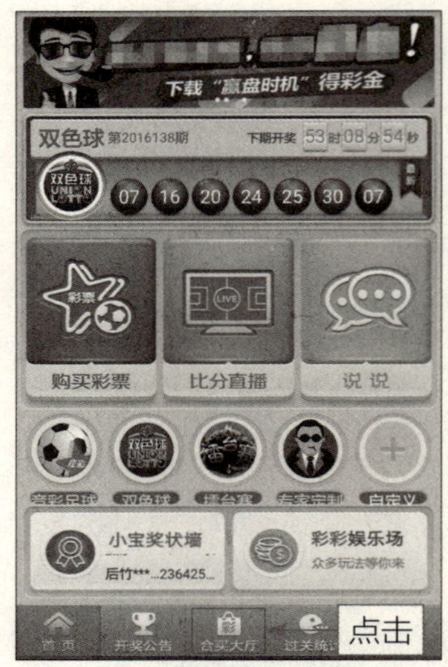

▲ 图 9-61 点击“合买大厅”按钮

▲ 图 9-62 “合买大厅”界面

合买方案发起人在方案发起时规定每份彩票的金额，参与者根据自身的意愿认购至少一份以上的彩票，方案进度达到 90%，方案成交，一般由网站或组织投注站代理出票。这种利用募集资金的合买方式既能用小资金共同购买大额彩票，又能提高参与者的中奖概率、降低个人全购高金额彩票的风险。

9.10.2 查看开奖结果

在“彩票宝”APP 主界面中，点击“开奖公告”按钮进入其界面，即可查询各类彩票的中奖号码，如图 9-63 所示。点击相应的彩票类型，还可以查看往期的开奖结果，如图 9-64 所示。

据悉，现在也有部分商业银行趁机推出了低门槛的彩票定投理财业务，成为一种新型的理财产品。无论购买哪种形式的彩票都应该抱着投资的心态，把握好投入与产出的关系，以理财的心态看待彩票，要杜绝放弃工作、倾其所有甚至借钱去购买彩票的做法。同时，与其他理财产品一样，购买彩票也需要坚持长期和渐进的投资策略，避免急功近利。

彩票只能说是一种理财行为，用户可以根据自己的收入规划购彩资金的安排，确定一个合理的幅度作为购彩的依据，甚至可以根据这个幅度确定一个投资收益止损表，但是绝对不能把彩票和投资联系起来，一定要保持理性，防止过度投入。

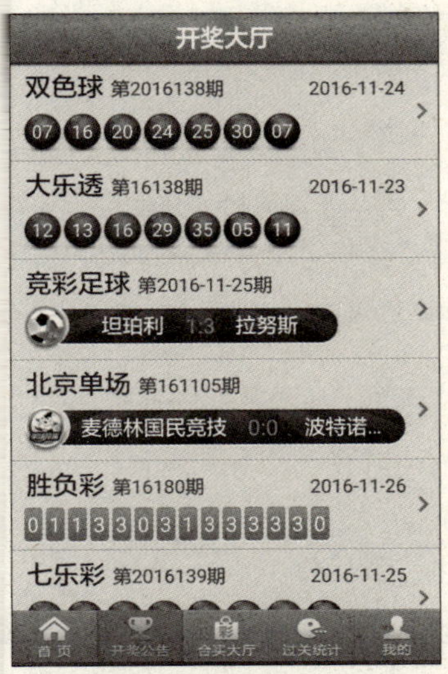

▲ 图 9-63 “开奖大厅”界面

▲ 图 9-64 查询往期开奖结果

第 10 章

创新理财：多元化的理财产品

在这个移动互联网时代，理财产品早已泛滥，不管是消费理财还是投资理财，各类理财产品和理财类应用软件都是层出不穷，本章笔者为大家介绍一些多元化的理财应用，让大家对理财应用有个更透彻的了解。

要点展示

- 爱钱进：O2O 模式互联网投资理财金融服务平台
- 涨乐财富通：为投资者量身定制的专业理财软件
- 陆金所：一站式 P2P 投资理财平台
- 百度理财：开启自由高效的“互联网 +”金融

10.1 爱钱进：O2O 模式互联网投资理财金融服务平台

“爱钱进”是一家基于互联网技术，专注为借款人和出借人提供金融信息服务的平台，目前，平台累计投资金额超200多亿，累计服务用户数超600万，这节笔者主要为大家介绍“爱钱进”APP的相关理财产品。

10.1.1 零存宝+：按日计息，灵活高效

“零存宝+”是“爱钱进”推出的一款借贷类的理财产品，主要操作模式是用户自愿出借自有资金给“爱钱进”平台，从而按日计息，获取投资收益。用户通过“零存宝+”进行投资的具体操作步骤如下所示。

（1）首先，打开“爱钱进”APP，登录之后，在首页找到“零存宝+”按钮，如图10-1所示。

（2）点击“零存宝+”按钮，进入“零存宝+”界面，如图10-2所示。

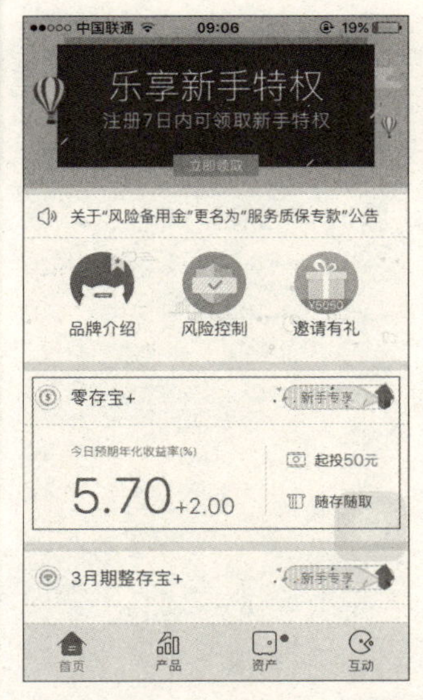

▲ 图10-1 “零存宝+”按钮

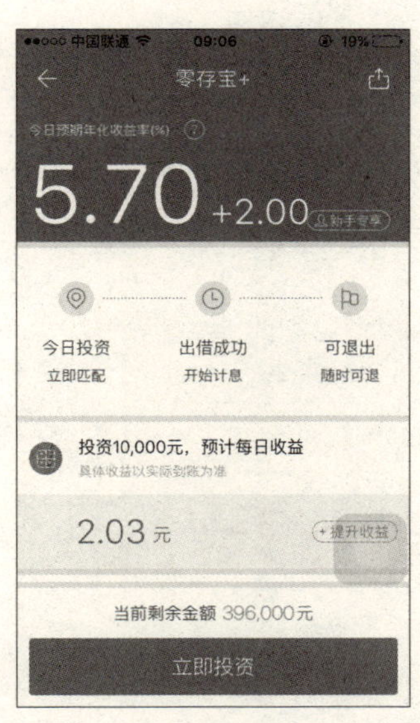

▲ 图10-2 “零存宝+”界面

（3）点击“立即投资”按钮，进入“实名认证”界面，如图10-3所示。

（4）首先进行账号注册，在“真实姓名”栏和“身份证号”栏输入真实姓名和身份证号，点击“立即验证”按钮，界面会跳回“零存宝+”界面，如图10-4所示。

（5）点击“立即投资”按钮，进入“投资零存宝+”界面，如图10-5所示，左右滑动投资金额模块，可以调整投资金额。

（6）调整好投资金额后，点击“确认投资”按钮，进入“确认购买”界面，如图 10-6 所示。

（7）点击“添加银行卡”按钮，进入“添加银行卡”界面，如图 10-7 所示。

（8）在相应位置输入“银行储蓄卡卡号”，然后按照系统提示进行操作即可。

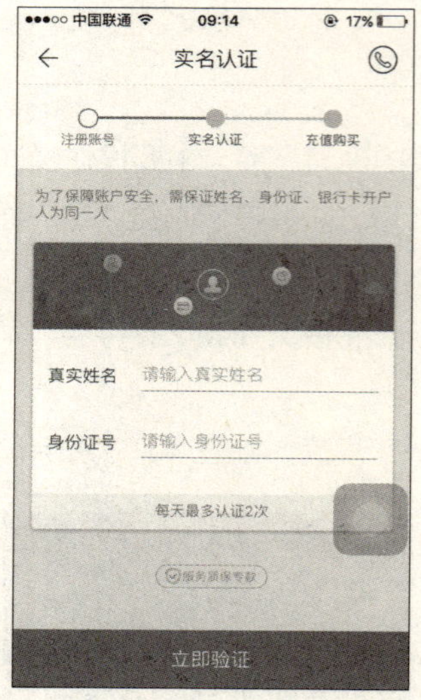

▲ 图 10-3 “实名认证”界面

▲ 图 10-4 跳回“零存宝 +”界面

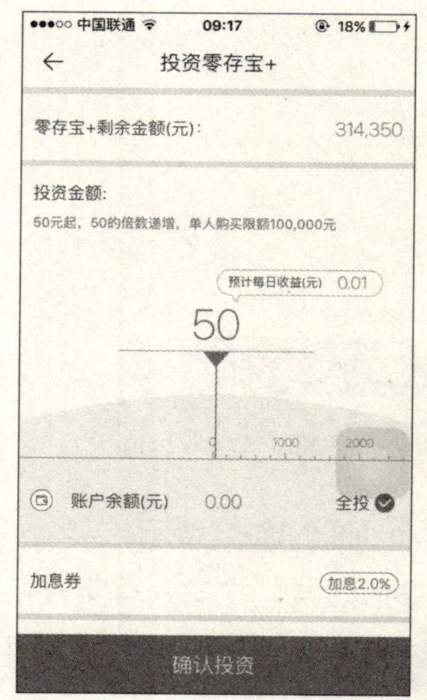

▲ 图 10-5 “投资零存宝 +”界面

▲ 图 10-6 “确认购买”界面

▲ 图 10-7 “添加银行卡”界面

10.1.2 整存宝 +：智能分散投资，锁定期越长收益率越高

“整存宝 +”是“爱钱进”发布的第二款理财产品，其主要特点是用户选择某个锁定期的产品进行投资，到期就能还本，而利息可以重新投资也可以返还，下面笔者为大家介绍“整存宝 +”的具体操作步骤。

（1）打开“爱钱进”APP，登录之后，在首页找到“整存宝 +”按钮，如图 10-8 所示。

（2）点击“整存宝 +”按钮，进入“整存宝 +”界面，如图 10-9 所示。

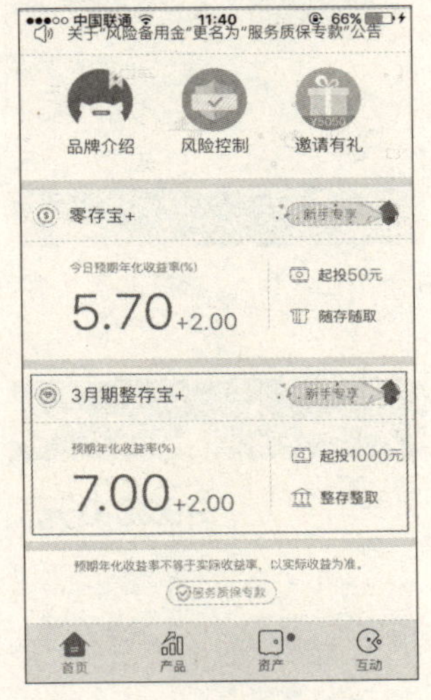

▲ 图 10-8 “整存宝 +”按钮

▲ 图 10-9 “整存宝 +”界面

（3）点击“立即加入”按钮，进入“加入整存宝 +”界面，如图 10-10 所示。

（4）用户可以在“投资金额”栏加减投资金额，最低 1000 元，最高 10 万元，且全部都是以 1000 的倍数递增。设置好投资金额后，点击“确认加入”按钮，进入“确认购买”界面，如图 10-11 所示。

（5）点击“添加银行卡”按钮，进入“添加银行卡”界面，如图 10-12 所示。

（6）在相应的位置输入银行储蓄卡卡号，然后点击“确认”按钮，进入“认证支付”界面，如图 10-13 所示。

（7）输入手机号，然后点击“获取”按钮，获取验证码，然后后面的操作按照系统提示进行操作即可。

专家提醒

需要注意的是，输入的手机号必须是银行预留的手机号。

▲ 图 10-10 “加入整存宝 +”界面

▲ 图 10-11 “确认购买”界面

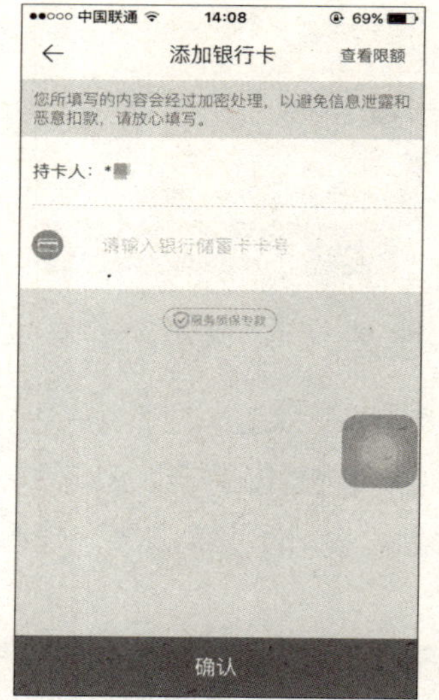

▲ 图 10-12 “添加银行卡”界面

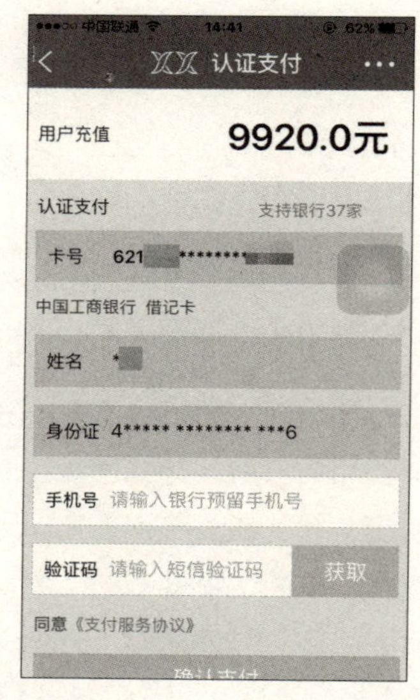

▲ 图 10-13 “认证支付”界面

10.1.3 散标项目：按月返还，配置随心

网络借贷中的“散标”通常是指独立借款人自主发布的单独借款需求，“散标”通常没有固定的发布日期，借款期限、借款金额也较为灵活。在“爱钱进”APP 中，用户就可以投资“散标”项目，来获得一定的收益，其具体的操作步骤如下所示。

（1）打开“爱钱进”APP，登录之后，点击“资产”按钮，如图 10-14 所示。

（2）执行操作后，在“资产”界面点击“散标记录”按钮，如图 10-15 所示。

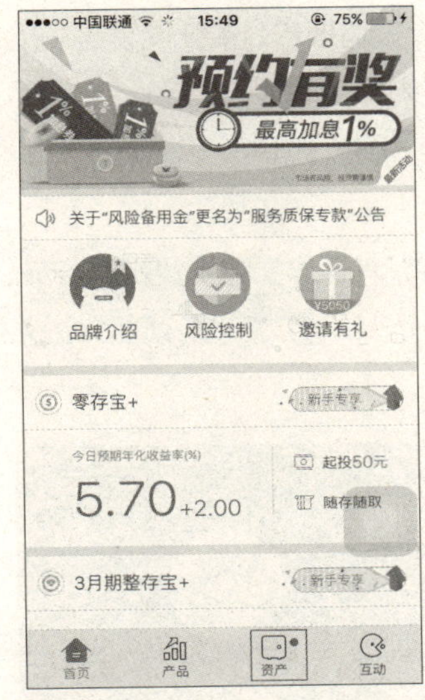

▲ 图 10-14　点击“资产”按钮

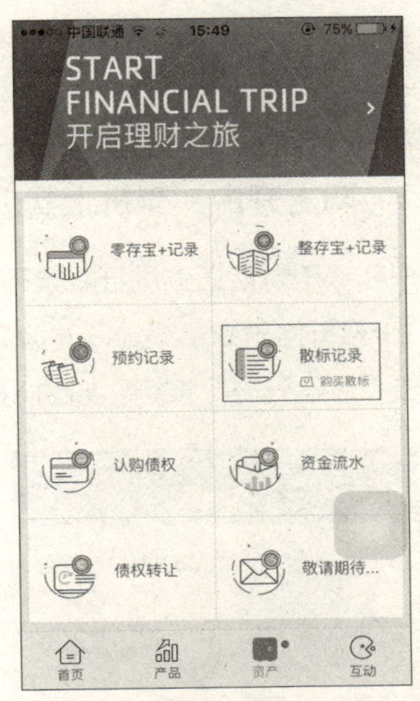

▲ 图 10-15　点击“散标记录”按钮

（3）执行操作后，进入“散标投资记录”界面，如图 10-16 所示，点击“立即购买”按钮即可开始散标投资，后面的步骤，只要按照系统提示进行操作即可。

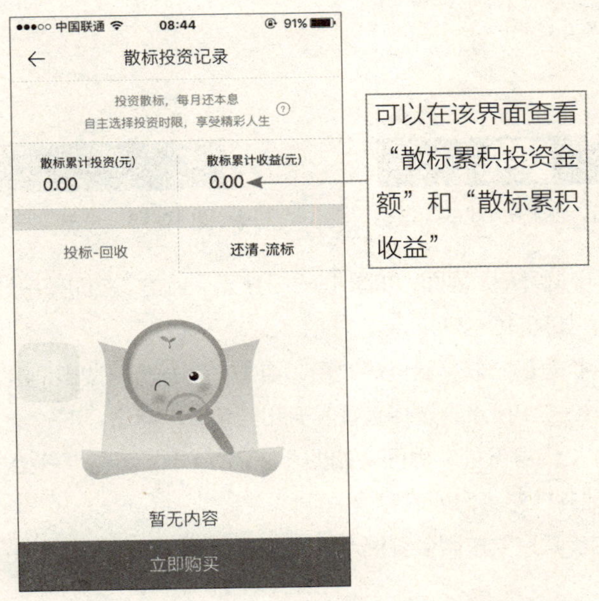

▲ 图 10-16　“散标投资记录”界面

10.2　涨乐财富通：为投资者量身定制的专业理财软件

涨乐财富通是华泰证券为广大投资者量身定制的专业理财软件，该软件提供了丰富的理财产品，给用户提供了热点资讯一览、股市行情报告、委托交易等功能，是一款十分专业的理财软件，本节笔者为大家介绍涨乐财富通的相关内容。

10.2.1　网上开户：手机上实现极速开户

用户在涨乐财富通上进行股票开户只需3分钟，其操作步骤主要如下所示。

（1）打开涨乐财富通APP，点击“我的”按钮，如图10-17所示，进入相关界面，点击“股票开户”按钮，如图10-18所示。

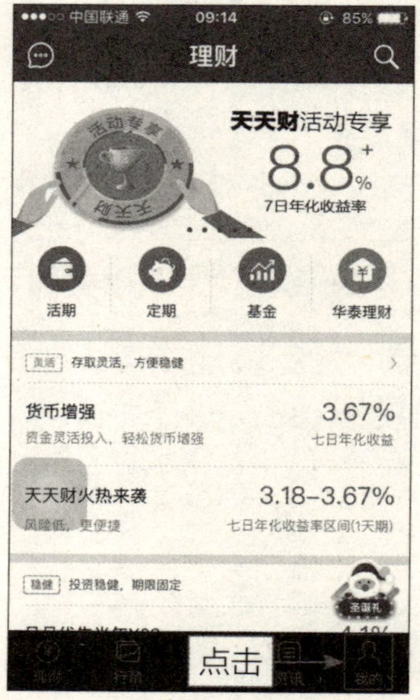

▲ 图10-17　点击“我的”按钮

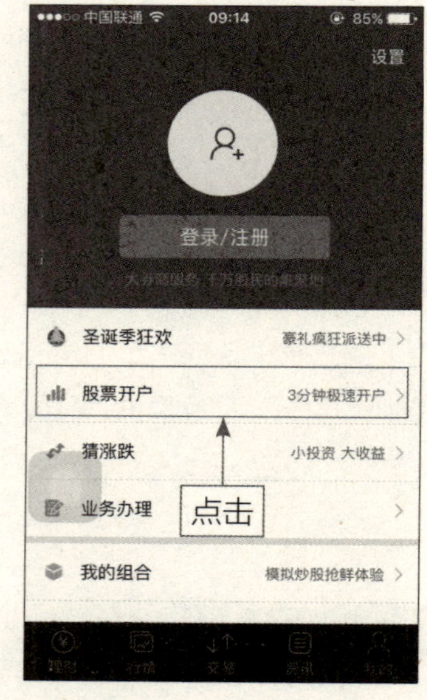

▲ 图10-18　点击“股票开户”按钮

（2）进入“申请开户”界面，如图10-19所示，点击“立即开户”按钮，进入“填写手机号”界面，如图10-20所示。

（3）输入手机号码，获得验证码之后，点击“下一步”按钮，进入“选择佣金服务”界面，如图10-21所示，选择套餐服务和佣金率，点击“下一步”按钮。

（4）进入“上传身份证”界面，如图10-22所示，点击“开始拍照”按钮按照提示完成实名认证并核对身份证信息。

（5）后面的步骤只要按照系统提示进行操作即可。

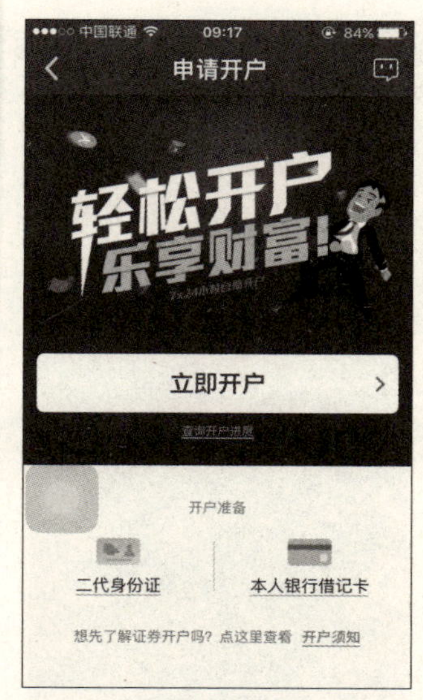

▲ 图 10-19 “申请开户”界面

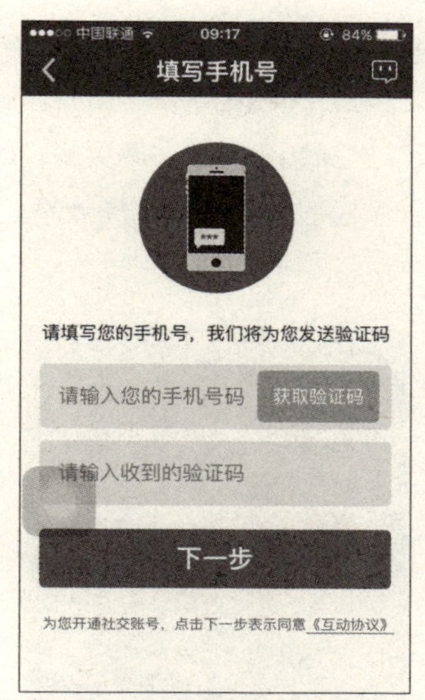

▲ 图 10-20 “填写手机号”界面

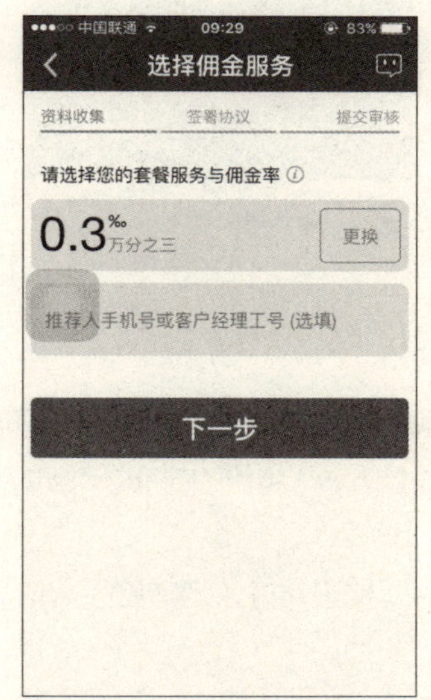

▲ 图 10-21 “选择佣金服务”界面

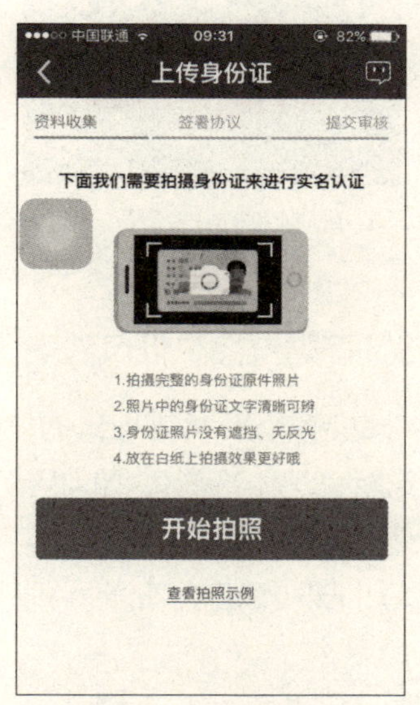

▲ 图 10-22 “上传身份证”界面

10.2.2 行情交易：股指期货实时行情汇总

如果用户想要进行投资理财，就必须对市场行情有个相应的了解，通过涨乐财富通了解市场行情的具体操作如下所示。

（1）打开涨乐财富通 APP，就能看到“行情”界面，如图 10-23 所示，在该界面，用户可以看到沪深、股指、港股等类型的股票市场行情，还能点击“自选股”按钮或者“组合”按钮了解相应的股票行情信息。

（2）如果用户想要了解更多，可以点击“更多”按钮，进入相应的界面，查看除“沪深”“港股”之外的“场外基金”“国内期货”“黄金白银”等行情信息，如图 10-24 所示。

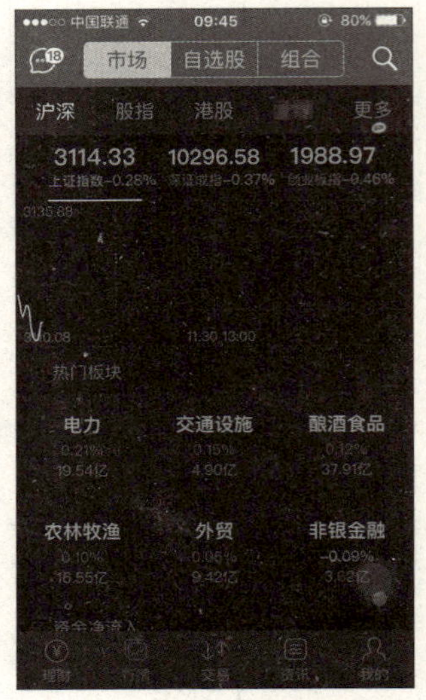

▲ 图 10-23　“行情”界面

▲ 图 10-24　了解更多行情

10.2.3　理财产品：低风险类固定收益产品

在“涨乐财富通”APP 上，有很多低风险类且具有固定收益的理财产品，例如“活期”“定期”理财产品等，如何购买“活期”“定期”产品呢？下面以“活期”产品为例为大家简单地讲解一下。

（1）打开“涨乐财富通”APP，点击“理财”按钮，进入“理财”界面，如图 10-25 所示。

（2）在该界面点击“活期”按钮，进入“活期”界面，如图 10-26 所示。

（3）选择想要的活期理财产品，点击该产品，以“紫金货币增强 A”产品为列，点击该产品按钮之后，进入“紫金理财”界面，如图 10-27 所示。

（4）在该界面，用户可以查看“七日年化收益率”和“万分收益”这两个重要的数据，除此之外，用户还要仔细查看交易规则和首次购买的金额等内容，查看完毕之后，点击“立即购买”按钮，即可进入“交易登录”界面，如图 10-28 所示。

（5）后面的操作用户只要根据系统提示进行操作即可。

▲ 图 10-25 “理财”界面

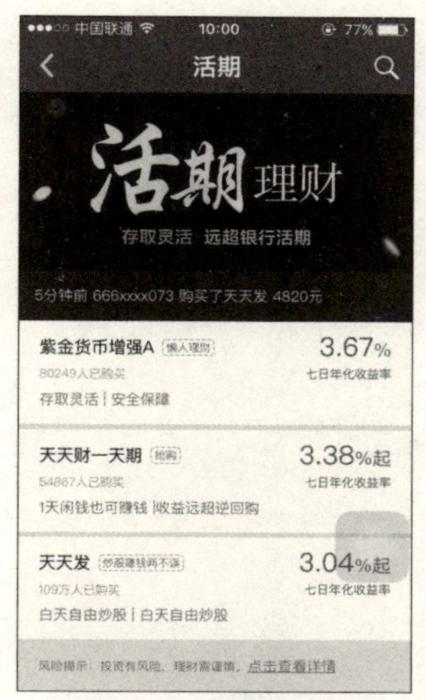

▲ 图 10-26 “活期”界面

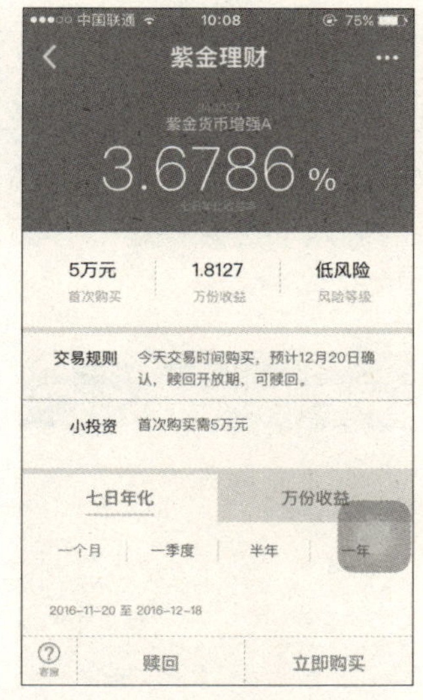

▲ 图 10-27 “紫金理财”界面

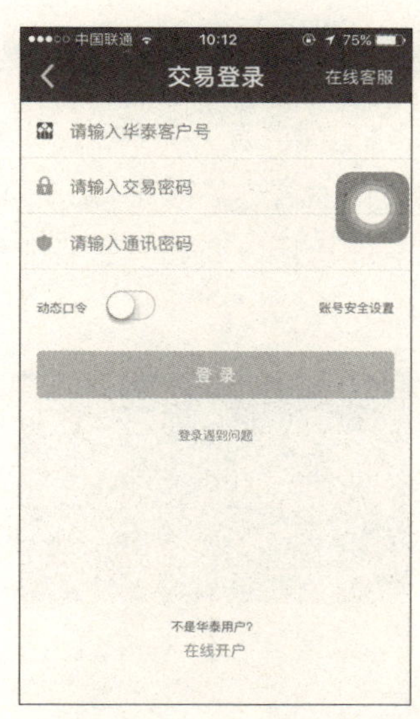

▲ 图 10-28 “交易登录”界面

10.2.4 基金产品：小钱也有大梦想

在“涨乐财富通”APP上，用户可以进入“基金”界面了解基金产品，图 10–29 所示为“涨乐财富通”的“基金”界面，在该界面用户可以查看平台热销基金，也可以点击“全部基金”按钮查看全部基金的排行情况，还可以点击“明星经理”按钮查看经理的排行情况，图 10–30 所示为“全部基金”界面。

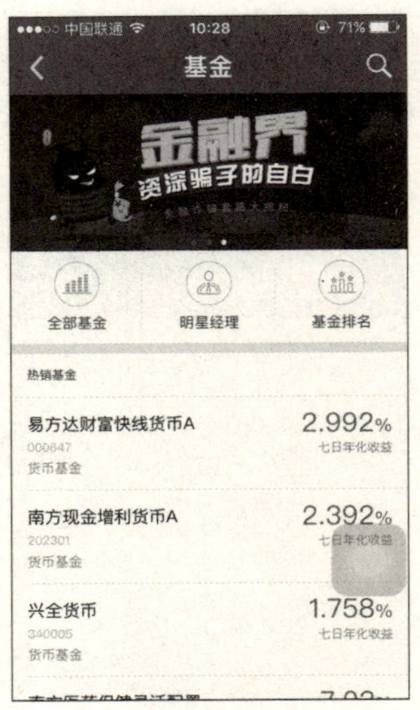

▲ 图 10-29　“基金”界面

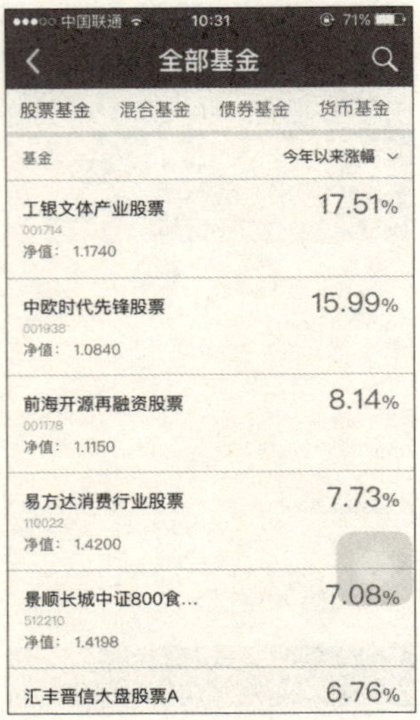

▲ 图 10-30　“全部基金”界面

10.2.5　业务办理：丰富和人性化的服务

在“涨乐财富通”APP 上，为用户提供了“业务办理”功能，帮助用户轻松办理相关业务，具体操作是打开“涨乐财富通”APP，点击“我的”按钮，进入相应界面，如图 10-31 所示，点击“业务办理”按钮，就能进入“业务办理”界面，如图 10-32 所示。

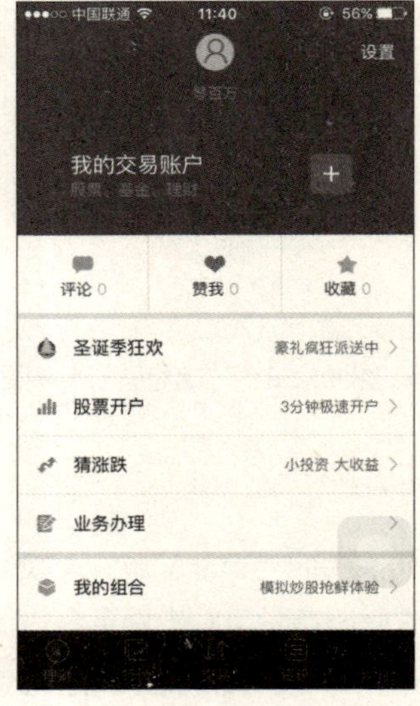

▲ 图 10-31　进入相应界面

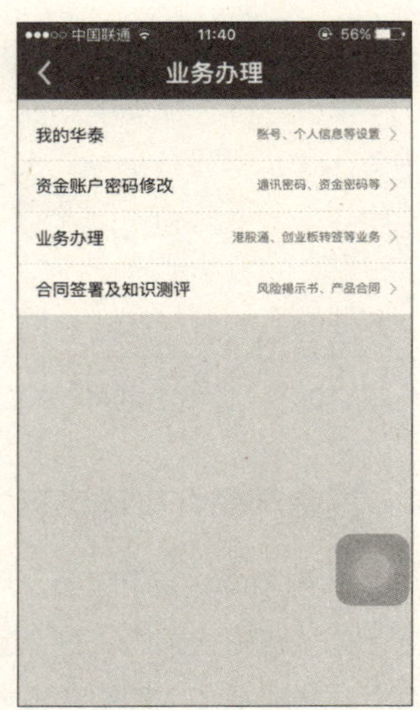

▲ 图 10-32　“业务办理”界面

专家提醒

在“业务办理”界面，用户可以设置账号和个人信息，还能修改密码，办理港股通、创业板转签、签署合同等业务。

10.3 陆金所：一站式 P2P 投资理财平台

陆金所是中国平安集团倾力打造的投资理财平台，致力于在风险管控体系基础上，为投资者提供专业的投资理财服务，本节笔者将为大家介绍“陆金所”APP 的相关内容。

10.3.1 基金频道：养基赚大钱

“基金频道”是“陆金所”APP 推出的一个优秀的理财产品，进入“基金频道”进行理财的具体操作步骤如下所示。

（1）打开“陆金所”APP，登录之后，在首页点击“基金频道”按钮，如图 10-33 所示。

（2）进入相应的界面，如图 10-34 所示，在该界面，可以看到有关基金的相关内容，包括基金论坛、基金收益排行、专家推荐和基金定投等内容，同时用户还可以进入基金综合讨论区，或者查看现下最热门的基金。

▲ 图 10-33 点击“基金频道”按钮

▲ 图 10-34 进入相应界面

（3）以热门基金“兴业聚利”为例，为大家讲解购买的方法，点击“兴业聚利”

基金，进入“兴业聚利”基金的详情界面，如图 10-35 所示。

（4）点击“购买”按钮，进入“投资金额”界面，如图 10-36 所示。

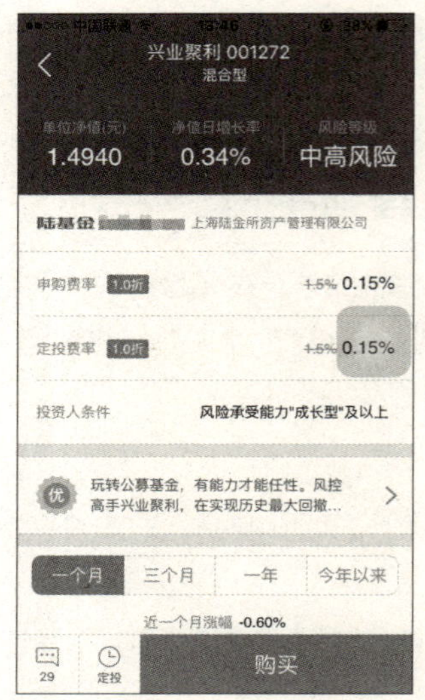

▲ 图 10-35 “兴业聚利”基金的详情界面

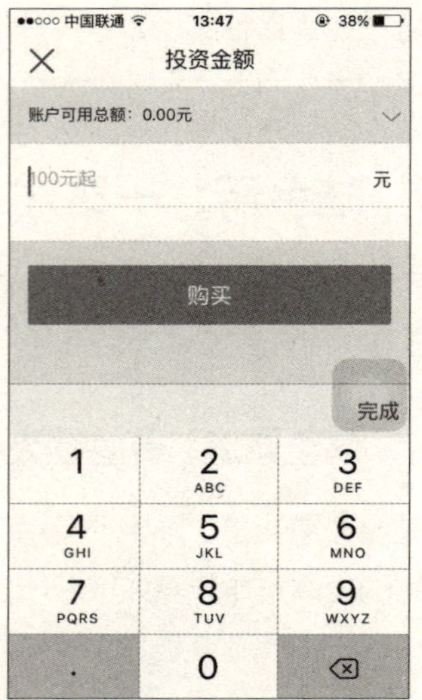

▲ 图 10-36 “投资金额”界面

（5）输入投资金额，点击“购买”按钮，跳出相应的窗口，如图 10-37 所示。

（6）点击“确认投资”按钮，进入“投资”界面，如图 10-38 所示，用户勾选相应的选项框，然后点击“立即投资”按钮，后面的步骤只要按照系统提示进行操作即可。

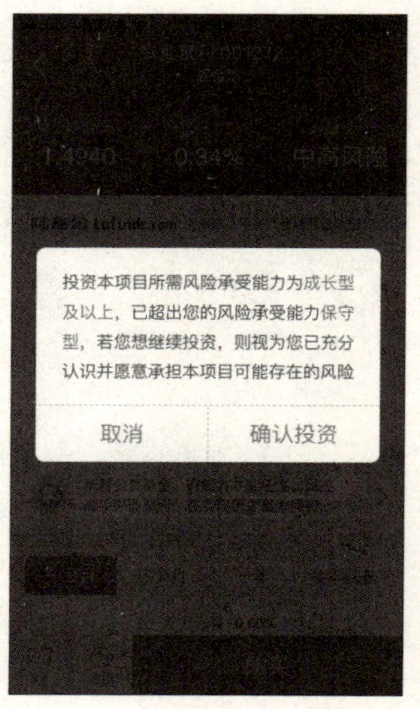

▲ 图 10-37 跳出相应窗口

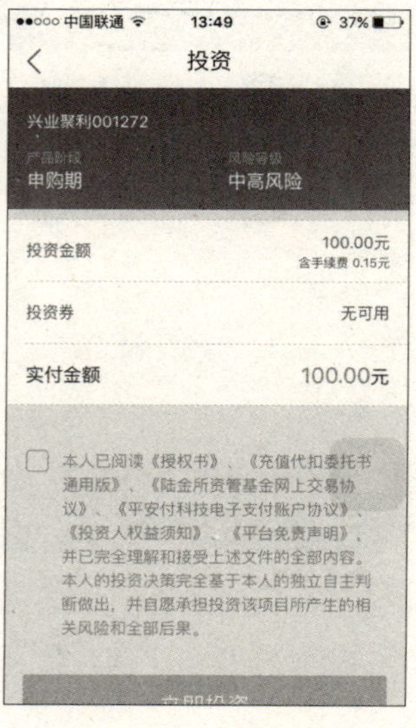

▲ 图 10-38 “投资”界面

10.3.2 网贷：回款再投利滚利

用户打开“陆金所”APP，登录之后，点击“投资理财”按钮，就能进入“理财”界面，在该界面中，有一个“网贷”按钮，如图 10-39 所示，用户点击该按钮，就能进入网贷理财专区，如图 10-40 所示。

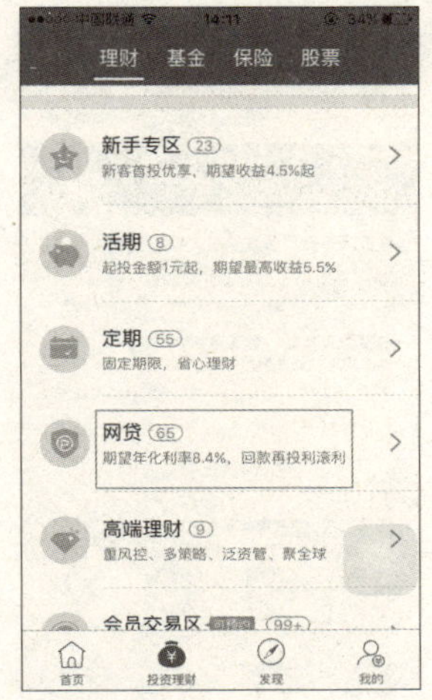

▲ 图 10-39 “网贷”按钮

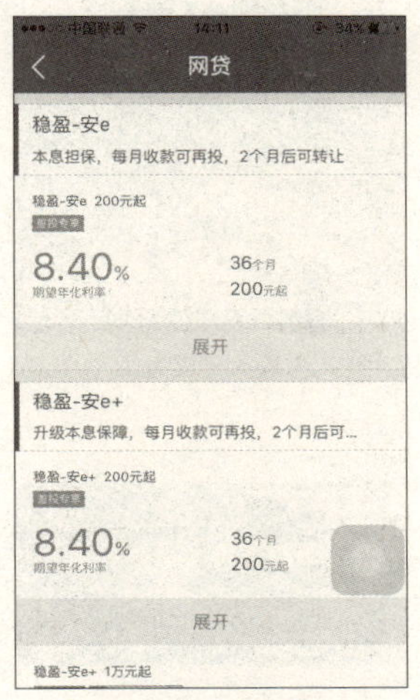

▲ 图 10-40 网贷理财专区

“陆金所”的网贷项目主要包括“稳盈—安 e”项目和“稳盈—安 e+”项目，其中“稳盈—安 e+”是“稳盈—安 e”的产品升级，有关“稳盈—安 e+”的简介如图 10-41 所示。

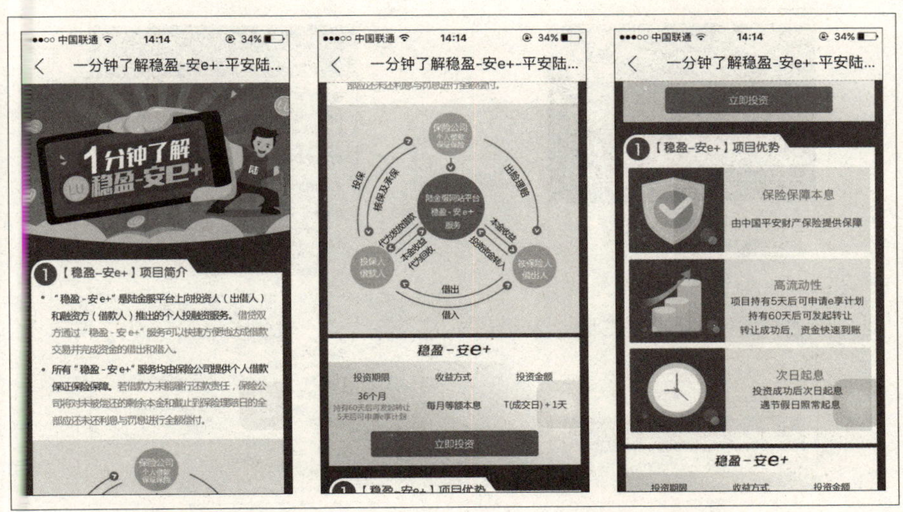

▲ 图 10-41 “稳盈—安 e+”的简介

10.3.3 邀请好友：轻松赚现金

“邀请好友，轻松赚现金”是“陆金所”推出的一项活动，活动主要包括两种形式：一种是“推荐好友赚奖励”形式，另一种是“果汁分一半”形式，图 10-42 所示为“好友活动”界面。点击“推荐好友赚奖励”按钮，就能进入“邀请好友”界面，如图 10-43 所示，用户可以查看奖励规则和邀请好友的方式。

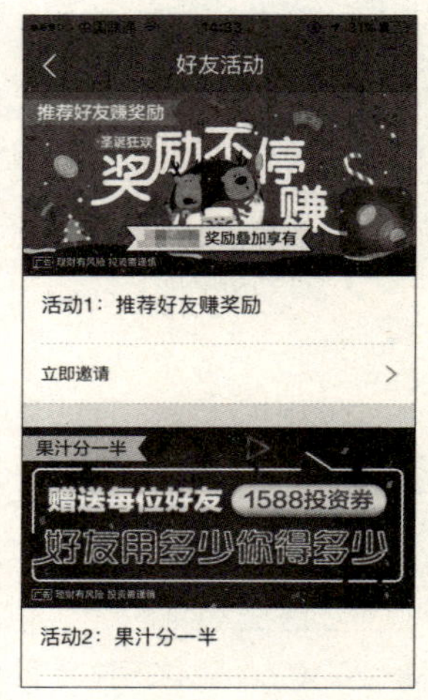

▲ 图 10-42 “好友活动”界面

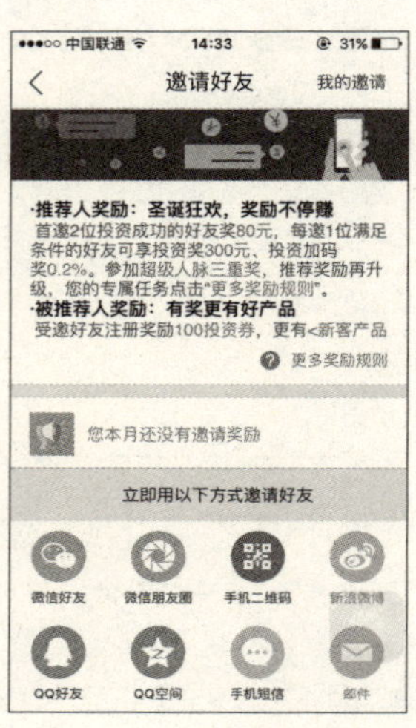

▲ 图 10-43 “邀请好友”界面

用户点击“果汁分一半”按钮，就能进入“果汁分你一半”界面，如图 10-44 所示，在该界面，用户可以通过绑定微信将礼包发给朋友，还可以查看活动规则。

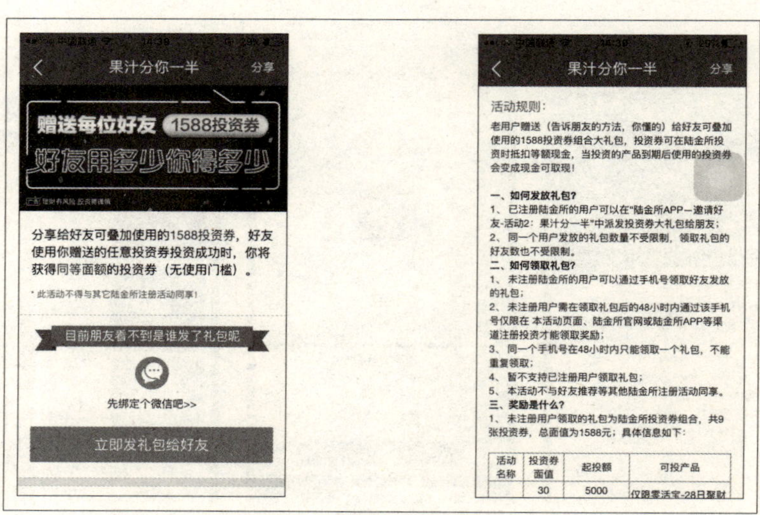

▲ 图 10-44 “果汁分你一半”界面

10.3.4 新手福利：满额反赠

“新手福利”是“陆金所”推出的针对新用户的福利活动，每个月的新手福利活动都不一样，图10-45所示为12月份的新客专属活动——“双‘蛋’嘉年华：新客投资，额外返投资金额0.15%投资券”。用户点击“活动规则”按钮就能查看详细的活动规则。

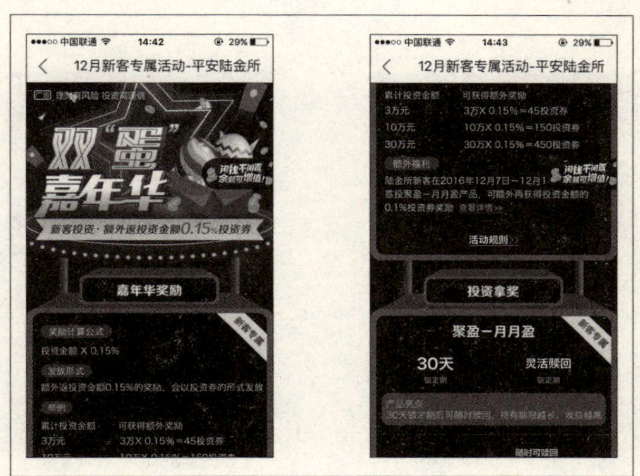

▲ 图10-45 12月份新客专属活动

10.3.5 理财：投资收益最大化

在“陆金所”APP中，理财产品除了网贷之外，还有“活期”理财、“定期”理财、“高端理财”等等，打开“陆金所”APP，点击“投资理财”按钮，就能进入“理财”界面，查看平台的理财产品，如图10-46所示。

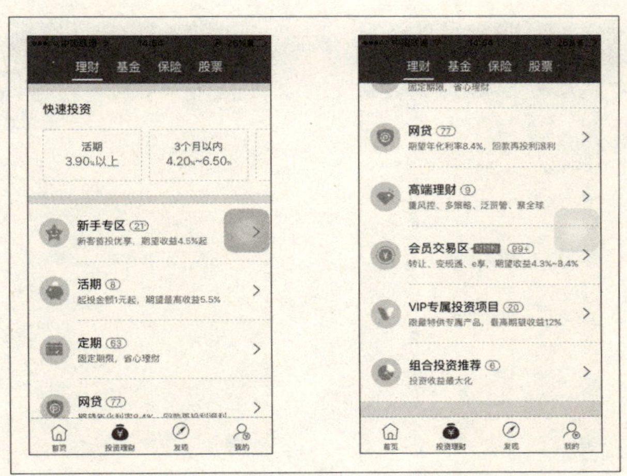

▲ 图10-46 “陆金所”APP平台的理财产品

10.3.6 股票：实时行情，热点组合

打开“陆金所”APP，点击“投资理财”按钮进入相应的界面，然后点击上方的“股票”按钮进入“股票”界面，如图 10-47 所示，可以看到“实时行情”“我的自选”“热点组合”“智能选股”等一系列增值服务，用户点击相应的按钮就能进入相应的界面查看相应的信息。

▲ 图 10-47 “股票”界面

以“实时行情”为例，点击“实时行情”按钮，可以进入“行情”界面，如图 10-48 所示，在该界面，用户可以看到各个行业板块的行情信息，还可以看到热点组合的行情信息，以及“涨幅榜”和“跌幅榜”。

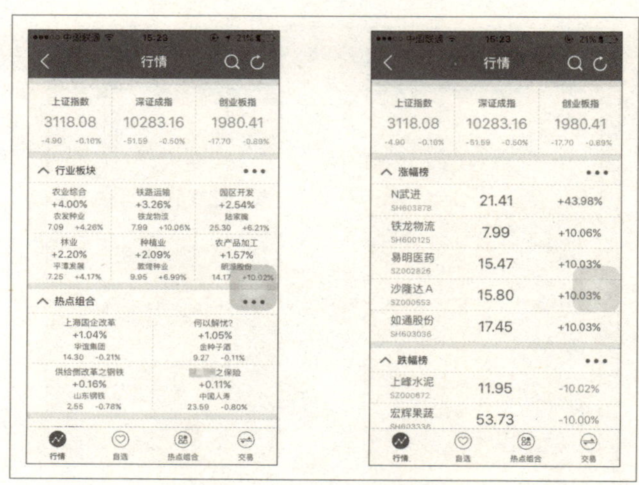

▲ 图 10-48 “行情”界面

10.3.7 保险：专享高额理财

打开“陆金所”APP，点击“投资理财”按钮进入相应的界面，然后点击上方的“保险”按钮就能进入“保险”界面，如图 10-49 所示，在该界面，用户可以看到四大类型的保险，分别是“爱车”类、“出行”类、“健康”类和“家财”类，在这四大类型的保险下面，是不同的保险产品，以“爱车”类保险为例，用户可以看到两种类型的保险——“平安车险”和“全车无忧保险”。

▲ 图 10-49 “保险”界面

假如用户点击“全车无忧保险”，就能进入“全车无忧保险”界面，如图 10-50 所示，在该界面可以查看保险的保证内容、保险期限、保险条款等内容。

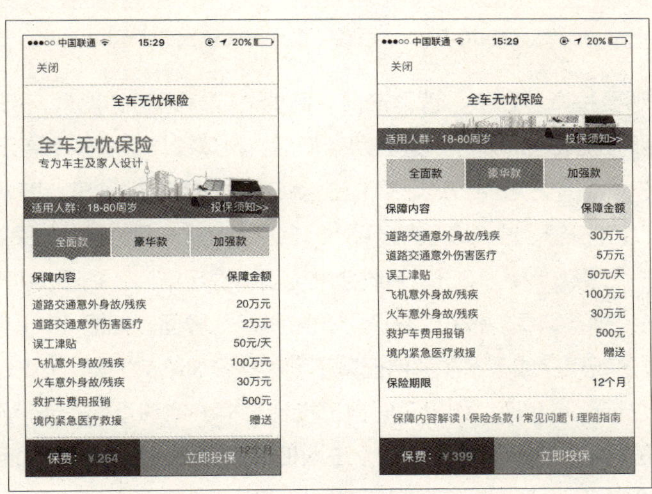

▲ 图 10-50 “全车无忧保险”界面

10.4　百度理财：开启自由高效的“互联网 +”金融

“百度理财”是百度旗下的金融投资理财平台，旨在为用户提供安全、专业、全面的金融理财服务，本节笔者主要为大家介绍“百度理财”APP 的相关内容。

10.4.1　百富：组合形式的理财计划

“百富”是“百度理财”APP 上的定期理财产品，包括“百富 2 月”“百富 6 月”和“百富 12 月”，这三个理财产品主要的差别是预期年化收益率、理财期限不一样，如图 10-51 所示。

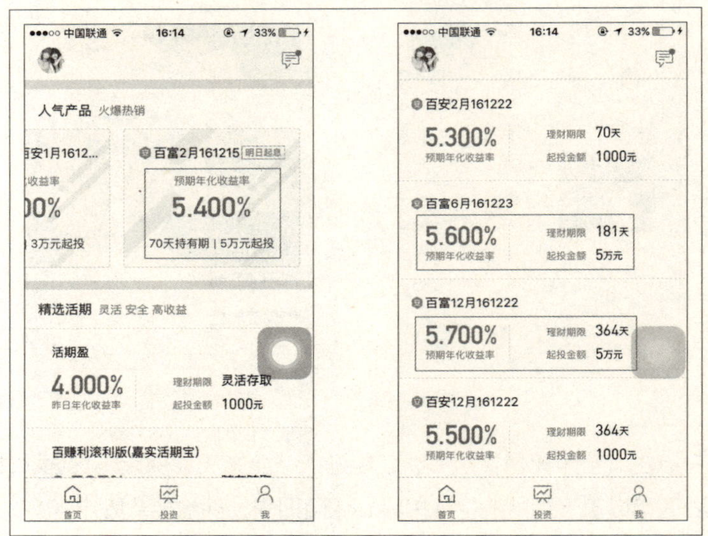

▲ 图 10-51　“百富”系列三个产品的差别

用户如果想要投资“百富”理财产品，需要先定好理财的期限，例如选择 70 天的理财期限，那么就应该选择“百富 2 月”产品，具体操作步骤如下所示。

（1）点击“百富 2 月 161222”（注：161222 代表起息日，即从 2016 年 12 月 22 日开始计息）按钮，进入“百富 2 月 161222”理财产品界面，如图 10-52 所示。

（2）点击“立即转入”按钮，系统会跳出温馨提示窗口，如图 10-53 所示。

（3）点击“确认购买”按钮，进入“风险提示”界面，如图 10-54 所示。

（4）如果是新用户或者不了解自己属于哪种投资风格的人群，可以点击“进行风险测评”按钮进行风险测评，如果了解自己投资风格并能够承担一定风险的用户可以点击“已清楚风险，仍要转入”按钮，进入相应的界面，如图 10-55 所示。

（5）后面的步骤用户根据系统提示进行操作即可。

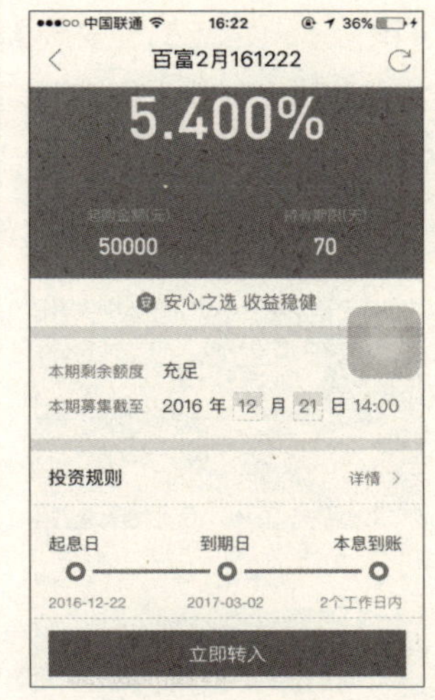

▲ 图 10-52 “百富 2 月 161222”理财产品界面

▲ 图 10-53 跳出温馨提示窗口

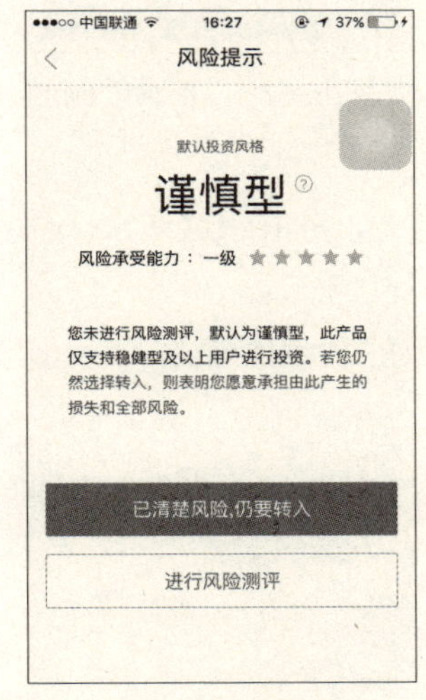

▲ 图 10-54 “风险提示”界面

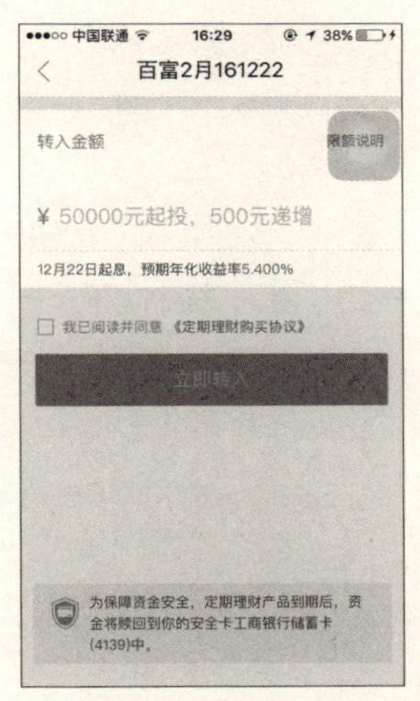

▲ 图 10-55 进入相应的界面

10.4.2 百赚：安全稳定的金融工具

“百赚”是“百度理财”推出的一款活期理财产品，图 10-56 所示为“百度理财”APP 上的两款“百赚”产品。在“百度理财”APP 中，用户当天下午 3 点前转入理财金额，就能在当天确认份额（如遇节假日则往后延顺），第二天就能产生收益，然后天天计息利滚利，即使是节假日也有收益。下面以“百赚利滚利版（嘉实活期宝）”为例，为大家讲解购买产品的操作步骤。

（1）打开“百度理财”APP，点击“投资”按钮，进入相应的理财界面，然后点击“百赚利滚利版（嘉实活期宝）”产品，进入“百赚利滚利版（嘉实活期宝）”界面，如图 10-57 所示。

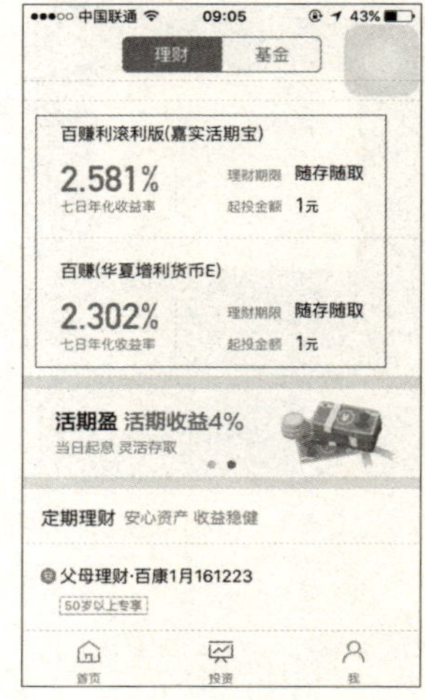

▲ 图 10-56 “百赚”产品

▲ 图 10-57 “百赚利滚利版（嘉实活期宝）”界面

（2）点击“立即转入”按钮，进入相应的界面，如图 10-58 所示，点击“添加银行卡”按钮，进入“添加银行卡”界面，如图 10-59 所示。

（3）用户输入银行卡号、开户所在地等相关信息，然后再点击“下一步”按钮，后面的步骤用户只要按照系统提示进行操作即可。

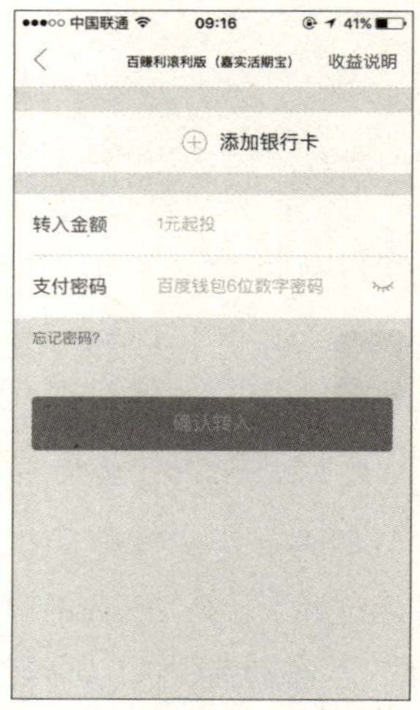

▲ 图 10-58 进入相应界面

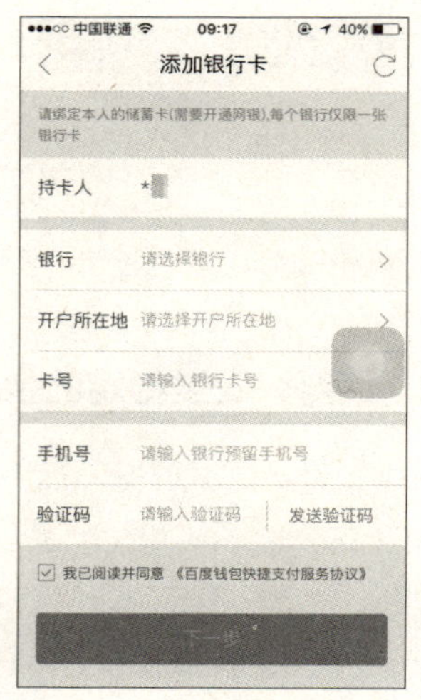

▲ 图 10-59 “添加银行卡”界面

10.4.3 百度众筹：全新的消费众筹模式

用户在“百度理财”APP上，点击“我”按钮，进入个人中心，然后点击“众筹”按钮，就能进入“我的众筹”界面，具体操作步骤如图10-60所示。

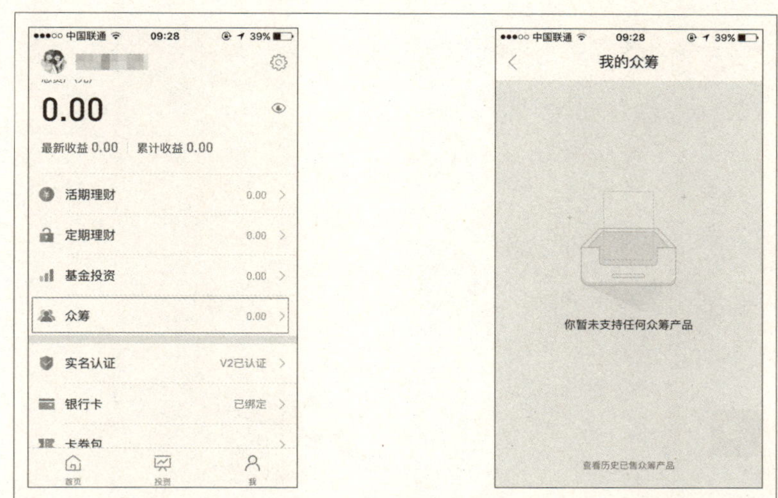

▲ 图10-60 进入“我的众筹”界面的操作

点击“查看历史已售众筹产品”按钮，就能进入众筹产品消费界面，如图10-61所示。在该界面，用户可以选择自己喜欢的项目来支持，例如用户点击“1919酒类直供众筹第1期”项目，就能进入该众筹界面，用户可以了解通过该项目，自己能够获得哪些收益，如图10-62所示。

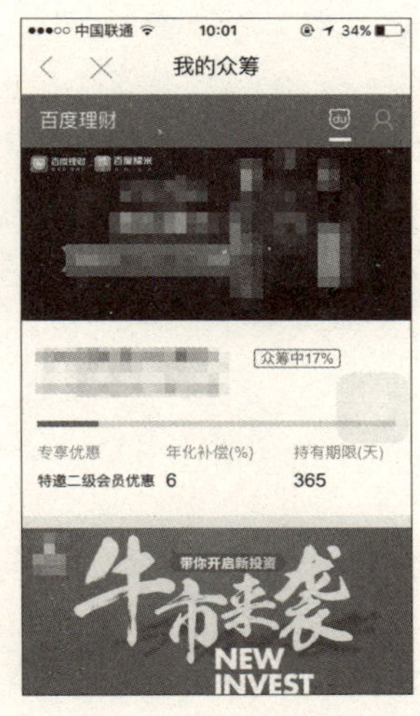

▲ 图10-61 众筹产品消费界面

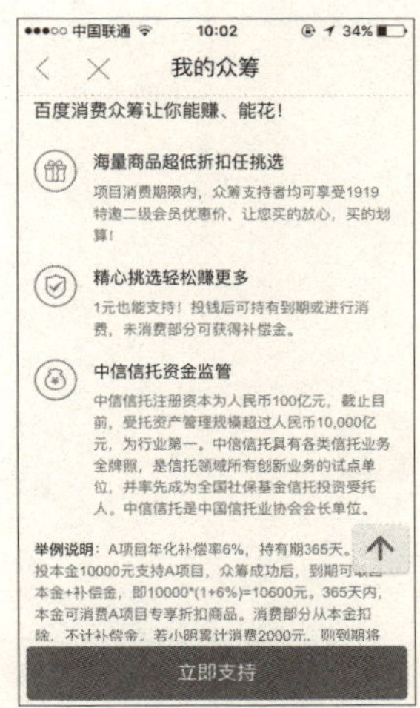

▲ 图10-62 查看项目的收益情况